西方历史编纂学史

何平 著

商务印书馆
2010年·北京

图书在版编目(CIP)数据

西方历史编纂学史/何平著.—北京:商务印书馆,2010
ISBN 978-7-100-06566-5

Ⅰ.西… Ⅱ.何… Ⅲ.历史编纂学-历史-西方国家 Ⅳ.K062-095

中国版本图书馆 CIP 数据核字(2009)第 018399 号

所有权利保留。
未经许可,不得以任何方式使用。

本书出版得到首都师范大学出版资金资助

XĪFĀNG LÌSHĬ BIĀNZUĂN XUÉSHĬ
西方历史编纂学史
何 平 著

商 务 印 书 馆 出 版
(北京王府井大街 36 号 邮政编码 100710)
商 务 印 书 馆 发 行
北京民族印务有限责任公司印刷
ISBN 978-7-100-06566-5

2010 年 1 月第 1 版	开本 787×960 1/16
2010 年 1 月北京第 1 次印刷	印张 27½

定价:45.00 元

目　　录

前言 …………………………………………………………………… 1

第一章　古希腊罗马的史学 ………………………………………… 10
　　一、希腊史学 ……………………………………………………… 11
　　二、希腊化时期和罗马统治时期的希腊史学 …………………… 18
　　三、古代罗马的史学 ……………………………………………… 23

第二章　中世纪的历史编撰 ………………………………………… 31
　　一、基督教历史观念和教会史学 ………………………………… 32
　　二、中世纪西欧各国的历史编撰 ………………………………… 37
　　三、中世纪编年史的发展 ………………………………………… 49

第三章　文艺复兴时期的史学 ……………………………………… 57
　　一、意大利文艺复兴时期的史学 ………………………………… 58
　　二、欧洲其他国家的人文主义史学 ……………………………… 69

第四章　十六和十七世纪的史学 …………………………………… 75
　　一、新旧教之争与宗教改革时期的史学 ………………………… 75
　　二、宗教改革和宗教战争期间欧洲其他国家的史学 …………… 80
　　三、博学派的史料考订和文献编撰 ……………………………… 85
　　四、博绪埃 ………………………………………………………… 92
　　五、十七世纪历史认识论的变革 ………………………………… 94

第五章　十八世纪：史学观念的更新 …… 97
　　一、历史进步观念 …… 97
　　二、理性主义史学 …… 106

第六章　十八世纪的历史哲学 …… 119
　　一、维科 …… 119
　　二、孟德斯鸠 …… 122
　　三、杜谷 …… 125
　　四、孔多塞 …… 129
　　五、康德 …… 133
　　结语 …… 138

第七章　十九世纪史学：民族主义、浪漫主义和政治革命 …… 141
　　一、德国的浪漫主义与民族主义史学 …… 143
　　二、法国的浪漫主义史学 …… 152
　　三、英国的浪漫主义流派 …… 155
　　四、英国史学：宪政、革命及其他 …… 159
　　五、19世纪法国史学：诠释法国大革命 …… 170

第八章　十九世纪：实证主义与客观史学 …… 176
　　一、柏林大学 …… 177
　　二、朗克与客观主义史学 …… 181
　　三、朗克学派与普鲁士学派 …… 186
　　四、实证主义史学 …… 193

第九章　十九世纪史学：专门史研究 …… 205
　　一、制度史研究 …… 205
　　二、中世纪欧洲城市起源研究 …… 212
　　三、古代埃及、近东、希腊、罗马和拜占庭历史研究 …… 214

第十章　十九世纪以来的经济史编纂 225
一、早期经济史研究 225
二、德国的经济史学派 229
三、欧洲其他国家和美国的经济史编纂 236
四、二十世纪三十年代以后的经济史 243

第十一章　马克思的唯物主义历史观念的形成 250
一、马克思历史观念的三大来源 252
二、马克思唯物史观的形成和发展 260
三、结语 267

第十二章　美国史学的发展 271
一、美国的早期史学 271
二、十九世纪:欧洲史学观念影响下的历史写作 274
三、美国本土的史学观念和流派的创始 279
四、二十世纪上半叶的新史学 282

第十三章　批判历史哲学:历史事实、历史知识和历史客观性的限度 286
一、对客观史学观念的解构 288
二、对历史事实和历史客观性的再探讨 293

第十四章　二十世纪:历史观念和写作范式的变迁 300
一、文明形态论 301
二、现代化历史研究 305
三、法国年鉴学派 312
四、历史社会学 324
五、历史人类学 330
六、后年鉴史学 332

第十五章　分析历史哲学：对历史解释的探讨 …… 337
一、历史思维中的概念 …… 338
二、一般概念在历史解释中的意义 …… 340
三、作为历史解释的叙事情节 …… 346

第十六章　二十世纪下半叶：史学理论的后现代化 …… 352
一、语义学转向的背景 …… 353
二、结构主义语言学视野下的历史著述及其文化 …… 361
三、后现代主义的颠覆性理论创新 …… 369
四、诠释学与文献研究 …… 383

第十七章　新的历史编纂理论和方法 …… 389
一、比较史学研究 …… 389
二、全球化时代的历史反思 …… 396
三、全球化对传统历史编纂主体——国家及其文化的影响 …… 401

第十八章　全球化时代的新历史编纂模式 …… 410
一、全球史的编纂模式 …… 412
二、沃勒斯坦的"世界体系"及其影响 …… 415
三、全球史学研究的方法论和话语特征 …… 418

参考文献 …… 423

后记 …… 431

前　言

英国历史学家史丹福(M. Stanford)区分了三种类型的史学史(historiography):1)描述类型的史学史,它描述讲解历史写作程序和方法等,如英国学者马维克(Marwick)的《历史的性质》(*The Nature of History*);2)史书类型的史学史,它追述有史以来历史撰述的方式以及重要的著作和作者等等;3)分析类型或批判类型的史学史,他探索撰史时产生的观念性或哲学性问题。我们的这本历史编纂学史显然在这三个层次上都涉及了。

史学史作为一个研究领域形成于19世纪末和20世纪初,据认为是在三个学派的影响下诞生的,即意大利克罗齐学派、马克思主义和新史学学派。克罗齐的"一切历史都是当代史"的观点使历史学家们去思考史学研究的历史发展。马克思主义和新史学学派都看到历史上的历史著述是以这种或那种方式对当代社会问题做出回答,历史探讨和历史写作表现的是一个不断变化的体系。20世纪初兴起的"批判历史哲学流派"突出地表现了西方历史意识的高涨和思想界对历史作为一门知识领域的发展形态的高度关注。早期几本重要的通史性史学史著作都出现在20世纪上半叶,如福特的《近代史学史》(1911年)、古奇的《19世纪的历史和历史学家》(1913年)、里特尔的《历史科学的发展》(1919年)、班兹的《历史著作史》(1937年)、邵特维尔的《史学史》(1939年)和汤普森的《历史著作史》(1942年)。

20世纪下半叶,历史学普遍成为各国高等学校人文社会科学的主要学科,历史理论和历史意识对社会发展的影响日益显著,马克思主义对20世纪的巨大影响就是一例。学术界和社会对历史写作的意义和性质以及历史学作为一门学科的发展过程和形式的关注增强。专门的历史理论研究刊物《历史与理论》于1960年创刊,1980年"史学史与理论国际委员会"成立。20世纪下半叶出版了更多的史学史和史学理论研究著作,例如巴勒克拉夫的《当代史学主要趋势》(1987年)、布莱萨赫的《历史编纂学史——古代、中世纪与近代》(1985年)、伊格尔斯的《历史研究国际手册》(1980年)、《欧洲史学新动向》(1989年)和《二十世纪历史编纂学:从科学客观性到后现代主义的挑战》(1997年)以及波普《历史主义的贫乏》、亨佩尔的《一般定律在历史研究中的作用》、怀特的《元史学:19世纪欧洲历史想象》(1973年)、安格尔斯密特的《历史再现》(1988年)等。在史学理论上提出了许多创新理论的那些学者如马克斯·韦伯、列维·斯特劳斯、布劳代尔、福科、德里达和拉康等不仅在史学界也在文学和哲学领域内影响深远。20世纪史学史和史学理论研究的繁荣也表现在史学流派和思潮跌宕起伏,更换极快。很少有哪个世纪如20世纪那样看到如此多的流派:批判历史哲学、分析历史哲学、新史学、年鉴史学和后现代主义出现。

每一代人都以自己的方式来看待历史和解释历史。美国史家杜威曾经对这种重写历史的现象写道:"随着文化的改变,在这种文化中占统治地位的观念也要改变,研究、评价和整理史料的出发点必然要产生,于是,历史也就要重新改写。过去没有重视的材料现在成了论据,因为新的观点要求解决新的问题,而新的问题又要求有新的事实材料来进行验证。"[1]可以看出,西方史学的概念体系处在一个变化的过程之中,在各个不同的历史时期有着不同的概念体系,西方史学发展的生命就在于它不断地推陈出新。然而,西方史学的许多核心概念就其最基本的特征而言,几乎没有多大变化。剑桥历史学家彼德·伯克曾对西方史学的特点进行总结,他认为西方历史编纂学是以"线性历史观"、"强烈的历史感"、关注解释因果关系、客观性观念、注重定量分析以及特有的时空观念等为特征的。

---

[1] 杜威,《自由与文化》,纽约:1939年版,第45页,转引自康恩著,乔工、叶文雄等译:《哲学唯心主义与资产阶级历史思想的危机》,北京三联书店,1961年,第136页。

西方史学从修昔底德到朗克,似乎都分享三项基本观念:第一,史学写作所描述的是确实发生过的事件或存在的状况;第二,人类的行为反映了他们的意图,历史学家通过理解这些意图能够重建一个多少真实的历史故事;第三,认为历史演化的时间是一维的,后来的事件是由线形序列中较早的事件相续而来的。①

历史学在西方成为一门学科是由于朗克实证史学方法的传播。19世纪以朗克的"科学的"历史为标志,古老的文史一家的传统断裂了,历史写作中的文学因素被忽视了。尽管实际上,在朗克的实证史学中也包含文学的想象。19世纪历史学的科学化似乎消解了与修辞学和文学的两千年来的联系。19世纪末,当历史学首先在西方尤其是在德国成为大学的一门学科时,西方史学也形成了一种新的历史意识,这种历史意识不仅能评论自身与先前文明的关系,也能评论与西方文明在时空相异的其他文明。19世纪西方许多伟大的史学家(包括马克思在内)获得的地位不依赖于他们的理论或支撑其概括的材料的性质,而依赖于他们阐释那个时代为止的历史的连贯性的富有启迪的洞察,所以即使发现了新的理论或材料,也不能动摇他们的历史地位。

19和20世纪有一种世界范围内的对西方史学范式的兴趣,其他非欧民族史学传统也参与形成全球性的史学实践。在今天,全球史学实践日益接近的同时,也伴随着西方在历史学领域内的学术霸权的减弱。历史知识比以前更快的速度被创造出来。档案的解禁和开放使我们能阅读利用更多的资料,对历史的理解已远为复杂了。半个世纪以前,英国历史学家科林伍德在解释近现代历史学关于历史学科的研究对象、性质和意义时认为,历史研究的对象是人类过去的行为,它通过考证文献,对证据进行解释,达到人类自我认识的

---

① 参见伊格尔斯著,何兆武译:《二十世纪的历史学:从科学的客观性到后现代的挑战》,山东大学出版社,2006年版,第2页。

目的。许多历史家还都认为历史学应当是一门科学。① 三十年后,这种历史观念已引起很大争议。

20世纪上半叶对朗克客观主义史学的反思中,许多历史学家认识到研究伟人和宏大事件的历史著述的局限,因为它忽视了伟大任务和宏大事件在其中起作用的更广阔的语境,他们呼唤能更为详尽解说各种社会经济和文化影响的史学。于是,历史学家们从不同的立场转向社会科学概念。在法国和美国,朗克和孔德所强化的实证主义潮流进一步扩展成为从叙述事件史到社会科学定向的研究模式。从社会学和经济学概念影响的研究范式到年鉴学派,都强调揭示各种社会结构和历史演变(地理的、气候的、人口的、政治的)模式。二战结束后,社会科学理论在历史研究中起到越来越重要的作用,外交史、政治史被社会史压制了。

20世纪40到60年代,分析历史哲学家澄清了在何种程度上历史学可能被视为一种科学。历史学家不仅赋予过去的事件以实在性,也赋予它们意义。起源于维也纳的逻辑实证主义后来发展成包括维也纳学派、罗素和维特根斯坦的哲学以及以蒯因为代表的美国新实用主义哲学的所谓"分析哲学",它十分注意语义分析在哲学研究中的作用。这些学者相信两千年来科学已取得很大进步的时刻,哲学却原地循环。分析哲学家批评旧的以形而上学为特征的哲学试图建立一套凌驾于科学之上的知识体系。而这种知识体系缺乏经验基础,是靠思辨臆想出来。真正的知识体系,在他们看来,是以源于经验的命题为基础,通过逻辑推导构筑起来的。科学上有意义的命题是能被经验证实的命题,或者是能被逻辑分析论证的命题。形而上学的命题则是既不能被经验证实,也不能被逻辑分析论证的伪命题。他们主张哲学应当以语言分析和语言批判为己任。②

---

① 科林伍德著,何兆武、张文杰译:《历史的观念》(R. Cillingwood, *The Idea of History*, Oxford University Press, 1962),北京:中国社会科学出版社,1986年,第10-11页。
② 张庆雄、周林东、徐英瑾著:《20世纪英美哲学》,北京:人民出版社,2005年,第87-93页。

20世纪70年代以前,许多历史学家满怀信心,认为历史学可以成为一门基于对人类生活经验的逻辑分析的类似社会科学的学科。当时的历史学因此转向传统的社会学、政治学和经济学去寻找研究的概念和视角,历史编纂的重心放在宏观的历史潮流和非个人的社会和历史演化的结构。许多历史家相信历史编纂学已经克服了从修昔底德到朗克的那种把叙事的焦点集中于伟大的人物、伟人的思想及其所从事的事业的倾向。

20世纪70年代末以来,西方社会生活前此所依赖的那些乐观假设、对科学、进步和现代性的信仰都受到挑战。历史学编纂的内容从精英转到普通民众,从宏观历史转到微观史学,从关注巨大的社会和历史演变的结构转移到日常生活的真实层面,从社会史转到文化史。历史编纂者们于是更多依赖于人类学、语言学和心理学甚至文学的概念和方法论。以前历史写作所依赖的那些理论前提在70年代到90年代遭到从法国到美国的后现代主义思想家,包括罗兰·巴特、海登·怀特、米歇尔·福柯和雅克·德里达等人的严厉批判和清洗。过去二三十年间历史学家们认为历史学是一门严谨的学术研究,并能因此而重建历史真实的过去的信念已被更为精深的见解所取代。

20世纪后半叶,经济增长和物质文明发展的负面影响,特别是它对生态环境的破坏进入历史意识,社会进步导致朝向完美社会的启蒙观念动摇了。东亚的崛起并成为全球经济体系和技术开发的中心之一,挑战了西方文明及其所首创的现代性的独特性。18世纪启蒙哲学家曾力图把人类从虚幻的神学思维中解放出来,他们相信理性和对科学的信仰是解放人类的工具,也是理解历史的重要概念框架。后现代主义者则认为对理性和科学的信仰是控制和操纵人类的一种工具。

传统史学所构筑的宏伟叙事还在更深的思维模式层次——时间观念上受到挑战。牛顿把时间和空间看作是宇宙客观存在的两大特性,康德把时空视为是思想赖以整理经验现象的普遍思维范畴,布罗代尔等法国年鉴学派史家从历史演变中抽象出三种不同时段。在布罗代尔的视野中,历史时间是随它所研究的主题而以不同的速度和节奏而不同。现代化理论也把现代世界历史看作是"历史的终结"。随着传统时间观念的解构,历史编纂主题也开始片段化。

历史研究和历史知识的客观性受到进一步挑战。自苏格拉底和柏拉图以来,西方思想的一个信念就是在思想者之外存在一个客体,或者说存在一个与思想家的主观性并无关联的客观真理,在希罗多德和修昔底德的著作中,就已有意识地把历史和神话区别开来,并力求对过去的事件进行一番真实可信的描述。20 世纪中叶后,认为历史学研究中并没有客体,史学与文学的联系比史学与科学的联系更紧密,历史研究没有客观性的看法日益流行。

后现代主义相信历史学家是自己的思想世界中的囚犯,他的思维和感受被他使用的语言和范畴所制约,语言文本构成了历史学家的现实,但文本并不指向外在世界,它们也可以被以多种形式解读。在人类学家克里福德·吉尔兹看来,文化也是一种文本,文本并不是必须具有一种书面的或言辞的形式。罗兰·巴特和怀特等认为历史著述类似文学写作,必须从文学的范畴来加以评判,他们否定了历史成为专业以来历史家从事历史研究与写作的信念,也否定了自亚里士多德在《诗学》中所总结并为西方思想家所接受的历史叙事与小说虚构的区别。新历史主义学者斯蒂芬·格林布拉特和海登·怀特等强调历史著述的文学性,他们认为自古以来许多历史家都认为他们是在道德说教,当代学术研究进一步揭示历史学家总要使用比喻的语言来创造历史形象。朗克实证史学和社会科学取向的历史学家认为如果不说历史叙述之外有客观实在,至少历史叙述与真实的历史过去有一种特殊关系,而后现代主义者则认为这是一种虚幻的观念。

海登·怀特认为历史编纂的性质远比上述更为复杂,他相信任何历史叙述都渗透了意识形态或者与某种意识形态有关,因为过去的事件是不确定的,当历史学家把这些事件以某种方式编纂起来,并以某种方式进行说明时,就会表现出某种政治或伦理的倾向。另外,所有的历史写作都是历史主义的,无论历史叙事者怎样试图自觉达到客观和以证据文献为基础,他的历史叙事都处在人类文化的一个特定的时代中。一切历史的再现都包含了历史主义的成分。过去被以现在的眼光审视,反过来也就阐明了当前的由来。

历史写作也被认为是诠释性的。历史学家把一系列彼此联系并不明确的事件编织成一个叙事,并赋予一种意义模式。历史学家在编纂的过程中多是按照某种情节模式或思维逻辑来进行的,其实质是透过利用文本来论述某个主题,因而历史学所产生的并不是完全客观的知识。怀特认为历史写作和历史著作不是对过去真实的一种模仿或反映,而是一种符号式的和比喻式的说明。[1]

在后现代主义看来,历史著述包含特定作者叙述过去的方式,历史论著的要素由大量的文本资料、某种解读或诠释文本的策略所构成。[2]历史研究中因此存在诗学的一面,无论是思辨的历史学家,或是实证的历史学家都有一种历史哲学。在思辨历史学家那里,它得到系统和明白的阐释;而在正统的历史学家,如朗克和托克维尔那里,却是暗含的。占主导地位的比喻方式及相应的语言规则构成一部史学作品的"元史学"基础。上述这些观点当然有些偏颇,因为它否认历史也是由历史学家所发现和收集的关于过去的许多可靠信息所构成,并且否认历史是过去的确发生过的事件,但这些观点使我们认识到历史写作的性质远比朗克想象的更为复杂。

人文社会科学和自然科学的发展影响了西方史学,并与许多史学潮流的兴起和衰落有紧密联系。20世纪法国人类学对历史学的影响使历史学家们注意到作为日常生活方式的文化的重要性,并看到文化对于理解政治社会行为的重要性。在法国大革命史的研究中,勒费弗尔和索布尔的受到马克思分析方法影响的著述以及阿尔弗雷德·柯班(Alfred Cobban)强调阶级斗争与经济因素的做法便被弗朗索瓦·福莱(Francois Furet)和威廉·西威尔(William Sewell)关注文化、语言、符号和礼仪的写作模式所取代。文化研究也后现代

---

[1] 海登·怀特:《形式的内容:叙述话语和述现历史》(Hyden White, *The Content of the Form*: *Narrative Discourse and Historical Representation*, John Hopkins University Press, 1990),第57、78页。

[2] 张京媛译编:《新历史主义与文学批评》,北京大学出版社,1991年,第52—66页。

化了。

　　从20世纪60年代起,我国的西方史学史研究已经取得长足的进展,三代学者所做的开拓性和极有价值的研究工作使我们再也不是对西方史学一知半解。这些学者中,我要特别提到的有张芝联、何兆武、陈启能、谭英华、郭圣铭、朱环和于沛,还有培养了一大批西方史学者的张广智教授、杨豫、郭小凌教授,以及以陈新为代表的年青一代的学者。

　　这本书是在20多年的时间里陆续写成的。书中不少章节的内容源于20世纪80年代我在攻读西方史学史研究生学位的学习笔记和后来留校任教的讲课笔记。在其后20年间,我利用在英国留学的机会,访问了美国和欧洲主要国家的著名大学,实地感知了西方历史学研究的状况。在牛津的长期留学生活中,我深受英国史学注重文本分析和语言清晰的经验主义传统和逻辑实证主义倾向的影响。对意大利主要城市,罗马、威尼斯、佛罗伦萨和那不勒斯的造访使我了解了古代罗马史学和文艺复兴时期史家如马基雅弗利,以及后来的维科和克罗齐生活的那个地理和历史人文环境。我也有幸成为巴黎高师的访问教授,多少次我坐在巴黎高师泉水滴涌的庭院里,思考何以小小的高师出现了那么多闻名世界的历史哲学家。雷蒙·阿隆、马克·布洛赫、列维·斯特劳斯、布劳代尔、拉康、福柯、德里达。这些现代西方史学的大师的足迹,我似乎仍能够在高师的庭院里感知。就在巴黎高师学访期间,我完成了本书法国年鉴学派和后现代主义那些章节,19世纪法国革命史学的章节是在已故法国大革命史家索布尔的家里写成,一个多月的时间里,我坐在索布尔曾多年伏案写作过的那个书桌前阅读和撰写,索布尔生前收藏的书籍仍摆放在书桌旁边的书架上。

　　我曾为自己撰写这本书确定了更高的目标,同时采用社会科学方式和文化史学的方法,但我最终未能做到。传统史学史著作罗列名著和影响深远的史家观念。晚近的许多西方史学史论著不再把重点放在著名的史学家和名著上,转而研究史学赖以源出的社会的、文化的和思想的背景,并采用计量史学和新史学的方法。历史学家的研究和写作是人类经验的一部分。传统史学史所关注的那些伟大的历史学家的思想观点往往超前于他们那个时代,例如伏尔泰的文化史和文明史的编撰理念和实践直到一个多世纪以后才为广大史家所接受,并成为主流史学编撰潮流之一。文化史学的方法要求我们注意那些从历史科学的发展角度来看是荒谬的众多著作,例如了解中世纪的历史著述状况,我们不能忽视大量的那些充斥着有关神迹、上帝的计划、圣徒的生平、世界的起源和人类历史演化的神学描述的历史书。文化史学的方法要求我们收集和研究特定时代的所有历史著述,并在对资料文本的统计和分析的基础上得出有关那个时代历史写作的概貌。

　　我的这本书是为学生而写的,因此我还是把重点放在评介著名的史家、名著和理论流派,以使学生在篇幅不多的书中尽可能了解那些帮助形成今天历史研究范式的学者、他们的写作方法、概念和理论观点。也许有人会批评这本书只关注那些做出"重大贡献"和提出新理论的名家,仍然是在传统史学的框架内构思。然而,我们必须注意这一点:即归根结底,我们在大学期间所学到的知识,它的用处就在于帮助我们形成分析和研究问题的理论框架和方法,了解史学这门学科的历史发展和研究领域的前沿。当然,这本书对于更广大的读者—非历史专业的大学生和有大学学历的知识阶层来说,它也有助于他们了解西方人是如何对他们的历史进行研究和反思的。

第一章 古希腊罗马的史学

人类用文字记载自己过去的活动,早在希腊史学诞生之前很久就在埃及、巴比伦、迦太基、波斯、印度和中国出现了。北非、中近东诸文明的历史记述活动为希腊史学的形成创造了条件。从埃及文明的最遥远年代起,就有撰写简单的年代记的习惯,僧侣们把法老的姓名、即位的年月及事迹镌刻在花岗岩或其他纪念物上。现已发现的较早的年代记是第五王朝(公元前 2750 - 前 2625)时期编写的包含史前到第五王朝诸王的年代记片断。埃及的历史资料除记载王朝统治的更迭和大事件的铭文外,尚有法老的文书、神庙的档案、土地税收人口登记和各种法律诉讼记录等等,然而这些记录大部分都是写在草纸或皮革上,它们随时间而湮灭。直到十八王朝(公元前 1580 - 前 1350)才有关于军事远征和对外关系的大量记载。

第一个创造历史文献的是亚述人。国王们为新修的建筑刻下铭文。大约在公元前 1100 年以后,这些铭文由单纯歌颂帝王业绩逐渐转变为历史记述。国王的功绩被全面记载下来,事件被按时间先后排列起来,或按战役的顺序叙述,并且对重大战役下很大功夫单独描写。新巴比伦帝国时期(公元前 626 - 前 538)编写了一部《巴比伦编年史》,是用楔形文字写的一部最好的史书。

埃及、巴比伦和亚述那些历史记事活动出现若干世纪以后,希伯来人也在后来称之为《旧约》的那些文本中,记载下了与希伯来民族有关的重大事件。公元前 1000 年就有代代相传的口头传说作为现在的《旧约》书中有关历史诸卷的基础,后来的各派先知不断增补、修订。腓尼基人也形成了由官方记载,编纂国内和国际重大事件的习惯。国王的姓名、在位年代、城市年代记和其他重大事件的记载多保存在神庙中。汉尼拔和马其顿王腓力所签的条约刻在迦太基巴力神庙的石柱上,拉西尼昂的朱诺女神庙存有汉尼拔历次战役的铭文。截至20世纪上半叶,已有四千多篇腓尼基铭文问世,记述公元前九世纪到公元四世纪的各种内容。

波斯帝国的档案一度非常丰富,古代波斯人深知官方记录在法律和历史上的价值,他们的年代记几乎连续不断。传说国王亚哈随鲁无法入睡,便命人去取编年史来阅读。亚历山大征服波斯后焚毁了波斯图书馆及古代波斯的史料,并杀害了波斯祭司,使留存下来的波斯人写的历史仅见于铭文中。

一、希腊史学

西方历史编纂在希腊发生划时代的变革前,埃及和美索不达米亚的历史记述就几乎已达到编年史的水平,但决定性的一步仍是希腊人迈出的。它发生在希腊史诗的故乡——爱奥尼亚,是在热衷史诗和雄辩术的文化思想氛围中诞生的。在史学意义上的历史编纂诞生以前,希腊的历史记述主要有两种形式:一种是单纯的记事,例如单独把重大的事件战争、王位更替、农耕、宗教事件等的情况记载于碑文、泥板、羊皮纸之上,或按王朝年代记录大事;第二种是通过神话歌谣、史诗的形式叙述历史事件。例如荷马的《伊利亚特》和《奥德赛》就是记叙特洛伊战争的经过,赫西俄德的《农耕与农时》被认为是希腊史学的真正源流。此外还有说书家,著名的有赫克提阿斯。城市编年史家有名可证的说书家就有30多个,城市编年史家将自己城市的历史推源至荷马史诗之英雄时代。

公元前六世纪前后希腊思想发生了"轴心时代"的转变,对人类世界及过去的思索从偏于史诗般的想象转变到追求对真实事件的描述,雄辩术和哲学探究所培育起来的那种批判性的理性精神,也促使他们从学术的角度去探究人类社会的过去,以及再现过去活动的历史编纂的性质、意义和方法。荷马所写的那类叙事诗逐渐让位于记述真人真事的作品,散文说书家们也开始以不注重文辞的明白的形式把关于某一城市、民族著名人物和事件的来龙去脉的口头传说记载重述,这些都为希罗多德的划时代的历史写作提供了背景和历史资料。

史学意义上的历史著述是从叙事史的早期形式史诗与说书故事发展起来的。公元前500年后,散文说书家的叙事中,神话和不太可信的东西逐渐被剔除。米利都的赫克提阿斯(Hecataeus,约公元前550－前478)依据自己到西欧的旅行写了一部《世界游记》,和赫克提阿斯同时代的戴奥尼索写了一部名为《波斯》的共五卷的历史书,记叙波斯战争,主要是围绕国王、行政长官和僧侣的名字,收集了一些事件。兰普萨卡斯人开纶(约公元前470年)写了《波斯史》二卷,《希腊史》四卷。希罗多德的历史写作同早期史诗的关联性,从他的文风和每一卷用一位缪斯命名中可以看出。

1. 希腊三大史家

希罗多德(Herodotue,约公元前484－前425),小亚细亚南部哈利卡纳苏城人,其父系当地富有奴隶主,叔父为当地著名诗人。希罗多德曾广泛游历过地中海世界,北访里海,南游埃及,东达巴比伦,西抵意大利,每到一处,他总探访名胜古迹,观察民情风俗,搜集传说旧闻。公元前447年他曾到雅典住了四年,成为伯里克利小圈子里的人物,后移居雅典在意大利南部新建的殖民城市图里伊撰写《历史》直到去世。近来在该地曾发现其坟墓碑铭。希罗多德的书出版后,提细阿斯根据波斯的档案写了一本《波斯史》来反驳希罗多德,该书现仅存节录。

希罗多德的《历史》一书分为两部分。第一部分叙述东西双方冲突的起源,波斯帝国的兴起以及希波战争的历史背景。在这一部分中,包含有对埃及、波斯、巴比伦和黑海北岸地区民族国家的风土人情、文化、政治、宗教、地理情况的描述,被认为开文化史的先河。第二部分叙述希波战争的经过,大流士一世和薛西斯一世率军入侵希腊并被击败。后来,亚历山大里亚的注释家将该书分为九卷,每卷冠以一缪斯女神名字。希罗多德的书中关于雅典和斯巴达制度方面的记述是研究上述专题的重要参考资料,埃及部分是西方关于这个国家的最早的记载,巴比伦方面误差较多,波斯部分也具有很高的价值。关于犹太和希伯来民族方面,书中有《圣经》没有记载的资料,是研究上述民族必需参考的。书中关于黑海北岸,现今苏联部分的内容也是研究中亚及苏联古代史的重要资料,直到对东方古文字的译读及古物的发掘,希罗多德书的史料价值才有所降低。

西塞罗第一次称希罗多德为"史学之父"。然而,从修昔底德和普鲁塔克起就有人攻击他为说谎和讲故事的人,十六世纪对希罗多德推崇是由于地理大发现,使西方对非欧地区民族进行人种学和人类学研究的兴趣大增,宗教改革也激起了学者对《圣经》及东方相关地区历史的研究,希罗多德的书提供了不可缺乏的资料。

与希罗多德同为西方史学的肇始者是修昔底德(Thucydides,约公元前460－前399)。修昔底德是雅典人。他的家在色雷斯拥有金矿,是富裕的贵族。修昔底德生于雅典文化的全盛时期,受过良好教育,战争爆发后,被选为雅典十将军之一,统率一支军队与斯巴达作战,兵败被放逐二十年,后返回故里,直到逝世。他的主要著作《伯罗奔尼撒战争史》又名《雅典斯巴达战争史》共分八卷,以伯罗奔尼撒战争为主题,按年代顺序记述了战争过程。修昔底德的书在历史编纂上表现出一种专门史的特征,即只叙述与主题有关的事件。该书第一卷包括序论及战争的起因,第二至第八卷叙述从公元前431年至公元前411年的战争经过。全书未能叙述到战争结束即公元前404年。

修昔底德比希罗多德小十三岁,他们两人的学术兴趣却差异很大,修昔底德更注意寻根问底,想知道事情是怎样和为什么发生。修昔底德被认为是近代客观主义史学之先驱。后来的希腊历史学家大都模仿修昔底德编纂当代史和政治史的传统。克拉迪普斯(Cratippus)接着修昔底德的历史叙述到公元前394年,提奥尼波斯(Theopompus)从公元前394年写到公元前387年,而色诺芬则从公元前411年写到公元前362年。

色诺芬(Xenophen,公元前430－前358)是古希腊三大历史学家之一,生于雅典贵族家庭,曾受业于苏格拉底,青年时代参加过伯罗奔尼撒战争,后作为希腊雇佣兵参与小居鲁士与其兄争夺王位的战争,兵败率万人大军经艰苦跋涉返回希腊,即投入斯巴达一方与民主雅典作战,被雅典公民大会终生放逐,老死于科林斯。他的著作《希腊史》七卷,续修修昔底德书,记述历史自公元前411年塞诺西马战役至公元前362年曼丁尼亚战役共49年间的希腊历史。《长征记》记述希腊雇佣兵在库那克萨战役后从美索不达米亚返回黑海沿岸的远征过程。书中记录了所经地区的地理环境和民情风俗,具有一定的史料价值。此外,他还写有《苏格拉底回忆录》、《居鲁士的教育》、《家政学》等,对于研究当时希腊的哲学和日常生活具有较大的参考价值。

2. 希罗多德和修昔底德著作的意义

希罗多德和修昔底德的作品标志着史学编撰的诞生。在以前的编年史中,作者只是简单陈述记载已经知道的事情,史诗作者和史话家则把传说、神话和信史连在一起,而希罗多德则用"历史"这个词作自己著作的标题。"历史"这个词在那时是指研究——对问题的探究。希罗多德明显地抱着研究的目的来编纂历史。希罗多德明确提出要记载这场纷争的背景及原因。修昔底德认为除了准确陈述事件在过去是怎样发生的,还要使读者对过去的历史事变及其环境有一个清晰的概念。他们事实上把历史写作当作一门学问。其次,他们还力图把这样一种探究建立在客观证据的基础上,希罗多德和修昔底德认为自己的著述同以前的著述相比有一个最大差别,就是自己的著述是建立在事实的基础上。他们都指责以前的历史不真实,修昔底德指责史诗作者夸大主题的重要性,散文家所关心的不是说出真相,而在引起兴趣,他们的叙述迷失于不可信的神话境界中。

修昔底德强调历史家的首要职责是剔除虚妄之说,谈到自己的著述时,修昔底德宣称自己的著作是根据核实了的见证人的陈述,而不是根据道听途说的资料,或自己的印象,因为见证人对同一事件的说法往往前后不一致,记忆也容易出错。他提出史家应考虑到偏见,必须依据自己的亲眼所见及其他见证人的陈述,并进行细致的核实。在希罗多德的著作中已经看到汤普逊所评价的这样一种观念和精神,即历史并不仅是一堆引人注目的、互不联系的事件的堆积,而是一个有联系的统一体。历史家应通过批判的方法,从传说、奇闻逸事中区分真实的历史事件,并按照这些事件的价值和重要性,发现事件之间的联系性,从而构成一个有序的叙述统一体。

在对待历史资料的态度上,希罗多德主要依靠对古代遗址和人民习俗的直接考察与了解,借助对零乱原始资料的搜集与整理。希罗多德的足迹遍及里海、埃及和巴比伦。他已注意到考证史料之真伪,比较各家记载之异同,从中剔除不可信的成分,为了弄清旅途中偶然听到的一些情况,他甚至专程跑去核对,当说法相反时,他取其中最合理的说法;在无法断定史料真伪时,他或存疑或持客观态度。近代的考古学和人类学证明了其书中资料具有相当的可靠性。现今南俄罗斯墓冢的发掘已证明,他对斯奇提亚风俗的描述大体正确。

修昔底德发展了希罗多德对资料的批判态度,把它作为史学编纂的原则之一。他指责人们编纂历史时不愿意找麻烦去寻求真理,而很容易听到一个故事就相信它了。修昔底德认为历史家的责任就是要准确地陈述事件在过去是怎样发生的,以使读者"对过去特别是历史事件及其环境条件有一个清晰的概念,因为按照人类事务的过程,这一切将会重复发生"。[①] 他提出治史的原则是使用最明显的证据,得到合乎情理的正确结论。为此,他广泛收集资料,并实地考察,注意从神话传说、遗闻轶事中剔除谬误和夸张的成分。提出要准确陈述事件在过去是怎样发生的,并持客观态度。他注意鉴别真伪,慎重取舍,并实地考证,深信对历史事件的描述不能凭道听途说或自己的"印象",必须是依据于亲眼目击,或核对过去的资料证据。1871 年雅典卫城发现的一块大理石碑文,记载公元前 419 年雅典与亚哥斯和伊利斯的和约内容与修昔底德的书记载基本相符,只是文字略有删改。修昔底德树立了西方史学的一

---

① 汤普森著,谢德风译:《历史著作史》上卷,第一分册,北京:商务印书馆,1996 年,第 30 页。

个重要传统,即批判求真精神。十九世纪以来,西方史家仔细研究了修昔底德的著作,认为其达到古代历史著述的顶峰,真正的历史学是从修昔底德的著作开始的,修昔底德被推崇为"世界上第一位具有批判精神和求实态度的史学家","科学和批判历史著作的奠基者"。朗克每年通读一遍《伯罗奔尼撒战争史》,马克思和恩格斯也多次引用该书,并大加赞扬。

此外,希罗多德和修昔底德的著作所记载的都是确定时间里的确定的事件。在荷马的史诗《伊利亚特》中是没有时间概念的,特洛伊战争及其英雄们生活在渺茫的过去,没有固定的时间范围和年代划分。而希罗多德则开始确定时间的起点。在当时没有任何标准纪年的情况下,希罗多德为了恢复历史事件的年代顺序只得依据统治者的执政年代,或参照其他地方同时发生的事件来编排年代。但是,希罗多德还不能把里底亚、波斯、埃及和希腊的纪年调和起来形成统一的时间框架,而仅保持各自的王朝纪年,而到了修昔底德那里则开始把这些纪年统一起来。

3. 希罗多德和修昔底德史学理论和方法的局限性

在历史研究的目的和价值方面,他们主要是看到历史的借鉴和垂训作用。在他们看来,历史学的价值主要在于记住著名的历史事件的前因后果,以便在类似的情况下有所借鉴,因为历史事件是可能重复的,类似的前因会导致类似的后果。他们还不能从个别历史事件中抽象出一般的普遍的判断。在历史研究的方法上,他们的方法主要体现为反复追究、考问过去事件的目击者。尽管他们也提到要实地考察,但都只不过是旁证这种见证。希罗多德和修昔底德的著作都依赖于历史学家与之有过个人接触的那些目击者的证据。因此他们的著作所包括的历史长度就是活着的人的记忆的长度。在这个限度内他们的批判有精确性,一旦超过这种长度,叙述的可靠性就值得怀疑了。希腊编史家主要关心当代史,埃及人就发现希腊人的好奇心最多不超过几个世纪。他们还未能发展出现代的历史家所常采用的通过考古学、文字学、人类学,比较方法以及自然科学方法来重现遥远过去的历史的方法。他们的方法蕴含着任何历史叙述的跨度都不能超过一个人一生的年限的狭隘性。他们当时所能依赖的能称之为历史的信史太少,不可能采用剪刀加糨糊的编史方法。

此外,在历史视野上,他们的历史在本质上始终是一个特殊社会单位在一个特定时间里的历史,即使他们的著作也能认识人类世界,但这仅是一种地理的而非历史的概念性,他们还未能发现各民族的历史的整体性,这就使他们的历史著述不能达到对人类整体的认识。希罗多德的客观主义精神有时变成对矛盾的说法不加考证。希罗多德声称他的职责是把他所听到的一切记录下来,但他并不相信在每一件事件上别人的说法。在另一处地方,他又写道:这便是人们用来解释波律克拉特斯的死亡的两个原因,随你相信哪一个好了。在谈到伊奥事件的原因时,他也注意到波斯人和腓尼基人的说法,但哪一种说法符合事实,他不能论证。①

总的来说,希罗多德认为战争的原因是由于人的动机引起的,但它还不能摆脱神支配人的命运的观点,即"神的嫉妒"——神"不容许过分高大的东西存在",他认为神是公平的,不让幸福久驻一地,这是历史的法则,其书提到"神兆"达35次之多。神在希罗多德的著作中占有显著的位置。当人们过于自满、傲慢、耽于享乐,神总是要采取行动惩罚的。对修昔底德来说,神从来不直接影响人类进程,尽管他在提到伯罗奔尼撒战争时,认为这是一场伟大的战争,征兆是地震、旱涝、日食等,但他在解释战争和帝国的成败时,认为这是植根于人类生活的结构、情欲、野心、错误的算计。

谈到战争的原因时,荷马认为特洛伊战争根源于帕瑞斯(Paris)愚蠢的决定以及赫拉(Hera)和雅典娜的复仇愿望。在希罗多德的著作中,战争是由于波斯人错误地流放薛西斯(Xerxes),掳掠财富。神嫉妒波斯人的权倾一时,使雅典支持爱奥尼亚人反叛波斯。修昔底德认为战争不是由于神的变幻莫测的意志,而是由于人类对权势的无休止的追求,他甚至区分了近因——偶然事件和深远的原因,他认为战争并不是仅根源于斯巴达和雅典干预,科林斯以及科

---

① 希罗多德著,王以涛译:《历史》,商务印书馆,1959年,第3页。

西拉与伊庇丹努的争执，而是由于雅典在希腊的霸权政策，必然引起和斯巴达的冲突。

希罗多德把波斯战争视为自由和专制，城邦共和国和专制王国，东方和西方的斗争。希罗多德认为希腊人战胜波斯人是由于在防卫布置、组织纪律、道义各方面的优越。他在有关埃及、斯奇提亚等地的记述上还试图说明气候、地形、土壤、动植物分布等自然条件对人类制度和文化发展的影响。他认为温暖的土地养育着文雅的种族，希腊濒海临山，土地贫瘠，河谷分散，使她不仅是自由的故乡，还是孕育英雄的国土。他不把政治斗争和战争的产生都归因于人性，认为经济资源、商业、海上交通、生产剩余、资本财富对战争的胜负具有决定性的影响。霍布斯首先将《历史》一书译成英文，并称希罗多德为最杰出的政治史家，马考莱称赞该书第七章为人类伟大的艺术杰作。

二、希腊化时期和罗马统治时期的希腊史学

亚历山大臣服希腊城邦后，东征波斯和印度，但他的伟大功绩并未在史学中得到反映，没有出现像希罗多德的《历史》和修昔底德的《伯罗奔尼撒战争史》那样的历史著作。这可能要归因于希腊史家认为亚历山大代表了马其顿蛮族，因而对他在希腊的统治和对东方的征战采取敌视态度。当时却有人写了游记、地理志和几本印度方面的著作，麦各斯(Megosthe)所著的《印度史》是第一个报道印度种姓制度和婆罗门宗教的西方人。亚历山大大帝统一地中海及中东南亚诸国后，世界史的观念也出现了，特洛古斯(Trogus)的《腓力传》就是一部包括希腊及东方的世界通史。

亚历山大里亚学派为学问而研究，亚历山大死后，在托勒密统治下的埃及，史学在亚历山大里亚博物馆丰富藏书的条件下进一步学术化。史家们开始对古籍进行注疏、校订、收集整理官方文献档案。历史家们认为只有人的理智才能证实历史记载是可靠的。像赫克特乌斯(Hecateus)，安提奥库斯(Antiochus)和埃福洛斯(Ephorus)等历史家着手从希腊的历史记载中剔除神话和传说。埃福洛斯的《希腊史》剔除了希腊的神话起源说,创民族通史。公元前四至三世纪是修辞学盛行的年代,这一时期的历史写作主要被看做是教授语法、文体和道德典范的教本,其作为一门学科的地位甚至不如诗歌。亚里士多德对此有一颇为代表性的论述,他认为诗歌讨论一般和普遍的现象,研究人们行为的必然性和可能性,而历史则描述特殊的事件。

1. 重要的史家

亚里士多德(Aristotle,公元前384－前322)是联系伯利克利时代同亚历山大里亚希腊文化的桥梁。他与历史有关的著作主要有《政治学》和《雅典政制》。前书综合分析了他所收集的希腊各城邦的城市章程和法典。《雅典政制》在失传两千年后,1890年在埃及的一大堆草纸书中又被重新发现。亚里士多德写作前收集了138个城邦政体的文献,该书分为两部分:历史部分从雅典的起源开始,记述雅典发生的革命和制度变革,包含多部宪法的摘要;第二部分描述雅典政治体制、政府机构和官员的设置及职责。

公元前3世纪安泰奥卡斯．索特时代(公元前281－前260),巴比伦出现了一位值得注意的历史家,僧侣伯罗苏斯(Berossus)。他所著的《巴比伦历史》,是根据神话传说和神庙的记载档案,认为世界已经468215岁了,巴比伦城的历史也已有435600年,自大洪水以来,已经过去3600年。这本书后来被基督教史学的先驱修西比阿斯用来推算创世记和亚当的纪年。

提迈乌斯(Tumaeus,公元前345－前250),著有《奥林匹亚年代纪》。他试图用定期举行的奥林匹亚运动会来统一希腊纪年。当时,希腊以执政官纪年,斯巴达以监察官纪年。提迈乌斯纪年包括第一届奥林匹亚运动会,即公元前776年。他还著有《历史》一书,记载有早期意大利、西西里和北非的历史。

希腊化晚期出现了编写文化史的趋向,早在公元前四世纪就有人从历史哲学、政治学理论等方面来考察文化史,并形成一套写法,即分别叙述各个民族的起源、衣食住行、统治方式、早期的法制、风俗习惯等。到公元二世纪,波西多尼对克勒特和斯奇提亚的文化做了类型描述。**波西多尼乌斯**(Posidonius,公元前125-前51),著有《地理》和《历史》两卷。《历史》是波利比阿《世界史》的续篇,从公元前144年记叙到公元前82年。他游历甚广,到过西班牙和叙利亚。

波利比阿(Polybius,公元前204-前122)是罗马统治下希腊最伟大的历史学家。他出生于希腊麦加洛波里斯城的贵族之家,其父系希腊反罗马派的领导人之一。波利比阿曾任大使和行政长官,在第三次马其顿战争中被选为希腊联军的骑兵指挥官,兵败被作为人质送往罗马,成为未来的罗马大将军小斯奇比奥的家庭教师。在斯奇比奥的家族庇佑之下,波利比阿得以在客居罗马十七年中,漫游各地,亲眼目睹罗马逐一征服地中海世界的国家。波利比阿的主要著作《通史》始自公元前218年第二次布匿战争,止于公元前146年第三次布匿战争结束,该书共40卷,现仅存其中五卷完整地保存在梵蒂冈的抄本中,另外的一些卷是后来从其他作家的作品的辑录以及从褪迹中复原而得到的。该书记述罗马征服地中海建立大一统帝国的历史。他在书中主要回答这样一个问题:"通过什么方式和在什么政治制度之下,罗马人在不到五十年之内,将几乎全部人类世界置于其统一管辖之下?"

2. 波利比阿的历史观念

西方史学家绍特伟尔评论说,波利比阿对历史编纂原则的论述,是朗克以前西方史学的最高成就。他的那本著作是研究公元前二世纪中期罗马历史的重要史料,他的历史编纂还克服了希罗多德和修昔底德史学的局限性,把希腊历史编纂推进到一个新高峰,他对希腊及西洋史学的贡献有以下几个重要方面:

波利比阿具有历史整体性的思想,他的通史不仅记载了罗马的历史,而且也是他所知道的那个世界的历史。他写道,地中海沿岸各个地区,意大利、利比亚、希腊以及亚洲"所发生的史事都是互相影响的"并"成为一个有联系的整体",其发展具有统一性。波里比阿认为从第一百四十届奥林匹亚运动会起,整个希腊、意大利和北非的历史就成为一个有机的整体。

波利比阿发展了历史研究的方法,把历史求真精神提到很高的高度。他明确提出历史学应当"如实记载",不任自己的好恶亲疏歪曲真相,也不以奇文逸事来取悦读者,即使为了垂训后世,也不能歪曲史事。在他看来,真实之于历史犹如双目之于人身,离开了真实就无历史可言,波利比阿因而表现出了一种可贵的批判精神,他不仅强调实地考察,而且即使对有名的历史著作,也不轻信,在这方面可以说他开了朗克史学的先河。

波利比阿不仅肯定希罗多德和修昔底德的考问见证者的方法,而且还采用新方法,即,编纂的方法,因为要撰写世界史是不能仅凭活着的目击者的证词,还需要一种拼补的方法,即剪刀加糨糊的方法,从那些已不能根据希罗多德的原则而加以核实的作家们的著作里摘录所需要的材料,因为这些著作中的见证人是不可能见到的,所以只能通过对文献的理论批判。在这里波里比阿表现出一种正确的态度,当然他不曾提出任何内证和外证的方法。

波利比阿把历史解释提到了历史写作的一个重要位置。他强调历史家必须给历史事件以合理的解释。史家不应仅仅记述历史,而且应当进一步探讨历史事件的因果联系。"单单叙述事件经过虽有趣,但却没有教益,当辅之以对其前因后果的解说,那么历史研究就会有收获了。拿历史上的类似事件比照当代情况,我们便可以获得一种方法和依据,用以推测未来。"[①]历史家所要知道的不是发生了什么,而是如何发生的,即,在怎样的企图和理由之下发生了什么事情。他认为这样一个原因不能推之于神或命运。波里比阿的这些见解使古代史学的理论思维大大发展了。

在希腊语中,历史是指对事物的探索和研究,希罗多德的著作《历史》就是秉承了这个涵义。波利比阿认为应当把历史学看做是一种特殊类型的研究,而不是一般类型的探索。波利比阿把自己看做是第一个把历史探索设想

---

① 见巴恩斯:《历史写作史》(Harry Elmer Barnes, *A History of Historical Writing*, Norman: University of Oklahoma Press, 1938),第34页。

波利比阿的政体循环论[1]

史前时期→国王制→专制→贵族制→寡头制→民主制→暴民统治

文明前时期

为了克服个体所具有的弱点,人们开始群居。强壮大胆者成为领袖,专制产生了。随着家庭和其他社会关系的建立,责任感和正义的观念也诞生了,专制制度开始变化,导致出现第一个政体形式:

1. 国王制

善良和正义的观念出现后,专制者被国王所取代,国王富有勇气,为人民提供保护,人们于是理智地臣服于他的统治。当国王的后代把自己想象为超人,开始沉湎于暴力、奢侈、贪婪和傲慢,政治便退化到专制形式,以专制手段治理国家激起了人民的反抗。

2. 贵族制

那些敢于起来反抗的人们被感谢他们推翻了专制制度的人们捧为领袖。贵族领袖们开始以公众利益为上,但是几代以后,贵族把权力和地位视为与生俱来的特权,开始滥用权力、贪婪、沉湎于声色,政治退化为寡头制。

3. 民主制

心怀公众利益的人接管权力,管理国家,建立民主制。但是,那些没有经历过寡头制的人们最终不再珍视自由、平等。没有原则的领袖不久习惯于利用暴徒作为满足其贪婪的工具。腐化、蛊惑人心的宣传和暴力司空见惯,成为暴民统治,专制者被召唤回来恢复秩序。社会退化到文明前时代。

---

[1] 见布莱萨赫:《历史编纂学史》(Ernst Breisach, *Historiography, Ancient, Medieval & Modern*, Chicago & London: The University of Chicago Press, 1994),第47页。

为一种具有普遍价值的思想形式的人。虽然他并不认为历史是一门科学。希罗多德则认为历史主要是一种使人明智的学术思维活动。

波利比阿还对史学的实用和鉴戒作用、史家必备的才德等作了较为系统的论述。但是波利比阿或许最值得注意的是他提出了一个系统的关于历史演化的理论:政体循环的理论。在他看来,国家类似生物有机体,其发展必然经历生长、繁荣和衰亡的周而复始的过程,具体表现为三种政体的轮回。

波利比阿的理论被 15 和 16 世纪的人文主义史学家如马基雅弗里、法国的勒鲁瓦等所继承和补充,并构成了直到 20 世纪的斯宾格勒和汤因比这一派循环论历史哲学的基础。修昔底德在他的著作中也讨论过社会的兴起又衰落的现象。波利比阿认为由于罗马人混合采用了三种政体,即体现君主制的执政官制度、体现贵族制的元老院制度、体现民主制的公民大会,因此,才有可能免于循环和衰亡的命运。波利比阿没能看到后来当罗马政治退化为元首和帝国制时,罗马终于衰亡了。

希腊史学奠定了西方史学的基础,它描述人的活动和事件,包括社会政治、经济、军事和地理风土人情。它也发展出了初步的历史批判的方法,试图发现历史真相,强调客观和追求真实,认为历史研究可以为现在提供经验教训和借鉴。它也开创了历史编纂的若干体裁,以大的历史事件为中心的政治史、外交史和战争史,以及描写社会各个方面的文化史倾向。

三、古代罗马的史学

罗马历史作品的萌芽形态是年代纪,由大祭司为了立法的目的而编制,这始于公元前 5 世纪中叶,到公元前 320 年,罗马大祭司开始每年于一白色揭示牌上,编制岁历,并以两个执政官之名纪年,记载本年大事,包括军事、政治、日月食等各种预兆。公元前 130 年,大祭司斯卡伏拉汇集前人记录八十卷分别公布,称之为《大年代纪》。此外尚有国家档案保存在庙宇里,到西塞罗时仍有国家档案。公元前二世纪时出现了用拉丁文写作的史诗,如涅维伏斯(公元前270－前200)和恩尼乌斯(公元前239－前169)的年代纪。第一个用散文写作历史的是皮克托尔(Pictior,约公元前254－?),他用希腊文写历史,记述神话时代的罗马到他那个时代。书中包含较多第二次迦太基战争的资料。

1. 罗马共和时期的史家

加图(Cato,公元前234－前149)第一个用罗马民族语言拉丁文写作罗马历史。李维说他是罗马史学的创立者。加图出生在意大利图斯库鲁姆,曾参加过第二次布匿战争,历任罗马财务官、执政官等职。他力主消灭迦太基,是一个富有的大奴隶主,他发表了大量脍炙人口的演说,写了七部书,涉及历史、军事、法律、医学、农业方面,但这些书大多失传。

他的主要历史著作《创世记》记述早期罗马的历史,全书共分七卷,前三卷叙述早期罗马及其他意大利城市和部落的起源;第四、五卷叙述布匿战争经过;第六、七卷记述此后直到公元前147年发生的各种事件。该书保存了有关罗马的十分宝贵的材料,但现今仅存片段。另一部著作《农业志》记载了那时意大利的庄园经营管理,是研究公元前二世纪中叶意大利中部社会经济和农业的宝贵资料。

加图的书广泛利用了现已失传的古希腊著作、铭刻、地方志、官方文献等。汤普逊认为加图的《创世记》是拉丁史学的革命,从主题、精神、资料方法到语言改变了罗马史学。加图的书不是按年代记事,而是按主题分类记事,这打破了以往的编年传统。他的书有一特点就是不用人名,如称汉尼拔为乱军统帅。全书每卷前都冠以序言和导论,该书包含了意大利及西班牙诸地区的人种、风土习惯、宗教文化、经济地理和物产等情况。加图重视历史的伦理教育作用,所以详加记载前人的嘉言懿行,开创罗马史学的一大传统。

恺撒(Caesar,公元前100－前44)罗马共和时期著名的军事家和政治家,曾被选为执政官,并出任高卢总督。主要著作有《高卢战记》和《内战记事》。《高卢战记》记叙恺撒从公元前58年至公元前50年在高卢用兵的经过。全书以第三人称叙述,基本上是在其每年向元老院提出的军事报告基础上写成,目的是为自己辩护。书中含有大量古代不列颠和莱茵河以东日耳曼地区的政治、经济、风土习俗和宗教等方面的记载,是研究西欧早期历史的重要资料,恩格斯曾大量引用。此书叙事翔实冷静,文笔清晰简朴,是古代拉丁文学的代表作之一。《内战记事》记述恺撒与庞培在公元前49年至公元前48年的斗争。

萨鲁斯特(Salluest,公元前86－前34),罗马共和国时期著名的史学家,曾任罗马保民官,努米底亚总督,阿非利加大法官。其主要作品为《历史》五卷、《喀提林叛乱》、《朱古达战史》。《历史》记叙了苏拉死后那段时期的历史,书中含有斯巴达克斯起义的史料。《喀提林叛乱》记叙公元前63年民主派首领喀提林图谋推翻政权失败的经过。《朱古达战史》记叙了公元前115年到公元前105年罗马对努米底亚国王朱古达的战争。萨鲁斯特的书参考了大量文献资料,对史事较认真,他在政治上虽偏袒贵族和恺撒,但叙述上仍似乎站在客观立场上。萨鲁斯特是拉丁语言的大师,文体严谨简洁,叙事条理清晰,善于刻划人物,分析心理状况。他不信奇迹、预兆,有一定求实精神。他还力图系统分析罗马上层阶级腐朽的原因,并对历史进行解释,能把一些看似无关的事联系起来。他继承修昔底德和波利比阿,试图对罗马的上层社会政治和道德腐败进行探究。布莱萨赫认为他把专题历史书的形式发展了。他是罗马史学中承前启后的史学家,他接受了修昔底德的遗产,又给塔西陀和马采林以影响,后人把他和李维、塔西佗并称罗马三大史家。汤普逊认为他把罗马史学的特征:限制题目范围,追求文学表达形式发展到顶峰。

西塞罗(Cicero,公元前106－前43)生于罗马共和时期,早年习修辞、法律和哲学,受波利比阿政治学影响,曾担任罗马执政官。西塞罗是古代罗马著名的演说家,他的书具有强烈的煽动性和很高的修辞造诣。罗马统治下的希腊,特别是在亚历山大里亚,史家们继续对古籍进行批判研究。雅典有一位叫阿波罗多鲁斯(Apollodorus)的学者甚至详细研究伊利亚特诗中船的装货量。罗马人在史学理论方法上没有什么建树,从公元前150年到奥古斯都时代,只有西塞罗引人注意地讨论历史理论。西塞罗注意到希腊历史写作的理论和方法,赞扬那些注重探索历史事件中的动机、原因和结果的罗马史家。他认为历史的价值首先在于教导罗马公民过富有的建设性的生活,为此历史学家应首先做到真实。历史著作应是过去时代的见证,也应有助于理解现实。历史写作的第一个法则就是要叙述真实的历史事件,秉持客观公正的态度。历史写作的第二个原则是应富有教育意义,为此历史写作要注意艺术性,而不要写成枯燥乏味的编年史。此外,史家在选择和编排史事时,应使历史作品具有引导读者合理生活的作用。

2. 罗马帝国时期的史家

公元前30年到4世纪是罗马的帝制时期,重要的历史学家有李维,普鲁塔克和塔西佗。**塔西佗**(Tacitur,约公元55－120)出身于罗马边省富裕的骑士家庭,其父曾任高卢地方长官。塔西佗学习过法律,以雄辩著称,后与不列颠总督阿古利可拉之女结婚。塔西佗曾任罗马的执政官和亚细亚行省总督,因而十分熟悉罗马上层政治生活,恩格斯称他是罗马贵族共和派的最后一个代表人物。塔西佗怀着对帝制的强烈反感和把历史著作当作道德说教的工具而著书立说,塔西佗的文字简洁紧凑,观察精辟,文章充满大量警句,有人说他是罗马最伟大的史家。塔西佗流传下来的著作共有五部。

《阿古利可拉传》主要记述了塔西佗的岳父、不列颠总督阿古利可拉一生的经历、人品道德和军功政绩,从一个侧面反映出罗马帝国初期的政治军事生活。书中包括古代不列颠的风物地貌、经济和社会历史状况等,对了解古罗马及不列颠有重要史料价值。《日耳曼尼亚志》是最早一部记载古代日耳曼人社会历史的专书,书中包含日耳曼人的起源、日耳曼尼亚的自然地理风貌和公元一世纪末日耳曼诸部落的经济政治组织、风尚习惯和宗教信仰等等的详细情况,是研究德国古代史的绝无仅有的珍贵资料。恩格斯称这本书为"名著"。近代德国的历史家曾花费很多精力研究注释该书。在书中,塔西佗把日耳曼人的生活和制度理想化,有意同体质与道德日益退化的罗马人进行比较,对后来从道德因素解释罗马帝国崩溃的史学家产生了相当的影响。

李维（Livius，公元前59－公元17），罗马三大史学家之一，他是在今意大利威尼斯附近的帕塔维马姆人，出生于富裕家庭，青少年时代受过希腊和拉丁文学以及修辞学的教育，还学习过演说术和哲学。公元前29年到罗马定居，李维生活的时代是罗马共和制向帝国转变的时期，此时罗马的社会风气日趋腐败，李维深感人心不古，世风日下，决意撰写历史，针砭腐朽、奢侈，激励爱国思想和传播罗马人的传统美德。李维的历史著述引起国家元首奥古斯都·屋大维的注意，从此两人交往甚密。李维后来做了奥古斯都的孙子——未来的皇帝小克劳狄的教师。奥古斯都死后，李维回到故乡。李维的主要著作名为《罗马建城以来的历史》，全书共142卷，像其他罗马编史家一样，李维也是把著作分为若干十卷组。该书叙述内容从罗马建城开始（公元前754年）到德鲁苏之死（公元9年）。这部巨著到公元七世纪时还完整，现保存下来的仅有35卷，自文艺复兴以来，人们就期望能在古代寺院里找到这部卷帙浩繁的巨著的完整抄本。但由于有后人为其著作所写的全书提要，得以使我们了解全书梗概。

李维的历史书是罗马第一部通史，它是为垂训和对公民进行伦理教育而写的历史，因此他的著作是对他以前的罗马历史的一曲颂歌。他盛赞共和时代罗马的强盛，人民道德的纯洁和生活的简朴、笃敬神明的道德风尚以及英雄人物开疆拓土的气概和崇高品格，悲叹罗马帝国已呈现的衰败气象。李维的著作对后人产生了深远的影响。他认为历史写作的目的就是从历史中获得借鉴，看到应该仿效的榜样和应该避免的覆辙。

大多数罗马历史编纂者认为历史主要是一门艺术，而不是一种批判考证学术。李维更认为历史著作应是一种讲究修辞和雄辩，劝善惩恶，培养公德和爱国精神的篇章。李维因此不注意史料考证，他收集了大量的文献史料，对矛盾的说法仅采取存疑和用自认为可信的说法。历史写作对李维来说也不是一种探究历史事变底蕴的活动，因此他并不在著述中探寻种族起源、古代风俗、罗马的政体、财政经济的详情。

李维是古代罗马第一流的散文家，他的著作显示了很高的文学素养和修辞造诣,有奔放的热情和丰富的想象力,其文体流畅精练,词藻典雅富丽,叙述栩栩如生,受到历代史家的高度评价。塔西佗赞扬李维的雄辩,奎因提达赞赏李维风格的激动人心,文艺复兴时期的大史学家马基雅弗里专门著文论李维罗马史的前十卷,拜伦称赞李维"如画的篇章",近代德国罗马史学家尼布尔评价说"在任何拉丁文历史作品中,都找不到比李维的著作更动人的文字"。李维是最早的修辞派和借鉴史学的最著名范例,但是李维的著作却缺少对史料的批判和谨严的态度,他的书主要是编纂和重述以前和当代史家的著作。

公元1世纪后,罗马人强有力的哲学和宗教精神在解体,浮夸华丽的风气败坏了历史的客观精神,奥古斯都统治时期对历史写作的查禁,这一切使罗马的历史写作在质量上明显衰落了。然而,在罗马帝国统治下的希腊历史家们却仍在延续希腊史学的传统。普鲁塔克就是那一时期希腊历史学家的杰出代表。

普鲁塔克(Plutarch,公元46-120)他出生于希腊中部克罗尼亚城,父为有名的传记家和哲学家,青年时代普罗塔克游学雅典,遍访各地,后在罗马讲学,并曾为罗马皇帝图拉真和哈德良讲课,官至希腊财政督察,并被授予执政官荣衔。普鲁塔克著作丰富,但流传至今的仅为《传记集》和《道德论文集》。《传记集》即《希腊罗马名人传》,含50个人的传记,其中46个人是按照军事家、政治家、立法者或演说家来分类撰写,以一个希腊名人搭配一个罗马名人,例如亚历山大与恺撒,努马与莱库古,共分23组,每组后殿以评论。其余四篇为一人一传。他的用意在把光辉的希腊往昔介绍给罗马人,也使其尊重希腊文化。普鲁塔克的文章瑰丽多姿,夹叙夹议,刻画人物性格,妙笔传神,是有名的古典文学作品,其史料大部分据实,也有未经考证属实和意在渲染之笔。由于他在书中经常进行道德说教,这使他的书的学术性大为减色。

普鲁塔克意在劝善说教,使人们熟悉高尚的业绩,而产生良好的道德倾向,他描述坏人也是为了警戒于后世。普鲁塔克笔下的人物性格缺乏发展,他并不善于分析时代条件和环境对人物的影响,十分强调性格对事件命运的影响,对后来英雄史观的形成有影响。普鲁塔克的书保留了许多其他著作未有的资料,这些资料正是赖于他的介绍,后人才得知。普鲁塔克是传记体历史著作的奠基者,后世如拉伯雷、蒙田、培根等传记作家多模仿其笔法。文艺复兴时期,他的著作被刊印和传诵,因为他所歌颂的那种人生模式正适合当时人文学者的需要。他的人生哲学是柏拉图、亚里士多德、毕达哥拉斯学派和斯多葛学派的融合。他重视人的价值,认为人应当以道德为体绳,严于律己、恕以待人、恬淡寡欲、不慕名利、忠于职守、造福人类。法国大革命时期对古代英雄的崇拜和对旧制度的批判使普鲁塔克的书再度流行起来。歌德、席勒、贝多芬和莎士比亚都嗜读他的著作。莎翁笔下的恺撒、安东尼奥与克里奥巴特拉就是取材于此书。

继亚历山大大帝的征服创造了一个希腊化的世界,公元前一世纪罗马统一地中海世界,世界史逐渐成为历史编纂的一种公认的形式。斯特累波(Strabo,公元前63－公元24)的《地理学》就是一个包括当时已知世界的历史地理巨著。他的《地理学》共十七卷,有十卷叙述欧洲,四卷叙述亚洲,一卷叙述埃及和非洲。奥古斯都时代的历史学家奥多刺斯的《历史文库》也是一部包括古代诸民族——埃及人、亚述人、埃塞俄比亚人、希腊人和罗马人——历史的著作。他在序言中写到历史家应该把"有人居住的世界的共同事务像单独一个国家的事务那样记述"。

罗马帝国统治下的希腊著名史家还有阿庇安、阿里安和戴奥等。阿庇安(Appian,约公元95－165)与普鲁塔克同时代,其巨著《罗马史》关注行政法律制度,按民族国家叙述事件。阿里安(Arrian,约公元95－175),著《亚历山大远征记》。戴奥·加西阿斯(卒于公元235年)著《历史》八十卷,记叙从公元前1000年到亚历山大·塞维鲁斯(卒于公元235年)统治时期的罗马历史。十二世纪时两位拜占庭学者为他的全集作了提要。在戴奥等人的著作中,历史编纂囊括"世界史"。托勒密所写的那部名著《地理学》描写了远至印度、北欧、易北河以远地区、波罗的海、里海地区的地理人文概况。公元一世纪时的航海图载明印度沿海、非洲东海岸、阿拉伯红海沿岸的地理和港口情况,当时的商道图标明了从中国、印度到罗马的道路网。公元三世纪后,希腊史学也衰落了,在更为强大的种族迁徙、经济地理和社会风尚的长时段变迁的趋势面前,社会政治、法律似乎不再重要。希腊文化的创造力业已丧失,思想枯萎了,历史批判和求真精神也不再多见,阿谀奉承、艳丽浮夸的文风流行开来。公元三世纪时有一位史家琉细安撰写《应怎样写历史》。他谴责正流行的充满轻信和奉承的史书,提倡史家应公正无私,对史事调查核实。公元 4 世纪前后,随着古典文明的衰败,古典史学也终结了。

第二章 中世纪的历史编撰

中世纪从粗野的原始状态发展而来的。它把古代文明、古代哲学、政治和法律一扫而光,以便一切从头做起。它从没落了的古代世界承受下来的唯一事物就是基督教和一些残破不全失掉文明的城市。其结果正如一切原始发展阶段中的情形一样,僧侣们获得了知识教育的垄断地位。因而教育本身也渗透了神学的性质。政治和法律都掌握在僧侣手中,也和其他一切科学一样成了神学的分支,一切按照神学中通行的原则来处理。教会教条同时就是政治信条,圣经词句在各法庭中都具有法律的效力。[1]

中世纪历史编纂学的兴起有它深广的历史背景。首先,蛮族入侵毁灭了古代文明,教会僧侣成了几乎唯一有文化的阶级。五世纪到十二世纪,历史写作者几乎都是教士;其次,貌似永恒和强大的罗马帝国的毁灭和文明的突然的崩溃使人们感到惊恐和悲观。这为能够解释这种剧烈的历史变迁并提供福音的基督教历史哲学入主西方史学准备了条件。

希腊罗马史学作为一个学术研究领域和观念是以世俗的人的活动为历史著述的中心,人的高尚品格和道德风范被认为具有永恒的价值,历史是人的意志所创造。罗马在公元五世纪的毁灭提出了重要的问题,它使古典史学的人本主义史观遇到了严重的挑战。如果说强盛的帝国兴起而又无法避免衰落,那么决定历史变化的似乎并非人力。人不能确定自己行为的后果,也似乎无

---

[1] 恩格斯:《马恩全集》,北京:人民出版社,第7卷,第400页。

力达到事先明确设想好的目的。于是,罗马的成功和衰亡不再被像古典史学家认为的那样是由人的因素所决定。希腊罗马哲学中有关实质的形而上学学说被否弃了。罗马的陷落也使以帝国及其都城为中心的古典形式的历史学失去了主题和意义。

从基督教的一些早期文本,例如《使徒行传》、《马可福音》和《路加福音》,我们可以看到基督教怎样逐渐演变成一种意识形态。从耶稣生活的时期到基督教文献出现这期间,耶稣的故事被使徒们口传和在草纸上辗转抄录。在《路加福音》(约公元90年)中,这些故事开始定型。《马可福音》更早发表于公元80年左右,它可能依据更早一个文本,其中包含一篇耶稣受难记和多篇附有"耶稣语录"的文件,马可曾在耶路撒冷居住,耳闻目睹若干重大事件。以他的名字命名的书记有公元68年罗马皇帝尼禄迫害基督教徒和公元70年耶路撒冷被毁。

耶稣大约在公元28年或31年被钉十字架,据传又复活。他死后一代人的时间中,基督教传入希腊世界。《马可福音》就是根据一个载有耶稣语录的希腊文译本编纂而成。公元67年圣保罗在罗马殉教,《新约》中有他的书简,在《罗马人书》中保罗已按照人类的道德状况划分历史为亚当、摩西和基督三个时期。他声称上帝创世时已制订人类发展的宏大计划,罗马帝国的崛起和胜利是上帝为实现一统人类的工具,他的历史哲学就是对上帝那个计划的窥探和阐释。

一、基督教历史观念和教会史学

公元二世纪中叶,基督教学者塔伊安在《向希腊人讲话》中,首先把希伯来历史放在基督教历史序列表的希腊、罗马历史之前,希腊罗马史学的短暂的和地区性的历史眼光就这样被基督教理论扩展了。这种关于人类历史的新的哲学理论后来经阿非利加那、攸栖比阿斯、哲罗姆和奥古斯丁等人进一步系统化。有关上帝的故事以及与之相关的牵强的历史传说与当时已创造出的历史知识,关于埃及、中东、波斯、希腊罗马的"信史"混糅在一起,历史还被分为"神圣史"和"世俗史"两部分。

在基督教史学对过去的历史从时间上加以整理上,绥克斯都·朱理亚·阿非利加那(Julius Africanus,公元180－250)扮演了重要作用。他编纂《编年史》从亚当追溯至公元221年,把希腊罗马史学的纪年体系同《圣经》的年代表糅合排列为一人类历史演变总表。后来的攸栖比阿斯(Eusebius,约公元260－339)续阿非利加那的《编年史》编纂《大事年表》至公元324年,圣哲罗姆把《大事年表》译为拉丁文,并续编至378年,后人又不断续编,到公元八世纪成为寺院编年的主体。

基督教对人类社会及历史过程的哲学理论是奥古斯丁(St. Augustin,公元354－430)阐述的。奥古斯丁是北非希波城的大主教,他亲眼目睹了蛮族对罗马帝国的大规模入侵和罗马城在公元410年被阿拉里克攻陷。在哀鸣中,许多人认为罗马遭此惨祸是由于人们抛弃了古代神明而改信基督教。奥古斯丁在公元413年至426年完成了他的伟大著作《上帝之城》。他首先对罗马为代表的人类社会和国家的性质进行解释,声称国家和社会是人创造的,建立第一个城市的是杀其弟的该隐,因而是邪恶的。罗马这座城市在文明、思想、艺术和政治上取得光辉成就,然而同上帝之城相比,它就黯然失色,并业已完成其历史使命。人类不应当把自己的命运跟罗马联系在一起,尘世生活短暂、苦难,而天国的生活才是永恒和幸福的。教会是上帝所创立的,它正竭力使天堂的幻景在人间实现。人类的历史就是这两座城市的斗争,上帝之城取得胜利,带来幸福的千年王国,人类应等待上帝所安排的这个永恒的天国的降临。

奥古斯丁就这样提出了一个乐观的解释古典文明衰落的理论。这个观念也主宰了中世纪的历史写作。《上帝之城》也讨论了国家与教会的关系,宣称上帝统治人类的一切,教皇的统治权凌驾于帝国之上,教会高于国家。这个纲领后来成了左右中世纪政治的学说。奥古斯丁的基督教神学史观可以归纳为如下几点：1）神创说，上帝是万能的，它创造世界的一切；2）神定论，上帝的意志决定着人类历史的全部变化，历史的动因是神意；3）神恩说，人类犯有原罪，只有部分人能借助上帝的恩惠而得救，整个人类历史就是上帝救世计划的展开。上帝的计划决定了人类历史的起点和终结。而历史变化的主体就是那些体现神意和上帝计划的重要宗教事件和人物；4）神启说，上帝的启示是人类获取智能，认识真理的源泉。

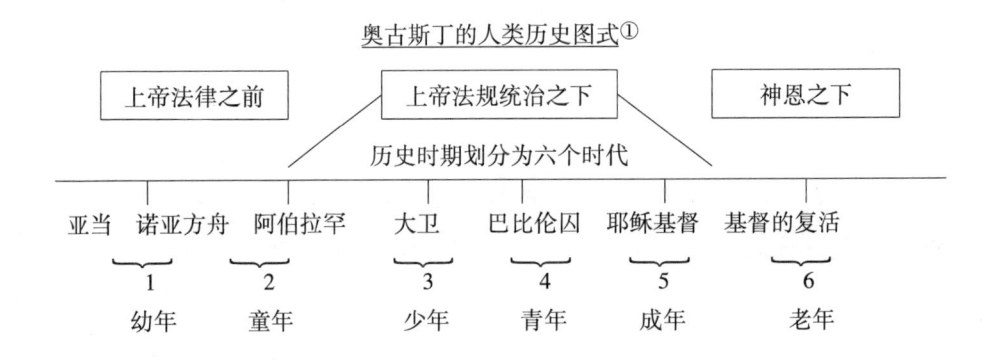

奥古斯丁的人类历史图式[①]

| 上帝法律之前 | 上帝法规统治之下 | 神恩之下 |

历史时期划分为六个时代

亚当	诺亚方舟	阿伯拉罕	大卫	巴比伦囚	耶稣基督	基督的复活
	1	2	3	4	5	6
	幼年	童年	少年	青年	成年	老年

奥罗修斯（Orosius，公元 380 – 420），他是奥古斯丁的学生，他的主要著作《反对多神教徒的七卷历史》是用具体事件来证明奥古斯丁神学史观，他的书也包含了西班牙的西哥特国家形成过程的基本史料。就是在这部书中，奥罗修斯提出四帝国的历史分期理论，后来被中世纪史学家所普遍采用。

攸栖比阿斯被认为是教会史学之父，他生活在巴勒斯坦恺撒城，得以利用那里极为丰富的藏书。他的重要著作除《大事年表》外，尚有《教会史》和《君士坦丁本纪》等，《大事年表》中，攸栖比阿斯介绍所有之前的古代纪年体系：埃及的、亚述的、希腊奥林匹亚纪年、罗马执政官纪年和《圣经》纪年。他比较每种民族历史纪年，确定它们的正确年代表，并把最重要事件记载在旁

---

① 布莱萨赫：《历史编纂学史》(Ernst Breisach, *Historiography*, *Ancient*, *Medieval & Modern*, Chicago & London: The University of Chicago Press, 1994)，第 87 页。

边。每个民族历史的纪年又按《圣经》纪年来推算标示。到公元八世纪,英国史家比德进一步发展了这种纪年体系,按耶稣诞生之前和耶稣诞生之后来计算。

攸栖比阿斯创立了西方中世纪史学的年代学体系,他的《教会史》包含了大量珍贵的原始资料和文件,开创了后来几个世纪的基督教历史写作的体裁和范式。苏格拉底(Socrates,约公元379 – 440)续攸栖比阿斯的《教会史》至公元439年;伊发格里阿斯后来又续写至公元594年。

基督教历史观赋予中世纪历史编纂者的那种世界历史观念是上帝永恒的视野里所看到的,从世界在过去被创造到它在未来的结局。中世纪的历史学也因而浸透着一种末世学。历史过程的单一的实在也分裂成两部分,决定者和被决定者、抽象的法规和单纯的事实、普遍的东西和特殊的东西。中世纪的历史家要窥测历史的总计划。他们倾向于在历史事件之外去寻求历史的本质,办法是使目光脱离人类的行为,而窥测上帝的计划。人类行为的具体细节因而对于他们就变得比较不重要了。这样他们就忽视了历史学家的首要责任,即努力去发现实际所发生的事。中世纪的历史编纂学在批判方法上因而非常薄弱无力。我们应当记住他们想要做的不是对历史的具体事件进行考证和重建。

基督教史家认为历史的解释只能通过对《圣经》词句和故事所含有的微言大义的发掘和推论而来,所以他们特别注意《圣经》故事和词句的象征和讽喻意义,并通过一种附会来说明历史。《旧约》上的各种事件都被看作是一些原理和象征,它们将在以后的历史中展开。

编写一部人类通史,教会史家还面对不同的纪年体系,中世纪历史编纂家关于人类历史分期和世界年龄的说法的形成便是一例。奥罗修斯关于人类历史发展的四帝国的分期理论来源于对《旧约全书》和《但以理书》中巴比伦国王尼布甲尼撒的梦的诠释。奥古斯丁的人类六个时代的理论来源于上帝六天内创世的说法。在世界的年龄上,中世纪史家共提出了五十多种不同的说法,阿非利加认为是5500年,攸栖比阿斯断定是5198年,比德深信是3952年。

这主要是由于各自所依据的圣经文本和计算方法的不同造成的。

基督教历史编纂也用神学框架去剪裁和解释历史事件。为了符合基督教神学史观的"四帝国模式"，教会史家把人类各民族都说成是起源于犹太希伯来民族，并不顾历史事实，把五世纪以后在欧洲兴起的各个王朝也说成是罗马帝国的延续。他们特别注意并选择记载那些他们认为体现了天意的奇异的事变，把几乎凡是不能解释的重大历史事变都说成是神意的作用，所以其著作中充满了奇迹和灾变之类的记述。在这样的历史写作中，历史批判的方法和原则是没有地位的，因为像修昔底德那样对神话的剔除是违反信仰至上的基督教文化观的。一位西方学者评论说，中世纪历史编纂是用"世俗的事件来证明基督教义的真理性"和神的计划，对这种历史"我们必须忘记历史作为一门科学的水准……而记住圣经的权威"。①

由于中世纪的编年史家撰写的多是人类通史，他们的著述要涉及的很大一部分历史事件都不得不阅读并考量其他著作的说法。而他们既不熟悉，也不感兴趣于史料考证。因此他们在叙述历史事件时，往往力求使用一种史料，以免在矛盾中混乱。中世纪盛行的历史体例是编年史和传记。编年史是由年代记发展起来的。年代记是在寺院大事年表基础上发展起来的，在每年的复活节，寺院主持会制定出来年的年历，载明圣徒纪念日及较大的教会节日，这种习惯首先是在奥古斯丁到英国后，在英国寺院里形成，后来又在日期表的边缘上记下该年所发生的重大事件，包括帝王的生死、战争、气候、收成以及奇迹之类的事件。查理大帝命令帝国境内各寺院编写这种形式的年代记录。中世纪的编年史大都采取普遍史的形式，史家在编纂无论哪个地区和时代的历史时，在叙述自己这个时代的特殊事件前，都要先从上帝创世、人类诞生、四帝国和基督诞生说起，包含整个历史过程和各个民族的历史。中世纪有名的编年史有《盎格鲁撒克逊编年史》、《南特编年史》和《世界编年史》等。

---

① 罗威思:《历史的意义》(Karl Lowith, *Meaning in History*, Chicag, 1949)，第 166 – 173 页。

中世纪编年史的内容和结构①

有关圣经和基督教历史部分	中间部分	当代
时间范围:从创世到早期教会	本地区历史,起源到作者的时代	作者所在地区最近以来的历史
资料来源:《圣经》教父的著作 早期教会的编年史	早期的年代记,编年史	作者及同时代人的经历
性质:纯粹的抄袭	辗转抄袭	作者自己所写

中世纪编年史是按时间顺序把事情详细列出的清单,它与历史著作不同。历史著作包含有对众多事件的背景、因果关系、道德政治含义的叙述,并以故事或分析性文体表述出来。

中世纪的传记主要记述圣徒和帝王将相的生平业绩。从公元四世纪起,各地的教会很重视编写《殉教者行传》,一些殉教者甚至亲自或命人记下自己的经历。几乎每一个主教区和修道院也都编纂主持人的传记。对圣徒的崇拜和对上帝事业的献身精神是基督教话语的重要组成部分。圣徒传中充满迷信、魔法和神迹,在这些《圣徒传》中也保存着当时社会生活的重要资料。《圣徒传》多描述从孩提时代起圣徒的生活经历,对日常生活的刻画栩栩如生,从中可以看到中世纪社会风俗习惯的生动画面。著名的传记有萨尔匹细阿斯·塞维鲁的《圣马丁传》、爱因哈德的《查理大帝传》。

二、中世纪西欧各国的历史编撰

高卢在保存古典文化传统和教育制度上比其他罗马帝国属国都突出,到

---

① 布莱萨赫:《历史编纂学史》(Ernst Breisach, *Historiography, Ancient, Medieval & Modern*, Chicago & London: The University of Chicago Press, 1994),第129页。

公元五世纪,罗马拉丁文化同基督教和日耳曼民间文化融合,产生法兰克文化。在所有日耳曼诸民族中,法兰克人命定成为在罗马文明的废墟上建立新欧洲的民族。法兰克王国的第一位著名的历史家,都尔城的大主教格里哥利(Gregory,公元539-594)的历史著述因而具有不可或缺的意义。格里哥利著《法兰克人史》十卷,始自创世纪,止于公元591年。他的著作反映了墨洛温王朝在高卢罗马人和条顿民族基础上创建的经过,以及教会怎样逐渐在欧洲文化中取得支配地位,是研究法兰克王国早期政治和社会史的珍贵资料。从他的著作中,也可以看到罗马文明衰败后,西欧中世纪初期的社会分层、经济贸易、教育、风俗道德、宗教制度等等情况。他的著作的第一卷叙述自创世纪到公元400年的历史,是在攸栖比阿斯、耶罗姆和奥罗修斯等人编年史基础上编纂而成的。在纪年体系上,格里哥利墨守基督教纪年规范。他在其著作中写道:攸栖比阿斯很清楚地解释了世界历史的年代顺序,我将按照这个体系叙述历史从创世到当代。格里哥利的著作充斥大量的趣闻、讽喻、奇迹和宗教说教,但在另一方面,格里哥利的著作取材广泛,包括公牍文件、早期编年史、执政官年记、传说神话、信函条约、目击者的叙述。他常主动指出其资料的来源,力求讲述真实的历史事件,其语言生动形象,格里哥利生活在古典文化向中世纪文化的转折时期,他的历史著述体现了这种双重特征。

1. 加洛林文艺复兴后的法国史家

墨洛温王朝过后是加洛林王朝,其时,法兰克王国已发展为一个领土广袤的大国。公元800年,查理曼被教皇加冕为神圣罗马帝国皇帝,此时,法兰克王国不但武力强盛,而且文化方面也蔚然可观,查理曼奖励学术文化事业,罗致文人学者,造成了所谓"加洛林复兴"。中世纪最著名的传记家爱因哈德(Einhard,公元770-840)就生活在那个时代。爱因哈德是查理曼大帝的近臣和秘书,经常参与各项政事。查理曼死后,他模仿罗马历史学家斯韦托尼的《十二帝王传》写了一部《查理大帝传》。这本书从叙述查理的祖宗开始,然后是查理的军功政绩,接着描述查理的个人品性、外貌、家庭生活、对学术的爱好,最后是去世和安葬。爱因哈德在写书时查阅了许多文字资料,年代记、编年史、宫廷文件(包括外交信函、查理遗嘱)等。但出于溢美和忌讳,他的书中曲解和错误不少,因而作为史料,其价值有所降低。此外,该书仅三万字,因而也失之太简,但此书叙事明快,在当时就享有巨大声望,后来又引起众多模仿。

查理曼于814年逝世,他的帝国也随之解体,然而他开创的文化复兴运动却继续发展,史学也取得很大成就,产生了几部有影响的传记,如《笃信者路易传》。也更加注意年代记的编纂,重要的年代记有《圣柏汤年代记》和《富尔达年代记》。

九世纪也是中世纪政治学说史的重要时期,国王和教会为争夺最高统治权展开正面交锋。大量论争性的文献应运而生,著名的有里昂大主教阿哥巴德的《护教论》、奥尔良主教约纳斯的《王权体制论》和大主教兴克马的《宫廷统治论》。兴克马的书阐述了神权政治原则,他不惜捏造文献支持教权高于王权的原则,并声称教会有权废黜国王和为国王加冕。加洛林文艺复兴在保存拉丁古典文献上贡献甚大,现今几乎所有的拉丁古典著作的原文都是根据九世纪的手抄本印的。

加洛林帝国瓦解后,巴黎的伯休·加佩当了国王,以拉昂为首都。但他只是名义上的霸主,当时的法兰西是多种族——高卢人、日耳曼法兰克人、加斯科尼、克勒特人和北欧诺曼人——血统的混合。种族、语言和风俗制度的多样性是法国形成封建地方主义的基础。全国性的历史编纂很难形成。地方性的历史写作值得提到的有夫罗多亚的《兰斯教会史》、勃艮弟修士弟戎的《圣伯宁编年史》、拉尔夫的《传记》、圣马绍尔修道院的阿德马(Ademar,988 – 约1035)的《编年史》。拉尔夫的《传记》详细记载了圣伯宁教堂改建为哥特式教堂的经过,阿德马的《编年史》记叙了墨洛温王朝和加洛林王朝期间的历史,包含第一次十字军东征,到法国的各国朝圣者,西班牙、非洲的情况,在法国南部的伊斯兰战俘,意大利进口的花毯和图画等等。

十二世纪的欧洲文化复兴运动是以大学的创建、罗马法研究、封建法规的修改、教皇的权威以欧洲立法者的形式发展到顶点以及哥特式美术风格而著称。这种欧洲精神的复兴也反映在历史编纂上。从基伯特·得·诺让(Nogent,1053－1124)、加尔伯特和苏加的历史著述可以看到欧洲那时波澜壮阔的历史画面。基伯特是诺让·苏·库栖修道院的主持,他的《法国人的神圣事业》描绘了第一次十字军东征对法国社会的影响。当时,连年歉收,谷价飞涨,1095年教皇乌尔班二世召集宗教大会,鼓动第一次十字军远征。许多人积极响应,为参加远征,变卖物品,筹措现金,粮食几乎分文不取便出售了。基伯特的《自传》描述了他在拉昂看到的遍及欧洲的城镇自治革命。他的《神圣的保证》怀疑讽刺民间宗教迷信,反对圣物崇拜,被认为是后来文艺复兴运动的先驱之作。

加尔伯特的《光荣的佛兰德伯爵被害记》记叙1127年3月2日佛兰德伯爵查理被害所激起的国际争端和法国城市市民要求摆脱农奴身份,获得市民权利和自治的动乱。从中可以看出中世纪后期,城市是如何由麇集在城堡周围的农奴、手工业者和商人的定居点演化而成的。圣登尼斯住持苏加的《胖子路易本纪》记载了路易六世(1108－1137)在王权衰微的情况下敢于率部远征行使国王对封建领主的裁决权的事迹。苏加的《我主持圣登尼斯寺院时期的历史》描述了他如何主持拆毁旧罗马风教堂、改建宏伟的哥特式大教堂的经过,是研究中世纪建筑史的珍贵资料。

诺曼底圣厄甫罗尔寺院修道士奥得里卡斯·微塔利斯(Vitalis,卒于1142年)的《教会史》是"十二世纪法国最重要的一部历史著作"。这部著作描述了那个时代欧洲的最重大事件,反映了封建制欧洲社会生活的广阔画面。奥得里卡斯利用了极其丰富的史料、档案、宗教会议记录、寺院编年史、圣徒传记、信札、讣告和民间诗歌,还派人到英国、意大利收集资料。他不仅描绘事件手法出类拔萃,而且把历史视为以实例进行教育的哲学。此外,阿德雷和埃诺地区还产生了堪称外省史学范例的两部编年史,这两部编年史是了解地方小封建领地的珍贵资料。阿德雷牧师兰伯的《基因和阿德雷编年史》记述了十二世纪前后一位小男爵领地城堡内外的日常生活和社会交往的纪实画面。埃诺伯爵鲍尔文五世的大臣季斯尔伯写的《埃诺编年史》包含小封建领地内政的丰富资料。

14世纪出现了一位伟大史家,伟罗莎特(Froissart,1337-1410),他生活在英、法"百年战争"期间。他漫游各国,与英、法、意大利、德意志等国王公贵族都有联系。他写了一本《法兰西、佛兰德、英格兰、苏格兰和西班牙诸国编年史》,所叙史事始于1326年,止于1400年。该书主要记载"百年战争"的战况和有关各国的外交活动,反映了封建制度的衰落和对骑士的颂扬,也包含了14世纪英、法两国人民起义的资料。伟罗莎特写历史注重语言表达,描绘人物事件生动多彩。

2. 英国

英国史学之父是比德(Bede,673-735)。在比德之前,盎格鲁-撒克逊的历史编纂十分贫乏,值得提到的只有两部传记。比德是英国诺森布里亚的名僧,学问渊博,精通基督教经典,掌握他那个时代能找到的几乎所有史料,并且熟悉意大利、高卢和西班牙的历史。比德著《英国教会史》,始自公元597年天主教神父奥古斯丁到英国传教,止于公元731年,着重追溯基督教和盎格鲁-撒克逊文化在英国发展的历程。书后也附有一综合年表,列举自恺撒入侵不列颠至公元731年英国的历史大事。比德书中描写了许多奇迹,并且按照奥古斯丁的理论把创世纪以来的历史分为六个时期。但他的书很多内容基本是依据历史事实而写的,他仔细研究了英国各地的档案和大量文献,以及外国有关英国历史的记载,甚至亲自前往各地咨询博学的僧侣,他也注意鉴别事实的真伪,因此,他的著作被认为是公元597年到731年英国历史的唯一一部可靠的著述。

在年代学上,比德认定世界历史的开端为基督诞生之前的第3952年,他也发展了攸栖比阿斯的纪年方法。在《论时间及时间的推算》著作中,他以传说中的基督诞生之年为基准,把那年以前的年代称为BC(Before Incarnation),意为基督诞生之前,把那之后标为AD(Anno Domini,拉丁语公元),意为我主纪年。这种纪年方法被广泛采用,成为直到现今全世界通用的纪年。

公元九世纪，阿尔弗雷德大帝统治时期，英国出现了一本集体编纂的《盎格鲁－撒克逊编年史》，这本著作从公元七世纪开始，一直到1154年，连续不断地记载了英国早期的史事。公元七世纪起，英国各个小国的宫廷寺院就有人撰写编年史，以后愈积愈多，但这些编年史都是地方性的，体例不一，而且记载各有出入。到了阿尔弗雷德大帝在位时（871－899），他组织了一批学者把从前各地积累下来的编年史加以删订、增补、汇编在一起，命名为《盎格鲁－撒克逊编年史》。阿尔弗雷德以后，各地还有人编这部著作，一直到1154年。该书不仅连续不断地保存英国早期历史，而且具有较高文学价值。从980年到1016年，丹麦人在英国频繁的劫掠给英国的修道生活造成致命打击。1066年诺曼人征服英国后，新建了大量寺院，史学又发展了。

从诺曼征服英国到乔叟生活的那个时代（1340－1400），作家们都用拉丁语写作，只有在佩德·波罗的《盎格鲁－撒克逊编年史》是用本国语编到1154年。从伍斯特的佛罗伦斯（卒于1118年）把《盎格鲁－撒克逊编年史》译为拉丁语起，开始了一个被称为英国"诺曼朝代"诸史家的时代，以亨廷顿的亨利和马太·巴黎为代表。十二世纪初开始的英国诺曼时代史学是在从意大利到坎特伯雷任主教的两位学者朗佛兰克和安瑟伦的影响下形成的，它强调正确运用权威著作和用理智证实权威著作是否正确。曼兹柏立的威廉（卒于1142年）在西撒克逊修道院诺曼主持的鼓励下于1125年编写了《英国诸王本纪》（起于449年，止于1125年）和《英国诸主教主持传记》（起于601年，止于1125年），他在历史叙述中竭力显示事件的因果联系，被认为是比德以后第一位历史家。

十二世纪的英国史学有两个流派：北方派和南方派。北方派以达勒姆和彼德博罗为中心，南方派以坎特伯雷、曼兹柏立为中心（十三世纪以圣阿尔班修道院为中心）。南方派的理查·菲茨－尼尔（Richard Fitz－Neal，卒于1198年）撰写了一篇有名的《财政对话集》是了解中世纪英国财政事务的极有价值的史料。十二世纪中，传记也不再充斥传闻和神迹，而变成记载真实的好人的严肃的传记。

亨廷顿的僧正亨利（Henry of Huntingdon，公元 1084－1155）撰写了《英国史》。这本书卷帙繁多，始自恺撒入侵不列颠至 1154 年，第一版于 1130 年完成后，又修订再版五次。亨利利用了他所能找到的全部史料，从前辈史家的著作中对史料追本溯源。他的著作许多部分文笔优美，细节详尽。他认为从观察历史的过去可以推测未来的发展。亨利也摒弃那些传说和超自然的奇迹，追求真实并注重文体，认为历史具有实用的价值。他写道："在这个世界上再也没有比公正地探究世俗事务的进程更高尚的了……历史使我们能检阅过去的事件，宛如它们发生在现在，并且使我们能鉴往而知来。"[1]

马休·巴黎（Matthew Paris，公元 1200－1259）是一位修道院僧侣，因曾在巴黎留学，故被人称为马休·巴黎。他在温多佛尔的罗吉尔的编年史的基础上，编纂了一部《大编年史》，始自创世纪，止于十三世纪。马休对宗教和神话并不太感兴趣，而主要记叙政治发展，特别是外交对国内事务的影响。他的书辑录了很多重要文献，是研究大宪章的制订这段时期英国宪政和外交史的重要资料。

3．西班牙

西哥特人在公元 410 年攻陷罗马城以后，继续往西迁移至西班牙，建立西哥特王国，到公元八世纪时才被阿拉伯人消灭。中世纪早期西班牙最著名的历史家是伊思多尔（Isidore，公元 560－636），他是西哥特国王的外孙，赛维尔城的主教。当时西班牙图书馆还保存了相当一部分古典时期和古代末期作家的文稿著作，伊西多尔得以利用前人的大量著作，写下多部著作，包括《西哥特、汪达尔、苏维汇诸王的历史》、《世界编年史》和《语源学》等。《西哥特、汪达尔、苏维汇诸王的历史》记叙西班牙历史到公元 674 年，是研究六世纪末到七世纪初西哥特西班牙历史的宝贵资料，从中可以看出西哥特人、汪达尔人、苏维汇人迁徙和建国的经过。《世界编年史》始自创世，止于公元 627 年，六

---

[1] 汤普森著，谢德风译《历史著作史》上卷，第一分册，北京：商务印书馆，1996 年，第 369 页。

世纪以前的历史是根据攸栖比阿斯、耶罗姆、奥罗修斯的编年史和奥古斯丁的著作编辑而成,当代事件是伊西多尔自己写的。伊西多尔遵循奥古斯丁,把人类历史分为六个生长期,认为他那个时代正处于第六生长期。

伊西多尔的《语源学》,是一部百科辞典,包括教育、医学、法律、历史、人类和动物界、建筑、农业等各方面专有名词的起源和意义,也含有对当时西班牙农业建筑、法律等方面的报道,以及关于罗马法律和社会制度的历史概述。这部书在中世纪享有很大声望,直到十三世纪新的百科全书出现才被取代。

穆斯林阿拉伯人在711年征服了西班牙大部分地区,仅在半岛北部尚存一些基督教小王国。之后三百年间史学编纂仅是一些简略的年代记。西班牙史学的鼻祖是亚丰锁三世(848-912)。他所著的《简史》是后来写出的许多编年史的基础。十三世纪的主要史著有图伊主教卢卡斯(卒于1249年)的《世界编年史》和托莱多主教洛德里哥·计密尼斯(1170-1247)的《西班牙史》九卷。十三世纪下半叶,史家们已用西班牙文写作西班牙历史,十四世纪西班牙史学也从编年史向叙事史过渡,历史写作者主要是贵族、政治家和武士。

4. 拜占庭帝国

西罗马帝国灭亡以后,东罗马帝国以君士坦丁堡为中心继续存在了近一千年。由于王权强大,基督教思想对历史编纂的桎梏要相对弱些,因此拜占庭史学得以保存古典史学的世俗传统。希腊史学的历史连贯性的观念和习惯于记叙短期历史的做法都可看到。拜占庭帝国的大部分史家都是律师。拜占庭最早的寺院编年史是约翰尼斯·马拉拉斯的《编年表》,拜占庭编年史采用的手法是把中央和外省的事件联系起来叙述,以皇帝的在位期为单位。公元五世纪时,著名的史家有左西莫斯(Zosimus),他是一位管理财政的宫廷大臣。他著《新历史》,始自奥古斯都执政,到公元410年罗马城被西哥特人攻陷。左西莫斯是一位异教徒,认为基督教的兴起和传播是罗马帝国衰亡的原因。

公元六世纪查士丁尼皇帝在位时,出现了拜占庭最杰出的历史家普罗科比乌斯(Procpius,公元500－565),他曾随东罗马帝国军队远征四方,后任朝廷重臣,执掌机要。普罗科比乌斯的《查士丁尼皇帝征战史》记述查士丁尼皇帝武力扩张,先后用兵于北非、意大利,灭掉汪达尔王国和东哥特王国,并与波斯帝国较量的经过。普罗科比乌斯在君士坦丁堡历任各种官职,目睹官场内幕,他的《秘史》描绘查士丁尼时代的政事,宫廷琐闻和达官贵人们争权夺利,互相倾轧的丑行。普罗科比乌斯极力模仿修昔底德文笔和写作技巧,他有闻必录,但著作疏于考证。他写历史重视发挥其伦理教化作用,其《秘史》记载的不完全是信史。普罗科比乌斯的历史著作中,记载了中国养蚕法在公元六世纪传入东罗马帝国的经过。

公元六世纪,拜占庭还有另外一位历史家西莫加达(Simocatta)。他的著作也谈到了中国。西莫加达在其《历史》第七卷中,说亚洲有个地广民众、物产丰富、文教昌明的大国即中国。公元九世纪时,出现了历史家哈马托罗斯(Hamartolus)著《编年史》,对当时拜占庭帝国政治、文化、宗教等各方面的情况,有比较翔实的记载。九世纪是拜占庭的博学时代,这个时代的杰出代表是君士坦丁堡的大教长福提斯(Photius,公元820－892)。他博览群书,多方搜寻古籍,在公务之余编了一部《群书摘要》,辑录古籍达280种之多,有不少古籍正是赖福提斯的辑录才得以保存下来。福提斯还撰写了内容涉及神学、数学、天文、物理、医学和博物学的许多著作。九到十世纪期间,两位拜占庭皇帝利奥六世和君士坦丁七世所写的两本论文手册,《高级官员手册》和《帝国行政论》是了解那个时代帝国行政的有价值的资料。

5．意大利

西罗马帝国灭亡以后,蛮族在意大利首先建立了东哥特王国。此时出现了著名的历史家卡西奥罗多斯(Cassiodorus,公元480－575)。卡西奥罗多斯曾任东哥特王国首相,著《编年史》、《哥特史》和《文牍汇编》。《文牍汇编》汇集了他任职期间所写的468份文件,是研究六世纪上半叶东哥特王国政治、经济、文化、外交的珍贵资料。《哥特史》共12卷,现仅能从米尔丹尼斯的节本中略见梗概。这本书是为日耳曼人入主罗马寻找历史根源的目的而写的。他的《编年史》主要根据攸栖比阿斯、耶罗姆等人的编年史、执政官年代纪编辑而成，有关496－591年的历史是根据自己的观察而写的。

公元568年，日耳曼伦巴德人征服了意大利，建立了伦巴德王国。伦巴德人的历史由后来的僧正保罗（Paul the Deacon，公元730－800）记载下来。保罗曾前往高卢法国，是加洛林文艺复兴的著名人物。伦巴德王国被法兰克王国征服以后，他寓居在当时意大利文化中心——著名的卡西诺山修道院，写下《伦巴德人史》六卷，始自神话时期，止于公元744年。他运用了各种各样的资料、旅游见闻、口碑传说和前人的著作。他引用的许多著作，全文现已失传。他的著作是研究伦巴德国家历史的基本史料。

公元887年，加洛林帝国解体，意大利仍处于各地自治，没有一支力量来完成统一和建立王朝的任务。962年德国皇帝鄂图在除南部以外的整个意大利建立起德国统治。圣安德鲁修道院教士本尼狄克特写《编年史》，始自公元360年，终止于973年。他在书中悲愤意大利不断受外国统治。克雷英纳主教留特普兰（卒于972年）写《鄂图史》和《欧洲大事纪》是研究十世纪意大利的重要著作。九世纪中叶阿纳斯托伊把自三世纪以来的教皇传记合并为一本书，称为《教皇本纪》。意大利中部的蒙特卡西诺修道院，在十一世纪成为意大利最重要的修道院，在后来升任为教皇维克脱三世的德西得里阿的主持下，卡西诺修道院成为探讨神学和教会政策，研究法学、医学和文学，以及艺术创作的中心之一。修道院的利奥·马西卡那斯和彼得相继撰写的《卡西诺寺院编年史》是中世纪最好的一部寺院编年史。

十二世纪，市民革命使北意大利各城市都被承认为独立的自治城市，编纂城市年代纪成为一种新的史学潮流。著名的城市编年史有米兰大主教阿诺尔夫的《当代史》、《佛罗伦萨年代纪》、《比萨编年史》和《威尼斯编年史》。诺曼——法兰西人于1016年至1090年征服了下意大利和西西里。阿马图的《诺曼史》和威廉的《罗伯·基斯卡的事业——诺曼人在西西里、阿普利亚和卡拉布里亚的事业的史诗》记述了诺曼人在意大利的扩张，卡皮涅多编纂的

《圣巴托罗缪编年史》也反映了诺曼势力在各地扩张的情况。

6. 德意志

加洛林帝国解体后,德意志首先从欧洲的混乱中摆脱出来形成一个封建国家。撒克逊王朝和舍拉王朝从919年统治到1125年。公元962年,德意志撒克逊王朝的鄂图大帝被教皇加冕为神圣罗马帝国皇帝。九世纪末寺院年代纪又恢复撰写,还出现新的教区年代纪,例如《科隆年代纪》。撒克逊时代的重要著作有威都坎的《撒克逊史》和梅泽堡主教提特马的《编年史》。后书记叙了撒克逊朝后期诸国王的事迹。舍拉朝时期的史学是以维波的《康拉德二世传》开始的。这两朝产生了一批有价值的历史文献,尤以下面这些史家著称。

赫斯费尔德的编年史家兰伯特(Lambert,卒于1088年)的《编年史》是中世纪最为著名的编年史著作之一。他是一位本尼狄克特僧侣。他的著作《编年史》始于创世,止于1077年。该书1040年以前的历史是抄袭前人的编年史,1040年至1077年是他自己所写。兰伯特的著作记载了当时的政教之争,对皇帝亨利四世在卡洛莎向教皇格里哥利七世屈服的情形,描写尤为生动。在他的书中,教皇、皇帝、主教、公爵和沿岸诸城镇的市民和农民以及他们参与其中的战争和政治外交斗争栩栩如生。兰伯特在写书时,对他收集的巨多的资料,无法理出头绪,终于放弃这些资料而依靠文学虚构。在十九世纪他的著作的史实不准确受到兰克的批判。

教皇和国王的斗争在十一世纪引发了大量论战文章。这些文章对宗教权力、政治权力与人民的关系作出了重要的阐述,影响了近代西方政治理论。20世纪初编辑出版的总称《争论小册子》的书收集了十一世纪一百多篇互相指责的文章。马尼哥尔德写的一篇拥护教皇的文章特别值得注意。他提出,教皇的权力高于国王,因为教会是上帝创建的,国家是人民创造的,国王的权力来自人民。国王的首要职责是保护人民财产,主持公道,这样,臣民才有义务对他效忠。效忠的誓言类似契约,使双方都承担了权利和义务。以契约为基础的国家是受合同约束的机构;"最高主权属于'参政的'人民,即贵族和僧侣,国王只是执行者";反抗不主持正义的国王并把他废黜是人民的权利。①这篇划时代的文章是西方政治思想史上契约论的先驱。

意大利拉文纳的法学家写了一篇《亨利四世正确无误》为皇帝辩护,主张教会和国家在各自的范围内享有最高主权。教会在宗教领域内至高无上,但当教令牵涉到政治机构,国家应是至高无上。他认为只要接受罗马法,尤其是查士丁尼法典,帝国范围内的问题都可以解决。

艾克哈德(Ekkehard,卒于1125年),主要著作《神圣罗马帝国史》、《世界编年史》五卷。前三卷叙述查理曼到亨利五世当政时期的历史。艾克哈德对史料的鉴别取舍都很严谨,并注重文字的推敲,因而其著作被视为是中世纪北德意志历史的最珍贵的史料。

奥托(Otto,公元1114-1158)是佛莱辛的主教,腓特烈大帝的叔父。他是除奥古斯丁而外,中世纪另一重要历史哲学家,他的著作《腓特列传》包含了德意志皇帝同罗马教廷之争的重要史料。另一本是《编年史》亦称《双城史》记叙从创世到1146年的世界历史。奥托在巴黎受过教育,他观察敏锐、思想深刻,是中世纪少有的思想家。奥托把中世纪的帝国视为罗马帝国的继承者。在书中,奥托继承了奥古斯丁和奥罗修斯的历史哲学理论,提出整个世界历史是一部两个王国即上帝的王国和世俗的王国斗争的过程。之前的奥古斯丁并未明白把世俗的某一个组织说成上帝之城,而奥托则认为,在基督诞生之后,教会就成为上帝之城。罗马帝国皇帝皈依基督教后,上帝之城同世俗之城一度融合。政教领土争端后,两个王国又分离,世俗的王国在继续腐败、而上帝的王国在逐步壮大改善,世界末日为期已不远。奥托在第八卷中描述了千年王国即天国取代罗马帝国的情景。奥托利用了中世纪几乎所有已知的史料,他以强大的思考力选择和安排材料。他信仰上帝,但却很少提到神迹,甚至提出"君士坦丁圣赐"是一个伪造的文件。近代西方史学史家评论说他是思辨

---

① 转引自汤普森著,谢德风译:《历史著作史》上卷,北京:商务印书馆,1996年,第277页。

历史哲学家的先驱。

三、中世纪编年史的发展

十二世纪欧洲出现文化复兴,阿拉伯科学传入欧洲,经院哲学兴盛起来,第一批大学创建了,哥特式建筑盛行于西欧。古代希腊的学术著作经阿拉伯人之手传入了欧洲。宗教哲学、知识和美术领域的变革推动了史学的发展。历史编纂的题材和内容发生了引人注目的改变,新的题材如德意志世界编年史,城市编年史也出现了。编史家也力图在基督教神学史的框架内把所有已知的历史事件囊括进去,使之类似一部历史百科全书,这就是所谓"大编年史"。

14世纪英国的本尼狄克特派僧侣瑞拉芬·海登在他的《大编年史》中,认为一部完整的历史应当囊括八个方面的内容:1)描写事件的地理位置;2)人类和上帝的关系的两种状况(人类背离上帝);3)三个时代(上帝法之前、上帝法之下、上帝的恩泽之下);4)四帝国:亚述、波斯、希腊和罗马;5)五种世界宗教:自然崇拜、偶像崇拜、犹太教、基督教、伊斯兰教;6)六种世界年龄;7)七种类型的历史创造者:统治者、士兵、法官、教士、政治家、商人、僧侣(包括他们的典型性格和行为方式);8)八种纪年方法:三种犹太纪年体系(始于一月、三月或五月),三种希腊纪年体系(特洛伊纪年、奥林匹亚纪年、亚历山大纪年),罗马纪年(从罗马城的建立起),基督教纪年(以基督耶稣的诞生为中心)。

巴黎的马修斯所著的《大编年史》中,叙述1246年的世界历史时,就包括如下内容:教皇同英国的争执,亨利三世对普罗温斯伯爵夫人的仇恨,伦敦市民的罚款,教士的活动,王公贵族的生死,巴勒斯坦的圣殿骑士团的活动,贵族的集会,法国皇室的婚礼,鞑靼人的进攻,王室官员的任免,税收,特大雷暴,圣徒的命名,寺院主持的选举等等。有的历史家甚至开始增补旧的编年史。1250年,以文桑帝(1190—1264)为首的法国的一群僧侣写的《通鉴》类似一部百科全书。该书分文献、自然和历史三个部分。作者力图把他们所知道的有关神学、自然科学和历史知识都包括进去。历史部分从创世讲到1244年，包括学术史，还有专章谈到过去的历史学家。这本书在法国获得广泛传播。

十二世纪以后的编年史已和早期编年史大为不同。它反映了世俗文化的影响和历史知识的膨胀。尽管基督教神学史观框架仍是编史的基本框架，城市编年史由市民所写，基本反映的是世俗的内容。例如十三世纪英国的一个叫泰德马尔的官吏，编纂了一部《伦敦市长和执法官编年史》，书中大量的内容是有关市政官员的选举、任免、法规、市场交易、民事诉讼。德国著名的城市编年史有《大科隆编年史》。在意大利特别是佛罗伦萨从十二世纪开始，城市编年史也形成传统，最著名的是维拉尼（Villani, 1276－1348）的《佛罗伦萨编年史》，该书回顾自巴比伦以来的神圣史后，详尽地追溯佛罗伦萨的历史，从恺撒建城、哥特人攻陷佛罗伦萨到查理大帝重建此城一直写到十四世纪，包括了佛罗伦萨名门望族的谱系、城区的变化、历次火灾、行政的变革，甚至连铺设道路都提到了，对当时佛罗伦萨的政治经济生活以及同欧洲甚至亚洲国家的交往都有记载。天命观在此书仍很明显，维拉尼认为发生在佛罗伦萨的火灾、瘟疫都是上帝借以惩罚佛罗伦萨人的罪恶。此书是14世纪佛罗伦萨的最重要史料。

1. 历史写作活动的扩散

在古代希腊罗马和中世纪的西欧历史编纂的范围主要限于地中海沿岸和中东地区的民族。十世纪前后，有关居住在东欧的斯拉夫人和居住在北欧、斯堪的纳维亚半岛的诺曼人的历史出现了。十世纪以后，东欧的斯拉夫人和北欧诺曼人的历史融合于西方史学。诺曼人原生活在丹麦和斯堪的纳维亚半岛，八世纪到十一世纪期间大举南下，曾建立了好几个国家。10世纪初占领法国西南沿海的诺曼底，后成为法兰克诸侯国之一，九世纪前后侵入俄罗斯，建立基辅罗斯国家，1066年征服英国，并在意大利南部西西里岛建立诺曼国家。十一世纪，法国圣昆庭修道院的院长都托（Dudo）编纂了第一部诺曼历史,该书追述诺曼人的起源,描述诺曼人的生活习惯,以及公元912年法兰克国王将诺曼底正式授予罗洛的仪式。

十世纪末,科佛的温都凯德(Widukind of Corvei)撰写了一部《撒克逊史》,追溯撒克逊人的起源到973年,他赞扬撒克逊人是伟大的民族。十二世纪有一位博学的丹麦人撒克索·格诺曼特库斯用拉丁文编著《丹麦人史》。中世纪中期,斯拉夫人先后向东在俄罗斯建立了基辅罗斯王国,向西在东欧建立了波兰和捷克国家,向南成为现今南斯拉夫和保加利亚等的主体民族。公元十世纪后期,西欧拉丁民族王国开始越过易北河向东扩张。有关斯拉夫人历史的早期记载就出现在这些战争史中。1170年,波萨的教士赫尔莫德(Helmold of Bosau)撰写了一部《斯拉夫人编年史》。十三世纪中期,里芬尼亚的一位教士亨利编纂了一部《里芬尼亚编年史》(Livonia),描述基督教日耳曼人怎样在军事和文化上征服西斯拉夫人。斯拉夫人皈依基督教后,不久就有了用拉丁文撰写的历史著作。十二世纪初,布拉格的僧正科斯莫士(Cosmas)用拉丁文写了《波希米亚编年史》三卷,被称为"波希米亚的希罗多德"。另一位布拉格主教约翰编纂了《布拉格编年史》。

十三世纪,波兰克拉科夫主教文森·卡德鲁贝克编纂《波兰史》四卷,始自传说时代,止于1203年。他试图用历史对波兰人进行政治和伦理教育。然而在中世纪的波兰,历史写作主要仍是年代纪和编年史,著名的有《大波兰编年史》记叙历史到1271年止,以及《波兰人的编年史》。

俄国最早的一部历史是基辅的一名东正教僧侣涅斯特编写的《俄罗斯编年史》,该书始自九世纪中期,止于1110年,是基辅罗斯时代最重要的典籍。作者认为到公元850年,"俄罗斯"这个名字才开始被采用。11到15世纪,诺夫哥罗德公国的寺院僧侣们持续不断地编写了一部《诺夫哥罗德编年史》。这部编年史记载了俄罗斯近500年的大事,是研究中世俄国的极为珍贵的史料。坚持编写五百年之久的这部史书记载了大量的事件:政府的变迁、教堂的修建、饥荒、日食月食、战争等等。

2. 中世纪英国史学的发展

十三世纪的英国,是诸侯战争、大宪章的拟定和资政议会的形成,以及征服威尔士和苏格兰的时代,在本尼狄克特派诸修道院中产生了大量的寺院年代纪。例如《伯顿年代纪》和《美洛斯修道院编年史》。前书是了解诸侯战争(1258-1263)的重要史料,后书是了解十二世纪中叶北英格兰和苏格兰的重要文献。昔妥教团小修道院佐塞林(Jocelin,1173-1203)所著《编年》是记载十二世纪末的社会的经济情况,特别是中世纪修道院的内外经济宗教活动内情的珍贵资料。

伦敦附近的圣阿尔班斯修道院在十三世纪是可以和刚形成的牛津和剑桥大学相比的学术中心,在那里出了一大套编年史。十一世纪末,修道院建立了历史著作书写室,十二世纪下半叶专门设立了编史家职位。罗杰(Roger,死于1236年)在那里编著了《史学花朵》,把此前的通史续到1235年,该书材料丰富,分析精辟。罗杰死后,曾就读于巴黎大学的马太在寺院里把罗杰所著《史学花朵》增补、修改、续编到1259年,并将该书取名为《大编年史》。他对他那个时代的历史是依据他对所收集到的大量材料的精选、核实和判断而写出来的,他被戏称为十三世纪"泰晤士报的编辑"。十三世纪英国还有一本值得提到的书是布拉克顿(Bracton,卒于1268年)的《英国法律与宪法论》,该书是第一部剖析英国法律的著作,包括对构成英国习惯法基础的近两千个案件的判例讨论。

3. 王国和城市编年史的发展

十三世纪是中世纪文化和史学的顶峰,也是迈进近代史学的门槛。从这个世纪起非宗教界人士开始在历史写作中占据重要位置。寺院编年史仍然使用拉丁语,但俗人所写的编年史已使用各国方言。在意大利和德国,城市编年史猛增,反映了在意大利、德国和佛兰德等地区风起云涌的城市自治运动。十三世纪起王家史官的职位出现了,反映国王政府对史学的关注,如法国腓力四世的史官基云·得·南基(1285－1300)编纂《法国大编年史》。

十三世纪封建势力已经在自治城市和市民阶级的优势下投降了,1250年腓得烈二世逝世后,意大利北部米兰、热那亚、佛罗伦萨和威尼斯等城市不再受帝国的统治,而走自己的路,反映这种历史现实的是城市编年史的繁荣。在这些历史著述中,"教会的观点"已不存在,描述城市内部的政治事务,家族党派斗争,商业税收和财政经营代替了连篇累牍的教会事务的叙述。随十字军东征和东西方贸易的展开而兴旺发展起来的三个城邦国家威尼斯、热那亚和比萨的编年史具有"新史学"的特点。《热那亚年代纪》从1099年由三位作者编写到1294年,威尼斯最早的编年史《威尼斯编年史》始于1250年,是用法文编写的。

十四和十五世纪法国史家们逐渐用法文而不是拉丁文来写作,尤其值得提到的是官方历史和战争史。圣登尼斯寺院是存放法国国王年代纪的地方,教士们在这里编写国王的年代纪,例如《查理六世本纪》。有三部战争史广为人知,《十四世纪诺曼编年史》记述1336年至1372年英法两国之间的战争;哲汗·勒·柏尔(1280－1370)的《真实编年史》记述1326至1361年在英国、法国发生的战争和其他事件;冉·弗阿沙(Jean Froissart,1337－1410?)的《法兰西、英格兰、苏格兰和西班牙编年史》始自1326年,止于1399年亨利四世加冕,主要记述英法、英格兰和苏格兰、法国和佛兰德以及法国和那瓦拉之间的战争史。该书反映了封建制度的衰落和对骑士的颂扬,也包含了14世纪英、法两国人民起义的资料。弗阿沙和柏尔都是佛兰德人,弗阿沙曾广泛游历西欧各国,搜罗奇闻逸事,向国王、骑士、乡绅寻根问底。弗阿沙的著作在年代编排和地理位置上有错,叙事也缺乏秩序,但他书注重语言表达,描绘人物事件生动多彩。弗阿沙用贵族的标准来判断事物。他的书有多种抄本,是研究十四世纪和骑士时代的有价值的史料。他在写作时不注意查阅文件。

十五世纪初,勃艮第诸公爵的实力足以同国王抗衡,相应产生了勃艮第编年史学派,以恩加伦·得·梦斯特里勒和乔治斯·沙特连最著名。沙特连的《编年史》是十五世纪最重要的编年史之一,包括1418年到1474年间的世界编年史。沙特连试图使历史叙述"符合实情",他常用文件和信件等材料来佐证自己的论断,其著作中的人物描绘得栩栩如生。

十四世纪期间,西方历史编纂的"寺院编年史"时代正逐渐成为过去。修道院内部生活的腐化,大学学术活动的发展,城市和商业的发展,市政档案的多年累积,如此等等原因,最好的编年史家已出自俗人。寺院编写室的那些严肃而阴沉的年代纪也由生动反映时代风貌和广阔社会生活画面的散文体历史著作所取代。拉鲁夫·喜格登(Ralph Higden,1280－1363)的《多面编年史》纳入包括地理、历史和科学知识等多方面的内容,成为类似20世纪H.韦尔斯的《世界史纲》的作品,流行甚广。威斯敏斯特修道院的教士塞伦塞斯特的理查(卒于1401年)的《历史镜鉴》也反映了十四世纪这种贪求纳入粗糙事实的风气。

1422年,圣阿尔班斯学派的最后一位作家托马斯·瓦尔辛汉(Walsingham)完成了《英国史》,该书叙述到1422年,包含威克里夫的生平、泰勒尔的暴动以及亨利四世和亨利五世统治时期的完整记述。沃尔星干的这部书使圣阿尔班斯编年史涵括的内容从创世到1440年。十五世纪的另一重要史料是一系列伦敦编年史,记载民政官吏的政绩和任内的重大事件,例如《伦敦年代纪》和《伦敦大编年史》。

十四和十五世纪德意志流行的是城市编年史,著名的有《马格德堡编年史》,首先由马格德堡公证人亨利编撰,三部续编写至1403年。当时美因茨、科隆、纽伦堡、耶拿、莱比锡等各大城市都有编年史。这些编年史描绘城墙以内的社会经济和政治生活,反映了当时的制度设施和风俗习惯。用德语写作的编年史代表了史学发展的一个必要环节。十五世纪著名的德国城市编年史还有哈特曼·谢得尔(Schedel,1440－1514)写的《纽伦堡编年史》,该书含有两千张木刻插图,勾勒有宗教活动场面、欧洲主要城市的图景。

4. 基督教神学史学的意义

在基督教神学史观占统治地位的中早期中世纪,几乎所有的历史著作都是由主教、僧侣和神甫所写。神话传说与信史实录互相混杂。对中世纪历史编纂者来说,历史事实是否真实无关紧要,首要的是历史叙述要符合圣经的信仰与说法。许多中世纪史家常曲解历史事件。这同古典史家把史料考证和叙述真实的事件视为历史写作的真谛的观念相比是大倒退。

十二世纪以前,中世纪历史编纂体例和记述内容十分狭隘和粗陋。古希腊罗马史学的通史和专门史基本无人使用,历史记述主要是宗教、军事、自然灾变这些事件。一个民族社会的历史往往就是由一些简单记载下来的大事件所攒成,很少看到对社会生活的生动而详细地描述。由于把历史事变的原因和历史发展的模式都诉诸上帝意志,在杰出的古希腊罗马史学那里已出现的探究历史变化的原因和深层结构的萌芽基本找不到了。中世纪史家很少去分析历史发展深处的政治、经济和思想原因。此外,中世纪的历史写作同古典时代一样仍主要是编纂当代史。然而,在中世纪史学发展似乎回复到古典史学以前的这种形势中,历史学的观念在一种虚幻的形式中向更高方向迈进了一步。这主要表现在以下几个方面:

1)线形历史观的出现。中世纪的历史哲学家如奥古斯丁和奥洛修斯都反对古希腊人的历史循环论,认为人类历史的发展是一个分阶段的线性过程。2)发展了历史具有统一性的观念。古希腊罗马史学基本是围绕中心城市,以帝国首都为主的个别的特殊的历史。而中世纪史学则变成了以整个人类,包括各个已知民族的世界通史。在他们看来,人类各个民族的历史构成了一个整体,尽管其统一性寄寓于上帝的计划。3)发展了历史具有规律性的思想萌芽。中世纪的史学家普遍认为历史发展中存在上帝的严密计划,一切历史事件背后都有神意。这种上帝的法规支配历史的神秘观念,后来就成为近代西方历史规律性观念的来源之一。

按照基督教的历史观念,历史的过程不是人类的意志或目的所使然,而是上帝的目的的实现。人的意志无法扭转历史事件。这种观念使历史家可以更深地去理解历史现象的原因和它所从属的那个宏大的过程。罗马可以理解为不是一个永恒的实体,而是一个转瞬即逝的现象,它的兴起与衰亡是用来完成某种特定的任务。历史解释思想的这场深邃的变革意味着历史事件不再被设想是在事物的表面上发生，并仅影响历史表象的偶然事故，而是被想象为还包含有更深刻的背景和意义。

由于基督教的普世主义，对各民族和地区历史的新态度也出现了。没有哪个群体的命运比其他社会的更重要，所有的人和民族都处在上帝的规划之中，历史过程无论在何处和何时都具有同样的性质，它是同一整体的一部分。希腊和罗马史的以地方为中心和强调特殊性的倾向便被扬弃了。基督教思想的注入也否定了希腊罗马历史观的人文主义倾向。新的基督教史观要求追溯纂写全人类的历史。基督教把自己想象为全人类的宗教，它要编写全人类的通史，它从人类起源描写到不同的种族的出现并繁衍在大地到各种文明和政权的兴衰。希腊罗马的历史从本质上来讲不是普世的历史。[1]

教会史家在撰写历史时要使自己在叙述事件的过程时有一个可理解的模式，他们便把基督的生平作为这个模式的中心，并以基督的诞生把历史划为两部分，然后再加以细分，划出其他一些事件。历史便分为一些时代或时期。历史编纂学从此便习惯于做时代划分。攸栖比阿斯的《编年史》就表现了这种普遍史的形式，在他的书中，一切事件都被纳入单一的编年结构之中。他不是把希腊的事件以奥林匹克运动会分期，也不是把罗马的事件以执政官分期。这种划分历史时期的作法代表了历史编纂方法的一种进步。

中世纪的历史编纂者还把历史演化看作是一个过程，有它的法则。历史人物是推进历史客观目的的工具，任何一个历史人物都不能制止历史的客观计划的实施，否则便会因此而受到惩罚。中世纪史家的任务就是要发现和阐明这种客观的或神的计划。这种观点促使一种更为复杂的理解个人在历史上的作用和意义的思想出现。

---

[1] 参见柯林伍德著，尹锐、方红、任晓晋译：《历史的观念》，北京：光明日报出版社，2007年版，第二章"基督教的影响"。

第三章 文艺复兴时期的史学

中世纪后期,欧洲的历史编纂从初期的教会史学,既由修道院教士编写年代纪、编年史、传记逐渐发展到由俗人史家撰写大编年史和城市编年史。史家们也开始不用拉丁语,而使用各国方言,来编写具有历史连续性,并反映较广阔世俗生活画面的历史著作。在意大利,这种发展趋势在十五世纪前后的特殊的历史和时代背景下促成了古典史学观念和编纂内容的复兴和发展。中世纪末期,以意大利为中心,教会在文化教育上的支配地位已随着社会一般教育和文化水平的提高而不复存在。能够阅读拉丁文并能写作的人在职业阶层中比比皆是。在意大利众多城邦国家中,公职由竞争产生,地方争端和党派斗争使受过教育的人们关心本城历史。由世俗作家撰写的反映世俗社会生活的历史著作的趋势在意大利北部诸城邦国家中特别强劲。在佛罗伦萨,从十三世纪初就连续不断有人编纂佛罗伦萨城市史,尤其值得提到的是佐凡尼·微拉尼和他的兄弟及儿子的佛罗伦萨史。他们的作品不仅用方言撰写,而且开始剔除中世纪史学积累起来的有关佛罗伦萨城市起源的虚构故事,并以现实主义的态度记述经济活动和政治斗争的事件。

十二世纪以来,古代典籍的发现和翻译促成人文主义思潮的兴起。古典学术及其观点影响了十五世纪的意大利历史编纂学派。意大利城市史家们的方法同古典历史家相似,他们的编史内容是世俗的,观点是唯理主义的,在语言修辞和章节安排上也是模仿古典史家。李维的文风和波利比阿的历史观点及批判方法为不同史家所模仿。李维注重修辞和雄辩,叙述生动并把著作分为十卷一组的写法成为那个时代意大利的编写范式,波利比阿历史著述的富于解说性和哲学性的特征也在精神上影响文艺复兴时代的意大利史家。

在这个被称为"文艺复兴"的历史时期,古典历史编撰的形式不仅再次得到运用,对历史编纂的理论方法和历史知识的性质也都产生了新的看法。欧洲历史编纂模式的这次更新的原因是多方面的。首先,曾经为中世纪历史写作提供编纂理论和写作模式的基督教人类史理论已不再被人们确信无疑了,那个曾经为中世纪的先验历史观提供理论基础的庞大神学哲学体系正处于破产中;其次是古典文化和古代典籍的重新发现,它帮助历史家重新回到古代希腊和罗马编史家所体现出的那种人本主义历史观上面。人的行为不再被认为同神的计划相比微不足道;相反,历史家们把人再次放到历史画面的中心位置。

这一时期,古罗马的重要历史写作体裁——传记体得到重新运用,另外还产生了两个重要流派:政治修辞派和博学派。人文主义史学家们试图把自己从中世纪的思想错误中解放出来,重新发现过去的真实,因而他们也去探讨在中世纪生产出谬误历史知识的原因,以及获得可靠历史知识的方法和原则。历史哲学领域内,也应运而生了波丹、培根及其历史认识论。

一、意大利文艺复兴时期的史学

人文主义史学的发祥地和中心的意大利是古典文化中心,那里留存了比雅典和亚历山大里亚还多的古代文化遗迹。十二世纪前后,古典作家的著作经阿拉伯人之手再次传入欧洲后,在意大利引起了一场搜寻古籍、收藏古物和古籍、模仿古典作家文风的潮流。在这股思潮的影响下,教皇任用精通古典文化的人文学者,意大利城邦的执政者也是如此,瓦拉被任命为教皇秘书,教皇宫廷中还设有收藏古籍和古物的博物馆。印刷术的引进也帮助了古典文化的传播。

意大利城邦国家的繁荣兴起和商人阶层的出现是人文主义运动出现的另一重要背景。中世纪后期起,意大利伦巴德地区就成为世界商贸交通中心和转运站。东方的茶、瓷器、香料经陆路和海路运至中东,再从君士坦丁堡,由海路运到威尼斯、热那亚和佛罗伦萨,转往欧陆各国。意大利沿海的商业和手工业的繁荣促成了佛罗伦萨、威尼斯等成为名闻欧洲的商贸中心和海上强国。1250 年到 1494 年 200 年间,意大利基本保持独立,免受外国的统治,教皇的实际权力局限于罗马和周边等地。因此在意大利以大城市为中心形成了许多独立的城邦共和国和大大小小的公国。这与古代希腊和罗马共和国时期的政治形势相类似。尊崇古典学术和文风,以人为中心的价值观,以世俗的政治经济活动为基本内容的文化,以相对独立的城邦国家为国际政治活动的单位,这些都影响了文艺复兴时期的历史写作的题材。不论是传记、通史、城市史记载的都是人事、政治军事外交活动、国家的兴衰变迁、人的才能、品格和生活。

古典的人本主义价值观在当时的绘画、雕塑和文学中都反映出来。对个人的情感、愿望和生活的肯定有时又被称为个人主义,它主张人的个性的全面发展,充分发展自己的禀赋和才能,追求思想道德和才能的完善,并享受生活的幸福。文艺复兴时期的杰出人物都以其多方面的才能而著称。这是一个需要巨人并产生巨人的时代,那个时代出现了许多在思维能力、热情和性格方面,在多才多艺和学识渊博方面的巨人。

1. 传记

传记体裁在古代和中世纪都不曾中断,到了文艺复兴时期,传记体裁也首先得到继承,成为表述人文主义思想的重要形式和文艺复兴时代流行的通俗历史著作。文艺复兴是个性解放的时代,强调人的情感、才能,人对生活的热情的追求和成就。那个时代是全才和完人辈出的时代,描绘著名人物的生平的传记体适合这种时代精神。君主、教皇、枢机主教、富有的银行家都渴望把自己的生平写成传记,他们对文人大加赞助,促进了写传记的潮流。

彼特拉克(Petrarch,1304 – 1374)是人文主义思想的奠基人,也是文艺复兴传记体的先驱。他生于佛罗伦萨共和国东南部的亚列佐,23 岁时遇到了美丽的法国女郎劳娜,于是写了很多 14 行诗表达他对情人和祖国炽热的爱。这些著名的诗含有反封建和追求个性解放的思想。1341年他被推为罗马桂冠诗人。彼特拉克用拉丁文写的《名人传》包括从罗慕洛到恺撒等21个罗马人的传记，也有亚历山大和汉尼拔这样的外国名人。彼特拉克的诗以擅长表达人的感情著称，但他的《名人传》中的人物却大多是理想式的，缺乏生动的个性。他对这些古代异教徒的英雄大多进行无批判的歌颂。彼特拉克也是第一位把历史划分成古代、中间时代和近代的历史家。

薄伽丘（Boccaccio, 1313－1375）也从事传记写作，他写了《但丁传》和《著名妇女传》。薄伽丘生于巴黎，父为佛罗伦萨商人。薄伽丘在佛罗伦萨从事外交工作，并讲述但丁的学术思想。薄伽丘是著名的《十日谈》的作者。他用意大利文写的《但丁传》讲述但丁作为一个作家的生平和思想，许多章节被专门用来评论诗歌和道德说教。薄伽丘之后写传记的著名史家有腓力普·维拉尼，他写了《佛罗伦萨名人传》；伊尼阿·锡尔维乌斯（即教皇庇护二世）也写了一本《名人传》。这些传记中的人物有世俗的政治活动家、教皇及各派艺术家和诗人，是了解文艺复兴时代的历史文化的重要资料。

文艺复兴时代最著名的传记集是1550年出版的瓦萨里的《著名艺术家、雕刻家和建筑师传记》。瓦萨里是画家和建筑家，曾跟米开朗琪罗学画。他广泛游历各地，造访艺术大师，对著名的绘画雕刻、建筑进行深入研究。他的书记述了从奇马布埃到提香这期间意大利著名艺术家的生平和创作，充满了生动而有趣的细节。当时也出版了许多著名作家、艺术家写的自传，如著名雕刻家文努托·切里尼的自传，该书记述了作者的生平，也反映了作者生活的那个时代的社会政治状况。

2. 博学派或考据派

考据学成为意大利人文主义史学的一个重要流派并不是偶然的。意大利有着丰富的古文物遗迹，虽然在中世纪，意大利人对古迹漠不关心，并肆意破坏。十五世纪中叶，教皇尼古拉五世（1447－1455）还允许承包商在著名的罗马圆形竞技场挖取已琢磨成材的石料。不久，人们意识到古代铭文、货币、建筑的历史价值,于是鉴赏古物、研究古物的风气传播开来。罗棱索·美弟奇在他的宫殿中建立了博物馆,保罗二世在 1457 年开始收集碑铭,息克斯塔斯四世创建卡彼托博物馆。另一方面,由于中世纪历史家忽视对史料的批判考证,致使史学退化为与神话传说为伍。要使史学发展,必须首先恢复历史批判的传统,并以批判方法来清理中世纪的历史文本。博学派史家们潜心于古物的收藏、发掘,文字资料的考订、纂辑。他们的主要目的是收集和确证事实。新的考古学对史料批判和确定历史事实贡献很大。

比昂多(Biondo,1388 - 1463)是博学派的重要代表。比昂多既是考古家又是博学的历史家。他在罗马教廷供职。在考古学方面出版所谓罗马三书,即《复兴的罗马》、《胜利的罗马》和《意大利各省区详述》。后书是一部有关北意大利的历史地理百科全书。他的《考古研究指南》具有考古地志学的性质。汤普森认为考古学这门学科就是由比昂多建立的。

比昂多更有名的著作是《罗马帝国衰亡史,472 - 1440》。在这本书中,比昂多把罗马在 410 年被洗劫,到文艺复兴这一千年当作一个具有连续性的历史时期来加以研究,他称这段时期为中世纪。他的这个观点在当时并未受到重视,直到 300 年以后,浪漫主义史学时期才受到注意。比昂多的书主要描述意大利的历史,也涉及到其他国家的历史,基本上是一本收集了从未加工整理过的资料集。这本书的史料是按年代先后排列的,缺乏结构,叙述并不生动。比昂多对史料进行考证,方法是首先区分出距历史事件在时间上最近的史料,然后借助最早的史料验证较晚的史料。他认为后来的史料总是失真的。这种观点不一定正确,维科就证明后来的史料并不就绝对比先前的史料更不可靠。比昂多借助这种初步的批判方法推翻了许多中世纪史学的错误见解,例如关于第一次十字军东征是隐士彼得首先发动的说法。由于比昂多的影响,意大利史学中史学批判的传统又树立起来。后来的意大利历史著作中很少出现关于佛罗伦萨、威尼斯、米兰等名城起源于特洛伊的胡诌了。而在意大利以外,此类荒唐的传说仍充斥在历史著述中,如说西班牙王族是诺亚的后裔等等。一些评论家甚至说比昂多和瓦拉的历史研究活动是实证主义史学的发轫。

瓦拉(Valla,1406-1457)是西方文献校勘学的奠基人。他生于那不勒斯,担任巴威亚大学修辞学教授,发表过论述斯多葛派、伊壁鸠鲁派和基督教的伦理的文章,并将荷马的《伊利亚特》以及希罗多德和修昔底德的著作译为拉丁文。瓦拉曾在那不勒斯国王亚尔丰琐的宫廷任职,受亚尔丰琐之托,瓦拉写过一本《阿拉冈国王斐迪南史》。瓦拉最著名的著作是《论伪造的君士坦丁赠与》,在该书中,瓦拉奠定了古文献批判的基础。瓦拉之前,有一本罗马教会官方文件集《格拉奇安法》(这是一部完整的教会通信、命令、法律和法令的汇编,是教会法的基础文献)中有一份关于君士坦丁赠与的文件。这份文件讲述了君士坦丁怎样把意大利中部的一大片地区赠给教皇作为领地,成为罗马教皇宣称其合法领有罗马及周边地区,以及教权高于世俗权利的说法的主要根据。

在《君士坦丁赠与》这份文件的序言中,讲到了君士坦丁赠与的来龙去脉。公元四世纪时,罗马帝国皇帝君士坦丁患麻风病,医治无效,朱庇特神殿的祭司建议用童男童女的血洗澡来医治,于是集中了几百名罗马上等家庭的孩子,准备刺杀取血。后来君士坦丁怜悯他们,用马车把他们送回,为了奖赏他的善良行为,圣徒保罗和彼得在他的梦中显灵,劝他向教皇西尔维士特求援,求他用施洗礼的方法使他痊愈。于是君士坦丁找到西尔维士特,教皇把彼得和保罗的画像拿给他看,君士坦丁吃惊地发现与梦中人物一模一样。尔后,君士坦丁接受洗礼,他离开水盘时,病体已痊愈,皮肤雪白。感恩的君士坦丁皇帝命令挖出圣彼得和保罗的遗骸装入珍贵的琥珀主堡内,亲自用金钥匙锁上,并在主堡之上建一座教堂。在奠基时,他又按十二使徒之数运来十二袋土。后来又决定把帝国首都迁往东部君士坦丁堡,宣布罗马主教在全世界主教中具有最高地位,并把罗马及意大利赠与教皇统治,又赠给教皇只有皇帝才能穿的绛色皇袍和三角冠。

瓦拉通过对历史文献的研究,没有找到那本史书讲到过西尔维士特王国的事,而且据公元四世纪的史书,即攸特罗庇乌斯的《罗马史概要》记载,君士坦丁是把自己的帝国传给自己的儿子的。瓦拉在《论拉丁文字的优美》书中,对拉丁文字的语法和风格以及结构形式的考察研究证明文件上所使用的许多名词不是那个时代的,而是后来才开始使用的。例如当时就没有"总督"这个词的,只是后来才这样称呼的。"君士坦丁堡"、"君士坦丁堡大主教"这些词也不可能在那个时代的文献中出现,因为君士坦丁在拟将自己的领地送给别人时,还没有把自己的首都正式搬到那里去,这些名词当时显然就不存在。此外,从语法上来看,文件带有蛮族言辞的特点,不是纯正的拉丁语,而在公元四世纪,拉丁文化非常发达的繁荣时期,在皇帝的诏书上不可能出现蛮族的语言。

瓦拉的考证方法很像中国明朝的胡应麟在《四部证伪》提出的识别伪书的八个方法。其中的第三和第四方法是查阅与此书同代的或以后的其他书,看有无引用此书的内容。第五是把此书所使用的语言文体和同时代同类的其他著作对比,看有无差异之处。第六是看所阐述的事件和当时的历史实际是否相符。

瓦拉最后结论说,这个文件不是君士坦丁时代的,而是大约属于教皇史提芬二世前往法兰克访问期间的文件。后来的研究发现"君士坦丁圣赐"最古老的抄本是在圣登尼斯文献中教皇札卡赖阿斯和教皇史提芬二世的两封信之间。史实是史提芬二世754年为法兰克王矮子丕平加冕,丕平于755年赐予教皇在教皇区拥有世俗政权。为避免教会的迫害,瓦拉生前不敢把这篇著作公开发表,只有少量抄本传播于外。就这样他仍然受到教廷威胁被迫逃亡西班牙暂避。瓦拉死后不久,这部著作才被出版。教皇利奥十世为回击瓦拉,命拉斐尔在梵蒂冈宫中画两幅大型壁画,一为洗礼,一为赠与。又命人写反驳文章《论罗伦佐、瓦拉反对君士坦丁堡赠与》,书中声称已发现希腊原本。而在希腊文本中没有瓦拉所批判的那些词句,后来的研究表明《君士坦丁堡赠与》的希腊文本,是在十一世纪由拉丁文本翻译而成的。瓦拉对拉丁文字的研究和对历史文本的批判所显示出的方法论奠定了西方文献校勘学的基础。瓦拉的《君士坦丁圣赐辨伪》的正文在1517年正式出版,对16世纪文献校勘运动的兴起有推动意义。

3. 政治修辞派

政治修辞派的重要信条是历史著作必须以最鲜明的方式传达最有益的政治道德教训,为此历史著作必须保持一种扣人心弦的修辞风格。该派著名的史家有布鲁尼、马基雅弗里、奎昔亚底尼等。他们刻意模仿古典作家,特别是塔西佗、西塞罗和李维的辞藻与体裁,强调使用纯净的拉丁语和历史叙述的戏剧性效果。他们写作历史的目的是为了从历史事件中去寻找适合于当时政治斗争的教训和方法,因此往往不去直接研究原始资料,并忽视史料批判,而基本是利用别人的研究成果。

布鲁尼(Bruni,1368－1444)是著名的意大利人文主义者。他生于意大利亚列佑,曾当过教皇的秘书和佛罗伦萨共和国的执政大臣。他提倡希腊学术,曾把普鲁塔克和柏拉图的著作译成拉丁文。布鲁尼的主要著作有《意大利史评述》记载1404年到1415年的史事,以及《佛罗伦萨史》。在《意大利史评述》中,布鲁尼用拉丁文写史。《佛罗伦萨史》包括从建城到1401年的历史。布鲁尼的著作已表现出古典史家所具有的理性批判能力。他首先把与佛罗伦萨真实事实纠缠在一起的中世纪史家编造的故事和传说剔除出去,重视档案资料的利用和珍贵史料的搜寻。他的著作不但有城市内部社会生活的描述,也记叙有国际关系和战争的详细情节。布鲁尼用世俗的原因来解释历史变迁,强调人性和道德状况对历史上所起的重大影响。布鲁尼的著作带有鲜明的政治修辞派的观点,他醉心于生动的描写和浮夸的叙述,爱写带有戏剧性的战争和政治斗争史,偏重辞藻的华美。他是马基雅弗里的先驱。

1494年法国军队入侵意大利后,意大利内争和外斗更趋混乱。城市之间的结盟和争斗,城市内部的腐化,强权统治,普遍依赖阴谋诡计、联盟、叛逆求得生存、口是心非、无视道德准则构成这一时期奇特的历史表象。描述理解这些行为方式成了马基雅弗里这样的史家的任务。

马基雅弗里(Machiavelli,1469－1527)生于佛罗伦萨,29岁时担任佛罗伦萨共和国第二国务秘书,曾出使法国,到过德国和意大利诸邦,代表佛罗伦萨与法国谈判,参与对比萨和罗马纳的军事战争。在长期的政治生涯中积累了意大利政治生活的丰富经验,洞悉了意大利城邦政治斗争的强权性质。1511年罗马教皇联合西班牙对抗法国,与法国有友好关系的佛罗伦萨因而遭到西军占领,18年以前被推翻的美弟奇家族取代索德里尼重新统治佛罗伦萨,马基雅弗里被解除职务,并一度被监禁。为争取重新参政,他写《君主论》,毛遂自荐,未能奏效便退居庄园埋头著述。1519年写《论李维罗马史前十卷》,1525年写《佛罗伦萨史》八卷。

马基雅弗里的《君主论》是献给复辟的美弟奇政权的,主要谈论治国之术:包括君权、政体的划分、统治管理国家的原则方法和手段,军队的性质与作用等等。他认为"一切国家的主要基础"是"完备的法律和精良的军队"。每个君主所追求的目标是维持国家的生存和为自己获得荣誉。在一个大多数人都不善良的黑暗世界中,任何想始终不渝地去实践善良的意愿的企图都将证明是非理性的,必然会带来毁灭性的后果。因此一个聪明的统治者应当懂得在能做到时就坚持正义,在不能做到时,如何做非正义的事情。为了维持政府的生存,统治者将经常有必要违背真理、博爱、人道和宗教伦理,只要目的正确,可以不择手段。统治者应当像狮子那样凶猛,像狐狸一样狡猾,善于伪装、欺诈、背信弃义。马基雅弗里这些政治理论的思想后来被人们冠以马基雅弗里主义这个词,作为政治上尔虞我诈、背信弃义的同义语。按照马基雅弗里那个时代正统的政治道德,即基督教观点看来,采取这样的立场是邪恶的。因此,马基雅弗里的著作在基督教欧洲使人们目瞪口呆、不知所措,继而诅咒,并至今未消失。1559年因哥尔施塔特大学焚烧马基雅弗里模拟像,同年教皇把《君主论》列为禁书。然而,马基雅弗里政治理论在当时却具有进步意义。

马基雅弗里的理论被斯金那称为政治理论中的"马基雅弗里革命"。因为他使政治理论脱离了基督教理论体系,马克思就评论说:十六世纪以来的许多思想家,如马基雅弗里、格劳修斯等都已经用人的眼光来观察国家,他们是从理性和经验中而不是从神学中引申出国家的自然规律。的确,马基雅弗里只是把1500年前后意大利的政治外交的现实客观地描写出来并从中总结出某些原则和通行的策略。在这个过程中，他也许是无意识地探讨了政治学的一些基本内容，例如统治国家的原则、方法、目的和所遇到的问题，从而奠定了近代西方政治学的基础。培根曾评论说马基雅弗里试图观察和分析人们实际做了些什么，而不是应该做什么。G. R. 埃尔顿在《新编剑桥近代史》中评论马基雅弗里说：他打算传授统治术，他要按照他从经验和研究中所发现的政治的本来面目去传授，而不受道德箴言的影响。马基雅弗里使政治理论摆脱了道德式的说教，不再只以道德价值来衡量政治行为和解释政治。

马基雅弗里是三权分立学说的先驱，在《论李维罗马史前十卷》书中，他通过分析李维著作来研究罗马共和国兴起的原因。他认为罗马在短期内能强盛是因为罗马有政治自由和共和政体，免除了各种政治奴役，内无暴君统治，外无帝国压迫。他特别赞赏罗马政治制度的合理性，其中，城市贵族在政权中占据高位，而人民则拥有选举官职、监督行政和审判的权力。在马基雅弗里看来，混合政体是最合理的。马基雅弗里详细研究了国家的政治制度、军事组织、社会内部诸阶级的关系、法律、对外关系以及领袖的作用等方面的内容。

他的《佛罗伦萨史》主要是探索佛罗伦萨衰败的原因。此书头卷开宗明义写道：应当弄清楚的仍是经过一千年的辛勤劳苦后，佛罗伦萨竟然变得这么衰微孱弱，其原因究竟何在？书中，他用最擅长的警句和对偶的手法，以精心修饰的文辞形式再次说明了他的政治理论的许多主题。该书从蛮族入侵起叙述到1492年。受古罗马史学观点的影响，他把佛罗伦萨的历史描绘成一个日益衰败的过程。1494年，腐化达到极点，被驱逐出境的野蛮人卷土重来，意大利又陷入奴役之中，全书表现出马基雅弗里盼望祖国独立、统一和强盛的深切感情。

马基雅弗里在该书中做出了用政治斗争解释佛罗伦萨历史的尝试。蛮族入主期间，佛罗伦萨被哥特人所摧毁，250年后为查理大帝重建。后来许多暴君统治下，佛罗伦萨得不到发展。十三世纪佛罗伦萨定出城市法规，巩固了市民的自由。贵族和市民在政治结构中建立了某种平衡，佛罗伦萨兴盛了。到十四世纪贵族和平民的斗争又恢复了。1343 年贵族的统治被彻底推翻。但市民内部又产生了大行会和小行会之间的矛盾。与此同时雇佣工人和平民登上了政治舞台,他们为了自身的利益,参与争夺政权的斗争,并企图对宪法做出改变。马基雅弗里把佛罗伦萨的历史看作是各个政治派别夺权后力图消灭其政敌的历史。他认为贫富构成阶级差别,政党的出现和斗争同社会变化有联系。佛罗伦萨的两大阶级是贵族和市民。贵族希望按自己的意志统治,而市民则希望按法律统治。佛罗伦萨衰弱的原因在于每个党派都把自己的私利置于国家利益之上,内斗消耗了佛罗伦萨的实力,并使风尚腐化。

> 可以看得出来,在兴衰变化规律支配下,各地区常常由治到乱,然后又由乱到治,因为人世间的事情的性质不允许各地区在一条平坦的道路上一直走下去。当它们到达极不可能再往下降时,就又必然开始回升,就是这样,由好逐渐变坏,然后又由坏变好。究其原因,不外是英雄行为创造和平,和平使人得到安宁,安宁又产生混乱,混乱导致覆灭;所以乱必生治,治则生德,有德则有荣誉、幸运。①

在《论李维〈罗马史〉前十卷》中,马基雅弗里就打算探索人类历史活动的规律。他在《佛罗伦萨史》中提出关于人类历史具有发展规律的说法,认为人类历史的变化是一个由治到乱,由乱到治,兴衰循环的过程,体现在政治制度的形态上就是三种政体的循环,即

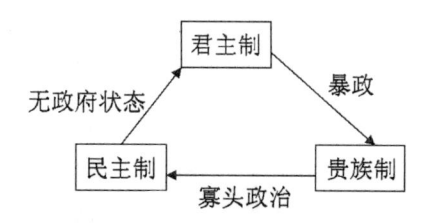

---

① 马基雅弗里:《佛罗伦萨史》,北京:商务印书馆,1980 年,第 231 页。

当社会处于无政府状态时，国家通过某一强有力的个人或立法者获得复兴。从这里，可以看到波利比阿历史理论的影响。马基雅弗里蔑视封建贵族，对基督教持否定态度，他痛斥教会的腐化，把教皇视为意大利不能统一的罪首。他认为人性是历史发展的根本原因，有时他提到时代，即社会环境的作用，有时又认为强有力的统治者和立法者是历史变化的决定因素。在历史编撰方法上，他和大多数中世纪编年史家一样，选择一部历史文献作为自己的基本史料，很少对史料进行严格的考证，为了证明自己的观点，他有时不惜歪曲史料。马基雅弗里于1527年逝世，他的自我评价是"这位伟人的名字使任何墓志铭都显得徒费言辞"。

奎昔亚狄尼（Guicciardini, 1483–1540）是政治修辞派的另一位著名史家。他担任过佛罗伦萨大学法学教授，并与马基雅弗里在佛罗伦萨共和政府中共事，后来还担任过教皇国属下的罗马纳等省的总督。并被教皇派往法国调解争执，1534年回到佛罗伦萨未获重用，便退隐家园，专心著书。年轻时曾著《佛罗伦萨史》，记述了1378年到1509年佛罗伦萨的历史，这本书是为推动现实的政治而研究历史，因此他在这本书中主要描述佛罗伦萨政治制度的变革和政党斗争的经过，力图回答佛罗伦萨怎样才能保持独立，什么样的政体最适合佛罗伦萨的需要。奎昔亚狄尼反对民主制，主张佛罗伦萨实行贵族制，认为国家是建立在强权的基础上的，所有国家、城市、王国都是要灭亡的。奎昔亚狄尼在这本书中，对人物及性格的刻画清晰准确，对政治事务的分析透辟。但他很少用事实来证明他的记述的真实性。这本书直到十九世纪五十年代才正式发表。他的另一本书是《低地诸国志》，包含十六世纪荷兰的重要资料。

奎昔亚狄尼更为有名的一本著作是《意大利史》，记述了1494年到1534年的意大利历史，这是意大利第一部打破城邦地理界限的通史，共20卷，反映这段时期意大利及西欧其他国家历史的概况。奎昔亚狄尼的书表现出悲观的看法，他从心理上尖锐地分析君主们由于贪婪和私心损害国家和人民的利益。此书内容充实，表现了他政治哲学的变迁。奎昔亚狄尼这部书出版后很受欢迎，在十六世纪末以前，已被译为英、德、荷、西等国文字，意大利文再版十次。

1824年,朗克对这部书进行了精心考证,发现该书多有抄袭,使奎昔亚狄尼史学声望大为降低。后来他的许多稿件问世,在学术界又引起一阵研究他的兴趣。这些稿件包括"关于政治和公民事务的札记"以及"航海日志"等,从中可以看到这位在十六世纪中叶起到重要作用的政治家和历史家的真实面目。

意大利其他城邦也有一些史家值得提到,米兰的伯拿丁诺·科里奥(Corio,1459－1519)著《米兰史》叙述十三世纪中叶到1499年的米兰历史,包含丰富的社会经济史料,生动形象的风俗和人物描述。威尼斯的少马利诺·萨纽多(1466－1535)著《威尼斯史》和《日记》。他的《日记》是一部丰富的史料总汇,包含官员名单、政府讨论纪要、官府函件、条约、驻外大使记事、警察报告、社会闲谈资料,及至英、法、西班牙等国的外交资料。罗马的教皇庇护二世(1458－1464年在职),即伊尼阿·锡尔维乌斯。他在当教皇前已是著名的人文主义者,写有多本历史作品,包括《名人传》、《评论》和《波希米亚史》。《评论》记叙1405年到1463年间的事。后人评论说他"用科学的历史观安排和解释正在发生的事件"。意大利文艺复兴时期的另一位卓越的史家是卡罗·西哥尼阿(Sigonio,1523－1584)。他一生都在摩德纳当希腊文教授,他编著了《中世纪意大利史》,全书共四十卷,从公元284年叙述到1268年。此书表现出对中世纪各个历史时期及社会制度的独到见解和清晰的分析,包含孟德斯鸠以前对封建主义性质最为清楚的分析。

二、欧洲其他国家的人文主义史学

意大利文艺复兴的思想和史学观念通过欧洲各国所聘用的意大利历史学家而影响到这些国家的历史编纂。当文艺复兴的光芒射过阿尔卑斯山,各国君主纷纷寻找意大利学者充当宫廷史官,编纂本国史。法国国王查理八世1494年从意大利带回伊密利阿斯·鲍鱼斯,并任命他为皇家史官,请他以李维的风格用拉丁文写一部法国史。西班牙国王查理五世也聘请两位意大利学者彼得·马特(1455-1526)和卢卡斯·狄·马里尼斯(Marinis,约1460-1553),前者完成一部划时代的著作《新世界史》,后者写出《值得称赞的西班牙》、《阿拉图国王本纪》等多卷著作。意大利学者波力多·维吉尔(Polydor Vergil,1470-1555)1507年被任命为威尔士史官。他在《英国史》中,首先把已有的英国史料文本置于史学批判之下,剔除虚妄之说。他的书包含苏格兰和英格兰的地理、社会经济的丰富资料。波兰国王请佛罗伦萨学者腓力波·布奥那科西(Buonaccorsi,1437-1496)用拉丁文写出《国王佛拉德斯拉夫四世本纪》。安敦尼奥·邦菲尼(Bonfini,1427-1502)为匈牙利国王写出具李维风格的《匈牙利史》。

1. 法国

法国是意大利文艺复兴思潮首先影响到的国家。1494年查理八世率法军入侵意大利后,意大利文艺复兴文化如洪水涌入法国。体现文艺复兴史学特征的首位法国史家是菲力比·得·康敏斯。康敏斯(Comines,1445-1509)是法王路易十一世的宠臣。1494年,他随查理八世远征意大利,后出使威尼斯和米兰。同马基雅弗里一样,康敏斯是一位政治历史家,企图通过研究历史以为后人教训。他的主要著作是回忆录《历史年鉴——1464至1498年路易十一和查理八世在位时期大事记》。前六卷写路易十一统治时期的历史,后二卷写查理八世远征意大利。该书评论各国政治弊端,分析英、法的社会制度,反对法国政治分裂和封建割据,赞扬英国议会民主,公众利益得到照顾,主张法国统一于王权之下。康敏斯善于刻画人物,他对历史的见解极有深度,书中所记事件虽系他亲历,但仍有记述不准的地方。他批评查理八世入侵意大利犯了战略战术上的错误,并打算从此总结出教训。康敏斯的著述约早于马基雅弗里,同马基雅弗里一样,他也试图描述和分析那个道德失序的时代,不同的是康敏斯是就事论事,抒发感想。康敏斯关心其他民族的文化、法律,他对英法两国的政府体制进行了卓越的比较。这本书在17世纪被译成拉丁、意、德、英、西葡和丹麦等国文字,被各国统治者当作治国的指南和君主必读之书。康敏斯信仰上帝,但更相信政治实力和权术在国家兴亡中的实际作用。他的著作扬弃了中世纪的编年史,开创了近代政治史的写作,因此在法国史学上处于转折的地位。

法国另一位著名的人文主义史家是罗伯·盖冈(Robert Gaguin,1433－1501),他获巴黎大学博士,并接受院长头衔,曾充当法国驻外使节。盖冈的主要著作《法兰克人的起源和事业纪要》涵盖从古代高卢到1499年法国的历史。书以拉丁文写成,表现出明显的人文主义思想。伊拉斯莫的一封赞美该书的信被作为第二版序言。

波丹(Bodin,1530－1596)是十六世纪法国著名的政治理论家,历史哲学的先驱,地理决定论的先驱。波丹也是法学家,曾在巴黎法务院当过律师,后因主张宗教宽容而失去法王的宠信。他的主要著作是《理解历史的简易方法》,这是西欧第一部专门讨论史学理论与方法的著作。他的《论国家六书》从法律的观点阐述国家政权的性质与形式,多次再版,并被译成欧洲各国文字。波丹认为国家应当享有独立主权,对外不受制于教皇,对内直接统治臣民。波丹的这种主张表达了欧洲近代民族国家形成过程中对主权的要求。

波丹还探讨了国家统治者的权限,认为它包括立法、宣战、缔和、委任行政司法官员、赦免和征税等。君主政体是国家政权的最佳形式,因国君集主权于一身,并居于党争之上,所以优于民主和贵族政体。波丹从国家主权的性质的角度考察了各国,认为法国君主享有绝对主权,德国主权在诸侯手中,波兰和丹麦的君主权不完整。波丹进一步把君主政体分为三种:亚洲宗法君主专制;基于法律上的君主政体,例如法国,其中,国君服从自然法,臣民服从本国法,国家保护臣民天赋自由及财产权;暴政,君主滥用主权,视臣民如奴隶,侵犯臣民和私有财产权。波丹认为法国君主虽拥有绝对君权,但他在事实上也要受制于教会法、自然法、国法和习惯法。

波丹的历史理论值得注意。他认为人类社会同整个自然界一样都服从共同规律,首先是上帝法规,其次是数学规律。他提出4、9、6这些数学在世界命运中起着决定性的作用。波丹发展了亚里士多德和希波革拉底等人关于气候影响人的说法,认为地理环境对历史有重要影响。"某个民族的心理特点决定于这个民族赖以发展的自然条件的总和"。自然地理条件影响民族心理,而民族的心理状态又影响国家制度的形成。北方民族耐寒、强壮、强悍、勇敢坚贞,政权以武力为基础;南方民族富于幻想,长于文学,政权有宗教特色;中间地带善交通贸易,长于外交辞令,政治以正义、和平为基础;土地贫瘠地区的人勤劳,物产丰富地区的人则懒惰。这些思想后来被孟德斯鸠所继承和发展。

波丹反对历史退化的观点,认为人类借助于科学技术、工商业已经取得了进步。在他看来,世界历史发展历经三阶段:两河流域、地中海沿岸和日耳曼民族,黑格尔后来提出类似的说法。波丹还探讨了历史知识的性质和对象的问题。他认为有三种历史:神圣史、自然史和世俗史。神圣史记叙万能上帝的不朽业绩,它产生可靠知识;自然史借助逻辑探索自然现象的原因和发展,产生或然性的知识;人类史追溯人类社会生活,是最有用的知识。波丹主张三种历史分开来写,认为四帝国的历史分期不是基于对历史事实的概括。波丹的史学理论在西方史学向近代范式转化中占有重要地位。

2. 英国

英国史学从中世纪向近代史学过渡的复古道路是由波利多尔·维吉尔和托马斯·摩尔的著作开拓的。约翰·海沃德爵士(Hayward,1560 – 1627)的《国王亨利四世的生平和统治》标志着从编年史向古典史学范式的转变,海沃德声称把塔西佗作为自己的榜样。海沃德模仿古典作家写成的那些简洁有力的,格言式的语句为莎士比亚所仿效。

英国都铎王朝(1485 – 1603)是英国史学在意大利文艺复兴运动影响下,中世纪的旧史学思想和方法逐渐被扬弃的过程。这时期也是英国宗教改革时期,亨利八世与教廷决裂,爱德华六世改革教会仪式,伊丽莎白统治时期清教徒兴起,要求改变教义和行政。贵族势力在玫瑰战争中被削弱,国王政府的权力逐步加强。都铎时期,寺院编年史消失,城市编年史兴起。这些新编年史作者都是俗人,且用英文写作。改用英文是史学编纂从中世纪传统中解放出来的象征。这些城市编年史总的来说仍然缺乏批判性的历史眼光。

城市编年史是十五世纪最重要的原始史料,它们的价值不仅在记述市政史,同时也包含了城市中发生的大量社会史内容。理查·亚诺尔德(Arnold,约 1450 – 1521)的《伦敦编年史》记载有国会议案、特许状、教皇训谕、法令、地形记载、行政习惯、物价和税则、商业信函、裁决书、对海盗的控诉、行政官员名单等。伦敦这样的中心城市的编年史还具有全国史的倾向,涉及到国王与贵族斗争中伦敦城的事件。约翰·斯托(John Stow,卒于 1605 年)的《伦敦概观》是研究伊丽莎白前后伦敦城不可或缺的参考书。此书描绘了伦敦的河流、下水道、桥梁、城墙、市政设施、学校、城堡等等的状况。罗伯·费边(Robert Fabyan,约卒于 1513 年)的《诸史协调》纪事已超出伦敦而涉及到传说中布鲁图到来英国后的全国范围内的大事件,包含黑斯廷斯战役等。

文艺复兴时期用英文写作的第一本历史著作是托马斯·摩尔(Thomas More,1478 – 1535)的《理查三世本纪》,该书模仿古典传记,笔调严谨,对事件和人物的描绘极富艺术性。摩尔对理查的描绘影响了后来莎士比亚的艺术创作。托马斯·摩尔还出版了名著《乌托邦》。来到英国的意大利学者波利多尔·维吉尔把在意大利复兴的古典史学对史料的批判眼光和解释事件的理性思考运用于他的《英国史》写作中,影响了英国史学。维吉尔利用了更早的可靠的著述,收集了国会法令、教皇谕旨和外交文件,并按照古典史学的范式把材料组织起来。汤普森说这部史书标志着英国史学批判的开端。

伊丽莎白时代编年史值得提到的一本编年史是《荷棱施德编年史》,由勒斋纳尔德·乌尔佛和拉斐尔·荷棱施德(Raphael Holinshed,约卒于 1580 年)编纂而成。该书包含了当时已知的史料,是由大批编年史拼凑的汇编,包含英格兰、苏格兰和爱尔兰的历史和重要事件,是莎士比亚几部历史剧的素材来源。

另外几部值得提到的历史著述有威廉·哈礼孙(William Harrison,1534 – 1593)的《英格兰描述》,描绘了莎士比亚时代英格兰的地形、古迹、社会风习、思潮、教会、大学、建筑、农作、集市和园林等等。曾任大臣和剑桥大学民法教授的托马斯·斯密思(Thomas Smith,1513-1577)写过一本讨论英国政体的著作《英格兰共和国》。伊丽莎白时代也是英国古物研究开创的时期约翰·利兰(John Leland,1506-1552)的《古代不列颠资料集锦》记载了他六年中在英国各大教堂、大学寻找到的古物和古文本。伊丽莎白时代翻译了大量古典和近代初期其他国家的著作。爱德华·格兰姆斯顿的《法国史总书目》(1607)的编纂反映了这种对古典和外国文化的关心。

哲学家弗朗西斯·培根(Bacon,1561-1626)的历史著述也可以在文艺复兴一章中提到。培根生活在文艺复兴末期和近代初期,是一个承前启后的伟大学者。他的历史著述表现了文艺复兴特有的复兴的古典风格,其哲学著述又为近代自然科学和史学打下基础。他那篇分析精明、文笔出色的《亨利七世在位时期英国史》,影响了后来有关该主题的历史撰述。这篇文章使"英文历史写作一跃而与塔西佗甚至修昔底德并驾齐驱"。① 但后来的学者发现,培根主要是依据波利多尔·维吉尔等早期史家的著作而写成的,培根有时按自己的哲学把别人的文献资料篡改了。

堪登(Camden,1551-1623)是伊丽莎白时代最著名的历史家、考古学家,他在牛津大学受过教育,熟悉古典著作,特别崇拜波里比阿。他的主要著作有《伊丽莎白女王统治时期史》,该书记载了那一时期的重要政治事件,有较高史料价值。《不列颠尼亚》是他最重要的著作,记载了从远古至近代的不列颠的历史。全书按国别、郡别排列,对各地的地形和历史作了系统的阐述,包括了居民、语言、姓氏、军备、货币、服装、道路、市镇、自然风景和资源等情况。《不列颠尼亚》是用拉丁文写的,出版后取得极大成功,被评为是继十三世纪马休·巴黎以后最杰出的历史著作。

---

① 汤普森:《历史著作史》上卷,第二分册,商务印书馆,1996年,第880-881页。

第四章 十六和十七世纪的史学

人文主义者所推动的史学世俗化的运动，被十六世纪宗教改革运动打断了。宗教论争，教会史又在历史著述中占据主导地位，传说和圣经故事再次成为信史。从历史观念和编纂内容来看，宗教改革时期的史学相对于人文主义史学来说是一个倒退。然而，宗教改革时期的史学也包含积极的意义。文艺复兴时期，人文主义史学面对社会文化发展给史学带来的问题，采取了简单的回避态度，并未从根本上去批判基督教史学理论，而是简单地抛开它。宗教改革时期的历史学家们则用旧理论去面对新现实，并试图调整旧理论和纳入新内容。宗教改革时期的历史编纂在神学的外衣下，包涵着一些深刻的和世俗的和进步的思想。新教与旧教所激烈争论的许多问题都是历史研究进一步发展的重要问题。公开的争论使基督教史学理论的危机与分裂加剧，为西方史学的进一步发展创造条件。新教和旧教都以历史考证和文献资料为论战武器，不仅公众，而且史家都对历史编撰和考据学感兴趣，史学家们对史料的深入探究，文献学得到大发展。十七世纪西欧各国的宗教战争，使寺院图书馆长期积累起来的大量档案文献和手稿资料被以低廉的价格抛售，历史学家们获得大量珍贵的资料，史料文献编纂空前繁荣起来。新旧教围绕史实和文献的争论也推动了历史认识论的发展。

一、新旧教之争与宗教改革时期的史学

宗教改革时期的基督教历史哲学面对人文主义思想的冲击和社会历史的

新发展而不得不作出自我调整,但这一时期的历史哲学的目的并不是抛弃基督教神学史观,而是要以另一种形式的基督教神学理论代替旧神学理论,并在这种理论的框架内纳入新"确认"的历史事实。

梅兰希顿(Melanchthon,1497-1560)是第一个值得提到的历史学家。他是马丁·路德的好友,曾担任武顿堡大学希腊文和神学教授。他被称为德意志导师,主要著作《世界史》是在卡里昂《编年史》的基础上修改和补充而成的。卡里昂(Carion,1499-1537)把从亚当到1532年的人类历史划分为七个周期。梅兰希顿的这本书按中世纪编年史的传统体裁从创世起,以四帝国的模式展开叙述。梅兰希顿认为世界历史发展经历三个周期,每个周期延续两千年。它的历史分期如下:

无法律的时代	法治时代	福音时代
创世——亚伯拉罕	亚伯拉罕——耶稣降生	耶稣降生——世界末日

梅兰希顿主要以《圣经》、异教古典作家、基督教神父的作品为主要史料来描述这三个周期的历史。在梅兰希顿看来,历史发展体现了神意,撰写历史是符合上帝旨意的,因为上帝要人们了解谬误和异端在历史上是怎样发生的。他力图证明教皇的权力、天主教机构和修道院生活是产生这些谬误的根源。他认为蛮族入侵罗马帝国后,文化的衰落使许多迷信固定了。梅兰希顿认为但以理预言中,金头、银胸、铜腹、铁腿、跛足的塑像,半铁半泥的足,象征神圣罗马帝国的德国皇帝的性格,有的不愧为戴皇冠的,有的则是蠢货。梅兰希顿为宗教改革时期的神学史树立了范例。

斯莱丹(Sleidan,1506-1556)是另一重要的新教史家。斯莱丹于1555年出版《查理五世时期的宗教与国家情况述评》共26卷。该书收入大量原始文献,是研究宗教改革时期的重要史料,作者还力图以超然的态度描述历史。但他在《论四个最高的君主国》中,则认为但以理预言中半铁半泥的脚,应理解为两脚终止于脚掌,又分为脚趾,象征德意志帝国的瓦解。这一时期的教会史同中世纪编年史的区别在于,前者是为宗教改革辩护,后者颂扬正统的天主教教皇。

瑟巴斯梯安·佛兰克(Franck,1499－1543)是宗教改革时期一位不同类型的史家。马克思称其为"伟大的佛兰克"。他先后迁居纽伦堡、斯特拉斯堡和巴塞尔等城,从事写作和印刷业。他的主要著作有《德国史》和《从创世到1531年的编年史、年代纪和历史典籍》以及《论宇宙的书》。佛兰克在他的书中描绘一幅不同的世界历史发展图景:在原始阶段,人类被逐出天堂,生活在野外,过着和睦的生活,不知道私有财产和暴政;第二阶段中,一些人开始破坏这种和平关系,出现了掠夺、抢杀,产生了君主,在财产私有的等级制的基础上形成暴政;第三阶段是未来,即古代哲人和基督教所指出的自由阶段,这里包含近代西方的自然法理论的萌芽。佛兰克认为"理性"是历史的真正动力,人有改造世界的使命,应当通过运用理性的原则不断与暴政、封建剥削和教会进行斗争,以推翻这些陈旧的政治形式,争取实现自由。

他还认为自然界和社会的一切都按照规律不断变化,他甚至抛弃关于超自然力量干涉历史的思想。在他眼中,蛮族的入侵和基督教的腐化,使理性让位于无知,教皇们被神化,皇帝成了暴君。从耶稣降生以来1500年间,迷信、愚昧和野蛮盛行,凡是主张正义和德行的人都遭受教会谴责,被说成是异端,然而异端运动却是中世纪历史进步的起点。佛兰克攻击中世纪的编年史互相矛盾,姑息邪恶的统治者,因而是不足信的。在佛兰克的这些观点中,可以看到后来十八世纪法国启蒙史学的许多理论的雏形。佛兰克同情劳动人民,因而他的著作在下层人民中受到欢迎。

宗教改革时期,新教和旧教为了证明各自立场的正确性,以历史学为武器展开了激烈的论战,争论的中心是教皇和教会的权力是否合法。新教声称罗马教会已不再是福音书时代的单纯宗教组织,而变成一个腐化堕落,误入歧途的机构,依靠伪史和传说维持自己的权威。新教宣称要恢复原始基督教。新教首先抛出的重武器是《马格德堡世纪史》,全称《马格德堡按世纪顺序论述的教会史》。此书是路德派宗教史家集体编写,由马提亚·佛拉秀斯(Flacius,1520－1575)主编,佛拉秀斯是一位神学家,曾任威登堡大学教授。

《世纪史》从1553年开始撰写,到1574年全部出齐。这本书的目的在于阐明教皇制度的起源、发展和邪恶性。因此它攻击和批判教会特权赖以存在的历史根据,把教皇权力的产生说成是魔鬼的煽动和教皇搞阴谋的结果。《世纪史》在新教与旧教、德国诸侯与教皇的斗争中站在新教和诸侯一面,它力图证明教皇的权力是不合法的,教会的特权是没有根据的。因此,凡是历史上对旧教不利的资料,它都不加批判地选用。《马格德堡世纪史》的历史观是神学的,它否认人文主义关于历史是人创造成的,而把世界历史看作是上帝与魔鬼的斗争,历史事件展现了上帝的意志,《世纪史》收罗了丰富的材料,但这些材料并未经过批判,书中充满了主观偏见,它是为新教辩护的。然而,《世纪史》猛烈攻击教会据以说明其起源的那些文件的真实性,挑战了教会的合法性。它对教会文献的毁灭性抨击也促使史学从垄断历史编纂近一千年的那个教会体制中解脱出来。

《马格德堡世纪史》攻击当时的教会是一个和早期使徒时代纯洁的教会不相同的腐败的机构,他想要摧毁说明罗马教廷权威的关于圣徒彼得权力至高无上的说法。特伦特宗教会议上,罗马教廷决定以牙还牙,由巴洛尼奥写出了《教会年代纪》来回击新教的《世纪史》。巴洛尼奥(Baronius,1538-1607)是意大利的天主教史学家,出身那不勒斯贵族家庭,历任枢机主教、梵蒂冈图书馆总管,他受教皇委托回击路德派新教的历史攻击。巴洛尼奥从梵蒂冈图书馆找到他所需要的资料,独自完成。这本书同《世纪史》一样渊博而富有偏见,全书共13卷。巴洛尼奥以极大的耐心逐条批驳《世纪史》编者所提出的所有论点,从耶稣降生写至1198年。巴洛尼奥的叙述缺乏风格,也无合理的编纂形式。同《世纪史》一样巴洛尼奥的书也是每卷论述一个世纪,他枯燥地按年代编排史料,列出历任教皇和皇帝的年代、事迹和名字,用大量的史料驳斥对方的理论根据,力图证明天主教会不仅不像新教徒所指责那样腐化堕落,而且圣徒彼得奠基的教会纯洁的传统代代相传并未玷污。巴洛尼奥的著作在教会史方面具有相当高的价值,书中所引用的许多文献资料后来都丢失了。第一卷出版就获得成功,后多次再版,天主教世界的寺院、大教堂、耶稣会、学校以及王公贵族、高级教士竞相购买。巴洛尼奥的书所显示的渊博的学识在一段时间内使新教徒采取守势。

新教推出加索朋(Casaubon,1559－1614)来和天主教论战。加索朋是瑞士的神学家,也是当时一流的希腊学家。他发现巴洛尼奥的书不但有许多年代上、编排上和翻译上的错误,而且作者对希腊文一无所知。巴洛巴奥是一位枢机主教,居然完全不懂《福音书》及希伯来文,而这些是撰写早期教会史的权威资料。加索朋因此写了一本名为《练习》的著作,揭露巴洛尼奥对希腊文的无知。《练习》从学术上来说是对《教会年代纪》的毁灭性批判,然而加索朋的书冗长而杂乱,令人无法阅读,书出版后对巴洛尼奥的声誉几乎没有损伤。

围绕教会历史和文献展开的论战在西班牙和意大利导致了史学的灾难性结局。耶稣会士为压制敌对的思想设立宗教法庭,颁布《禁书目录》。1595年发表的《禁书目录》对大多数议论《圣经》和带离经叛道色彩的著作禁止出版。在天主教淫威桎梏下的各国,只许史家们撰写为教会辩护的作品。文艺复兴时期兴起的意大利史学很快就衰落了。

在新教与旧教争论中的另一重要人物是威尼斯学者萨皮(Sarpi,1552－1623),萨皮在年轻时到米兰和罗马,同高级教士、宗教法官和教皇接触甚多,从而了解许多有关于特伦特宗教会议的文献和内幕。36岁时,萨皮回到威尼斯,他的故乡当时正同教廷企图控制威尼斯的行为作坚决斗争。萨皮得以在这种政治环境下写作他的批判罗马教廷的著作。罗马教廷把威尼斯逐出教门,威尼斯命萨皮依据教会条文攻击罗马。萨皮在威尼斯共和国反教皇控制的斗争中写了许多渊博而尖刻的论文。1067年教廷的刺客几乎把萨皮杀死。他的最有名的著作是《特伦特宗教会议始末》。他当时就看到了特伦特宗教会议对欧洲文明造成的分裂性影响,欧洲被分为天主教欧洲和新教的欧洲。宗教改革会促进人类发展,萨皮的书否定教皇有超乎国家主权之上的权力,主张教会与国家分开。他的书的目的是用历史资料来摧毁教廷的信誉。萨皮收集到大量的文件,特伦特会议的记录、高级教士的信札、工作人员的笔记、投票情况等等,萨皮的书是为论战而写的,然而他却从不伪造和窜改史料。

萨皮的《特伦特宗教会议史》于1619年首先在伦敦出版，产生了和《马格德堡世纪》相似的效果。后来的吉本、兰克、哈兰、马考莱等都高度赞赏萨皮的书。萨皮的著作被教廷列为禁书，教廷又选定帕拉维西诺来反驳萨皮。帕拉维西诺（Pallavicino，1607－1669）于1656年出版他的《特伦特宗教会议史》。他被授予查阅密旨的和未经刊布的文献的全权。他的书连篇累牍地塞满对他的观点有利的材料。他把那些可以证明教皇的固执是阻止新教徒出席会议的材料都略而不用。他的书列举的萨皮的所谓错误大都是琐细或不真实的。新教和旧教的论争对西方史学的发展具有无可估量的影响，因为双方都以对对方的文献进行批判来争论的。它促使了对史料的一种批判性眼光的形成。

二、宗教改革和宗教战争期间欧洲其他国家的史学

十六世纪和十七世纪是英国宗教改革运动兴起和宗教战争频繁的时代，英国在十七世纪发生了"清教革命"和"内战"，欧洲大陆有30年战争。文艺复兴到18世纪也是西班牙、尼德兰和葡萄牙等国史学的形成时期。

1. 英国

新教和罗马教会围绕教义、宗教生活和教会行政展开的激烈争论也在英国产生了"教会史"写作。中世纪"教会史"是指主要由教士编纂的历史。约翰·福克斯（John Foxe，1516－1587）是英国第一位近代意义上的教会史家。福克斯早年信仰天主教，在牛津学习后改信新教，后流亡斯特拉斯堡和巴塞尔。他在《马格德堡世纪》一书的影响下，写出了《威克里夫时代以来全欧洲宗教迫害史话》，在斯特拉斯堡出版。后来他把该书扩编改名为《教会史》，于1559年在巴塞尔出版。同年，他回到英国将此书译为英文，名为《殉教者之

书》,英译本出版后广为流传,几乎成为新教的《圣经》。英国国教会议下令把该书分发每个教堂。福克斯把一部教会史看作是信仰纯洁者同罗马教廷之间的斗争史,殉教者的生平和殉难事迹构成了这部教会史的大事件。福克斯不注重史料的批判,他有时甚至篡改史实,即使有原始资料,也常利用二手印刷文本。他以生动的笔墨描述殉教者被迫害的惨痛历程,愤怒批判迫害者。这部书在后来两个世纪中被英国人毫无保留地接受。它统一了新教徒的情感,造成了一般人对天主教的蔑视。

和福克斯同时代的约翰·诺克斯(John Knox,1505-1572)写了另一部重要的教会史著作《苏格兰宗教改革史》,记述苏格兰长老会产生的背景和后来的发展。诺克斯曾在格拉斯哥大学学习,后当了国王家中的教师,参加草拟英国国教信条。他在苏格兰进行了一年的传教旅行,吸引了大量的群众,迫使想迫害他的苏格兰主教罢手。诺克斯在导致玛丽被废和天主教被取消的新教徒与摄政王的斗争中扮演了重要角色。1560年在苏格兰国会确立新教为国教的会议上,全文采纳了诺克斯写的《宗教信条》和他与三位牧师起草的新的教会行政方案。诺克斯的著作是记述苏格兰宗教改革的重要资料。他的作品对人物细节的刻画生动,展示了苏格兰宗教改革的伟大人物。诺克斯以严峻的理想主义和不屈不挠的意志,痛斥他的敌人。他罗列宗教记录和文件来佐证宗教迫害,但有时也隐瞒真相。

十六世纪在英国也是一个文献收集整理和出版的时代,坎特伯雷大主教马休·帕克(Matthew Parker,1504-1575)收集了各地寺院被解散后流散于地方的珍贵手稿,编纂了第一套盎格鲁-撒克逊手稿汇编。在牛津大学,托马斯·博德利也搜集大量文献图书,充实了后来以他的名字命名的博德利图书馆。伊丽莎白女王的希腊文教师亨利·萨维尔(1549-1622)把英国中世纪编年史家的手稿从布满尘埃的角落里抢救出来,编辑出版了《比得以后诸作家著作汇览》。

在他们之后值得提到的史家是亨利·斯柏尔曼、约翰·塞尔登、罗伯特·科顿和达格对尔。亨利·斯柏尔曼(Spelman,1562-1641)出版了《英国教会宗教会议法律和规章》。塞尔登(Selden,1584－1654)曾任牛津大学三一学院院长,他和特威斯登合作编辑出版一部批判性研究早期编年史家的《英国十大史家著作汇览》。达格对尔(1605－1686)收藏了卷帙浩繁的材料,编辑出版了广受欢迎的《英国修道院》和《英国男爵勋位》两部著作,记述了英国大部分地产的来历,被称为"仅次于末日裁判书"。

英国斯图亚特王朝(1603－1688)的历史贯穿国会同国王的长期斗争,这时期的历史写作反映了党派斗争,并以对英国内战的评述为主题。英国的"资产阶级革命"又被称为"清教革命",清教徒作家当中没有出现伟大的历史家,保皇党人中也仅有克拉林敦值得注意。国会派的著作主要是几部回忆录,如约书亚·斯勃里基(Sprigge,1618－1684)的《英国的复兴:在费尔法克斯爵士亲自指挥下军队的行动、作为和胜利的历史》,费尔法克斯(1612－1671)本人的两部回忆录《1642至1644年间我在北方战争时期参加该地军事行动的简短回忆》和《关于任司令时期的简短回忆和澄清》,以及爱德华·勒德洛(1617－1692)的《英格兰共和国骑兵中将爱德曼·勒德洛回忆录》。勒德洛的回忆录是十七世纪英国流传最广的回忆录。勒德洛曾任爱尔兰总督,他在导致克伦威尔家族倾覆和恢复长期国会的斗争中,成为全国最显赫的人物。他的书批判克伦威尔政府以新形式恢复了大家流血推翻的那个王室政府。

这一时期最重要的历史家有克拉林敦伯爵爱德华·海德(Hyde,1608－1674)。海德在牛津大学获得学士学位,1604年起在国会当议员。他开始曾反对查理一世,后因教会问题站到查理一边,并于1643年被查理一世任命为财政大臣。海德于1646年流亡海外,复辟后才回到英国,又出任大法官。1667年被弹劾,逃往法国,并在那里度过余生。海德的主要著作《叛乱史》记述从查理一世统治到他流亡为止的史实。《叛乱史》的主要部分是他在第一次流亡期间写成,他在第二次流亡期间又写了一部复辟以前的自传,后来把这两部分同一篇为自己执政的辩护合编在一起。海德是在没有文件参考的情况下凭记忆撰写的,尽管他对人物的回忆生动,书中许多事件描述的准确性却受到了批评。海德是内战中国王阵营的一位重要人物,他站在保皇党立场上,无法正确理解造成动乱的深刻背景。海德的书在1707年出版后产生巨大影响，引起众多的批评和赞扬。海德书中表现出的对国王的忠诚和强烈的宗教信念使英国教会受到巨大鼓舞。后来牛津大学出版社用出版海德的书获得的利润修建了一座古典形式的纪念堂，并取名为克拉林敦出版社，该建筑至今留存。

2. 欧洲其他国家的史学

意大利人文主义思潮对德国的影响很小，德国似乎是直接从中世纪过渡到宗教改革时代的。人文主义思潮刚刚在德国露出萌芽，导致大学的建立、古典著作的翻译和古典研究的复兴，学者在各寺院辛勤搜寻古典抄本，进行校勘和编辑，突然兴起的宗教改革运动就取代了它。宗教改革初期德文出版的书籍中五分之四是讨论宗教问题，十六世纪的思想带有浓厚的神学色彩。在意大利，人们对宗教疏远、冷漠，在德国人们敌视天主教会，但对上帝的信仰却十分强烈。在德国史学中看不到意大利史家表现出的那种历史批判精神。他们的著作中那种依靠圣经故事和传说对历史进行解释，虚构和窜改史实随处可见。

德国宗教改革的领袖人物路德影响了那个时代的思想，他一方面痛斥教会的腐败，宣传带有个人主义特征的"因信称义"；另一方面又敌视群众运动，力主镇压"群氓"。他的改革理论最后以国家至上的理念支持了"君权神授"的思想。结果，国家宗教取代了教会的宗教，宗教权威同政治权威结合，从原则上消解了个人自由的空间，也为后来德国政治的专制倾向开辟了道路。德国宗教改革时期的历史编纂成了新教神学和新教政治的侍女。

1618年到1648年的三十年战争以一篇激烈的论战文章《神圣战争的号角》煽动起天主教诸王侯起来反对叛逆的新教徒。记述三十年战争的重要著作有奥地利政治家法兰西斯·克里斯托夫·克文希特（卒于1650年）的《斐迪南年代记》以及法国枢机主教黎塞留的《回忆录》。德国由于三十年战争而巴尔干化了，文化的物质基础也被摧残。威斯特伐利亚和约的签定粉碎了帝国宪法，德意志分裂成无数小封邑，史学发展的基础不复存在，德国的学术和思想活力直到十八世纪才又被启蒙运动所唤醒。

1579年,经过长达百年之久的斗争,尼德兰终于从天主教西班牙的统治中解放出来,变成一个独立而富裕的国家。这是一个学术研究的重要时代。在十七世纪,莱顿大学是欧洲一流的大学,吸引了像斯卡力泽和格劳修斯这样杰出的学者。莱顿大学校长约翰·凡·得·谷斯(Goes,1545—1604)以拉丁姓名哲那斯·道萨写了一部《荷兰年代记》,该书以对资料的批判性眼光而著称。反抗西班牙统治的尼德兰暴动也成为这一时期不少历史家编纂的题材。较为重要的作品有厄曼纽厄尔·凡·麦特林(1535—1612)的《尼德兰政治军事史》,雷翁·凡·爱特西马(1600—1669)的《国家和战争的历史》。后书是研究三十年战争及以后时期的珍贵文献。荷兰更为著名的史家是彼得·哥尼流·赫夫特(1581—1647),赫夫特师从莱顿大学的斯卡力泽,曾在德、法、意三国游历,后在明登镇做财务官。此后四十年中明登城堡几乎成为荷兰的文化生活中心,赫夫特家里高朋满座。他用纯净优美的荷兰语撰写了《亨利四世生平》和《荷兰史》。后书记述1555年至1587年的历史,文笔明朗、学识渊博,受到国内外读者的欢迎。赫夫特被称为"荷兰的彼特拉克"和"荷兰的塔西佗"。格劳修斯把赫夫特的书作为礼物送给法王路易十三。

西班牙史学直到十六世纪才从中世纪编年史过渡到近代历史写作。即使到那时传说和神话的残余仍可在历史著述中看到。当时的王家史官佛罗里安·奥坎坎(1499—1555)编纂的《西班牙编年史》就从《圣经》传说中的该隐写起。查理五世时代仍是一个伟大时代。国王对历史很有兴趣,他的宠臣阿维拉·伊·组尼加(Zuniga,1490—1558)编写的《查理五世阿里曼那战争史述评,1546—1547》,出版后即被译成法、意、德和拉丁文。阿拉贡的史官哲罗尼谟·得·图理塔(1512—1580)根据档案资料写出《阿拉贡年代纪》。该书从阿拉伯人入侵写到斐迪南一世于1516年逝世为止。这是第一部批判性地处理史料的阿拉贡民族史,标志着西班牙历史写作的划时代转折。后来,安布罗西奥·得·摩拉尔斯(1513—1591)为组尼加的《年代纪》增补一部《西班牙各城邦古代史》。摩拉尔斯倾其一生收集古代文献书籍和碑铭,他的书是了解西班牙古代史和史料的宝库。朱安·得·马利亚纳（Mariana,1535-1624）的论文《论国王与王政》是宗教改革时期最著名的政论文之一。这是为王太子腓力三世而写的课本，反映了耶稣会士关于教皇权力的理论。马利亚纳还写了一部《西班牙史》。

葡萄牙史学的创始人是斐尼奥·罗佩斯（Lopes,1380-1451）。他著有一部葡萄牙编年通史。该书为后来的作家们剽窃和篡改。十五世纪后半叶是地理大发现的伟大时代，大航海时代的英雄和海外新发现的地区理所当然地成为历史编纂的重要题材。哥麦司·英尼斯·得·祖拉拉描绘了航海家亨利王子的事迹；达密奥·得·谷斯（Goes,1507-1573）写了一部《葡属印度史》；加斯佩·科累阿（1560年去世）留下一部《印度史》手稿；霍奥·得·巴洛斯（Barros,1496-1570）写了一部题为《亚细亚》的描述征服东印度群岛的历史，是该题目的原始资料。

三、博学派的史料考订和文献编撰

十七世纪被称为西方史学的博学时代。史家们辛勤地收集整理和出版史料，而不是根据原始文本进行历史撰述或评论。这是西方历史文献学迅猛发展，年代学、书目录、古文字学和古钱学奠定学科基础的时期。历史学家们对以前的史料文献的整理和编纂，被瑞士史学史家博埃特视为科学的历史研究的开端。

十七世纪是战争频繁的世纪，英国的内战、法国的胡格诺战争、德国的农民战争使欧洲各国寺院、图书馆、贵族乡间官邸藏书，包括牛津、剑桥和海德堡在内的大学图书馆遭到洗劫。布拉格所藏的书籍手稿几乎被抢劫一空。大量的手稿和文献抛向市场，学者和书籍收藏家们因此也收集到大量以前无法到手的档案和手稿。收集、整理和出版文献资料的风气便兴起了。科斯敏斯基评论说，这些史家好像是执行即将就寝的封建世界的遗嘱，在他们自己被送交档案库之前,匆忙把这个世界的文献和历史记载下来,编纂好,再送进档案库存起来。那个时代所编纂出版的卷帙浩繁的中世纪编年史、圣徒传记、国王、教皇、僧侣、学者和高级教士的信札,寺院和宗教会议的文献,以及各省的地方史资料,成为学者们迄今为止的中世纪和教会史研究的基本史料。

博学时代的法国对西方史学贡献卓著,1650 年至 1750 年一百年间法国就出版 400 多部早期教会和中世纪文献资料集刊。法国文献学的奠基人安得烈·度申(Duchesne,1584 – 1640)是王家史官,他不知疲倦地收集的文献构成了有史以来法国最为庞大的文库,他收藏的手稿的一部分装订成 59 巨册,以度申藏书的名义保存在国家图书馆。度申整理出版了其巨大收藏的约十分之一。这些著作包括《丕平统治时期以前法国史家的著作》、《古代诺曼史家著》、《法国全境的城市、宫殿等古迹研究》、《英格兰、苏格兰和爱尔兰史》、《保罗五世以前的教皇史》以及多部有关法国勃艮弟国王、贵族和法国世家大族谱系生平的著作,度申的书作为原始文献辑刊,多未附序言和注释,是研究诺曼历史的不可或缺的参考书。

这一时期对中世纪和古代法典文献的整理研究取得奠基性的成就。高得弗罗·兰欣(1549 – 1621)编辑了有关罗马法、封建法和宗教法文献的一系列大部头著作。雅克·高得弗罗(Godefroy,1580 – 1652)编纂出版《狄奥多西法典》,吉本和蒙森都利用了该书的材料。邱哲细阿斯 1578 年编纂出版《罗马法诠注》、《波丹讨论历史写作方法论》,丁·斯卡力泽(Joseph Scaliger,1540 – 1609)的《年代校订》试图用它所知道的数学和天文学知识来讨论圣经年代学。

1. 玻兰达斯派僧团和圣摩尔派

博学时代著名的学术团体有玻兰达斯派僧众和圣摩尔僧团。玻兰达斯派僧众是耶稣会属下的一个学术团体,耶稣会士创立于十六世纪中叶,以实践理想化的圣洁宗教生活为宗旨,到十七世纪,开始转入体现这种圣洁生活的圣徒的研究。圣徒行传藏于中世纪浩如烟海的文献中,其中有大量的珍贵历史资料,耶稣会的僧侣决心通过考证和整理,剔除不可信的成分,恢复其史料的价值。

赫伯特·路斯威德在西欧诸国修道院中收集到大量圣徒传记资料,并着手撰写一部18卷对开本巨著,专卷叙述耶稣、圣母和诸圣徒的事迹。路斯威德于1629年去世,把自己未完成的设想和收集到的资料交给玻兰达斯去完成。1679年耶稣会士约翰·玻兰达斯(John Bolland,1596-1665)联合了一批包括丹尼尔·冯·帕彭布鲁克(Daniel van Papenbroek,1628-1714)在内的学识渊博而又勤奋的学者分别开始编写法、英、意、德、西、希腊等国的圣徒合传。他们通过各地的耶稣会士,尽力搜寻各种圣徒传记手稿。该书以圣徒死后被人纪念的节日为序,依次描述他们。全书共十二卷,一个月为一卷。附在早期各卷前的序言,阐述了有关历史方法和校勘学的内容,在史学史上有重要意义。到1875全书才编纂完成,于巴黎出版。这个学术团体后来就被称为玻兰达斯僧团,直到1882年玻兰达斯派还创办季刊《玻兰达斯文选》刊布在《圣经行传》中未使用的资料。

圣摩尔派(St. Maur)属于本尼狄克特派。本尼狄克特于529年在意大利建立卡西罗山修道院,实行严格的清规,规定劳动和专门读书的时间。不久寺院的清规便风行西欧,采用这种清规的寺院便称为本尼狄克特僧团。本尼狄克特的得意门生,圣摩尔于墨洛温时代建寺院于罗亚尔河上,自立一派,称为圣摩尔僧团。该僧团在十八世纪初共有寺院近两百个,著名的有巴黎附近的圣泽芒修道院。这些修道院分别组成六个大主教辖区。圣摩尔派希望再发挥本尼狄克派在中世纪学术复兴上所曾起到的作用。他们借助古文字学和年代学对该派寺院所藏的大量文献进行考订,编纂并出版。圣摩尔派的第一位著名学者是路克·达希里(Luc D'Achery,1609-1685),他编纂出版《中世纪未刊文献集成》。马比昂曾是摩尔博学派之父路克·达希里的助手。他于1663年调到圣登尼教堂,这里是法国教会的圣地和历代国王的墓地。他在这里协助达希里,达希里死后,马比昂便转往圣泽芒修道院。

圣泽芒修道学者集体编写16卷的《高卢基督教》,高僧费利边(1666-

1719)撰写了《圣登尼斯王家修道院史》赢得路易十四的赞誉。那时的重要史家还有提埃蒙、巴鲁兹和杜·孔日。勒·纳恩·得·提埃蒙(1637－1698)在坡特·垒阿尔修道院编写了两部不朽巨著《公元后最初六个世纪宗教史回忆》和《教会最初六个世纪的罗马皇帝及其他君主传记》。英国史学家吉本评论说,这些书渊博而记述准确。亚母·巴鲁兹(1630－1718)曾担任科尔伯特的藏书管理员和法兰西学院教会法规教授,他经常造访圣泽芒修道院同那里的史家讨论问题,前后编著了约20部著作。其中最重要的是《法兰西王国教会法规》和《阿维尼翁诸教皇史》,前书是中世纪法律史研究的一个里程碑。

查理·杜夫朗·杜·孔日(Du Cange,1610－1688)是一位俗人,曾任亚眠财务官,他同马比昂和巴鲁兹有交往,早年在奥尔良学习法律。他极富语言天才,而且勤奋,每天工作12－16小时。他在写他的名著《中世纪拉丁词汇》和《中世纪希腊词汇》时,查阅了六千余件手稿。这两部著作使杜·孔日成为中世纪拉丁语言学的奠基人,对拜占庭史学贡献也极其巨大。在他之前认真研究拜占庭史只有两位前辈,亥洛尼摩斯·沃尔夫(Wolfe,1516－1580)和他的学生大卫·荷舍尔(1556－1617)。沃尔夫校订了十世纪出版的一本名为《修伊达斯》的书,该书辑录了不少古典作品,还出版拜占庭诸史家著作四卷;荷舍尔出版了福细阿斯的《群书摘要》和康斯坦丁·坡菲罗真尼都的历史百科全书。路易十四时期摄政红衣主教马撒林主持编纂题为《拜占庭史家著作汇览》的书。杜·孔日在这部拜占庭历史文献汇编的巨著写作中承担编辑几位中世纪拜占庭著名史家的著作的工作。1688年他又出版《中世纪和近代希腊作家词汇》。杜·孔日去世后留下了丰富的藏书和大量的手稿。

博学时代,法国耶稣会在中世纪宗教会议史研究领域作出突出贡献。扎克·塞芒得(Sirmond,1559－1651)的三卷《宗教会议史》成了记述中世纪宗教会议史一系列大部头文献史的先驱。塞芒得曾是红衣主教巴洛尼奥的门客,并曾在巴黎大学教修辞学。1629年他又发表《古代高卢会议史》,后被任命为路易十三的忏悔神父。1644年,拉贝和科撒特改编校订了23卷宗教会议史,以《王家汇编》的书名出版。巴鲁兹和阿杜因又为这套丛书增编13卷。

路易十四因和教廷的关系紧张,不再资助印刷出版这部丛书,宗教会议史的编写转移到意大利。威尼斯的居古拉·科勒和卢卡大主教蒙西等意大利学者继续编写,到1798年拿破仑占领威尼斯时,已编辑出版31卷。

2. 马比昂和孟福孔

十七世纪前后是西方政治思想推陈出新的时代,学者们不再满足于基督教的政治社会观念。对教会与国家的关系、个人权利和财产权利、国家的权利、各种法律制度的起源都进行了新的探讨。人们都想从历史研究中找到支持自己的论据。玻兰达斯僧团学者帕彭布鲁克在一篇《古文书真伪辨异序》中对属于本尼狄克特派的圣登尼斯修道院的特许状的批判,引起了本尼狄克特派特别是摩尔派的激愤,于是他们委托圣泽芒修道院高僧马比昂回击帕彭布鲁克。

马比昂(Mabillon,1632 – 1707),同笛卡尔一样生于香槟省,而且也几乎是同时代人。马比昂曾到德国和意大利去搜寻手稿。马比昂发现帕彭布鲁克并不真正懂得古拉丁文书学,于是便依据自己渊博的古拉丁文字学的知识对出自同一时期和地点的大量文献进行了比较,从中总结出了一些考证文献资料的规则。这就是马比昂的最具有影响的著作《古文书学六卷》(1681年出版)。《古文书学》的前两卷论述古文书的原则和检验特许状真伪的标准。第一卷论述特许状的各种类型,指明了书写特许状的五种主要纸料、所用墨水和书法种类。第二卷谈论古代特许状的公文上用的语言,特别是其中杂有的蛮族语言特征、印鉴和年代编排的方法以及文字特征、印信和年代学上的法则。第五卷列举古代书法实例,第六卷列举出了二百多件真实的文件,并说明其理由。从此,史家们便可以用这些法则来说明在特定的历史时期和地点,真实文献是什么样子的。马比昂的书奠定了拉丁古文书学的基础。马比昂以前,还不曾有人能够无可争议地证明一个古代文献是真实的。

马比昂主编的著作还有《圣本尼狄克特僧团圣徒传》和《本尼狄克特年代记》,这些著作记叙了本尼狄克特僧团的历史。马比昂在这些著作中从年代学和地理学的角度对文献资料进行了筛选,持论也较严谨,后书被称为是博学的杰作。马比昂所用的方法是在归纳基础上的演绎。他对古拉丁文书学的奠基性研究使西方史家能从文献学的角度对中世纪拉丁教会史史料进行甄别。出身于朗格多克的孟福孔在古希腊文书学上做了相同的工作。

孟福孔(Montfaucon,1655－1741)出身于贵族家庭,幼年在洛克台拉的世袭城堡中博览各种书籍,包括他的亲戚存放在他家的一箱历史书籍,对他影响至深的是普鲁塔克的《名人传》。孟福孔曾在军队服役,1675年进入图卢兹修道院,1687年调到圣泽芒修道院。在那里,他开始编辑阿塔内细阿、阿利根和圣约翰·克立索斯顿等希腊早期正教神父的著作。为使这项工作更加完善,他到意大利用了三年时间搜集手稿。结果写成了两卷希腊诸神父残篇汇编和介绍意大利各地的图书馆、雕塑、纪念碑、墓地、碑铭、地下通道、绘画、手稿等等名胜古迹和文物的《意大利游记》。孟福孔的另一著作《古迹说明》,是一部包括两千多幅插图,共十五大卷的巨著。该书研究宗教、习俗、军制、丧礼等各种古代社会文化现象。他的《图书目录》(1739年)收入了欧洲所有图书馆的存书目录,是他花了40多年时间收集的。

孟福孔在他的最重要著作《希腊古文字学》中,奠定了希腊古文字学的基础。以前,史家们遇到没有写明年代的手稿,往往不能断定其年代,而仅用"很古的手稿"这些词语来笼统称呼。孟福孔细心研究了写明了年代的那些手稿,逐步弄清了希腊字体的演化历程,提出了根据手稿字体准确断定年代的原则。《希腊古文字学》概述了希腊文字演化的历史,对各种字体、书籍文字、章程条例文字、斜体字进行了区分,指明了各个时代字体的特征、字母的演变等等。他花了二十年的时间写成的此书是西方史料文献学的又一奠基性著作。孟福孔活了87岁,他的长寿成就了他的伟大学术理想。

圣摩尔派僧人编写的巨著有《基督教的高卢》、《高卢和法兰西历史著作汇编》,前书十五卷于1865年出齐,后书十九卷于1833年出齐。这些书对手稿进行了精心核对,还附有许多有关各种制度、法律和历史的论文,以及年表、术语辞典和历史地理索引。18世纪初的法国仍然忽视叙事史,而致力于文献资料的编纂和出版。博学时代史学的最后一座丰碑是高僧布克编纂的《高卢和法兰西历史著作汇编》。布克编辑了前 8 卷,克力门和布莱埃尔把该书编写到第 14 卷,法国革命就爆发了。布莱埃尔 1828 年去世时,已开始编纂至 19 卷。这套丛书每一卷都有详细讲解各种制度、法律的文章,以及术语、年代和地理索引。丛书的一个弱点是用剪刀加糨糊的方法把原始文献剪切,然后把同一时期的不同文献的片断收入同一章节之内,许多被认为是无用的资料便被删除。而当时其他的史家则是把原始文献完整收录编排出版,文献的完整性因而得以被保存。

3. 其他国家的史学

博学时代欧洲其他国家的历史编纂无论是出版数量和批判精神上都同法国史学相差甚远。十七世纪中叶英王查理二世统治时期的档案保管员普林(1600 – 1669)描绘他怎样雇人清理存放在罗马帝国时期,恺撒要塞遗址上修建的伦敦白塔恺撒教堂黑暗角落里许多世纪留存下来的文件的情况颇能说明问题。当时这些珍贵的文件布满蜘蛛网、尘埃,许多世纪以来无人问津。一个世纪以后到十八世纪,史家们需要查阅查理一世时代的文献,一位年老的文书依稀记得年青时曾听说白厅附近的楼房里存有文件,冒险登上许多级腐朽的楼梯,请了许多锁匠开锁,穿过鸽群和密布的蜘蛛网,终于找到了潮湿的已近腐烂的文件堆。

丹麦的历史研究在 17 世纪快结束时才开始,雅各·兰格贝克(Langebek,1710 – 1775)独自编纂了《中世纪丹麦诸作家著作汇览》,收入了他能够找到的 11 至 16 世纪丹麦的年代记和编年史,从而为中世纪丹麦史奠定了基础。十八世纪初的意大利有一位历史家值得提到,路得维科·安敦尼奥·穆拉托里(Muratori,1672 – 1751)花了 15 年时间编校《意大利作家汇览》汇总,包含 6 至 15 世纪意大利诸史家著作。该书补编汇总了意大利诸国政治制度、习俗、法律、军制、工商业、教育等方面的文献。他的《古铭文新文库》记述当时的一些基督教碑铭遗迹。德国也出版了大量的中世纪编年史和年代记,例如《德国作家文献集成》和《德国古代四部著名编年史汇编》等。

四、博绪埃

博绪埃(Bossuet,1627-1704)是基督教神学史观的最后一位著名代表。他是法国大主教,做过路易十四太子的师傅,以悼词和文章风格著称。在博绪埃的著作中,我们看到对基督教历史哲学进行修补的最后企图。他的历史著述对后来法国史学发展有很大影响。博绪埃的主要著作有《世界史论》(1681)、《新教教会的谬误史》(1688)和《从圣经原文授引的政治》(1709)。博绪埃的《世界史论》是一部优美、激昂、华丽的法语作品,主要是为向王太子阐述基督教的神学史观而写的。这部书的第一部分是关于历史分期的理论,他把世界历史分为十二个时期、7个时代,这种分期一部分是依据对圣经词句的推论,一部分是依据胡乱摘引的古代故事。

博绪埃的世界历史图式[①]

1	2	3	4	5	6
创世 BC4004 或 BC4963	诺亚(洪水期) BC2348	亚伯拉罕受命 BC1921	摩西法典	占领特洛伊 BC1184	所罗门创立教堂
7	8	9	10	11	12
罗马城创建 BC754	犹太人从巴比伦囚禁中解放	迦太基灭亡	基督诞生 AD1	君士坦丁	查理大帝建立新帝国

---

① 参见布莱萨赫:《历史编纂学史:古代,中世纪和近代》(E. Bneisach, *Historiography, Ancient, Medieval & Modern*, University of Chicago Press, 1983) 第185页。

博绪埃把上帝创世确定在公元前4004年。在他以前,基督教史家曾提出过近五十种关于世界年龄的说法,人文主义史学家也提出过关于历史的三分法,即古代、中间时代和复兴时代。博绪埃把创世到查理大帝称为古代史,而查理大帝到路易十四称作新历史。他的书的第二部分阐述宗教史,从犹太人的宗教记叙到多神教徒的改宗和基督教的胜利。他宣称《圣经》中的全部预言已经在历史中得到应验。第三部分是叙述四帝国的历史。博绪埃认为上帝的意志主宰世上一切,它建立帝国,创造立法者,赐予人们智慧,按照严密的计划支配世界历史发展。帝国的兴衰和事变体现了上帝的计划,蛮族入侵罗马,是上帝为了惩罚罗马,罗马帝国征服各民族是为了有利于传播教义。

博绪埃的这部著作被作为基督教史学的代表性著作在十八世纪遭到了启蒙史学家,特别是伏尔泰的猛烈批判。然而博绪埃的《从圣经原文援引的政治》也有容纳新的学说,例如社会契约论和自然法理论的企图。博绪埃提出人是被上帝创造的,为的是要在社会中生存。所有的人都是上帝的子孙,然而,由于人类始祖在伊甸园的堕落、人类的情欲横流、引起人类和睦大家庭的分裂和冲突,于是便建立政权和财产所有制,以迫使人们放弃部分权利并克制情欲。这种说法虽援引了上帝,但与格劳修斯和霍布斯等人提出的社会契约说相通。博绪埃又认为这种政权来源于上帝,是按照上帝的政权形式建立起来的,君主是上帝在世上的总督。他应当保护和发展教会。他拥有绝对权力,并只对上帝负责,可是他也得尊重法律,不侵害人民权利。

博绪埃的世界史理论直到十九世纪仍是法国学校的官方理论。博绪埃的世界史以少数几个欧洲民族为范围,以四帝国为历史发展的基本框架,强调天命和神的计划在历史中的至高地位。伏尔泰后来攻击博绪埃的天命论和四帝国模式的狭隘空间和虚构性,强调历史起作用的是人的行为及其动机,历史事变服从必然因果锁链的制约。人类历史是一个从野蛮走向文明的进步史,世界历史也不仅是欧洲几个民族的历史,而是包括了世界所有的民族和文明。

五、十七世纪历史认识论的变革

文艺复兴和宗教改革时期是西方史学从中世纪形态向近代体系转换的时期。意大利人文主义者早已发现基督教神学史观并不合理,因而抛开这种理论,采用古代希腊罗马人的历史观点来解释历史。宗教改革时期,新教和旧教之间利用历史互相攻讦,更加暴露了这种理论体系的弱点,像弗兰克这样的基督教史家,虽然在理论上继续保留基督教世界史的框架,但在具体内容上已经开始采用现实的和理性主义的观点了。即使像博绪埃这样的神学史家,也已注意到新的社会政治理论的威胁和旧神学理论的薄弱,而试图取长补短。波丹这样的历史学家则大胆宣布基督教世界史理论,例如四帝国的理论不符合历史事实,并试图用新的世界史理论来代替旧世界史模式。

基督教历史理论的失范,促使杰出历史学家们去探讨过去的编史家创造出这种充满谬误的历史文本的原因,最终导致一场历史认识论的探索。十七世纪科学革命也对这种认识论探索的兴起产生了影响。自然观构成一定时期的历史学体系的基础。自然科学的基础变了,会影响到建立在其上的历史理论体系。十七世纪哥白尼的日心说取代了托勒密的地心说,笛卡尔关于宇宙类似一个大机器受不变自然规律支配的思想,以及生物学中关于自然界生物演化具有连续性和进步趋势的观点都是和旧的"科学"信念完全不同的观念。十七世纪科学革命也萌芽了近代科学探讨方法:培根提出的经验归纳方法和笛卡尔提出的理性——演绎方法。前者认为认识是对感性经验的总结,强调事实的重要性,后者强调科学理论必须明晰,并具有严密的逻辑结构,能经受住理性的反复批判。这些对史学观念是有影响的。

早在十五世纪,意大利一些历史学家就对历史写作的性质和目的展开了争论。他们认为史学在中世纪衰落了,其中一位叫莱勒西乌斯的历史家认为应当把政治史、宗教史和思想史分开,削减宗教在历史著作中的比重。法国史家维格黑尔甚至主张世俗历史把宗教作为人类生活的一个部类包括进去。十六世纪的波丹是近代西方第一个全面探讨史学改革的人，他提出把神圣史、自然史和世俗史分开来写，并探讨每种历史知识的性质和对象问题。但由于他生活在十六世纪，不可能了解十七世纪形成的先进科学方法论，因此他的方法论探索未能得出具有重要意义的成果。近代西方两位伟大的哲学家——培根和笛卡尔把他们的理性思维转向对历史知识问题的探讨，从而对近代史学产生了直接的影响。

培根(Bacon,1561-1626)在剑桥大学受过教育，当过英国国会议员、掌玺大臣、大法官等职，其主要著作有《论科学的价值和发展》、《新工具》。培根也是一位业余史家，前面提到他写过一本历史论著《亨利七世时代史》。马克思认为培根是"英国唯物主义和整个现代实验科学的真正始祖"。他在历史认识论上有杰出的见解，但他在历史著述中并未严格执行自己的认识论，他常根据自己的哲学推理，篡改史料。培根认为历史学作为一门知识，其可靠性在于它是立足于人类的记忆，这条原理同他的经验论哲学是一脉相承的。在培根看来，历史学的研究范围包括：自然史、编年史、市民史（含政治史、文学史、教会史）、完整的记载（年代记、传记、纪事）、古代史（古迹、词源学、家谱学）。培根提出历史研究实际上是通过归纳，概括散见于各种文字和非文字史料（例如，钱币、铭刻、谚语、传说等）中的历史片段，来恢复和重建被时间所湮没和遗忘了的过去的历史的记忆。

培根的这种经验主义史学认识论从认识论根源上排除了再犯旧基督教史学错误的可能。旧的教会史学构筑历史解释主要是根据对圣经故事和词句的演绎和引申。培根的观点为近代史学打下认识论基础，近代史学的主要特征是考证事实，重建历史事件的序列。培根谈到历史研究的任务时，认为在"提供准确的事实"的基础上，历史学还应当"有助于科学地认识社会中的人"，而不应当仅是"以史为鉴"。培根的这种理论"代表了对人文主义传统和经院哲学传统的根本决裂"。如果说培根站在经验论的立场，着重从历史知识产生的认识论来源上，打下了新历史学的基础，那么，笛卡尔则站在理性论的立场，在历史知识的推理过程上,批判了旧史学,制定了新史学的思维规范。

笛卡尔(Descartes,1596-1650)是十七世纪法国著名的科学家、哲学家。他的主要著作有《方法论》(1637)、《形而上学的沉思》(1641)和《哲学原理》(1644)等。笛卡尔认为经院哲学违反人类理性,它的学说没有一条是确实无疑的,讨论的问题也都是繁琐无聊的。笛卡尔想要创立一个新的世界观和方法论以代替经院思辨哲学,并清楚地认识世界。笛卡尔认为旧历史学提供的知识不能算是一门合理的知识,因为无论多么有趣或在形成人生观上多么有价值和富有效益,都不能宣称是真理,历史事件不可能像他们所描绘的那样发生。在笛卡尔看来,旧史学不能获得历史真实的原因有四个方面。1)历史学家由于过分热衷于研究古代,而对当代事件无知;2)过去的事件记载不可靠,历史家常把不可能发生的事件描述得活灵活现;3)即使历史家不夸大和不改变事件的价值,也常抹掉那些微小事件以吸引读者;4)这种不真实的历史既不能使我们理解什么是可能的,也不能使我们在现实生活中有效地活动。

笛卡尔对旧史学的批判倒不一定一针见血,但他提出了一些重要的史学批判原则。他强调怀疑批判是发现历史事实和真理的重要手段,提出"决不把任何没有明确认定为真的东西当作真理来接受,也就是说要避免轻信和偏见"。在笛卡尔的这种怀疑批判哲学的基础上,形成了近代历史批判原则,其特点是强调史料必须经系统考证,以确认可靠。笛卡尔认为史料考证应当至少依据三条原则:1)即使权威也不能使我们相信不可能发生的事;2)不同的文献必须经过对照鉴别,其可靠性应互不矛盾;3)文献史料应通过非文字的证据加以验证。

培根和笛卡尔所总结提倡的这些方法原则,尤其是对历史写作素材及如何获得可靠的史料的讨论为历史研究摆脱基督教史学范式开创新道路提供了哲学认识论,同时也为后来的历史本体论的批判与重建,即建立正确反映人类历史运动的统一性、前进性和规律性的理论创造了必要的条件。

第五章 十八世纪:史学观念的更新

18世纪前后是西方历史编纂学的形成时期,历史编纂的新理论和概念萌生了。这些新的观念包括:1)历史决定论的思想,包括人类历史受规律支配,社会现象有因果联系,并注重对社会变化的条件、动因,对政治制度的探讨,强调必然和一般,忽视偶然和个别;2)历史进步的观念,相信人的认识和改造世界的能力是无限的,社会发展因而也是向上的、无穷尽的、直线似的、渐进过程,最后达到理性主义的"人道境界";3)历史整体的观点,认为世界是一个整体,社会是一个各方面有机联系的统一体,以及应当写世界史;4)怀疑批判精神。这一时期西方历史编纂学的对象和范围明显扩大了,国家、民族、社会代替教会和王朝成为历史编撰的主要单位。历史学家们开始从各种因素,如土地、水资源、气候、地理中去寻找社会变化的原因。新的历史研究方法,如归纳法、历史的比较法也诞生了,对世界历史发展的阶段进行了沿用至今的初步分期。

一、历史进步观念

基督教历史观是退化的和悲观的,它否定世俗生活。其历史编撰的主线以建立在基督教圣经故事之上的年代记为基准。直到17世纪,博绪埃著作所代表的那种基督教世界历史仍是"圣经故事"、"神话性质的事件"和"胡乱摘引的可靠的史事"的混合。这种历史编撰学,从本质上来说,是用"世俗的事件来证明基督教义的真理性"和神的计划,对这种历史最好是"忘记历史作为一门科学的水准……而记住圣经的权威"。①

中世纪末期起,人文主义者如彼特拉克已向旧历史编撰学的本体论中的关于历史的起点和分期的说法进行挑战。彼特拉克把历史粗分为三段:罗马时期、黑暗时期和复兴时期。到十六世纪,对人文主义者的三分法又作了一点修正,把"黑暗时期"改称为"中间时代"(middle time, medium aevium)。C. 塞拉瑞斯在《划分古代、中世纪和新时期的世界史》的著作中,正式把罗马帝国灭亡到文艺复兴之间这段时期称为中世纪。新历史分期虽比基督教历史分期大大前进了一步。但仍远不能满足合理的历史分期的要求。因为这种历史的三分法实际上是建立在人文主义者否认文艺复兴时期与中世纪的历史发展的连续性的基础之上的②。1583 年,丁·斯卡里格试图解决基督教史学理论关于世界年龄的分歧,他根据天文学和数学的最新"成就",把创世定为公元前4713 年。这种做法同样是非科学的,而且仍然未能解决基督教史学理论的互相矛盾之处。

1. 历史进步观形成的背景

与此同时,旧本体论关于人类历史的统一性的学说也受到挑战。传统的基督教世界史的统一观是建立在人类(实际上仅是欧洲及其邻近的几个民族)的共同起源(亚当、夏娃),共同的道路(乐园——堕落——惩罚——末日审判——复归),王室系谱的单一性(所有的王室系谱都可追溯自中东)的基础上。十五世纪末叶以后,由于新航路的开辟和地理大发现,非洲、美洲、西印度群岛、中国、印度等等一系列民族和文明的出现,基督教世界史的狭隘空间观念不仅被彻底超越了,而且,随之而来的一系列问题,例如,怎么能够"把西

---

① 洛威士:《历史的意义》(Karl Lowith, *Meaning in History*, Chicago,1949),第 166 – 173 页。
② 人文主义者否认文艺复兴时期与中世纪的历史连续性,一方面是由于中世纪在科学艺术上的落后;另一方面也有政治原因,因为如果承认中世纪出现的诸帝国同罗马帝国的连续性,那就等于承认神圣罗马帝国对意大利城邦共和国有合法权益。

印度群岛和美洲的王室纳入这样一个王室模式呢？"①怎么能够说那些宗教信仰和生活方式迥然不同的民族也是在共同的基督教救世的道路上呢？基督教世界史统一观的另外两个假说，即王室系谱的单一性和各民族道路的共同性也宣告破产了。此外，传统基督教历史理论赖以立足的自然观，即地心说，早在1543年被哥白尼提出的日心说所推翻。

旧史观关于历史发展的退化论和循环论也直接同近几个世纪西欧社会发展巨大进步的客观事实相抵触。十七十八世纪，人口稠密、商业繁荣的大都会开始遍布欧洲各国。房屋的构造设施"获得了直到二十世纪，空调和中心供热系统的出现方被改变的那些特点"。②1688年到1808年间英国国民生产总值增长了六倍。路易十三到路易十四两朝间，普通税收增长了两倍。英、法两国在医疗卫生、文化教育、城市建设获得了显著的进步。欧洲人均寿命在十八世纪百年间增长了10岁。

十七世纪科学获得革命性进展。从1543年哥白尼发表《天体运行论》到1751年法国编纂《大百科全书》的两百年间，欧洲创造的科技知识相当于人类（不包括中国、印度）过去几千年创造的知识的总和。人类的认识范围已扩展至地球表面的70%和地球上一切宏观物体的物理的、化学的和生物学的一般特性。③尤为重要的是，学者们意识到已经掌握了"把支配物质、隐藏于物质深处的力量和法则用于（改善）人类生活的具体方法"④。培根的"知识就是力量"的名言表现了这一前所未有的信心。⑤

---

① 布莱萨赫：《历史编纂学史：古代，中世纪和近代》（E. Bneisach, *Historiography, Ancient, Medieval & Modern*, University of Chicago Press：1983），第178页。
② 托马斯：《世界史》（H. Thomas, *A History of the World*, New York：1982），第261页。
③ 杜谷在谈到人类知识的这种发展情况时，极其自豪地认为人类的知识已发展到"仅只细节还不知晓的程度"。参阅杜谷：《论人类精神的进步》（Turgot, *On the Progress of the Human Mind*, Translated, by M. O. Grange, Hanoven, N. H：1929），第23页。
④ 汤浅光朝：《科学文化史年表》，张利华译，科学普及出版社：1981年版，第50页。
⑤ "知识的功利性"和"进步"是"孪生观念"。见福斯纳：《史学革命，1580年到1600年英国的历史写作和历史思想》（F. S. Fussner, *The Historical Revolution, English Historical Writing and Thought, 1580–1600*, Greenwood Press, 1976），第261页。

十六世纪前后,思想敏感的历史家已开始尝试摆脱旧史学理论的方法,波丹于 1566 年发表的《理解历史的简便方法》,"试图用新的世界史理论来代替中世纪盛行的世界史模式"。① 波丹主张把人类史和宗教史分开来写,并认为宇宙间存在普遍规律,研究历史的整体性能认识历史规律。波丹提出,虽然人类社会的文学艺术、知识法律和风习存在上升和下降交替的波动,但从长期来看在这种波动中却存在一种上升的趋势。人类的远古不是黄金时代,而是野蛮时代。今天才进化到文明开化、有秩序的社会。②

培根和笛卡尔也从认识论的角度批判旧历史编纂学。在《学术的进步》的论文中,培根提出历史研究应当通过分析和归纳散见于各种文字和非文字的史料(例如,钱币、铭刻甚至谚语、传说等等)中的历史片断,来恢复和重建被时间所湮没和遗忘了的过去的历史的记忆,培根的这种关于历史认识从感性材料开始的观点,对于纠正长期以来统治西方史学的被歪曲利用的亚里士多德的演绎方法具有重要意义。笛卡尔则从获取历史知识的途径去批判旧历史知识,主张新历史知识必须建立在系统考证的史料的基础上。③ 培根和笛卡尔的方法论批判使新历史思维得以从认识论上摆脱基督教历史理论,并建立正确反映社会历史过程的理论。十七世纪八十年代法英等国的文艺界发生了"古今优劣论争",之后"关于历史持续进步的观念形成了"。④

2. 新科学思想的影响

培根认为实验是揭示自然奥秘的钥匙,认为发展知识的目的是改善人类

---

① 伯利:《进步观念,起源和发展的探讨》(J. B. Bury, *The Idea of Progress, An Inquiry Into Its Origin and Growth*, London:1924),第 37 页。
② 同上注,第 37-41 页。
③ 笛卡尔主张史料考证应当至少依据三条原则:不同的文献必须经过对照鉴别;其可靠性应互不矛盾;文献史料应通过非文字的证据加以验证。见科林武德:《历史的观念》(R. Collingwood, *The Idea of History*, Oxford,1948),第 62 页。
④ 见波兰德:《进步观念,历史和社会》(S. Pollard, *The Idea of Progress, History and Society*, Pelican Books,1971),第 26 页。

的生活状况和使人类幸福。他声称同希腊罗马相比,当时的人类是现代人,更有知识,因为他们的年纪比希腊罗马那个时代的人长,知识是不断积累进步的。他同样把历史分为三段:①古代;②中期,希腊和罗马;③近代,包括中世纪和十五十六世纪。希腊、罗马是科学繁荣的时代,人们追求学问、道德政治和法律,但即使在这两个时代,自然哲学的进展也很小。希腊人沉溺于道德和政治思考,罗马人则倾注于伦理和民政事务。到第三时期,神学成为研究重心,实用的科学发现停止了。培根认为科学的发展不会停止,尽管偏见和错误使科学不能直线前进。

笛卡尔的分析方法既适用于自然科学,也适用于历史。笛卡尔主义有两大核心概念:理性至上和自然规律不变。这两大概念对旧史观具有破坏性的后果:自然规律不变同一个积极主动的上帝概念相冲突;理性能使人的思想从权威和传统的统治中被解放出来,这实际等于人的独立宣言,也鼓励科学和哲学从权威的束缚中解放出来,破除文艺复兴对古代权威的盲从。笛卡尔著作的精神就是同过去彻底决裂,并且创建一个不从过去获取任何东西的新体系。笛卡尔预期知识将在他发现的方法论基础上进展,并对人类状况带来深远影响,世界现在比古代更成熟。笛卡尔试图改造科学的基础,历史进步理论正是从他的哲学中生长出来的。

自然规律不变是近代科学的哲学本体论基础观念,法国科学院的秘书丰特奈尔大力传播了这种观点。丰特奈尔是那个被称为笛卡尔时代的代表性思想家。这时期起于1680年,止于1740年,前后共60余年。尽管孟德斯鸠和伏尔泰早在1740年以前就开始著述,然而启蒙时代影响最为深远的著作《论法的精神》却发表于1748年。这期间思想界的任务就是转向笛卡尔哲学,用笛卡尔哲学思想来削弱中世纪思想传统。笛卡尔的一般原则,即理性高于权威、自然规律不变、严密的论证标准,对人的思维方式产生巨大的影响。这些原则启发了反对愚昧和偏见的一代人的叛逆。丰特奈尔比任何人都充分地展示了笛卡尔思想的威力。到路易十四时代末期,科学成为沙龙里的话题,连太太们都学习力学和解剖学。1686年丰特奈尔发表《谈多重世界》,书中,一个学者向一位太太解释新天文学,该书被一再重印。

《谈多重世界》激起了公众对科学的兴趣。当时地心说仍极为流行,哥白尼、开普勒、伽利略完成的宇宙观上的革命很久难以产生效果,连培根都拒绝接受。教会谴责伽利略,笛卡尔也不愿坚持日心说,因为他害怕同教会冲突。丰特奈尔的书向公众揭示了一幅宇宙新图景,地球失去了它在宇宙中的特权地位。宇宙观上的革命对人的思想产生了深刻的影响,地球的特权地位是宗教神学关于宇宙和人的使命的理论的基础,当人类处于宇宙中心的重要性被证明是幻想时,基督教神学模式崩溃了。发展关于人类在宇宙中的地位和命运的新理论便成为需要了。

丰特奈尔又发表《神谕史》,影响更为巨大。丰特奈尔在书中运用笛卡尔思想批判宗教权威。他认为希腊神谕是僧侣的欺诈之作,这样早期教父的权威遭到打击。贝勒(Boyle)也以伏尔泰似的文笔批判宗教神学。这一时期的自然神论同自然规律不变原则密切相联。上帝的作用被限制在启动世界机器,但却不干涉其运转。贝勒对神学的深刻批判,使这种同传统信仰尖锐对立的理论能站住脚。贝勒的著作帮助把道德观从神学和形而上学中解放出来。沙龙和书籍中展开的这场思想革命动摇了博绪埃为之辩护的神意理论,理性被捧上皇位,历史观也必须在理性的法庭面前证明自己的合理性。1683年,丰特奈尔又发表《死者的对话》阐述知识进步观,书中苏格拉底同蒙台涅对话,苏格拉底认为人们在许多世纪的经验中获益,因此蒙台涅时代比苏格拉底的时代有更大的改善。蒙台涅回答说,不同的时代有不同的特点,不是存在博学的时代、无知的时代、野蛮的时代和文明的时代吗?苏格拉底回答说,这仅是外表,人的心灵并不随生活风尚而变迁。

3. 启蒙构想与社会进步

17世纪末和18世纪上半叶在英国和法国发生了古代和今代孰优孰劣的论战,中心问题是文学艺术是否也同科学知识一样今胜昔。1688年丰特奈尔发表《关于古人和今人的闲聊》,认为今人增加新的发明也正确地吸收古人创造的真知识，因此今人超过古人。进步适用于数学、物理、医学等领域，这些学科既依靠正确推理，又依赖经验。由于方法的改善和经验的积累，后人将如我们超过前人一样胜过我们。知识进步的过程是无限的，科学的后来者将居上。丰特奈尔把人类的发展同单个人的成长类比。一个受过良好教育的人吸收了过去人类创造的全部知识。在人类历史的开端，他处于幼年，被最紧迫的生活需求所吸引，在青年期，他富于想象，擅长诗歌和修辞，甚至开始推理。如今，他处于成年期，更加开明，更擅于推理。丰特奈尔认为有一种秩序支配科学的进步，每一门科学都在某些科学发展起来以后才得到发展。贝勒声称，文学艺术科学领域，后代人由于时间和经验更长，能达到比前人更高的水平。经验的增加，心理学的进步使人们能更深地洞察人类精神，因而能更加完满地表现人的性格、动机和激情。

对人的社会和道德状况进行革命性的思考是十八世纪的突出特点，曾经改变了十七世纪思想的理性主义运动继续在十八世纪向前发展。对处于开明时代感到自豪，到伏尔泰时代成了主调，路易十四末期及以后，精神的开明状态同黑暗社会环境——罪恶、政治压迫和腐败的对立日益深入人心。能否像笛卡尔以其科学原则和思想方法对科学进行根本性的重建那样，对社会进行根本改造呢？十八世纪中叶，优秀思想家们开始把智慧集中于社会科学问题，把理性转向人性及社会根源。如果社会罪恶不是由于人的先天的、难以纠正的无能或者事物的性质所致，而是由于无知和偏见，那么国家制度的改良，以及社会幸福就仅是一个启迪无知、破除谬误、增进知识和传播理性的问题。

从1690年到1740年，人类心智启蒙的进步的无限可能性在法国知识界逐渐传播，学者们提出各种启迪人性改造社会和政府的方案，圣·皮埃尔尤其著名，他提出大量有关政府、经济、金融、教育的详细改革方案，包括建立国际联盟以实现永久和平和人类的黄金时代。在1773年发表的《政府完善化的方案》中，圣·皮埃尔勾勒了文明的进展。他批评古老的关于人类古代是生活幸福完满的黄金时代的说法，认为欧洲正在迈向未来的黄金时代，现在所需的仅是欧洲国家几朝的开明统治就能达到黄金时代——地上天国。圣·皮埃尔相信政府是万能的,并能赐幸福于人民,政府的不完满在于有能力的学者并未献身政治科学,因此必须建立政治科学院,并使学者顾问政府大事。同年圣·皮埃尔发表《试看理性的连续进步》,认为整个人类世代延续,理性持续发展,现处在理性的童年期,理性和智慧还将继续增长。在人类通向幸福的进步行程中,没有什么障碍是不能克服的。让国家立即建立道德政治学院,让能者把才智贡献给政府,在一百年内,人类将获得比两千年所取得的进步还要大的进步。"理性的永久和无限制的加强"总有一天将使人类更加幸福。

皮埃尔的思想代表了从集中于纯粹理论问题的早期笛卡尔主义时代到集中于社会问题的十八世纪后半叶思想时代的过渡,他是百科全书派"人道主义"精神的先驱,百科全书派在新的意义上使人成为世界的中心。皮埃尔首先宣布了人类命运的新教义——理性将使社会无限进步。圣·皮埃尔提出的许多方案就是我们现在称之为"启蒙构想"或"现代性方案",这些充满闪光的观念在十八世纪后半叶形成了支配世界的革命思想。

4. 历史进步观念的内涵

英国和德国的历史进步观念所强调的内容有所不同。在法国,资产阶级的社会理想是建立一个同旧的封建制度完全不同的新社会。在英国,夺得政权的资产阶级的社会理想是发展经济,并使政治制度逐步完善化。而在德国势微力弱的资产阶级则只能在伦理的领域驰骋自己的遐思。这种特征在康德的著作中有反映,康德所强调的进步"不是科学和物质的进步,而是道德的改善",[①]以及人的潜能和天赋的充分发展。

但是,可以看出,在这些论争中形成的历史进步观包含三个主要论点:1)人类历史具有统一性或整体性;2)自然和社会运动受不变自然规律支配;3)理性或科学是推动社会进步的动力。十八世纪启蒙哲学家认为理性是社会进

---

① 赫芝勒:《社会进步,理论观察和分析》(J. O. Hertzler, *Social Progress, A Theoretical Survey and Analysis*),第51页。

步的终极原因。因为理性是人的一种"自我完善化的能力",由于这种能力,人类"日新月异地发明千百种新的需要","连续不断地由简单的需要走向更为复杂的需要","并且创造出千百种方法来满足这样需要"①。社会因而不断前进。②另一方面,人的理性同自然法又是一致的,或者就是人心中的自然法,③这样就保证人的活动符合自然规律,带来人所预期的进步成果。从前一种观点出发,他们认为进步是"人类精神构造的自然的和必然的结果"。从后种观点出发,他们认为进步即"自然规律"或"自然过程"。启蒙时代的社会科学,由于受到进步观念的影响,"宗教信念,道德和法律观念,语言和制度"等等"都被以发展的观点来加以解释"。

埃克顿曾经评论说,"承认人类事物中存在着一种进步,是历史据以写作的科学的假设"。十七十八世纪西欧史学界提出的历史进步观,标志着人类对社会历史发展过程性质的认识的一个重要里程碑。直到今日,历史进步观仍是历史家观察解释人类历史的基本观念之一。英国历史学家卡尔在《历史是什么》书中写道,"历史就其本质而论就是变化……进步","恰当地名之为历史的那种历史,只有由在历史本身找到了一种方向感,而且接受这种方向感的人来写作","只有这种历史中的方向感才使我们能够(正确地)整理和解释过去的事件"④。冯·马丁也指出了解"停滞与运动(是)开始研究历史的根本范畴"。历史进步观是同理性主义史学连在一起的。

---

① 霍尔巴赫,《自然体系》转引自西方古典哲学原著选辑《十八世纪法国哲学》,商务印书馆版,第571页。
② 卢梭认为人的自我完善能力使社会不断前进,参见卢梭,《论人类不平等的起源和基础》,商务印书馆版,第83—84页。
③ 狄德罗写道:"自然法并不是人心制造出来的东西,并不是各个民族制定出来的一种任意的规定,而是那个支配宇宙的永恒理性的印记",《十八世纪法国哲学》,第247、570页。
④ E. H. 卡尔,《历史是什么》,商务印书馆,1981年版,第144、145、133页。

二、理性主义史学

十八世纪法国的启蒙运动的核心是信仰理性主义。理性被认为是人性的主要组成部分,是天赋的,是道德价值标准,衡量一切的准绳,人的理性的正常发展推动社会前进。18世纪50年代起,理性主义史学又称启蒙史学便应运而生了,它是革命的资产阶级在社会历史学科领域内的意识形态表现。它从笛卡尔理性至上、思维必须明晰和怀疑主义这些理论中吸取观念,并受到17世纪自然科学革命的鼓舞。他们对基督教史学发起了一场全面的进攻。

理性主义史学认为理性是历史发展的根本动因。它力图使史学世俗化,因而猛烈地批判中世纪基督教历史编纂学,认为历史写作不应记载神秘的宗教事件和荒诞不经的奇迹、神话,也不应当用不可知的上帝的超自然意志来解释历史,主张历史家以清晰的笔法,记载确凿可靠的历史事件,解释真正的因果关系。理性主义史学也突出历史写作的社会效益,认为历史写作应当促进人类精神和文明的发展,担当起启迪理性,揭露黑暗、迷信、愚昧和偏见,推动人类社会进步的任务。理性史学主张转移历史研究的重心,扩大历史编纂的范围,认为历史家应当更多注意研究文化、艺术、科学和风习、文明的进步,而不应当专注战争、宗教、外交和宫廷琐事。理性主义史学运动首先在法国兴起,以伏尔泰的《风俗论》和《路易十四时代》以及法国和德国的"文化史"和"文明史"为代表,英国著名的理性主义史家有休谟、罗伯逊、弗格森和吉本,德国的理性主义史学理论以康德为代表。

启蒙史学对历史的基本看法是:人类生活主要是并且总是一种盲目和非理性的活动,但是却能够转变为理性的活动。由此产生了两种倾向,向后看认为过去的历史主要是非理性力量起作用;向前看,千年王国将会通过确立理性的统治而出现。第一种倾向以孟德斯鸠和吉本为代表:孟德斯鸠认为社会制度不是人类理性在其历史发展过程中的自由发明而是自然原因的结果。吉本认为历史的动力存在于非理性之中,他的《罗马帝国衰亡史》开始于安东尼时期。第二种倾向的代表是孔多塞,在他的《人类精神进步史纲》中展望了一个没有暴君和奴隶,没有教士和被他们欺骗的人的乌托邦,那时人们按照理性行动,享受生活、自由、追求幸福。启蒙史学的中心是科学精神的升起,在这之前一切都是迷信、黑暗、谬误,因此没有历史研究的价值。

启蒙史家接过十七世纪末教会史家的历史研究的观念,用来反对教会。他们给历史学带来了艺术、科学、工业、贸易和文化等内容。在"统一的进步"这个总的概念下可以包括几乎所有有关人类生活的课题。他们从世俗的角度寻找历史变化的原因,认为历史过程既不是由开明君主,也不是由上帝的计划所推动,而是由于其内在必要性——非理性不过是理性的伪装——所推动的过程。

1. 伏尔泰

伏尔泰(Voltair,1694－1778)是法国启蒙哲学家,理性主义史学大师,著名的反封建、反神学的斗士,主要著作有《路易十四时代》和《论各民族的风俗和精神》等。伏尔泰的《路易十四时代》发表于1751年,被认为是理性进步论史学的第一本经典著作。该书体现了理性主义史学的基本特征,突出表现理性主义史学家力图转移历史研究的重心,扩大历史编纂的范围的意图和历史进步观的影响。他又于1769年发表《路易十五朝概论》,该书前言和头十四章追述查理曼以前的世界史,中国、印度、美洲也被述及,这样伏尔泰的整个著作就完整地追溯了从古代到18世纪的世界文明发展。

伏尔泰经过十六年的努力,研究数千种私人著作和国家档案,写出《路易十四时代史》。此书以法国在路易十四时代的文化成就为主线,兼及当时的战争和外交活动等,成功地刻画了法国历史上这个重要时期的精神面貌,此书仍是研究那个时期法国文化史的重要著作之一。《路易十四时代》把"科学和艺术的进步"作为著作的题目,书的目的是要"勾勒有史以来最开明的时代整个人民的精神,而不是个别人的行为"。《风俗论》追溯的是人类精神史,而不是详细事实，它力图显示人类以什么样的步伐从查理曼时代的野蛮原始状态前进到"我们的文明状态"。

《论各民族的风俗和精神》描述从查理曼到路易十三逝世的主要事件，1756年发表全书。这部书记叙了欧洲、美洲、亚洲、非洲近20个国家和地区的文明史。西方学者评价说，这是一部用新历史观来考察世界各族历史的著作。伏尔泰的这部著作也是为了反驳博绪埃的《世界史》而写的。伏尔泰批评博绪埃的《世界史》没有资格称世界史，因为它只涉及四五个民族，特别是那个"世界其余地区不知道或者轻视的"犹太小族。而这却是博绪埃的重要兴趣的所在，仿佛古代所有大帝国的最后原因都在于他们同犹太人的关系，他针对博绪埃说道："我们将像谈到希腊人一样谈到犹太人，估量可能性，讨论事实。"在伏尔泰这里，希伯来历史的意义第一次被置于较为合适的限度内。伏尔泰看到了世界各民族文明发展的差异性，但不承认有高低之分。理性主义史家的这种各族平等的思想，同十九世纪西方出现的欧洲中心论论调形成了鲜明的对比。

伏尔泰相信一个社会中大多数人的理性可能不会充分发展，人类精神生活的某些形式也会是原始的和错误的，但是社会中必然有少数人获得充分发展，并成为高度文明的人。这种观点构成了他以及整个法国启蒙史学，关于能够通过传播科学知识和理性的启蒙运动，促进社会发展进步的思想基础。在伏尔泰看来，所有改变世界的成功的社会和政治的大变革都是由于意见的变化，偏见接着偏见，错误连着错误，"最终，人类终于历经漫长的时间，改正了他们的观念并学会了正确思考"。战争和宗教是人类进步的主要障碍，如果战争连同引起战争的偏见被废除，人类生活状况会迅速得到改善。伏尔泰相信理性和工业将使社会继续前进，技艺将被改良，罪恶、偏见将逐渐消失，哲学将在世界传播，人类在未来各个年代中遭受到的灾难将会减轻。

伏尔泰主张历史家不仅应当周密地核对历史事实，而且应当在拥有充足资料的基础上进行综合概括，从哲学的角度来认识历史。他坚信历史是发展的，历史事变后面存在严密的因果锁链。在《哲学词典》的《命运》条中，伏尔泰写道:"现在的每一事件都从过去诞生,并成为未来之母。……永恒的锁链既不能破坏,也不会错乱……。必然的命运是整个自然界的规律。"[①]他肯定社会现象有着如同自然现象一样的前后相续的规律性。伏尔泰排除最终原因,上帝在他的历史中不起任何作用。伏尔泰同孟德斯鸠在方法上完全不同,伏尔泰主要考虑事件的某种因果联系和直接的人的动机。他对历史的解释局限在发现特殊原因,并不考察孟氏所考察的那些大的一般原因的作用,孟德斯鸠试图显示社会的盛衰是受规律所支配,伏尔泰相信当人类理性不能影响历史时,历史事件的发展被偶然性所决定,偶然性的作用即使在立法中也是明显的,"几乎所有的法律都是被制订出来适应偶然的需要"。

人类的发展也可能会被随时引入不同道路,但是不论它走什么路线,理性都将保证文明的进展。伏尔泰的思维存在着矛盾,因为,如果命运支配事件,帝国的兴衰、宗教的延续、革命以及历史上所有的大危机都被偶然性所决定,那么,凭什么相信理性——文明进步的动力——将长期占支配地位呢？人类文明在这时或那时,这里或那里都曾有所发展,历史上也存在进步迅速的时期,但是怎能保证这不是偶然的插曲呢？因为成长总是紧随着衰朽,进步紧随着退步,怎么能说历史使人得出结论,理性将上升,人类文明将持续进步呢？伏尔泰为后来被称为"历史哲学家"的学者提出了一个有关历史进步的宏大理论问题。

伏尔泰对历史编纂学发展的贡献,可以概括为以下几个方面:首先,他把理性主义和批判精神带到了历史写作中,他以"理性"作为标准尺度对历史进行价值判断,全盘否定中世纪教会的史学。他认为历史是开发、启迪和教育人民的一种手段,是反封建、反神学的斗争武器;历史是人类各方面,政治、经济、生产技术各方面活动的记录,提出历史应写文明史——人类在物质和精神方面的创造。《风俗论》从中国开始,对中国的传统文明和儒家学说评价甚高,

---

[①] 转引自维·彼·沃尔金著:《十八世纪法国社会思想的发展》,商务印书馆,1983年版,第58页。

把中国文化作为批判专制王权和宗教神学的武器。伏尔泰认为中国、印度两河流域文化比希伯来文化更久远、丰富和成熟,儒家哲学具有理性主义特征,孔子是宽容的自然神论者,且盛赞儒家思想在中国开明政治中的作用。

其次,伏尔泰拓展了历史研究的领域,认为历史著作不应该只写个别伟大人物、王朝更迭和战争,而应该写一个时代,一个时代里人民的精神面貌,各个历史事件发生和变化的原因,其著作介绍了科学艺术的成就和社会生活。《论各民族的风俗和精神》是西方第一部具有世界眼光的、用理智的、非宗教观点来说明的世界文化史。在这部书中,世界史的空间已扩大到欧洲以外的中国、印度、日本、波斯、蒙古、阿拉伯、美洲等广大地区。他把历史看作是以文明为主要线索的人类事务各方面活动的记录。针对博绪埃的《世界史论》,他抛弃了基督教神学史观评价世界史的标准,而以理性为衡量各国各族文明高下的准绳。作者尊重包括中国和阿拉伯文明在内的东方的成就。这是一部以世界整体性的观点写出的世界史。

最后,伏尔泰提出了创立旨在阐明历史发展规律的历史哲学的任务,首先使用"历史哲学"一词。他认为历史是一个文化的进步过程,人类的精神进步是历史发展的动力。他阐明了人类社会如同自然界万物一样,处在有规律的运动过程中,从而把不以人或神的意志为转移的规律性引进了历史学。他对历史发展的动因进行了探索,提出历史的动力是理性,文明是理性的产物的观点,认为历史是理性和愚昧、迷信作斗争的进步过程。伏尔泰在思想观点、方法体例等方面的见解对西方史学发展起到了积极的作用。伏尔泰的史学实践以及法、德的其他类似著作所体现的"文化史"和"文明史"倾向到十九世纪得到了进一步的发展。

伏尔泰把启蒙运动及启蒙史学看作是一场使人类生活和思想的世俗化的运动,自己则是反基督教教会权力的十字军领袖,在"消灭迷信"的格言下战斗,宗教被认为起着使人类生活落后和野蛮的作用,启蒙运动的信条是:人类精神生活的某种形式是原始的,一旦人类精神受到理性的启迪达到成熟便会消亡。伏尔泰对宗教的观点过于极端。对他来说,宗教是教士们虚伪狡猾制造出来的工具,同荒谬联系在一起的词眼。而在维科那里,它是历史、哲学或社会学的概念,所代表的事件在人类历史发展的某一阶段有其价值和合理的需要。启蒙运动的历史观点是反历史主义的、论战性的。伏尔泰公开声称,不可能得到十五世纪末叶以前的世俗的历史知识,休谟的《英国史》是到了十五世纪末叶都铎王朝时才详细起来。伏尔泰这样的启蒙哲学家对人类历史上这些非理性的时代没有兴趣,也不去洞察。在他们看来,社会制度是某些思想家发明出来,又强加给人民群众的。这些观点无疑是片面的。

2. 休谟

英国启蒙史学的先驱是休谟(Hume,1711 - 1776)。休谟是一位哲学家,他的哲学代表了英国经验论哲学的一个高峰。他的主要著作有《从尤利·恺撒入侵到1688年的英国史》、《人性论》和《论历史研究》。后两部著作发表于18世纪40年代。休谟在《论历史研究》的论文中,倡导历史学家用进步的眼光来考察人类在科学艺术和风习文明方面的发展的历史,而且从理论上按照理性和"事物进步的必然性"来分析"科学艺术兴起和进步"的条件及原因。[①]他认为历史写作的头号任务是用进步观念来重构历史。

《人性论》对启蒙史学的一个核心概念——"人性"进行了详尽的探索。休谟认为支配历史的不是神,而是人性,人性潜藏在一切历史事变的下面,制约着历史事变。他提出:历史是人性中两种倾向的斗争,即情欲与伦理,保守与创新,以及对社会与国家,权威与自由等的认知。在休谟看来,人性在各地都是同样的,他认为由于人类理性(认识能力)的限度,因而不可能发现"人性终极的原始性质"。在休谟这里,实际上有两个人性,一个是所谓统一不变的人性,即推理能力、审美趣味、情感,另一人性则受社会条件制约,像一个"社会政治机体"一样缓慢变化,并努力"使自己完满"。这个人性实际上与理性

---

① 大卫·休谟:"论科学艺术的兴起和进步",载《休谟论文集》(David Hume, "Of the Rise and Progress of the Arts and Science" in *Hume's Essays*),第84页。

等同了。

伏尔泰认为历史家不仅应讲述历史，还应探索人的行为的规律。休谟也认为历史发展存在着连续性和稳定性。例如：风俗时代相传，一个民族的思想和行为的这些方式形成历史传统，其原因是互相模仿、迷信、教育、权威和公众意见造成的。他说在中国，孔子权威的影响使谁也没有勇气抗拒舆论的潮流，使后代任何人都不敢争议被祖先们所普遍接受的传统。但休谟强调历史发展的偶然性和随机性，认为历史事件间并无必然联系。历史发展存在着间断和变革，变革是由于改革，知识的进步，以及国与国之间在政治、经济、文化上的互相影响，乃至经济的发展促成的。变革也会引起历史发展的中断。在正常情况下，历史的进步应当是一种有机的变化，即渐进，而不应当是激烈的革命。休谟认为历史发展的中断又是必要的和有利的。休谟还探讨了政府和社会的起源。为了使人们克制自然弱点，并且处于不得不遵守正义和公道法则的必然形势之下，就产生了我们所谓民政长官由国王和大臣来执行正义，维持社会。政府最初都是君主的，共和国只是由于君主制和专制被人滥用才建立起来。休谟认为法制的进步，不是神的计划或上帝赐予立法者智能和先见之明的结果，而是与立法者的理性进步密切相关的。福布斯评论说，这里含有否定神的计划和经济发展推动政治进步的思想。在社会政治理想上，休谟认为自由是最重要的特征。

哲学上，休谟是经验论的不可知论者。他把感觉论和因果论应用于考察宗教问题，得出了宗教怀疑论的结论，神的存在既不能肯定，也不能否定，但却可以信仰。他反对封建教权干预国政，反对宗教狂热和宗教恐怖。他心存对民众"骚乱"的畏惧，不愿看到民众政府的出现，也反对君主专制。在关于宗教的社会作用上，他着重揭露了宗教的迷信、狂热和恐怖的危害，但又断言关于上帝存在的"真理"是我们一切希望的基础、社会最坚固的支柱，主张为"一般人"保留宗教约束，而把怀疑论留给学术界人士。

休谟也探讨历史认识论问题，首先是历史知识的性质："我们相信恺撒三月在元老院被杀，因为这个历史事实被历史家们一致证实，历史家们同意给这个事件标以这个准确的时间地点。这样一些字母便展现于我们的记忆或感官。我们把这样一些字母记下来作为这些观念的符号,这些观念被在场者作为客观事实立即加以接受,或者这些观念来自其他人的证词,而这些人又来自另外一些人的证词,直到我们逐渐探究到事件的见证人和旁观者。十分明显,这样一条因果的锁链首先建立在那些字上,这些字被记忆或看到,如果这样一些记忆或视觉不可靠的话,我们的整个推理都将是没有根据的空想。"

历史的资料以符号的形式给后人以印象,并在接受者心中引起相应的观念,一旦我们相信其可靠性,我们就相信恺撒是在其时其地被杀。如果历史家能显示这样一个历史知识是建立在证词之上的合理的信念体系,他就会感到满足。休谟声称任何知识都只不过是一套合理的信念构成的体系而已,历史知识也如此。休谟的这些观点在 20 世纪相对论者那里得到了详尽的阐述。休谟深知当时哲学思潮是怀疑历史作为一门知识的合理性,自己的哲学也有可能被用来支持这种观点。因此他又声明尽管文献史料经过许多人的多次转述,史料的真实性可能丧失,但是由于描写者的忠实于原文,我们就可以相信历史作为一门科学是有依据的。

休谟所阐发的怀疑论哲学把所有的知识思想都降至合理信念的位置,只有历史没受到破坏。休谟懂得自己的哲学对历史学的影响,但作为历史学家,他属于启蒙学派的实质主义观点,这同他的哲学原则不相一致。休谟认为历史进程突然的中断,如果不是伴随着古典文物的毁灭,那么,它对科学和艺术的发展将是有益的,因为它打破了权威和独裁者对理性的统治。

休谟也是英国那一时代的"托利史学"的重要代表人物,他的《从尤利·恺撒入侵到 1688 年的英国史》共 15 卷,该书体现了他的文明观念,书虽是政治史,但附录中把各个时代的社会、环境、思想艺术都作了介绍。休谟并不完全接受启蒙思想。在他看来,历史是人的心理活动的记录,带主观性,虽有因果联系,但无客观规律。史学对象不应仅以政治、军事史为限,也应写人的精神和生活。他否认自然条件对历史的影响,自然条件只能影响身体,不能影响心理。他也从心灵来解释历史:共同习惯,人类群居,互相学习、模仿,在行为、思想上形成人的共同习惯,教育和文化传统助长了这种共同心理,民族特性就是这种共同心理的反映。通过对它的研究,可以使人们了解到政治、经济、习俗、民族性的变化。历史是具有延续性的运动过程,发展意味着新文化的成长。政治和宗教狂热造成对社会的破坏,革命就是这种狂热的高潮。人民应有以服从权威为前提的自由。查理一世有许多优秀品质,议会则是野心家、伪君子,对人民残暴。

休谟认为英国的宪政自由和进步实际上是商业技艺的发展这些"一般原因"以及像岛国的地理位置,缺少一支常备军和宗教狂热这些"特殊的"和"偶然的"事件和条件所造成的结果。他反对过时了的重商主义,提出了货币数量论,"利息是总利润的一部分"的理论。在其著述中他力图显示"商业和制造业渐渐带来秩序和良好政府,从而也带来个人的安全和自由"。休谟也曾提出过国与国之间的政治经济交流是社会变化的原因之一,因为这种关系会导致"科学和艺术的输入"。

但休谟认为历史主要是政治史,"文明的进步,即政府目的的实际的、历史的实现。"如果说法国历史家的政治理想是政治平等,那么休谟这位英国历史家则重视政治自由,认为"自由是完善的文明社会的特征"。[1] 休谟认为理性,"我们的推理能力……潜藏在所有的历史事变之下,并制约着一切历史事变。"[2]在把理性看作是推动社会进步的根本原因时,他也注意到其他因素的推动作用,例如伟大的思想家和立法者。

3. 吉本

吉本(Gibbon,1737－1794)是十八世纪英国和欧洲最著名的历史家。吉本15岁时进牛津大学马格德林学院学习,14个月后就离开了牛津,后访问巴黎见到达兰贝尔、狄德罗、爱尔维修和伏尔泰。1764年吉本27岁时访问罗

---

[1] 转引自福布斯:《历史和政治》(D. Forbes, "Politics and History" in the *Historical Journal*, Vol. 2, 1963),第292页。

[2] 科林伍德:《历史的观念》(R. G. Collingwood, *The Idea of History*, Oxford:1948),第83页。

马,在罗马废墟的怀古之情使他萌生了写一部罗马史的念头。《罗马帝国衰亡史》第一卷于1776年出版,吉本的声誉鹊起。这一年亚当·斯密出版《国富论》,休谟辞世,吉本花了近20年的时间才完成他的辉煌巨著。他的主要著作《罗马帝国衰亡史》被视为西方历史经典著作之一,代表了启蒙时期史学的最高水平。

为了撰写这部涵盖公元二世纪到宗教改革时期约1500年的《罗马帝国衰亡史》,他广泛而深入地收集研究原始资料,包括希腊、拉丁手稿和古代铭刻货币,因此他的著作史料丰富,而且还融会贯通了前辈学者的研究成果,他也继承了古代史学家那种诚信不欺,力求真实的精神。吉本的书编纂态度严谨,态度客观。他善于组织史料,驾驭史料,全书层次清楚,结构严谨,每章有与内容相贴切的标题,每页有注释,说明史实出处,而且语言生动、文笔华丽。后二卷所述拜占庭历史在西方学者中可谓拓荒之作。他的著作的不足之处是对中世纪的轻蔑态度,某些史料来源不可靠,有失误。

吉本在启蒙主义思想的影响下,以理性主义和批判精神考察基督教的兴起,认为基督教会是一种历史的现象。他反对封建专制和宗教神话,谴责暴君的荒淫腐化。他对古籍中神迹的描述持完全否定的态度,认为《圣经》、《马太福音》中关于耶稣受难时天昏地暗达三小时的说法是不可靠的,当时的辛尼加和老普林尼的包罗宏富的传世之作中就未见记载。他也批评受迫害者割舌之后,蒙受神恩能说话的故事,认为凡理性不能验证的都是虚妄的。他批评禁欲主义违反人性,禁闭人的心智,抑制人对知识的追求。

吉本在关于穆罕默德创立的教义及其历史业绩的长篇论文中,对穆罕默德的教义作了自然神论的解释,认为它远在中世纪西方基督教之上,穆罕默德关于天父的教义和他自己所理解的自然及理性的概念是相符合的。当欧洲基督教已经沉溺于圣物和偶像崇拜的时候,"麦加的先知穆罕默德根据凡起者必落,生者必死……的原则,否定对偶像、人和星辰的崇拜"。又说穆罕默德以其理性的智慧,把宇宙的主宰奉为无形的、无定所的,无限的存在。

《罗马帝国衰亡史》把基督教和野蛮主义的胜利看作是使罗马的伟大文

明崩溃的主要原因。该书规模宏大,叙述一千五百年的历史,涉及波斯、匈奴、日耳曼诸部落以及阿拉伯帝国和土耳其帝国的历史,是把古代和近代连接起来的规模宏大的通史著作,也体现吉本对历史的连续性的认知。吉本被认为是"第一位以宏大的视野,广博的知识抓住历史连续性概念的作者。"[①]在吉本看来,这种历史的连续性就是人类的"体力智能和精神"逐渐进步,"财富、幸福、知识"和"道德"逐渐积累。在《罗马帝国衰亡史》第四章中,吉本写道:"技艺的发明,战争,商业和宗教热情……永远也不会丧失。我们因而可以愉快地默认这个结论,即世界历史上的每一个时代都增加了,并且还在增加真正的财富、幸福、知识,或许也提高了人类的道德。"

吉本以自然神论为出发点批判基督教的教义,揭示其违反理性的性质,认为基督教遍及于罗马帝国的胜利,一方面是由于教义的吸引力,教徒的热情和力量,教会的纪律性和组织性;另一方面,也是愚昧反理性的胜利。吉本称赞早期罗马帝国几个专制皇帝的战绩,认为这些时代是世界历史上人类最幸福、最昌盛的时代之一。罗马的强大是由于淳朴的民风,求实、爱国和尚武精神,罗马的衰亡是由于基督教的传播败坏了罗马淳朴的民风和英勇精神,使人们追求虚幻和来世的东西。他还分析了基督教产生的古希腊罗马哲学思想背景和犹太民族的历史环境。

在吉本看来,社会是一个各种运动相互影响的整体,历史是一个不可分割的连续向前的过程,政治自由使人们幸福,幸福是进步的标志。在另一方面,吉本又认为历史不过是比人类的罪恶、愚蠢行为和灾祸的记录少许多一点的东西。他对政治革命和阴谋的深刻原因不加探究。该书的另一缺点是只记述政治、军事、文化和宗教的活动,忽略社会经济,把历史归结为上层统治人物帝王将相、教皇、主教的活动。吉本在英王乔治三世镇压美洲殖民地革命时,坚决维护"母国"利益。他反对无理性的暴君,但不反对遵循理性的专制主义。

---

① 汤普森:《历史著作史》(J. W. Thompson, *A History of Historical Writing*, Volume II, Peter Smith: 1967),第 90 页。

讲到法国大革命时说"毋宁称之为法国的瓦解",实际上不赞成法国大革命。在他的心目中,群众和基于群众的民主是没有地位的。

4. 其他史家

启蒙进步观在英国影响了以经验论和政治渐进主义和优美文体著称的苏格兰历史学派和辉格派史学,在德国则促成了哥廷根大学史学研究的繁荣。休谟开创了苏格兰历史学派,这派的重要史家有罗伯逊和弗格森。罗伯逊(Robertson,1721－1793),著有《苏格兰史》、《查理五世皇帝时期史》和《美洲史》。后书是第一本美洲史,写了美洲的自然、地理、历史以及新大陆的发现过程。他在书中认为美洲人是从亚洲经由白令海峡、阿拉斯加去的。从理性主义的观点出发,他认为中世纪是"黑暗时代",但孕育了近代西方文明。中世纪史上的大事件如十字军东征、城市的兴起和骑士等具有重要历史意义。罗伯逊反对天主教会,同情马丁·路德的新教改革。他认为十六世纪的欧洲奠定了近代各民族国家的政治基础。他的著作资料丰富,利用了很多档案包括笔记和稿件等,还有详细的文献目录,这种格式影响了后代学者。《苏格兰史》是根据爱丁堡和大英博物馆的档案写的,于1759年出版。他声称要"叙述真实情况、解释真正的原因和后果"。

弗格森(1723－1816)是爱丁堡大学的道德和哲学教授。继承了休谟和伏尔泰、霍布斯和亚当·斯密等人的思想,他试图综合各派伦理哲学,以期发现文明进步的规律。他用进步的眼光考察人类从原始社会到十八世纪的历史发展,肯定人类"臻于无限进步",正走在一条进步的道路上。弗格森的一部关于罗马历史的著作以《罗马共和国的进步和终结史》为标题,表明进步的观念是如何影响了他对罗马历史的考察。弗格森提出,财富的增加依赖于细致的劳动分工和知识的增进。这些观点同马克思生产方式推动社会进步的理论相比尚属非常不成熟的观点。

哥廷根历史学派包括哥廷根大学的首任校长约翰·摩斯亥漠、加特厄、施罗塞、斯匹特累、赫棱等。摩斯亥漠(1693－1755)对17世纪欧洲科学成就和笛卡尔哲学都了解,他前后写了85部教会史著作,包括《君士坦丁大帝以前的基督教史述译》和《教会史诸原则》。他强调历史著述要根据原始史料,并且要对史料进行对比考证。约翰·克里斯托夫·加特厄(Johann Christian Gatterer,1729－1799)在摩斯亥漠去世后任哥廷根大学历史教授,他的《世界史》抛弃了传统的"四君主国"的写法,仍包含《圣经》传说故事,他的重要性在于他的历史教学中强调学习地理学、古文书学、年代学和古钱币学等辅助学科。

奥古斯特·路德维希·施罗塞(August Ludwig Schlozer,1735－1809)后来在哥廷根大学当了历史教授,施罗塞因在俄国学习了几年,因此他写了《俄罗斯的新变革》和《俄罗斯史》。他是一位具有世界眼光的历史学家,受伏尔泰影响很深。他的其他著作包括《北欧通史》、《北非简史》、《大迁徙和大联合的世界史》、《论商业史》等。他认为世界历史的编写应包括所有已知的国家和时代,描述人类的起源、进步或衰落,成为一部"真正的人类史"。

哥廷根历史学派最著名的学者是**亚诺尔德·赫尔曼·路德维希·赫棱**(Arnold Hermann Ludwig Heeren,1760－1842)。赫棱在哥廷根大学获博士学位后,被聘为哲学教授、讲授古罗马风俗和史学,后来开始研究亚洲和非洲历史、商业史和政治史。主要著作包括《古代主要国家政治、交往和商业史回顾》、《欧洲国家制度及其殖民地史》等。赫棱对美国史学有很大影响,19世纪几位著名的美国学者如班克罗夫特、摩特利和朗费罗都曾在哥廷根大学跟他学习。赫棱看到了当时存在的西方各国政体的差异,英国实行君主立宪制,法国虽有宪法,但行政机构独断,俄国是专制政体,而美国则实行民主的联邦共和制。他也提到了宗教是一个国家社会政治生活的联系纽带。

社会进步观和其他启蒙思想与历史发展的规律性、世界历史的整体性等观念结合在一起导致了西方历史编纂在历史认识和史学理论的更新,促进了历史研究和编纂重心的转移、范围的扩大、新型体裁(如文明史和世界史)和研究方法(如比较法)的出现,而且宣告了近代史学体系的确立。

第六章 十八世纪的历史哲学

理性主义史学兴起的同时,历史哲学作为一种流派诞生了。从十八世纪中期起,出现了一大批历史哲学家,专门探讨历史认识论、历史发展的过程和规律。有人认为波丹或者伏尔泰是第一位历史哲学家。然而,尽管"历史哲学"这一概念首先由伏尔泰提出,却是维科第一个提出系统的历史哲学思想。维科明确提出要创建历史哲学这门新学科,并同时使用哲学和语言学的方法。他的《关于民族共同性的新科学原理》于1725年出版,早于孟德斯鸠和伏尔泰的著作。维科对历史哲学做出了划时代的贡献。

一、维科

维科(Vico,1668 – 1744)是意大利那不勒斯大学的教授。他生活在笛卡尔的理性主义、英国的经验主义以及法国的启蒙运动思想相继在欧洲激荡的时代。但他的主要研究对象是法学特别是罗马法,曾著有《君士坦丁法学》,通过法学他注意到原始社会发展和历史哲学。维科对笛卡尔的理性主义持反对态度,认为"我思故我在"不能成为哲学知识的基础。维科提出"真理即事实",即真理和事实的统一,作为知识的标准或根据。但他也认为神意是世界秩序的最后建立者。他反复证明神和宗教都是由人凭想象创造出来的,用以维持原始社会秩序的,但是他却不把这个原则运用到基督教观念盛行的时代。

维科的主要著作《关于各民族共性的新科学原理》,是研究人类社会文化起源和发展的一种大胆尝试。维科的历史理论从人的本性出发,他认为人类历史发展存在一致性、连续性和秩序。所谓一致性,就是人性在各地同一,人性先天的共同性和社会性,使人类有相同的基本的风俗习惯,处在同一社会发展阶段的民族表现出共同的特征。一切民族的发展形式都有共同性。然而,制度、道德、风俗习惯,也随人性的变化而变化。秩序性就是每个民族在其起源进步的模式上的相似性,即所谓三阶段的历史循环理论。历史过程也具有延续性,过去、现在和将来都有联系。历史上每一阶段的出现都是必然的、适时的和非偶然的。历史变化中,前阶段为后阶段做准备,后阶段是前阶段的产物,每一阶段都包含有前一阶段的因素,过去残留于现在之中。这里,维科表现出了历史主义观点的萌芽。

维科创立了历史发展阶段论的学说。他接受了埃及的一个传统的历史分期方法,认为人类各民族的发展都要经历三阶段:神的时代、英雄时代和人的时代。三个时代各有相应的不同的心理、性格、宗教、语言、诗、政治和法律的特征。维科拿种族发展和个人发展相比拟,认为原始社会是人类的幼年时期,这是神的时代,人类处在蛮荒时期,不会思考,却想象丰富,他们把自然界的种种可怕现象虚构为神的种种表现,开始了对神的恐惧和虔敬。面对着神,他们对男女混杂感到羞耻,于是男人带着女人住进洞穴,开始婚姻和家庭制,到后来形成了社会。如果说在神的时代,人的心理受本能支配,那么在英雄的时代,人类行动则受意志支配。英雄的时代大致相当于希腊荷马时代,对神的崇拜产生了各民族的英雄崇拜。这时人的形象思维发达,抽象的词汇较少,常以物拟人。这时代的政体操纵在少数英雄手里,贵族统治社会,他们的意志和暴力就是法律。社会划分为家长和平民两个阶级,平民处在"被保护者"或"奴隶地位",不能分享宗教和政治方面的权利,他们的不满情绪和反抗的斗争便日渐剧烈起来。平民阶级的上升促成了英雄主义的解体,把历史推进到了"人的时代"。维科描述到,随着年代的推移以及人类心智的更大发展,平民终于对这种英雄主义的自封的权利起了猜疑,认识到自己和贵族具有同等人性,于是平民与贵族的斗争,促成了政体由贵族统治转到民主政治的发展,民主势力起来了,文化各部门起了相应的变化,宗教变成道德教育的工具,脱除了原来的野蛮性,神话被遗忘了。人学会了抽象思维,哲学、文学和散文都发展起来了。人的时代到来了,这是人类的成熟时代,是社会发展的最高形式,是实现了政治民主、公民权利,平等和科学繁荣的时代。

维科相信历史是循环的,人类文明发展到一定阶段,人就骄奢淫逸起来,失去活力,不平等代替了平等,产生了相应的社会制度,人类又从"人的时代"回复到"神的时代"或"野蛮时代"。欧洲从罗马帝国灭亡后转入"黑暗时代",就是回到野蛮时代,到了但丁又转回到英雄时代。人类历史就是这样一个不断重复的循环过程,维科又有社会进化的思想,他相信每一次循环都是新的开始,历史是前进的。维科的历史循环论在很大程度上是对他所生活于其中的意大利社会历史的观察和概括。但是维科所据的史料不尽翔实,他的哲学批判也往往流于主观的幻想,然而他的人创造神的理论对宗教是一个打击。他相信文化在一定范围内是向前发展的,而且有规律可循。他的历史发展观点和历史方法有一个总的原则作为出发点,他认为事物的本质不过是它们在某种时代以某种方式发生出来的过程,也就是说事物的本质应从事物产生的原因和发展的过程来研究。他在《关于各民族共同性的新科学原理》一文中对人类社会的历史发展提出自己的解释,充满天才的闪光对后来欧洲史学思想的发展影响很大。他提出社会历史是人类活动的产物,也认为历史规律是神赋予的,然而神在给予人类历史发展以第一个推动之后,就不再干预人类历史进程,因此神推动后,历史发展的原因就在于人类本性的需要,也即人们的共同意志。维科的另一本《论古代意大利人民的智慧》的书,抒发了他对古代意大利光荣历史的深深缅怀之情,流露出对意大利现状的强烈不满,希望用古代意大利的光荣来唤醒意大利人的民族自治精神。

维科还非常重视语言学和比较语言学的研究。他认为语言随社会变化而变化,反映了人们的社会交往,通过它可以了解人的思想、神话、传说反映了创造这种神话和传说的那种社会结构状况、思想意识和经济生活,是被歪曲了的历史的回忆。他也有历史比较的倾向,认为历史阶段相同的社会,其文明状况一般相同或类似。这个观点对十九世纪人类学、语言学、哲学有深远的影响,

20世纪后现代主义学者海登·怀特对历史话语的研究受到维科的影响。

维科也探讨了历史知识的可能性的问题。他认为要发现历史发展的规律或原则,必须把历史和哲学,经验与理性,史料的学问和哲学批判相结合,也就是语言学和哲学相结合。语言学(广义上的)是关于各民族的语言和行动事实的知识,所以包括文学和历史两大项目。语言学提供历史发展的自然事实,哲学则揭示历史发展的所以然的道理。他在《新科学》里企图根据语言学所提供的事实,通过哲学批判来探讨人类如何从野蛮生活转入社会生活,宗教、神话以及政治制度之类文化事项如何起源和如何发展。

二、孟德斯鸠

孟德斯鸠(Montesquieu,1689－1755)著有《罗马盛衰原因论》。但他最伟大的作品是《论法的精神》,该书于1748年出版,18个月内出了22版。该书的目的是解释政府制度和法律的起源和发展。汤普逊评论说,《论法的精神》比十八世纪任何一本书的影响都大。孟德斯鸠把笛卡尔关于自然规律的思想引入社会历史研究领域。他提出人类社会同自然界一样存在不变的自然规律。这种把社会看作是自然的一部分的重要特征是把研究对象看成是客观的,并假定研究对象各部分和各过程之间存在不变的关系(或规律)。只有联系到中世纪历史思想我们才能明白这种思想的积极意义。中世纪史学把社会历史看成是非客观的,受上帝意志随意支配的,从而排除了人类思想能够把握历史的可能性。

《罗马盛衰原因论》批判了博绪埃的历史图式,排除了上帝、神的计划和最终原因。在《罗马盛衰原因论》中,孟德斯鸠提出一般原因,即自然的和道德的原因支配着世界历史的发展,偶然事件和特殊原因也以一般原因为基础。孟德斯鸠不把历史看作是杂乱无章的,或者偶然事件和特殊事件的堆砌,而认为在现象背后存在可以认识的内在结构。这种观念是借助历史概括方法找到恒定的因果关系的思想的重要理论前提。他在《罗马盛衰原因论》中写道：

> 正如我们在罗马史中所看到，支配着全世界的并不是命运。这点从罗马人身上可以看出来：当罗马人根据一种办法来治理的时候，他们一连串的事情都是成功的，可是当罗马人根据另一种办法来行动的时候，他们就遭到了一连串的失败。有一些一般的原因，它们或者是道德方面，或者是生理方面的。这些原因在每一个王国都发生作用，他们使这个王国兴起，保持住他，或者使它覆灭。一切偶发事件都是受制于这些原因；如果偶然一次战败，这就是说一次特殊的原因摧毁了一个国家，那就必然还有个一般的原因，使得这个国家会在一次战斗中灭亡。①

孟德斯鸠认为古罗马的强盛和衰亡是由其国家政治制度和人民精神状态决定的。国家的强盛在于政治制度的优越，而不合理的专制制度必然导致国家衰亡，因此要使国家兴旺发达，就必须对不合理的国家制度进行根本改革。孟德斯鸠在《波斯人信札》中通过两个到法国观光的波斯人的口，以辛辣、诙谐的语言尖锐地讽刺和批判了法国腐朽的专制制度和不合理的社会现象。

孟德斯鸠不是社会进步观念的信徒，但是他是在同样的社会思潮的影响下成长起来的。《论法的精神》把一般原因对历史的影响提到首位。在道德的和自然的原因中，孟德斯鸠更强调自然，即地理和气候的原因。波丹和丰特奈尔早就注意到气候对文明的影响，圣·皮埃尔用气候来解释穆斯林的起源，杜博斯（Abbe Du Bos）在《论诗歌和绘画》中认为气候对科学和艺术有影响。强调地理因素重要性的夏丁（Chardin, 1643 – 1713）的《旅游记》曾被孟德斯鸠研究。但是正是由于孟德斯鸠，后来所有的研究者都不再忽视地理因素。孟

---

① 孟德斯鸠著，婉玲译：《罗马盛衰原因论》，北京：商务印书馆，2007年，第102页。

德斯鸠并没说明自然条件作用的限度，是基本的还是附带的，是决定文明进展方向还是仅使进程波动，"多种因素支配人类社会，气候、宗教、法律、政府、历史先例，道德风习汇集而成一般精神"。

但孟德斯鸠有地理决定论倾向，他强调自然条件对社会历史发展的影响，认为气候影响社会政治制度和民族性。气候寒冷，人民吃苦耐劳，有个性、爱自由，产生共和制；气候炎热，人民委靡不振，出现专制政权。疆域大小甚至决定政治制度，小国宜共和，中等国宜君主制，大国常是专制制度。他也认为各国的法律制度并无绝对的好坏、优劣之分，只要他们适合该国的状况。孟德斯鸠时代，人们普遍相信立法对改变社会状况具有无限力量，孟德斯鸠的思想无疑是一剂解毒剂，但是孟德斯鸠对同时代人的思想影响不大。他本人也在这种思想的潜在影响下，所以其著作缺乏连贯和活力。

孟德斯鸠的卓越之处在于他试图解释法律制度同历史环境的相互关系。他并不划分文明发展的阶段，而喜欢混淆所有的时期和宪法。孔德评论说，如果孟德斯鸠接受关于历史进步的观念，他会写出更卓越的著作。尽管孟德斯鸠的著作在很多方面属于前孟德斯鸠时代，他的著作宣告了在政治科学研究中的一场革命。孟德斯鸠的史学思想包含了理性主义的观点，历史运动规律性的观点。他排除偶然性，忽视个人在历史上的作用。他运用综合分析的方法，分析社会历史生活的各个方面，把历史当作一个运动过程来观察。他是最早把不同时期和地区的国家、制度、风俗、习惯、法律、思想进行分类，然后进行比较的学者之一。

在研究方法上，他表现出一种系统分析的方法和多因素论的观点。他认为各国法律制度的形成和演变同气候、土壤、地理环境、人口疆域、生产方式、宗教、习俗、贸易以及统治者的个性和思想都有联系，应该从所有各方面加以考察。法律和各民族谋生的方式有着非常密切的联系。这种把社会历史看作是一个整体，并力图从其所处的外部环境和内部要素进行考察的方法，同以前的历史观相比，这是一个很大的进步。

孟德斯鸠关于一切存在社会现象都有自己的规律，历史也是按其规律向前发展的思想,对近代西方历史哲学的兴起至关重要。他的其他思想也具有重要意义,例如,关于对个别人物的思想、生活和精神面貌的描写不能算历史,而只能说是传记,认为历史研究的对象应该是整个社会;认为研究某一历史事实是容易的,但研究历史事变的原因却十分困难。在历史研究的方法上,他反对从玄想、原理出发,主张从事实出发,认为历史研究就是对历史事实进行综合、归纳、比较和推理。

三、杜谷

杜谷(Turgot,1727—1781)是重农学派的创始人,他的主要著作是《论人类精神进步》。像伏尔泰的著作一样,杜谷的作品也是对博绪埃历史观的批判。杜谷试图以进步的观念来追溯人类各民族的命运。他把世界历史看成是一个人类向着自身日益完善前进的进程,尽管这个进程交织着平静与骚乱时期。他认为大自然的赋予并不是公正的,因此各民族发展的步伐并不是相同的,某些人具有其他人没有的才能。大自然赋予人的潜能在某些时候在适当的环境条件下发展起来,在某些时候则废置不用。各民族前进步伐的不一致与环境条件的不同相关,在未来,这种不平等将会消失。

在《论人类精神进步》中,他谈到早期人类社会发展时,几乎完全从产业的变更(采集经济到狩猎,畜牧业到农业)中去寻找原因。他认为人类社会进步中具有重要意义的一个转折点就是产业由畜牧业转变为农业所引起的。由于这种转变,"劳动分工"、"商业"和"城市"出现了,从而带来"生活条件"和"教育"的差别,结果使天才有"余暇"从事艺术,发展精神文化,接着便是生活各方面的进步,包括法律和政权的初步形成。这同后来马克思提出的生产方式的变革推动社会进步的观点多少相似。

杜谷相信,彼此隔绝同外界没有商业往来的情况下,各地区的人类停留在野蛮的状态,不同民族之间的商业、政治和文化等等领域的交往,则促使一个停滞保守的社会变革和进步。到目前为止,人类社会的发展并不是由理性所指引,人类也并不是自觉把人类幸福作为自己的行动的目的,他们被野心和激情所驱使,从来不知道自己活动的目的。为避免战争,人们保持孤立状态,在与世隔绝的状态孤立生存,讲不同的语言。这样,人们的思想局限,科学艺术和政治停滞不前,无法上升到超凡脱俗的境界。中国的历史就是民族之间的交往受到限制可能会产生的恶果的一个例证。这种分析使杜谷认为非理性和非正义也推动历史进步。杜谷的理论假定,原始人中理性是受到扼制的,而且假如他们总是试图以和平的方式交往,理性的力量不久就会完全消失。杜谷试图显示"骚动和危险的激情"是驱使世界向人类所希望的方向前进的动力,直到理性掌舵为止。

杜谷认为贪欲、野心、战争等等有助于社会进步。"贪欲在没有理性的时候代替了理智,从而丰富了思想,传播了知识,完善了才智"。① 即使是战争也能帮助国家摆脱孤立和封闭,从而使"启蒙传播得更迅速,更广泛,使艺术、科学和风习进步的速度加快"。② 杜谷的观点同伏尔泰关于历史是一堆罪行、放纵和不幸的观点几乎相同,但是他关于人类苦难的意义却和伏尔泰不同,而同"无论是什么,都是合理的"乐观主义相同。杜谷把人类的各种经验看成是进步不可或缺的因素,因此对错误和灾祸并不感到遗憾。许多变革似乎会产生有害的结果,然而它也带来某些好处,因为它是人类的又一新经验,因而富有教益,人类通过犯错误而前进。

人类即使在继文明时期之后的衰朽和野蛮的黑暗年代也不是停止不前的,同样存在真正的进步,尽管不明显,却并非不重要。中世纪就是一个典型的例证,中世纪在商业和文明的某些生活方式都有改善,为更加幸福的时代铺

---

① 转引自卡尔·罗威:《历史的意义》(Karl Lowith, *Meaning in History*, Chicago,1949),第103页。

② 杜谷:《论人类精神进步》(A. R. J. Turgot, *On the Progress of the Human Mind*, translated with notes and an appendix, by M. D. Grango, Hanover, N. H. 1929),第7页。

平了道路。杜谷的观点同伏尔泰的观点尖锐对立,他把基督教看成是文明的强大代理人,而不是看成阻碍者或敌人。假如杜谷完成了他的写作计划,他的著作将是对伏尔泰观点的补充。吉本后来发展了伏尔泰的观点,认为"宗教和蛮族的胜利"对世界来说是一场灾难。

杜谷为了遮人耳目也偶尔提到上帝,但上帝在他的模式中不起作用,博绪埃著作中上帝扮演的作用被孟德斯鸠的一般原因取代了,杜谷头脑更有系统性,他批判孟德斯鸠《论法的精神》中关于气候的影响的论断过于匆忙夸张,他指出自然原因只有通过作用于"形成我们的精神和气质的那些隐秘的原则"才能产生效果。自然和道德的原因是首先的,但是如果我们在考察完道德的原因之后再来考察自然的原因,那便是一种方法错误,社会现象不能单独被这些原因所解释,研究社会的发展必须根据心理学,即洛克哲学。

在杜谷看来,决定历史进程的一般原因或者条件,首先是人性、人的激情和理智;其次是环境即地理的和气候的环境。人类历史的进程是一个由特殊因果关系所组成的严密的系列,它把世界历史的特定时间同先前的历史连接起来。杜谷没有讨论自由意志的问题,但他的因果连续性并未排除"伟大人物的自由活动"。杜谷在给孔多塞的信中提出"是伟大的思想家改变了历史","文人学者能够放射出的知识之光一定会或迟或早摧毁所有人为的罪恶,使人能够享受自然赐予的全部好处"。①

杜谷提出了著名的知识发展三阶段的理论,后来孔德赋予这个理论以更宽广、更根本的含义。"当人们还不能理解自然现象的因果联系时,他们十分自然地假定这些现象是由看不见的像人一样有智慧的生物引起的",这就是孔德的神学阶段。"当哲学家认识到神话是荒谬的,但却还不能洞察自然发展的奥秘时,他们试图用本质、官能这样一些抽象术语来解释现象的原因",这就是形而上学阶段。"只是到了后来,人们通过观察物体之间的相互机械作用,才形

---

① 波兰德:《进步观念,历史和社会》(S. Pollard, *The Idea of Progress, History and Society*, Pelican Books,1971),第87页。

成一些假设,并进而通过数学加以推演,通过实验加以证实",这就是实证阶段。杜谷的人类知识发展三阶段的规律影响了孔多塞、圣西门和孔德。① 孔多塞和孔德认为杜谷是"进步规律的真正发现者"②。

杜谷的写作提纲显示他的"世界史"比伏尔泰的《风俗论》要更加宏大和深刻,杜谷打算在著作中详细地阐发孟德斯鸠的思想,而这些思想伏尔泰则极少注意。同时,政府、道德、宗教、科学和艺术各种社会现象的紧密关系和相互作用也将被他详加阐述。杜谷著作的总题目同伏尔泰一样,人类向着理性和启蒙状态逐步前进,但是杜谷却使进步的观念更加重要。奥古斯丁和博绪埃使上帝的观念成为其历史著作的主线,杜谷则用进步的观念使历史具有统一性和意义。杜谷深信人类无意识地、但却向正确的方向前进,博绪埃认为人对上帝的计划无知,但却通过自己的行为体现了这种计划。启蒙时代的其他哲学家则把进步归因于人类理性同无知和激情自觉斗争的结果。在杜谷看来,各个时代对进步的过程有贡献,有时也出现人类智慧和道德倒退的时代,倒退的原因值得研究。

在杜谷的眼中,历史不是人名和年代、历史事迹的简单混合,而是一个有机整体。它不由偶然事故或外部力量所支配,而是由于历史本身内在的力量推动前进,是一个社会本身自行发展的过程。因此,他不但重视物质的因素,也重视政治、政府、社会风俗、伦理、科技、文艺等方面;他认为许多因素互相联系和作用,知识是进步的指导力量,自然界的影响间接的通过人的心理才能起作用。这种观点影响了法国和英国博克尔的实证主义。

---

① 参阅杜谷:《论人类精神进步》,"附录"(A. R. J. Turgot, *On the Progress of the Human Mind*, translated by M. D. Grange, Hanover, N. H. 1929),第22-23页。
② 尼斯伯特:《进步观念史》(R. Nisbet, *History of the Idea of Progress*, New York, 1980),第207页。

四、孔多塞

18世纪最后25年,整整两代哲学家的启蒙活动使理性主义思想深入人心,并成为上层社会和贵族沙龙的话题。伏尔泰同腓特烈一世的亲密关系,达兰贝尔和狄德罗同凯瑟琳皇后的交往,给启蒙思想家及其思想以极大威望。下层人民同上层一样也同样服膺这种理论,因为它提供了对宇宙的一种简单明了的解释,使人人都能够就最复杂问题做出独立的判断。百科全书派和当时所有的主要思想家都为公众而写作。法国政府试图扑灭这些危险的出版物,但却未能阻止它的传播,反而增加了这些书籍所拥有的吸引力。1770年法国大律师(seguier)就政府措施的无效写道,哲学家们一方面试图支持国王,另一方面又试图推翻圣坛。他们的目的是要改变公众关于宗教和世俗制度的意见,也就是说,导致革命。颠覆性的历史、诗歌、小说,这些书籍在巴黎出版以前就像洪水一样,在边省漫延。这些邪恶的思想已经传播到工场和茅舍。

伏尔泰当时评价说,法国,甚至整个欧洲都正在成为百科全书派。埃克顿说法国理论同美国革命的范例对人们的影响使革命爆发了。起初,启蒙思想家的立意是改革,1774年的美国人权宣言以及后来北美殖民地的胜利独立,使法国思想界陷入混乱,1774年路易十六登基后法国社会的改善出现前所未有的希望,理论家们鼓吹根本性质的改革,但却最终酿成革命的形势。卢梭的理论起了很大作用,他否认进步,诋毁文明,传播了主权在民的理论,革命者受到这个理论的鼓舞。平等的理论似乎不再仅是理论设想,美国的宪法就是建立在民主和平等之上的。思想家们的论战被信徒们以暴力为武器继续下去。霍尔巴赫的信徒被卢梭的信徒所打败。雅各宾俱乐部摧毁了爱尔维修的胸像,认为起义意味着社会再生并将开创一个正义和幸福时代的天真想法弥漫于整个法国。显然几十年来思想家们向公众灌输的进步理论影响了人民。

新的社会制度将改变人性并创造一个人间天堂的想法很快就被法国大革

命的现实证明是错误的了。另一个所有启蒙哲学家都犯的错误也在革命中得到验证，即他们都空洞地考察人，没有看到社会发展的巨大力量，它不能被意识或立法所改正。他们忽视社会历史传统，错误估价连接各代的聚合力，革命者想象他们能够同过去突然决裂，一种新的、像数学公式一样建立起来的政府和一个早已构思好的宪法，将在法国创造一个田园诗般的幸福境界。千年王国将在其他国家采用同样的原则和制度时降临，1789年8月的人权宣言所创造的幻影在恐怖的阴影下逐渐消失，关于世界将迅速再生的希望落空了。然而像孔多塞这样思想深邃的人却并未丧失信心。他仍旧相信革命是人类向着最终幸福的道路迈前的一大步：无论人类在通向理性王国的道路上还将走多远，太阳终将会照映在一个除了自由和理性人没有别的什么的社会。

孔多塞（Condorcet，1743－1794）贵族出身，后迁居巴黎，他与百科全书派关系密切，认识法国进步思想界领袖如杜谷、伏尔泰、达兰贝尔等。革命爆发后成为吉伦特派代言人，后被捕死在狱中。他也是杜谷的朋友和传记作者。他以进步的观念来追溯人类文明史，其指导思想在杜谷的著作中完全可以找到，但孔多塞却做出了新的论证。杜谷以一个研究者的冷静来写作，而孔多塞则以一个预言家的热情来写作。孔多塞的著作充满百科全书派精神，他对基督教的态度同伏尔泰和狄德罗一样。

孔多塞同杜谷的观点的不同归因于环境，杜谷不相信猛烈变革的必要性。认为在现存体制下稳步改革将给法国带来奇迹，孔多塞在革命前也同意这点，但很快被革命的激情所影响。美国革命的胜利，反奴隶制运动的扩大加强了他的乐观主义和对进步理论的信仰。孔多塞受到鼓舞，相信自己正生活在"人类的伟大革命时代之中"。他力图使自己的著作适合这样一个人类历史发展的契机。

孔多塞并不停留于一般肯定启蒙和社会进步的无限可能性，他努力思考进步的性质，预见它的方向，确定它的目的。他力图显示：人类社会的连续变化，一个事件对后一个事件的影响，以及在这种连续的变化中，人类向着真理和幸福的前进。孔多塞把知识进步看成是社会进步的先导，文明史就是启蒙的历史。杜谷以各种形式的社会活动的互相依存性来论证,孔多塞则坚持知识进步同自由、德行和对自然权利的尊重之间的不可分割的联系,认为所有的政治和道德的错误都源于虚妄的观念。"政治和道德中的所有错误都是建立在哲学错误的基础上,而哲学错误反过来又同科学错误有关。"①自然科学的进步将推动道德、法律政治科学的进步,并引起社会的法律、政治制度和人的精神道德的进步。科学也将推动生产力,乃至文学艺术的进步。②

孔多塞把中世纪看成是前进运动的中断,尽管它废除了奴隶制。他对罗马帝国的偏见同百科全书派一脉相承。孔多塞认为旧制度阻碍理性的自由发挥,是精心发明的镇压和统治人民的工具。他看不到传统和制度给社会以稳定性。他把人看成是脱离社会环境的抽象的人,在真空状态中行使理性。孔多塞以为研究文明史能使人们确认进步的事实和判断进步的方向,从而加快进步的步伐,这是一种历史主义的观点。他力图显示人类智能改善的进程是没有限度的,只要地球继续处在它现在的宇宙中的位置,只要宇宙的一般规律不发生灾变,这个进程将不会后退,人类将不会堕入野蛮之中。

孔多塞因而试图通过研究历史发现人类社会进步的规律,并预见未来。他的一些思想后来被孔德加以发挥。他认为历史的运动和自然界的运动一样受规律支配,人类社会是一个各民族共同进步过程。人类进步受多种因素影响,天赋、种族、其他社会以及自然条件。理性和知识的积累,是社会进步的主要动力,科学可以消灭偏见、愚昧,促进文明。在他看来,人类历史是一个文明的萌芽和发展再到启蒙的历史,是一个精神进步的历史。孔多塞根据不同时代人类精神和文化特征划分了人类历史发展的十个阶段:1)原始社会,人们迷信神,相信灵魂不灭,以渔猎为主;2)畜牧阶段,此时产生了战争和俘虏,形成了政治制度;3)农业阶段,包括古代以前的文明发展过程,以希腊字母的发

---

① 孔多塞:《人类精神进步史纲》载《孔多塞文集》(M. J. A. Condorcet, "*Sketch for a Historical Picture of the Progress of the Human Mind*" in Condorcet, *Selected Writings*),第 250 页。

② 孔多塞:《答词》(M. J. A. Condorcet, "Reception Speech" in Condorcet, *Selected Writings*),第 13 −21 页。

明为结束,形成了城市;4)希腊时代,人类思想初次进步的时代,近代科学哲学、艺术源于希腊,但希腊人没有建立真正的社会政治哲学,希腊的政治体系是建立在奴隶制体系之上;5)罗马时代,人类文明的基本法律和政府制度建立了,罗马帝国给基督教广泛传播和胜利的机会,然而基督教的胜利也标志着科学和哲学的没落;6)黑暗时期;7)科学缓慢复兴的文艺复兴时期;8)科学和哲学脱离宗教权威的控制;9)理性时期,这个时代以笛卡尔和牛顿的科学知识革命,洛克和卢梭对人性及社会的发现为标志,法国革命拉开了地上的理性王国和社会发展顶峰的序幕;10)完美理性王国出现。

孔多塞对"理性王国"作了系统的和富于理想色彩的描述。在人类达到其最终目的,建立的完美的理性王国中,各民族文明进步的差距缩小,平等互助,尊重彼此的"独立"、自由和安全,共同分享资源、财富,遵守政治和道德准则,战争将永远消失。在一个民族内部,"财富"、"社会地位"、"教育"以及男女之间的不平等将缩小或消失。人人都通过自己的勤奋劳动找到可靠生活来源,学会管理自己的日常事务,自由运用自己的体力、智力,了解自己的权利,履行自己的义务。在这个"人民享有主权"、法律保障公民政治权利的自由国家中,人类将达到真正的完善。科学研究将在更大规模的基础上有组织地进行,技术进步将引起生产力的巨大提高,人类"将劳动得更少,生产得更多,需要得到更充分的满足"。法律政治制度将同理性和自然法则一致,个人利益将同社会利益协调一致,人人都按理性行动,自尊、公正,友爱、慷慨大度的情感将充分发展起来,医疗卫生保健、食物住房、劳动条件以及人的体力、智能、精神和道德也将极大改善,人的平均寿命将极大地延长。① 孔多塞的这些思想深刻地影响了西方社会政治思想的发展,这就是后来被后现代主义称为的"启蒙运动构想"。

孔多塞的意义在于,他在启蒙运动将结束的时候,集中注意于这个思想运动的最重要的论题,即社会进步问题。对于孔多塞来说,进步的理论不仅是一

---

① 孔多塞:《人类精神进步史纲》,第 258—280 页。

个同十八世纪的教条紧紧相连的问题,而且是一个将超越这些在革命后将消失的理论,继续被人们从一个新的角度所思考的问题。孔多塞虽然墨守十八世纪关于人性的传统观念,但却并不像哲学家那样把历史看成是应当被遗忘的、毫无可取之处的荒谬和罪行的记录,他相信如何解释历史对人类发展具有关键作用,这种信念支配了法国后来的进步观。拿破仑失败后担任路易十八外交大臣的塔列朗评论说,孔多塞这样的法国革命党人是"为空想世界创建学说的人"。

五、康德

法国大革命期间那些先验的哲学思想有一个共同点——它们试图凭先验的原则来回顾和展望人类历史的进程。法国的历史进步理论与洛克的感觉论发展出的伦理观相联系。爱尔维修也认为伦理体系可以以感觉为基础,行为的最高准则是服从自然,这种哲学也为拉伯雷、蒙台涅、莫里哀所信仰,它与人性善理论相联系。康德的道德律令标志着从自然寻找道德支柱和从超自然中寻找道德支柱两种对立思想斗争的下一阶段。德国目的论者不去揭示现象的原因,却去引证无法进行研究的那种最高智慧的解决方式。

德国思想发展因宗教改革运动而受到阻碍,直到 17 世纪下半叶,德国才出现伟大的学者莱布尼茨(Leibniz,1646 – 1716)。莱布尼茨曾任汉诺威公国图书馆长,他于 1693 年发表《万民法文献释义》,1701 年出版《不伦瑞克著作汇览》。他辛勤地收集资料,并认为必须以科学精神来鉴别史料,并用哲学来阐明历史。莱布尼茨的乐观的宇宙论含有历史进步观的基础,进步观没有早日在德国出现是由于沃尔夫体系。莱布尼茨认为自然世界中,总的动力是恒久不变的,沃尔夫则往下推论到伦理世界,提出在伦理世界中道德总量是不变的。这种理论排除了人类作为一个集体道德改善的可能性。沃尔夫哲学的鼓吹者门德尔松就宣称:进步仅限于个人,整个人类在漫长的时间中将总是前进和完善自身,不是上帝为人类所设想的状况。沃尔夫受到莱布尼茨理性主义的影响,但他主张认识应当建立在经验的基础上。作为德国启蒙运动的奠基人,沃尔夫影响了后来的德国思想家,德国启蒙运动强调经验和直觉。

1780 年发表的莱辛的《人类的教育》册子,把历史解释为一系列进展中的宗教对人的教育。这个宗教系列还不完整,因为将来出现另外的启示录会把人类升高到超过基督教的水平,历史进步的目的不是社会幸福,而是对上帝的全面理解,这种宗教进步哲学为历史进步论哲学打开了缺口。在启蒙进步观的影响下,以康德为首的德国古典历史哲学学派形成了。德国的启蒙进步论史学糅合了哲学先验论和生物学的思想,并显示了宗教思想的残余影响。18 世纪德国尚未统一,缺少撰写伟大史书的动力。这一时期的历史思维仅能在历史哲学中驰骋。

康德(Kant,1724 – 1804)没有写过专门的历史著作。他一生都在柯尼斯堡度过,31 岁时获博士学位,15 年以后才在柯尼斯堡大学得到教哲学的职位。他一生经历了美国革命和法国革命,18 世纪那个伟大世纪的各种思想观点都在他的头脑里被综合,终于产生了其影响深远的哲学体系。他的历史哲学思想主要表现在《从世界公民的角度撰写世界通史的想法》以及《永久和平论》、《道德形而上学》和《进步的原则》等论著中。康德也讨论整个宇宙的生成变化,提出了星云假说,被认为是自哥白尼以来天文学上的革命性理论,恩格斯评论康德是用辩证的自然观,即发展的自然观取代以牛顿为代表的机械的自然观。康德看了他的学生赫尔德写的《人类历史哲学要义》后,萌发了从哲学的角度探讨世界历史发展的想法,1784 年他发表《从世界公民的角度撰写世界通史的想法》论文。康德不是专业的历史家,但他非凡的思维能力,使他能够参与相对不那么熟悉的题目的哲学讨论,并接过伏尔泰、卢梭和赫尔德等人的思想线索发展出一些有价值的思想。

康德认为,人类的行为在主观上没有什么目的性和规则性,但在客观上人类事务的运动却表现出规则性。康德从规律不变的原则开始,在谈到有关意志自由的理论时说,统计资料表明人的行为就像其他自然现象一样完全受普遍规律的支配,出生、死亡和结婚就像气候的循环一样有规律。历史事件的伟大变迁也是同样,单独来看历史事件是不连贯和无规律可循,但是如果联系起来看,不是看作个人,而是看整个人类,历史便显现出"一种有规则的趋势"。国家和个人所追求的目标常常互相矛盾,然而他们却在无意识地促进一个总的进程。单个的人并不遵从规律,他们也不像动物那样遵从本能,或者如文明世界的理性公民那样服从预定的计划。如果我们观察历史的舞台,我们将只会偶尔看到智慧的显现,而整个人类的行为则是"一副愚蠢、天真、空虚常常甚至是最痴心的邪恶和破坏精神的表现"。哲学家的任务就是在人类行为的无意义的潮流中发现意义,并不追求实现自己的计划的人类历史可能具有一个有系统的形式,这样一个形式可以通过人性的趋向的线索找到。

康德有时也提到,神及人类历史发展中存在"前定的计划"和"目的",但这种自然神论意义上的神实际上是自然的代名词。康德的人类历史的"前定计划"不是上帝的计划,而是"自然的"计划。这是一种实际上认为历史现象背后存在严整的规律的猜想。康德认为"从整体来看,人类历史可以被看作是自然的隐秘的计划的实现",即在国际国内实现完美立法,从而使人在这唯一的状态中充分发展所有的天赋和潜能。[1] 康德提出应把世界历史当作一个客观对象来加以研究,并努力探索规律,他认为人类历史具有整体性和进步性。历史发展的规律性,体现为人类历史运动有一种可以观察到的大趋势,例如从希腊到近代欧洲历史发展就存在一种政治制度不断进步的历史趋势。历史发展是由理性所制约的,而不是按任何人的主观计划,包括上帝的计划发展的。他认为人性及其社会行为的矛盾,对抗纷争和"恶"推动人类社会发展。"恶"指人性及其社会行为的"二律背反",即矛盾性。在康德看来,把人类历史看作是一个整体,历史运动的方向才是进步的,这种进步体现为人的天赋和潜能的不断发展,道德和社会制度的不断完善。康德认为人性及其社会行为

---

[1] 康德:《永久和平论和其他论文》(Immanuel Kant, *Eternal Peace, and Other International Essays*, ed. by E. D. Mead, Boston. 1914),第16页。

的"矛盾",即人性的二律背反,例如,人喜群居和社会生活,但又总想独立和"个性化",并只按个人意志来支配一切;人"希望和睦相处","愉快、舒适地生活",但在这种"完满的和谐"、"满足和友爱"之中,人的才能和天赋永远得不到锻炼和发展。① 正是这种矛盾和"嫉妒、空虚"以及"对财富甚至权力的贪得无厌的欲望"等等,使人类摆脱懒散舒适的安逸状态,走上对抗和纷争的道路。从而锻炼了才能,发展了天赋,使社会由"野蛮的原始状态走向文明的文化阶段"。② 在康德看来,对抗不仅导致人性的充分发展,而且也导致政治制度的完善化。人与人之间的对抗促使人按理性制定宪法,并建立完美社会;国与国之间的对抗促使各国制定国际公法,并建立各国人民的联盟。③ 康德的这一观点后来被黑格尔称为"理性和狡诈",作了发挥。

谈到撰写历史时,康德提出应按照世界历史发展是怎样符合规律的观念来撰写世界史,他认为如果从历史进步的观点来观察历史,历史家将不仅能清楚地解释纷繁复杂的人类事务,而且能对人类未来的政治演变做出预见。"进步的原则(被)看作是解释历史的主要原理。"④ "作为一个整体,人类的命运是朝向持续的进步。"⑤ 康德声称从人类历史发展具有客观的规律性、整体性和进步性这一观念出发来研究历史,虽不能代替对史料的经验考证和对历史事件的描述,却有助于调查历史的隐秘的力学结构,揭示历史运动的规律性,要完成这个任务,需要出现一个像牛顿一样伟大的历史家。康德的《从世界公民的角度撰写世界通史的想法》又改名为《政治秩序的自然原则》。康德写道:自然"遵循着一条有规则的进程,带领我们人类从最低级的动物阶段上

---

① 康德:《永久和平论和其他论文》(Immanuel Kant, *Eternal Peace, and Other International Essays*, ed. by E. D. Mead, Boston: 1914),第9-11页。

② 同上。

③ 赫尔德也具有对抗推动社会发展的思想,参阅(F. Meinecke, *Historism*, *The Rise of a New Historical Outlook*, translated by T. E. Anderson, Routledge & K. Paul,1972),第327页。

④ 米德:《引言》载康德:《永久和平论和其他论文》(Immanuel Kant, *Eternal Peace, and Other International Essays*, ed. by E. D. Mead, Boston 1914),第 XI 页。

⑤ 转引自赫芝勒:《社会进步,理论观察和分析》(J. O. Hertzler, *Social Progress, a Theoryetical Survey and Analysis*),第51页。

升到最高的人道境界",①这就是康德心目中的人类历史运动的"计划"和最终目标。在康德的心目中,进步观念已完全能够作为一种新型的历史观,取代旧的基督教历史理论,他认为进步观念不仅能赋予由于旧的史学理论破产后而变得杂乱无章的世界历史以一种新的秩序和严整性,而且能提供给人们一种不是建立在基督教来世基础上的新信仰,同时也有助于推进人类社会的进步。②

人的理性的充分实现仅在一个建立在政治正义基础上的全球性的文明社会中才能实现。建立这样一个社会是人类的最重要问题,康德设想这样的社会是一个享有最充分的自由和对自由的最严格的限定相结合的国家联盟。在他看来,追溯人类历史就等于揭示大自然为人类社会达成一个完美民法的计划,历史学家尚不能了解其完整的发展轨迹,然而却能够去显示历史有一定的进程。因此"全世界性"的历史是可能的,而且,如果这个历史被写出来,将给历史学家一条线索去展现有关未来的乐观景象,康德乐观地预期在遥远的未来,人类由于无数的辛劳而置身荣耀地位,大自然赋予人的所有潜能得到发展,人在地球上的使命获得实现。

对康德来说道德是建立在理性之上的绝对义务,康德对世界史的思考就是按照道德的主观要求所需要的这种理想状态能否实现的问题。康德认为,文明是一种现象,我们关于文明的知识只能从经验中推论出来。他相信直到文明运动的规律被发现,任何有关文明进程的理论都不能得到最终肯定。他认为这是一个科学研究的问题,未来天才人物可能会像开普勒和牛顿对天体所作的研究那样发现这些文明运动规律。康德以后,法国那些思想家们所试图做的就是这些。康德眼中的进步的目标是一个"具有普遍立法的公民社会"和各国人民的"国际联盟"。在这种状态中,人性得到全面发展,每个成员

---

① 转引自赫芝勒:《社会进步,理论观察和分析》(J. O. Hertzler, *Social Progress, a Theoryetical Survey and Analysis*),第16页。

② 康德:《永久和平论和其他论文》(Immanuel Kant, *Eternal Peace, and Other International Essays*, ed. by E. D. Mead, Boston,1914),第22-24页。

"享有最大的自由",又不妨碍他人的充分自由。社会中将存在对抗,但是会受到"完善公正的民法"的限制;国与国之间将处于"永久和平"的状态。即使最小的国家,也可以依靠国联的集体力量和法律体现的意志,来获得自身的安全和权利,康德的这种国际和平论的思想对后世产生了深远的影响。[①]

康德受到了启蒙运动世界主义精神的感染,在《永久和平论和其他论文》中设想了旨在消灭战争的国际条约的条款和一个理想的世界共和国。然而和平的民族的联邦保证各成员国的独立,每个国家必须有一个民主宪法,以个人自由和政治平等为基础。康德的《永久和平论和其他论文》发表以后,在德国引起极大的反响,埃德温·米勒认为在康德的这些关于世界历史和国际政治的著作中可以"找到十九世纪所有优秀政治和社会科学的基本原则"。美国前国务卿基辛格近四百页的博士论文《历史的意义》中有1/4的篇幅谈康德的历史观和道德理论。

康德的这些思想受到卢梭的社会契约论和圣皮埃尔的影响。当时,在德国,法国进步的理论,普遍改革的思想,政治平等的教义广泛流传。康德思考所有这些概念,并使它们服从于其高度形而上学伦理观念。康德相信历史知识的获得并不意味着历史家要放弃他那个时代的观点。康德以后,哲学同科学分道扬镳了。

结　　语

十六世纪以来,不少思想家试图探索人类社会发展的规律。理性主义史学家把自然规律的观念引进了历史领域,企图发现社会历史现象的必然联系和"一般原因"。十八世纪历史哲学家们带来了一些崭新的历史观念。这些

[①] 康德:《永久和平论和其他论文》(Immanuel Kant, *Eternal Peace, and Other International Essays*, ed. by E. D. Mead, Boston,1914),第14页。

观念主要是关于历史运动的规律性、历史的整体性和前进性的观点。

在他们看来,历史规律性主要表现在人类社会或世界整体,而不是孤立的个人或地区的历史。康德就阐述说,从表面上来看,每个人似乎都是"按照自己的那种往往不合理的,并直接有损于他人的方式,追求自己的目的"。但是,如果我们"从通史的宏观角度来考察,人类的历史就表现为人的天赋和潜能的、持续的,尽管是缓慢的进步"。伏尔泰借用自然规律的概念来说明社会历史运动的连续性,在自然规律观念的影响或支配下,有的史学家搬用了力学、机械学、物理学的原理,更具体地提出了关于历史前进运动的一些规律,比如杜谷就提出一条文明发展的加速度的规律。他认为当一个民族在前进时,前进道路上的每一阶段都使进步的速度较过去更快。这些历史发展规律性的思想同基督教神学史观相比是一大进步。

历史进步观作为历史解释的一个基本观点,是以人性论为出发点的。笛卡尔、洛克以来流行的人性论认为存在着一种共同的、一致的人性和永恒的和不变的人性。所以受理性主义影响的史学家特别关心的不是某个国家或民族的历史,而是人类的历史、世界的历史、历史的整体性。伏尔泰的《风俗论》就是首先体现了这种思想的著作。杜谷在《论人类精神进步》中写道:"人类,从它的起源来加以考虑,在一个哲学家的眼中,就显现成一个巨大的整体、像单个人一样有其童年和成长的阶段。"[1]康德在《从世界公民的角度撰写世界通史的想法》中,也认为"人类历史,看作整体,可以被视为是自然的隐秘计划(即进步)的实现"。[2] 这种整体性不仅表现在有共同的人性或理性,而且表现在各民族历史发展的道路是相同的,即都走在一条"理性从迷信和谬误中解放出来"的道路,各地区发展的高低不过是"统一的人性的不平衡发展"[3],或

---

[1] 杜谷:《论人类精神进步》(A. R. J. Turgot. *On the Progress of the Human Mind*, translated with notes and an appendix, by M. D. Grango, Hanover, N. H. 1929),第5页。

[2] 康德:《永久和平论和其他论文》(Immanuel Kant, *Eternal Peace, and Other International Essays*, ed. by E. D. Mead, Boston, 1914),第19页。

[3] 布莱萨赫:《历史编纂学史:古代,中世纪和近代》(E. Breisach, *Historiography, Ancient, Medieval & Modern*, University of Chicago Press: 1983),第206页。

理性获得解放的程度不同而已。孔多塞就曾经对此写道:"所有历史被记载下来的民族都能够在我们现在的文明程度和我们现在仍能在野蛮部落中看到的那种文明程度之间找到他们的位置。"它们"构成了一条从历史时期的开端到我们所生活的世纪的一条不间断的锁链"。①

由于把世界历史看作是一个整体,认为其历史发展存在一致性,因而十八世纪西方历史家认为有可能通过对不同民族的历史事实进行选择、比较、综合来探讨各民族历史发展的共同性和一致性,从而抽象出一个"单一的"或者"永恒的,理想的历史"②发展模式。杜谷和孔多塞的关于历史发展的"三阶段"、"十阶段"的分期法就是在上述方法的指导下而提出的。

---

① 孔多塞:《人类精神进步史纲》载《孔多塞文集》(M. J. A. Condorcet, "Sketch for a Historical Picture of the Progress of the Human Mind" in Condorcet: Selected Writings),第 214 页。
② 维科:《新科学》(G. Vico, The New Science, reprinted in P. Gardiner, Theories of History, London: 1959),第 17 页。

第七章　十九世纪史学：民族主义、浪漫主义和政治革命

　　法国历史学家梯叶里曾经说过，十八世纪是哲学的世纪，十九世纪则是历史学的时代。如果从历史书籍占整个出版物的百分比来看，或许不能这样说。十九世纪历史书籍的数量大约占整个出版物的6%－8%，十八世纪也是6%－8%，在十六世纪是9%－16%，十七世纪则是22%－32%。但如果从历史学的影响来看，或许可以这么说。十九世纪许多著名的历史学家或在政治上很有影响，或是著名的政治领袖。十九世纪，西方史学发展到新的高峰，衍生了众多流派，历史学也开始专业化。

　　18世纪理性主义史学落幕后，欧洲兴起浪漫主义史学潮流。浪漫主义是出现在十八世纪后期到十九世纪初期的全欧性的思潮，它是作为理性主义、机械唯物论的对立面而出现的。浪漫主义受到两股思潮的影响：一是民族主义，二是对资本主义的失望，贵族和小资产阶级知识分子向往中世纪的田园生活。浪漫主义思潮强调通过直觉与历史发生共鸣，否定理智的认识能力，用描绘具体历史情景和抒发作者的激情取代理性的分析。它反对割断历史的非历史主义倾向，认为历史是前后相承的有机体，热衷于研究中世纪，反对理性主义史学蔑视和否定中世纪的倾向。它还强调民族个体的历史的特性，崇尚民族精神和民族文化，把民族史、国别史的研究提到首位，反对理性主义者所喜爱的世界史模式，对理性主义的反抗在不同阶段有着不同的政治内容。

　　浪漫主义最早的派别是贵族和资产阶级的保守浪漫主义。它是在敌视法国革命和启蒙运动的情绪中产生出来的。在十九世纪头二十年达到极盛，成为西欧许多国家的主流史学思潮，包括德国耶拿学派、俄国正统学派、法国复

辟王朝的官方史学等。强调历史主义的思潮的德国"法的历史学派"也受到其影响。保守的浪漫主义相信每个历史时代都与过去的时代相关而不可割断，都要承受"某种潜在因素"的影响而不可随心所欲的改变，历史的发展不依赖现在的意志和思想判断。浪漫主义用不能割断的历史联系来反对任何社会政治变革，用"潜在因素"的作用来否定人的历史能动性，在尊重历史的说法下为存在的阴暗现象作辩护。

保守的浪漫主义还以"个体论"否定世界历史的共同规律，否认法国革命所具有的普世意义。耶拿学派的卢登的《德国人民史》鼓吹德意志民族文化精神优越，伏格特的《普鲁士史》也炫耀条顿骑士的业绩。最后，它还鼓吹信仰至上，宣扬上帝干预人事的能力，对"民族精神"作了神权主义的解释，例如，耶拿学派后期领袖列奥。这派史学的长处是强调历史主义，重视中世纪史的研究，较注重叙事的准确，并将语言学知识运用于史学。

浪漫主义的另一形式是自由主义的浪漫主义，它代表了 18 世纪末以来欧洲社会大变革的既得利益阶级——自由资产阶级。它在十九世纪二十年代达到兴盛，主要代表有法国复辟时期的自由主义历史学派、英国的辉格学派、美国史学早期学派、德国的海德堡学派和俄国的格拉诺夫斯基等。自由浪漫主义继承启蒙反封建思想，但在史学思想和研究方法有改变，抛弃了理性主义史学抽象哲理方法和非历史主义的倾向。它也重视历史连续性和中世纪史的研究，但不是出于美化过去，而是为了追溯近代资产阶级革命的历史渊源，把中世纪作为第三等级的萌芽形成时期加以推崇，例如梯叶里。它肯定反抗征服者的民族，以及第三等级反抗贵族的自由精神，把民族看成是历史地形成的个体，把宗教看成是民族文化的重要内涵。

自由主义的浪漫主义流派研究革命和资产阶级的崛起，例如，海德的《英国史》和关于革命的论文。基佐、梯也尔、米涅等人有关英、法革命的著作，主题大都是论证革命的合理性，但指责过激行为，并抛弃理性主义历史进步的观点，而视资产阶级立宪制的确立为历史发展的顶点。例如马考莱把 1215 年的大宪章到英国清教革命，再到 1832 年的宪政改革看作是一场伟大的革命的不同发展阶段。自由主义流派在 20-30 年代同复辟势力斗争,表现出激昂的精神,它颂扬中世纪人民起义。

浪漫主义的第三个流派是小资产阶级的进步浪漫主义。它的出现是由于对法国革命的结局,工业革命带来的苦难,以及对"理性王国"的失望,改变现状的强烈愿望使他们寄希望于恢复中小生产方式及制度。他们着力于塑造人民(理想化的小生产者)的历史形象,表现他们反抗暴虐统治斗争的生活和情感。法国史学家米什勒是进步浪漫主义史学家的杰出代表,他的《法国革命史》从下层的观点分析这场革命,歌颂贞德和人民。海德堡学派齐美尔曼的《伟大的德国农民战争》也热情赞扬农民争取自由的斗争。卡莱尔的前期著作试图从群众的思想感情中寻找革命的原因。进步浪漫主义史家歌颂的是被过去的史家所忽视的人民英雄和革命领袖。

一、德国的浪漫主义与民族主义史学

浪漫主义比启蒙运动散布的范围更广,还推动了"历史主义"观点的形成。德国是浪漫主义和历史主义思想的发源地。在德国,民族的分裂、拿破仑对国家主权的破坏激起民族解放和复兴的思潮,为浪漫主义首先在德国兴起创造了时代背景。浪漫主义作为一种思潮最先出现在文学领域,十八世纪最后二三十年间的文学思潮是对古典主义的否定,它影响了历史学。其次,世界范围内交通运输的发展导致对欧洲以外的世界的知识的极大增进,东方、拉丁美洲原始种族和部落的质朴的风俗习惯,美洲新奇的自然景物引起欧洲人的好奇心。另一种情感渊源是包括失败的贵族阶层和在资本主义日趋没落的小资产阶级在内的社会各阶层的普遍的失望感。人们向往中世纪,不满现实。许多人美化中世纪,想把历史拉向后退,幻想回到古代,对未来感到茫然。浪漫主义表现为情感和想象对理智的反抗,个人对体制和各种"合理性的"形式的抵抗。

德国的浪漫主义史学以民族主义和英雄史观为特征,强调历史的主体是民族、国家、制度和文化等,认为文化是民族天才的智慧创造,注重对本国文学、艺术、传奇和英雄人物事迹的研究。他们的历史写作着力于提高爱国主义精神,它的消极方面是造成民族有高低和优劣差别的观念,最终走向狭隘的民族主义。在德国浪漫派学者看来,历史并非科学,无规律可循,只是艺术的一部分,是需要想象力来重现过去的一种艺术手法。他们的文体是主观的、抒情的和夸张的。

历史现象,在他们看来,具有一次性、个体性和不重复性,因而无法概括和解释。他们提倡"个别记述"史学,认为史学家的任务在于记述各种事件和人物,相信各民族的文化、语言、习俗及其不同特点是一定时期的产物,有其合理性,应当尊重历史和传统。他们用"历史的权利"反对理性主义的"自然权利"和"自然规律",抬高中世纪,认为中世纪是各民族的形成时期,可以找到各民族的历史和光辉文化传统,因此专门研究中世纪的宗教,美化、歌颂骑士制度和田园生活。在他们心中,历史现象的运动的最后决定力量是上帝,是不可知的力量,上帝赋予历史的个体——民族的存在。赫尔德是浪漫主义的先驱,符腾堡和耶拿大学是中心。

1. 赫尔德

约翰·哥特弗列得·赫尔德(Herder,1744－1830)是浪漫主义思想的先驱。他同歌德一起是德国的"狂飙"运动的领袖,这个运动孕育了德国文学的浪漫主义思潮。赫尔德也是语言学家、文学家、民俗学家,又被称为19世纪的"守门人"。赫尔德是东普鲁士人,家境贫穷。赫尔德是康德的学生,继承了康德关于历史学家应当从变化多样的历史现象中发现发展的动因的思想,同时又把卢梭的个人主义结合起来,并应用到研究人类各民族的艺术、语言和宗教的研究中。他关注象征和形象思维。1769年,他25岁到法国旅行,法国首都巴黎的华丽和典雅,艺术、科学和风尚方面的文明给赫尔德留下很深印象。他后来以他的旅法日记写成他的名著《人类历史哲学要义》。

除《人类历史哲学要义》外,赫尔德的著作还有《论语言的起源》和《民歌中各族人民的声音》等。他在法国旅游期间,巴黎的繁华文明和普鲁士的地方性文化的鲜明对比使他对人类文明发展的内在法则沉思起来。他注意到不同的自然环境对各民族不同的生理和精神特征的形成的关系,他看到各个民族的感觉、想象方式、生活方式、理想观念、社会制度和发展节奏都不同。他认为这些特征是由于遗传被固化下来,渗透于语言文化、风俗习惯和艺术文学中。在不同的自然环境中形成的一个民族的文化和精神特征,在其神话和史诗中已可见端倪。后来的发展如生物的成长,不可改变其原有的形态。赫尔德计划像杜谷和孔多塞一样写一本世界史,他为此进一步研究了西欧多个国家的历史、风俗、宗教、哲学、艺术和科学后,于1784至1791年,完成了他的著作。

赫尔德受到孟德斯鸠以及莱布尼茨的影响,认为一个民族类似一个有机体,有其独有的语言、风俗习惯、艺术、文学和宗教等特征。研究民族的神话和史诗为理解一个民族的文化提供了线索。赫尔德是民族主义史学的先导。他认为历史不是共同的人性的表现,历史的个体是民族,不同的民族有独特的民族特性和文化以及民族的感情。因此历史研究不是要去发现共同性和一致性,而是要发现民族历史的个性和历史现象的继承性。他相信每个民族在一定的历史阶段的兴起是有目的和意义的,不能用后代的伦理标准来衡量历史,应当尊重历史及其传统。每个民族和时代都继承前一代人的成就,又为后代奠定基础,例如希腊文明继承埃及的文明成就,又影响了中世纪的欧洲文明。每个民族对人类文化都有一定的贡献,没有高下之分。他肯定教皇在中世纪的历史作用,认为人民群众并不是无知群氓,而是文化的创造者。因此,应当重视研究民间文学和风俗习惯。人民的这些创造成果反映了民族心理的特征。民族的差异不完全是由于种族,也由于地理环境条件和外界文化的影响,历史是在环境和人类心智的交互作用下演进的。

赫尔德也是出现于后启蒙时代的历史主义思潮的先驱。在维科的《新科学》中已含有历史主义的思想,但在赫尔德这里,历史主义才具有较为系统的形式。启蒙哲学家相信各种事物必须以人类共同的理性的标准来衡量。但赫尔德却认为,人类固然是同种,但只有参照个别不同国家文化历史事件才能了解人类。宗教、哲学和艺术也不是抽象的概念,我们只能说在某种特殊文化和某个特定的发展阶段,其宗教、哲学和艺术如何。赫尔德反对启蒙时代用规律或其他普遍性的概念来解释特殊具体的历史现象。他认为每一民族及其制度文化,包括国家体制、宗教等按其独特的原则发展,因此不能用普遍规则去加以解释。任何企图用抽象分析来了解一个国家的文化都是非历史的,只有用"移情"(empathy)才能领会每一历史文化现象的特殊性和完整性。

拿破仑在欧洲的统治激起高涨的民族意识在赫尔德的著作中上升为民族主义的意识形态。赫尔德声称每个民族,每个历史时代的存在都是合理的。每个民族都是发展锁链上的一个必要阶段,例如埃及、希腊和罗马。各个民族没有高低优劣之分,没有奴役其他民族的权利,都对人类做出贡献。民族的差异是由于自然条件、环境、外界文化影响形成的,不能构成优劣、野蛮、文明的差异。他从时间、空间、民族特征等方面来研究民族的历史。赫尔德赞扬中世纪,认为它是世界历史发展的一个自然阶段,孕育了近代欧洲历史,是近代欧洲新秩序诞生的土壤,是人类精神必不可少的"发酵",它充满"英勇、文雅、自信、骄傲和男子气概"。

赫尔德声称上帝设计了这个世界,但从不干预自然界和人类社会的进程。人类文明史完全是自然现象,事件被严密的锁链所制约,连续性是不断的,一定历史时代的事件只能在那时发生,并且不可能有其他事件发生。这样严格的宿命论排除了伏尔泰的偶然性,也压抑着人的理智的自由运用,人不能驾驭自己的命运,他的行为被事件的性质和自然环境所决定。

赫尔德也把整个宇宙和人类历史看作是不断进化的过程,肯定人类历史是"向着更高方向的进步和发展。"[①]他反对在历史中寻找"神的隐秘计划"。

---

① 赫尔德:《人类历史哲学要义》(Herder, *Auch eine Philosophie der Geschichte zur Bildung der Menschheit*, vol 5),第512页,引自梅涅克:《历史主义,新历史观念的形成》(J. Meinecke, *Historism, the Rise of a New Historical Outlook*, translated by J. E. Anderson, Routledge & K. Paul),第31页。

虽然他有时谈到历史发展的原因时,认为"命运,机遇,神"导致"世界范围的大变化"以及"民族的诞生和进步",但他所理解的神同基督教传统史观中的上帝有着本质的差别。赫尔德最终实际上是在生物学,而不是在基督教神学中寻找到了人类历史发展的根本原因,他提出"遗传的力量"决定着各民族的成长和发展,认为人类社会的发展如生物机体的成长,人类各族的成长和发展的现状是其初始阶段就具有的那些潜在因素的展开和成长。人类社会之所以朝着人道境界进步是因为人本来就具有七种倾向人道的天然禀赋。

地球上人类文明的多种形式是由于人性表现形式的多种可能性。文明的低级阶段标志着完美人性的尚未发展。当文明的最高阶段在将来实现时,处在萌芽中的人性将在那时含苞怒放,人将像上帝一样成为真正的人,伟大而庄严。赫尔德肯定历史的进步主要是道德和精神的完善。在赫尔德看来,历史进程的"命定目的地"就是人道境界的实现,人道源于美和善的和谐,包含了人类所有最高级的特征,包含了幸福、理性等等概念,是"清楚的真理,纯粹的美,自由和积极的爱。"①

赫尔德反对维科人性同一的观点,认为历史研究在于发现历史的个性,但他仍深受维科的影响,以文化、语言、心理特征为标准,划分了十六世纪以前的人类成长的三阶段:诗歌阶段、散文阶段和哲学阶段。在诗歌阶段,人类主要通过诗歌的形式记忆往事,表达感情观点,语言生动,富于大胆的形象,这是人类的童年时期;散文阶段是人类发展的青年阶段,此时,人类更有智能,政治更成熟,语言变为优美的散文;在哲学阶段,人的智能达到充分成熟,并具有哲学的深度。这时人注意的不再是美,而是中庸,人们细致地分析事物,并选择朴实准确的语言来表达思想。他不仅强调历史是一个有机的进化过程,也认为研究历史要注意民俗、民谣、方言等诸方面。

赫尔德把他对那个时代以及历史上的其他时代的观察概括和思考以个人的生活经历来诠释,对艺术、哲学、文学、宗教和历史进行了重新解读。他的这

---

① 参阅前引 J. Meinecke 书,第 350 页。

种阐述在当代学者看来并无多少重大的理论意义,但他关于历史、文化和艺术的发展具有连续性和有机性的观点却在后启蒙时代起到了除旧迎新的作用,并影响了许多学者的研究,包括德国的民俗研究,例如《格林童话集》的作者,德国语言学家和神话学家威廉·格林。德国地理学家卡尔·立特以赫尔德的进化论思想为基础创立了近代地理学。后来的黑格尔、朗克乃至法国的米什勒、基佐都受到赫尔德思想的启发。赫尔德其他一些观点也很值得注意,他否认历史中有超自然和神意的东西,认为《圣经》是一部崇高的文学作品,道德体系是一种宗教,它可以表现在基督教或其他任何宗教中。他模糊认识到革命与社会发展的关系,认为国家的产生是同暴力相联系的。

赫尔德的思想综合了维科的理性主义和以康德为首的德国的古典哲学观念,对德国浪漫主义思潮和民族学的发展影响很大,也影响了西方社会学、人类学、语言学、民族学、哲学和历史学的研究。他的历史主义观点在20世纪后半叶的新历史主义理论中也找到回响。然而,他的历史主义抛弃了启蒙思想家的批判精神,尊重传统造成向后看,与后来民族沙文主义的兴起也有一定关系。

2. 海德堡学派、耶拿学派和历史法学派

德国的浪漫主义史学同其历史环境有关系,那时德国资产阶级有反封建的要求,但力量却比较软弱,人民群众的革命运动使资产阶级害怕群众,消极和保守思想占优势。德国浪漫主义史学有耶拿学派和海德堡学派,代表人物有弗里德里奇·斯莱格尔。

弗里德里奇·斯莱格尔(Schlegel,1772－1829)的主要著作有《现代史》和《历史哲学》等。他专门研究日耳曼文学和宗教,认为日耳曼从远古到现代是一个真正的国家,以爱、友谊和共同的誓约为基础。在国家中间,君主政体是最好的政体,保持了旧日的族长和被统治者之间的关系,比民主制度巩固和公正,而英国议会制度是一种疾病,会产生混乱。在一个国家里面,教会和国家应结成联盟共同统治,国家维持外表的和平,而教会可以增进社会的和平。

他鼓吹以教皇政权为中心,建立欧洲联盟,以保持传统文化,尤其歌颂日耳曼文化,认为日耳曼历史、语言、诗歌、神话,传说是日耳曼生命血液的一部分,处于至高无上的地位,认为没有一个民族曾经具备,或者拥有这样的东西。

德国的浪漫主义历史学家把中世纪历史染上一层落日的余晖,耶拿大学的教授亨利·鲁登(H. Luden, 1780－1847)就是如此。他写了《德意志民族史》12卷,他认为研究历史首先应研究祖国的历史,他的民族史只写到1237年。在书中,他把中世纪德意志封建制度竭力加以美化、希望其研究有助于增强德国人的爱国心,以颂扬德意志民族的光辉的过去来恢复被拿破仑战争打败的德国自尊心。鲁登的弟子伐格特写了《普鲁士史》,他同样也把中世纪的普鲁士和天主教加以理想化,相信歌颂普鲁士的祖先保卫其国土表现出的英雄气概是史学家对祖国的崇高任务。

利奥(H. Leo, 1799－1878)是耶拿学派的最后人物,他写有《意大利诸国史》、《世界史教程》。利奥是一个路德教徒,但他歌颂天主教,反对马丁·路德和宗教改革。他认为在中世纪天主教会的历史是世界史的核心,宗教改革是一种倒退的开始。他有极端的民族主义思想,声称日耳曼民族是西方最优秀种族,意大利之所以被法国征服,是由于意大利人性情较弱,智力偏下。他仇视资产阶级革命,也仇视法国民族,甚至认为法国人是个猴子民族。他反对法国革命和一切革命,维护一切旧秩序,崇拜俾斯麦。他提出了一种文化史的理论,认为不仅基督教文化、罗马文化、日耳曼文化都要经过古代、中世纪和近代这样的历史阶段,其他民族的文化发展也要经过这几个阶段。另一位致力于德意志民族史的历史学家是考斯道夫·斯腾莱尔(1792－1854),他写有《法兰科尼亚王朝诸帝统治下的德国史》两卷和《普鲁士史》五卷,斯腾莱尔比朗克大三岁,他的书模仿朗克,具有较高的学术水准。

1805年,以海德堡大学为基础形成了一个学者集团,被称为海德堡学派,其重要成员是施罗塞、格菲鲁斯和豪泽。海德堡学派一直活动到1875年,大部分人代表了一种保守的倾向,共同之处在于重视研究德国的历史,特别是中世纪史。他们从中世纪看出了一些所谓地道的德国制度的特色,把贫穷落后的中世纪看作是德国的伟大时代,歌颂德国的民族性,把落后和停滞当作民族的美德,竭力排除抵制一切外来的(特别是法国的)东西,鼓吹提供德国民间、本土真正的东西,号召研究德国的民间精神、宗法制的社会关系。海德堡左翼倾向于唯理主义,受法国影响比较大。海德堡学者同耶拿学派有区别,不像耶拿学派那样保守和反动,在道德上服膺康德,在情感上是卢梭的信徒,许多人具有启蒙思想。之所以归为浪漫学派,其一是因为他们对中世纪的美化。其二是他们对德意志民族特性的赞扬。

弗里德里希·施罗塞(Schlosser,1776－1861)是海德堡学派的代表性历史学家。他也是自由主义民主派思想家,站在资产阶级立场上,反对封建专制和封建制度,崇拜理性,支持维护1789年原则。他也重视民族文化,历史观上受康德哲学和卢梭影响,主张用道德标准评价历史。他反对宗教迷信,鼓吹思想自由,把中世纪看成是野蛮黑暗的时代,同时又颂扬古代,特别是古希腊社会。他同情当代的自由民主运动,其主要著作有《十八世纪史》、《世界史》等。施罗塞的著作文笔优美、概括流畅,在德国受到广泛欢迎,虽然他在情感上是卢梭式的,但他也从启蒙时代的观点评判历史功过,受到朗克派学者惠芝的批评。

乔治·格菲鲁斯(G. GerVinus,1805－1871)是施罗塞的学生,也曾在海德堡大学任教,后在哥廷根大学做历史教授,著《德意志民族文学诗歌史》和《十九世纪史》。他批评朗克只是发现一些文献,探讨了一些方法,引起朗克弟子和他论战。格菲鲁斯在《十九世纪史》中歌颂德国反拿破仑的解放战争,认为解放战争是争取实现民主理想的战争,中世纪反对教会的斗争也是这种斗争。他虽然是民族主义者,但并不拥护普鲁士的政策。他研究文学艺术,试图揭示各个时代民族与文化的关系。他对中世纪和当代现世都不满,这既有对现世的反感,也有对远古的怀念。路德维希·豪泽(L. Hauser,1818－1867)是狂热的普鲁士爱国者,写有《德意志史》和《宗教改革时期》,这两本书对普鲁士学派有很大影响,破坏了法国激进主义在德国的声誉,他培养出了一位影响更大的史家特赖奇克。

德国浪漫主义的最后一位史家是弗里德里希·劳麦(F. Raumer, 1781 – 1873)。他曾任波茨坦政府参议、柏林负责向拿破仑赔款事务官员,后在布雷斯劳大学和柏林大学当教授。劳麦的主要著作有《论帝国、国家、政治等概念的发展史》、《巴黎书简》、《15世纪末以来的欧洲史》、《历史杂记》和《霍亨斯陶芬家族及其朝代的历史》。后书为他带来声望,他写作此书时,花费多年的时间,到欧洲各重要图书馆收集手稿资料。该书前两卷有关于中世纪德国和意大利文化的描写,劳麦创办了德国第一种历史刊物《历史杂记》。劳麦的《巴黎书简》英文译本在英国颇受欢迎。

瑞士历史学家约翰尼斯·米勒(J. Muller, 1752 – 1809)也是浪漫主义历史学家。他曾在哥廷根大学跟施罗塞学习,并像卢梭一样过着游荡的生活。1780年,他到普鲁士加塞尔任图书馆馆长,后被腓特烈·威廉三世任命为勃兰登堡史官。1804年拿破仑征服了普鲁士,召米勒面谈,后封米勒为威斯特伐里亚大臣。米勒写有《瑞士联邦史》和《欧洲各国通史》24卷。米勒学识渊博,多才多艺,他的著作文字清晰,充满卢梭式的感伤主义。他把中世纪的道德和文明成就理想化,瑞士的历史在他的笔下是一部歌颂自由的伟大史诗。他的著作给席勒的《威廉·退尔》剧本以灵感,许多瑞士的传说和逸闻通过他的著作而流传后世。

浪漫主义思想对法律学的影响在德国形成了历史法学派,它的两个代表人物是萨维尼和爱因霍恩(Eichhoin)。他们反对理性主义的自然法理论。理性主义者不承认理性以外的权威、宗教法制,而承认符合理性的自然秩序,按自然法要求实现自由平等,保护私人财产。对于历史法学派,法律是一个民族精神历史发展的必然产物,是民族精神的创造,而不是孤立的立法者的创造,是长时间缓慢而自然形成的。法律也是一个民族文化的表现,人们不能任意更改。历史法学派的积极意义是强调历史的连续性,但它肯定德意志法律的不可更换性,反对对封建制度的冲击,主张维护现行制度和妥协,又具消极性。马克思曾批判说他们用昨天的卑鄙行动为今天的卑鄙行为进行辩护。

二、法国的浪漫主义史学

1815 到 1848 年也是法国的浪漫主义思潮流行的时代。法国大革命后期的社会动乱和拿破仑专政的现实使人们对启蒙哲学家宣扬的"理性王国"感到怀疑,也对资产阶级革命的后果感到失望,激进主义者开始向往更加民主和自由的社会,而贵族则眷恋失去的中世纪生活。许多对革命和战争的恐怖,复辟的反复心有余悸的人便转而到遥远和虚幻的地方去寻找避难所。历史传奇成了当时流行的体裁,浪漫主义史学思潮虽源于德国,然而法国的许多历史传奇作家则首先是深受沃尔特·司各特的历史小说的影响。雨果写了两部历史小说,诗人拉马丁出版了《吉伦特党人史》,米什勒的《法国史》和《法国革命史》以小说的手法让那些激动人心的事件和人物复活。梯也里把诺曼征服英国描写成一出戏剧。

奥古斯丁·梯也里(Thierry,1795－1856)是法国浪漫主义史学的最早史家,他出身贫穷,曾做过圣西门的秘书和养子。当时天主教浪漫学派的代表人物夏多布里昂写了被称为浪漫主义的圣经的《基督教的精髓》以及《殉教者列传》,激起了梯也里对历史的兴趣。后来,他在阅读休谟的著作时,注意到诺曼人征服英国的历史作用。在司各特历史小说的影响下,梯也里决定撰写一部《诺曼征服英国史》,书于 1825 年出版,即引起很大反响。在休谟著作的影响下,梯也里试图以新观点探讨历次英国的革命性剧变。他认为诺曼人征服英国后,改变了土地关系,在英国形成两大阶级,被征服的盎格鲁-撒克逊人和诺曼征服者。英国革命的大爆发就是由于这两大阶级斗争的结果。梯也里因此被称为法国的"阶级斗争说"之祖。梯也里叙述历史时,对史实夸大渲染,注重戏剧效果。他把历史看作是戏剧,包含强者和弱者之间的斗争,充满感情地维护社会正义。在他的书中,盎格鲁-撒克逊人类似法国第三等级,诺曼人类似 1814 年复辟的法国贵族。英国盎格鲁-撒克逊的国王哈罗德和他的父亲被捧为爱国者和英雄,征服者威廉和他的男爵们则被斥为暴君。梯也里的兄弟阿米底·梯也里(1797—1873)也是位历史家,他著有《高卢史》,书中提出一个有趣的观点,历史家的活动就是从众多没有联系的资料片段中创造出一个完整的故事。

朱理·米什勒(Michelet,1798—1874)是法国浪漫主义史学的代表。米什勒出身贫苦,青年时代在查理曼学院学习,旺盛的求知欲使他在文学、历史和科学等方面积累了渊博的知识。维科的书开阔了他的眼界,他成功地缩写了维科的《新科学》后,得以29岁在巴黎高等师范学院当了教授。米什勒很快出版了《近代史概要》和《世界史引论》。前书被长期当作法国历史教学中的手册,他在该书中提出欧洲均势的思想。在《世界史引论》中,他把历史看作是自由和必然、精神和肉体的斗争,宣称法国是自由的宣传者,世界的中心和枢纽,近代世界的立法者。

米什勒后来被任命为国家档案馆历史部主任,并在巴黎大学为他的同乡基佐代课,后选为法兰西学院教授。米什勒最著名的两部著作是《法国史》和《法国革命史》,此外还有《论教士》和《论人民》等。他反对教权,同情革命,希望法国能够建立一个资产阶级、小业主和手工业者联合的自由小康社会。《论人民》发表于1848年革命以前两年。拿破仑政变后,米什勒在法兰西学院的教授职位和档案馆的职位都丢掉了,不得不搬到南特乡下去居住,专心撰写法国革命史。后来回到巴黎,公社期间,他的房子受损,1874年逝世。

《法国史》共十七卷,前六卷追溯了法国的起源到中世纪末,各卷清晰易读,没有后来他的思想转变以后的对教会的那种偏激情绪。《法国史》的后半部分从文艺复兴写到法国大革命,是在既无档案资料,又无助手的情况下写成的。他写作时常把自己当作笔下的历史事件中的英雄,以致在撰写恐怖统治时,因紧张而病倒。他在描写旧制度的几卷中浓彩重墨地勾勒了革命前的那些重大事件和人物。米什勒第一次把"文艺复兴"这个概念扩大到意指15至16世纪欧洲对人和世界的重要新发现。

他的《法国革命史》站在下层的立场上,感受和描绘大革命中的形形色色的人物和历史场面。他和巴黎贫苦群众一起诉苦,听到奥普联军入侵法国的消息而愤怒得发抖。米什勒认为历史学家的重要任务就是使过去复兴,为此,他必须在档案文献中感觉到那些活生生的事件和人物。他写《法国革命史》时利用当时民间还流传的故事,大革命期间的大批手稿和印刷品,尤其是《法国革命时期的法务院史》以及32卷本的《国民公报》和《人民之友》等历史资料。

米什勒写历史带着感情,他认为在历史文献资料中包含着活生生的历史,历史学家的责任就是要把过去复活。为此,历史家必须在精神上生活在所描述的时代中,历史著作也应当广泛反映人民的生活和精神。他认为人民群众是历史的主人,是英雄,一部历史是人类争取自由解放的斗争,因此他是站在人民(即革命的资产阶级和小资产阶级)一边描述历史的。米什勒热情歌颂人民及其创造性,"人民是历史之主人,人民的呼声是上帝的呼声","法国史从第一页到最后一页,只有一个英雄——人民"。革命成就应属于人民,缺点错误属于具体个人。他强烈反对专制、封建特权,也反对暴力革命。

他的著作不但富于激情,而且以热爱祖国乡土为特征,充满了生动的历史画面,反映了浪漫主义的特征。米什勒认为法国文化是高卢人创造的,其不同的地方是具有民主性。他善于特写,从现实出发并以浪漫主义技巧来写作历史故事,笔下的贞德的形象、法国的教堂、中世纪的农村,使读者如身临其境,被再现于历史的戏剧前面。

米什勒的朋友以得加·基内(1803-1875)也是以写法国革命史而出名。基内的第一本著作是翻译赫尔德的《人类历史哲学要义》。同米什勒一样,基内也仇视教会,在1844年出版的《教皇权力至上论》中,他批判天主教义,次年出版的《基督教与法国革命》断言天主教义与近代思想不相容,认为大革命中雅各宾专制和恐怖打断了自由制度的发展。基内曾在法兰西学院任教授,但两度被撤职。1865年出版《论革命》分析1789年革命相对失败的原因,认为主要在于前几个世纪中没有成功地进行一次宗教革命,法国大革命引向人类的解放,但革命家使用暴力,带来新专制主义,把运动搞垮了。

三、英国的浪漫主义流派

在英国,浪漫主义思想首先在历史文学作家雪莱和司各特的著作中体现出来。司各特写有《拿破仑传》和《苏格兰史》。和德国保守的浪漫派不同,司各特反对现行的制度,认为过去的历史著作枯燥无味,历史家要对过去的了解,需要丰富的想象力。历史人物行动的动机、感情如何,都只能通过历史学家的想象。他把历史著述同浪漫小说等同起来,对故乡的风土人情怀有深厚的感情,并留恋和向往过去,其历史小说影响了后来几代历史学家,卡莱尔、马考莱、朗克都受其影响。

卡莱尔(Carlyle,1795－1881)出生于苏格兰农家,祖父是木匠。卡莱尔晚年被选为爱丁堡大学校长。卡莱尔少年时求知欲极旺,10岁到安南地方文法学校读书,由于他衣衫褴褛,性格粗暴而且十分骄傲,在那里极不愉快。后到爱丁堡大学读文学硕士学位,由于其观点与教会不兼容,未取得,也未能担任牧师。他后来转向文学写作。卡莱尔通德文,他能阅读费希特、黑格尔和歌德的著作。由于他一生多半处于穷困之中,为了谋生而写作,卡莱尔是一位悲观主义者,他探索人的内心,沉思于哲学中;而马考莱则是乐观主义者,多看到社会现象的外表。卡莱尔的文风坚实而粗犷。他曾经历深刻的不信宗教的危机,否定自己,后才获得所谓精神的自由,达到"永远的肯定"。他的《旧衣新裁》表述了他唯心主义和浪漫主义的历史观,"社会、国家、宗教只是神的本质所穿的暂时的、经常更换的衣裳"。卡莱尔对"理性王国"失望,声称人类要么走向英雄统治,要么走向灭亡,因此寄希望于过去,把中世纪描写成社会各阶级和谐的美好时代。他鼓吹英国对外扩张,发展殖民地,赞同美国奴隶制度。

卡莱尔不相信民主,也谴责英国上层阶级,反对辉格党的政治主张和功利主义,讽刺辉格党对工人阶级是"杀猪不许猪叫"。卡莱尔写下了多部著作,包括《英雄和英雄崇拜》、《法国革命史》、《奥利弗·克伦威尔的书信和演说》

和《腓特烈大帝史》等。卡莱尔反对理性主义和启蒙思想，认为他们是用机械的观点看待自然界，是把人类的行为动机简单化。他对伏尔泰、休谟和吉本持否定态度，但欣赏德国的唯心主义，认为赫尔德、费希特、希勒等人的思想透过神性看到了历史本质。卡莱尔相信人类社会是一个由上帝创造的，具有奇迹般表现的神秘组织。卡莱尔晚年滑入不可知论，认为自然界不可思议，过去不可知，未来更不可知。他受司各特影响，主张历史家先进行观察体验，后进行历史写作，以洞见和细致的描绘使过去重现。他的史学思想是浪漫主义和条顿主义的结合，条顿主义强调因果的独特条件。

卡莱尔于1837年完成《法国革命史》的写作，这是一部激昂而富于戏剧性描写的作品。他的书把法国大革命描绘成由人类的思想动机和激情驱动的戏剧。但卡莱尔对档案材料的运用很不够。他不理解革命的政治和经济背景以及革命与18世纪其他思想政治文化运动之间的联系。该书在严格的批判下很少有一章能站住脚。但卡莱尔的气质使他非常适合描写这个革命事件。格兰特在《英国史学家》中评论说，卡莱尔的《法国革命史》是一位希伯来先知描绘的，他在大雷雨的闪电中看到的一系列景象。

《法国革命史》参考资料不多，史实有错误，但以其对法国大革命那些绘声绘色、激动人心的和戏剧性的展现而成为名著。卡莱尔擅长生动地展示历史画面，书中所写的许多伟大场面，攻打巴士底狱，进攻凡尔赛宫，国王的逃亡，马拉的被判刑，罗伯斯庇尔的覆亡等都使读者过目难忘。卡莱尔真实地描述了旧制度下人民的苦难状况，认为法国大革命推翻不合理的旧制度是必要的，他也谴责革命的恐怖。他以巨大的戏剧力量叙述了对巴士底狱的进攻和向凡尔赛的进军。该书《吉伦特派》一节巧妙地指出革命的耶稣会教徒是多么无能和怯懦。他也谴责"狂热，人民的狂暴和疯狂"，以及它最终导向的无政府状态和恐怖。但他又写道，法国人民从来没有比在这个叫作"革命"的恐怖时期受到的苦难更小。

《法国革命史》实际上只谈了巴黎发生的事件，对土地问题的意义，对1793—1794年的社会经济措施都忽略未谈。他夸大个人的作用，把革命时代的著名活动家蒙上伟大的神光,把革命完全聚光在某些个人身上。米拉波伯爵把旧法国从它的基础上推动起来,只手挽救了这个势将倒塌的大厦的彻底崩溃。另一位革命的巨人丹东,只是从不伦瑞克公爵手中把法国挽救了过来,如果他战胜了罗伯斯庇尔,可能把国家转向另一条道路。

卡莱尔的《英雄与英雄崇拜》是英雄史观的著名作品。他在该书中说过一句有名的话:"世界历史是伟大人物的传记。"他认为英雄创造历史,英雄有六种,即诗人、哲学家、国王、政治家、军事家和外交家。受费希特思想影响,他对现实失望,看不到历史的出路,因而就关注个别人的作用,崇拜英雄。他认为英雄人物是最能体现神的意志的人物,"世界历史是伟大人物的传记"。英雄是智者,历史的创造者,群众是愚者,心灵是贫乏的,并受英雄领导,按其意志来行动。英雄以各种形式出现,诗人、哲学家、国王、政治家、军事家、外交家。群众服从权力,英雄掌握了权力,就能控制群众。在世界各个时代有不同表现的英雄,它是人民当中的一切社会活动的灵魂。他以极大的注意力和艺术家的狂热心情,详细地描写了历史上的个人,成了他自己在青年时代所反对的马考莱和司各特所用的以传记方式来叙述历史的方法的最有力代表。他首先探讨的是作为神的英雄,随后作为先知的英雄(穆罕默德),作为诗人的英雄(但丁、莎士比亚),作为牧师的英雄(路德、诺克斯),作为作家的英雄(约翰森、卢梭、彭斯),作为领袖的英雄(克伦威尔、拿破仑)。资本家也被他形容为"劳动贵族",他声称工业的领导者实际上就是世界的领导者,应让他们领导人类。

卡莱尔的《克伦威尔书信和演说》把克伦威尔描绘成一位伟大的清教徒,对恢复克伦威尔的名誉起到很大作用。但他把克伦威尔的书信窜改得很厉害。他的后期作品《腓特烈大帝史》,显示了他富于才艺的戏剧性笔调和人物描写方面的无与伦比的才能。对普鲁士伟大统治者的崇拜使他成为独裁者的赞美者。他攻击民主制度,厌恶虚伪和一切煽动,他道貌岸然,言辞夸张,他的文体的沉重韵律与十八世纪语句的优美格调不相容。他的世界观是德国泛神论的,他把费希特的能动的主体是世界的创造本源的学说运用到历史上来,创立了英雄崇拜。他有时也尖锐地批判资产阶级的唯利是图和剥削工人。他对资本主义的批判是和颂扬中世纪联系在一起的。英雄和领袖是唯一的历史创造力量,他颂扬资产阶级革命活动家。

卡莱尔认为历史的过去是不可知的,未来更是渺茫的,否认历史运动的规律性。在《过去与现在》一书中,他对英国贫苦人民的灾难进行了积极的揭露。他说我们抛弃了中世纪的宗教信仰,忘掉了上帝,但是却没有任何东西来代替它。卡莱尔从浪漫唯心主义立场猛烈批判英国当时资本主义现实,议会制度、英国统治阶级的虚伪。但他也不赞成民主,诋毁美国内战时"愚蠢的群氓"——黑人,辱骂巴黎公社社员和爱尔兰的爱国者。他的书引用的史料范围相当偏狭,有时轻信靠不住的材料,也忽视对档案文献的研究。读者如没有编年史的知识和了解相关事实,几乎不可能充分了解他的叙述。

浪漫主义史学反对理性主义以历史概括和各民族历史的共性为基础的世界史体系,强调历史现象的连续性和继承性、民族文化与宗教的特殊性,认为民族、国家构成的历史个体是历史研究的主要内容。每个民族的出现都有其自身的必要,每种民族文化都有独特的民族性,使那个民族的天才的创造,应该受到尊重。他们重视本国历史、文化、文学艺术、风俗习惯,促进了民族史学的发展。

浪漫主义与民族主义史学有深切关系,把民族看成个体,就必然要进一步研究民族文化和个性。浪漫主义反对理性主义对历史的机械决定论,批评有关历史的规律性和因果性的观点,反对理性主义的人性同一观念,以及对历史现象的概括和抽象推理。浪漫主义史学也反对理性主义史学的非历史主义的倾向,主张尊重历史的传统,以民族国家的历史来对抗世界史和人类史的倾向,以历史的权利来反对自然权利,以感情自觉来对抗理性,这些对启蒙史学有矫枉过正的作用。

四、英国史学：宪政、革命及其他

在休谟、罗伯逊和吉本去世以后，英国的历史写作好景不再，同法国相比，相对落后。英国的历史家们对中世纪怀有偏见，很少利用过去的资料。腓特烈·本·劳麦于1835年在威斯特敏斯教堂里发现堆放在那里的已成大干酪饼状的大量未经查阅的古代编年史和其他纸卷文献。即使在英国最好的大学，牛津大学，历史研究被认为是文学的一个分支，仍遭到忽视。从1794年吉本去世到1825年维也纳会议期间，英国没有产生重要的历史著作。拿破仑战争以后，英国的历史写作才开始缓慢复苏。

1. 英国古代史研究

大不列颠博物馆的图书馆长亨利·埃利斯爵士（Ellis，1777－1869）利用博物馆里的手稿和案卷编成《英国史史料汇编》，于1824年至1828年间出版。沙伦·特纳（Turenne，1768－1847）出版了反映盎格鲁－撒克逊人入侵英国以前的原始生活的史诗《贝奥武尔夫》。特纳很早就注意到冰岛语言和古盎格鲁－撒克逊语言文本的史料价值。他研究了十多年以后，于1799年出版《盎格鲁－撒克逊史》。他在序言中对这些有价值的资料至今无人问津而感到悲哀，引起国会的注意，不久一个专门委员会成立了，开始分类、整理和摘录编辑文献。吉本当时就感叹连最有学问的人都不清楚盎格鲁－撒克逊时期的历史。特纳的著作向英国公众介绍了条顿侵略者离开欧洲大陆前的生活风俗，以及早期英国盎格鲁－撒克逊诸王国的社会经济发展和宗教情况。特纳的著作使英国人对自己祖先有了新的了解。

1836年，英国政府成立档案整理委员会，开始挽救历史文献和手稿。1857年编撰《卷宗丛书》。对英国早期历史研究有贡献的史家有索普、垦布尔和帕尔格雷尔等人。本杰明·索普（1782－1870）曾在哥本哈根大学丹麦语言学家茨斯克的指导下学习。索普于1830年用英文翻译出版《盎格鲁－撒克逊语法》和德国史家拉平堡的《盎格鲁－撒克逊诸王统治下的英国史》，还编印了《盎格鲁－撒克逊文选》、《盎格鲁－撒克逊时期的英国文献》和《英国古代法律和制度》。垦布尔的《英格兰的撒克逊史》和帕尔格雷尔的《诺曼底和英格兰史》代表了解释早期英国历史的两派。垦布尔是"日耳曼派"，相信在诺曼征服前，条顿文化对英国早期社会的影响最大，帕尔格雷尔则是"罗马派"，他声称五世纪以后，罗马殖民者的文化对不列颠的社会生活和制度继续发生影响。

约翰·米切尔·垦布尔（Kemble, 1807－1857），出身于戏剧演员家庭，毕业于剑桥大学三一学院，他曾参加一支远征队到西班牙去煽动反对斐迪南七世的起义，后在哥廷根大学和慕尼黑大学学习语言，立志推进对撒克逊语言和历史的研究。1833年出版《贝奥武尔夫》译本，还发表一系列论盎格鲁－撒克逊语言文学的文章。由于无法在剑桥大学任教，他勤奋地在大不列颠图书馆、各大学教堂和寺院图书馆收集阅读手稿，积累关于古文书的知识。垦布尔于1835年至1848年出版了《撒克逊时期文献抄本》六卷，包含1369件从公元604年到1061年英国早期的特许状和其他文献，这本资料汇编为研究这段时期的历史打下基础。此书用的资料新而多，并以德国实证方法研究盎格鲁－撒克逊制度史，直到1874年斯塔布斯的《宪政史》出版后才被超越。垦布尔后来到德国汉诺威帮助整理王家博物馆收藏，并涉足于考古学。

弗朗西斯·帕尔格鲁夫（Palgrave, 1788－1861）父亲是犹太人。帕尔格鲁夫当过律师，后来对历史发生兴趣，投身到出版国家案卷的工作中。他从1821年到1837年编写了《爱德华一世统治时期的国会令状》、《国王巡回法庭》和《古代王室财政部产目录》等多卷本文献。帕尔格鲁夫还出版了《英国史》、《英帝国的兴起和发展》等书。他于1818年出版一部盎格鲁——诺曼英雄诗歌集。他精心撰写并使用丰富原始资料的《诺曼底和英格兰史》为他赢得了声望。他认为即使在罗马帝国衰亡后，继起的日耳曼诸帝国中仍可看到罗马帝国传统制度的影响。英国人主要源于日耳曼种族而不是克尔特人，对王权有限制的最早宪法属于日耳曼传统。1832年,他被封为骑士并被任命为皇家案卷保管副官,他把卷宗署56个卷宗库的资料合并在一起,建立了统一的书库。

2. 辉格派史学和托利派史学

19世纪英国史学界出现用辉格党和托利党的观点诠释历史的所谓"辉格派史学"和"托利派史学"。辉格派史学以哈兰和马考莱为首。亨利·哈兰(Hallam,1777-1859)的父亲是布里斯托的主教。哈兰在伊顿公学和牛津大学基督教学院毕业后进入伦敦内腾普尔法律协会,后被委任为印花税委员,并为辉格党机关报《爱丁堡评论》供稿。从1812年到1827年,哈兰发表三部著作《中世纪欧洲概况》、《从亨利七世即位到乔治二世逝世期间的英国宪法史》和《英国宪政史》。《英国宪法史》奠定了哈兰辉格党历史哲学阐述者的地位。他的书歌颂1688年的光荣革命和宪法限制王权的优点,谴责天主教和托利党人的专权,对斯图亚特王朝进行攻击,但他又认为处决查理一世是不合法的,抨击克伦威尔是拿破仑式的独裁者。哈兰的《英国宪政史》被视为是那个时代英国的政治教科书,开创了英国宪政史的写作。1837年哈兰又出版《15至17世纪欧洲写作概论》描绘了一大批在哲学、文学、自然科学和神学领域的欧洲伟大学者。

辉格派史学接受社会进步观点,受边沁(Benthum)功利主义哲学影响,以个人利益为中心,否定十八世纪社会契约和自然法权理论、把人类一切复杂关系看成是功利的关系,其口号是为最大多数人的最大幸福服务。最大多数人是指个人,而不是社会。对于功利主义者,自由民主不是目的,而是手段。要使社会所有成员都享受民主和自由,政府必须谋求最大多数人的最大幸福。马考莱及后来史学家都受功利主义思想影响,并有民族主义倾向。马考莱评价历史的最高原则是自由和功利。英国历史是一部进步的历史,英国民族是最伟大文明进步的民族,尤其当代英国是一个幸福时代。英国历史的进步表现为自然科学的发展、产业革命的胜利、国家财富的增长、实力的强大、海外殖民地的扩张,英国的发展已经登峰造极,达到进步高峰,这种进步观与启蒙时期进步观有差别。启蒙时期社会进步观念是和封建专制、神权统治作斗争而提出来的,它以人类的名义,以人道主义为目标,在当时有积极意义,为资产阶级革命摇旗呐喊作思想准备。相反,英国辉格派歌颂英国资产阶级所取得的胜利,认为社会已进步到最高峰,已不再需要革命,只需要改良。它满足于现实,而没有未来的目标。

马考莱(Macaulay,1800－1859)是辉格党政治传统和哲学的主要阐述者。他毕业于剑桥大学,1826年取得律师资格。马考莱记忆惊人,文笔明晰流畅,23岁开始发表文章,吸引了辉格党机关报《爱丁堡评论》主编杰佛利的注意。马考莱1825年发表的文章"密尔顿论"在伦敦家喻户晓,他在此后20年间写的36篇政治批判和历史论文光彩夺目,才华横溢,显示出广博的文化修养。"密尔顿论"一文描绘的清教徒肖像和审问沃伦·黑斯廷斯的场面堪称描绘生动的典范。马考莱于1830年进入下议院,他的演说明晰清澈,不久获印度最高顾问委员职位,赴印四年。1839年被委任为陆军大臣。1847年选举失败,1852年到1856年又重返议会,此后便专心致力于两卷本的《英国史》的写作。1857年马考莱被授予贵族,两年后去世,《英国史》五卷尚未完成。

马考莱的《英国史》获得非凡的成功,在他生动活泼、才华四溢的文笔下英国的历史宛如花团锦簇的文学壁毡。1875年以前该书已售出数十万本,超过除《圣经》和一些教科书外的任何著作。他在1841年写道"除非我的书能在几天之内取代年青女郎桌上那些最新的风靡小说,否则我决不会称心如意的"。马考莱认为历史资料杂乱零散,历史家应当运用自己的表达技巧,把史料编织成整体,并表现时代精神。他从辉格派的观点把英国歌颂为是一个自由和享有宪政的幸福国家,他在布满尘埃的故纸堆中寻找为辉格党的原则辩护的材料,常歪曲材料以附和自己的偏见。詹姆士二世在他的笔下是坏人,而奥兰治的威廉则是英雄。

马考莱在描写1685年到1702年的那段历史时颇下功夫,他对其他国家和自己的时代以外的历史了解很肤浅,马考莱利用了詹姆士·麦金托什爵士所写的 50 卷抄稿和注释。麦金托什在 1814 年拿破仑垮台后,到法国外交部把相关的文件详细阅读并作摘要。马考莱生活在那个乐观主义的时代,人们喜欢文学性的作品,而不是科学客观的论著。在社会学和经济学兴起后,在达尔文和马克思成名后,历史就不能像马考莱和米什勒那样写了。

托利党最早的史学代言人是阿奇波尔德·阿里孙(Alison,1792-1867)。他在爱丁堡读书,获得苏格兰律师执照。他研究苏格兰刑政,发表《苏格兰刑法原理》和《苏格兰刑法实践》,被任命为拉纳克郡名誉郡长。1833 到 1842 年出版《从法国革命初期到波旁王室复辟的历史》。这部十卷本的书短期内重印十版,被译成多种文字。此书文笔绚丽,是用英文写的第一部描述法国革命的书。阿里孙思想保守,声称革命的狂热已在英国舆论中迷漫。他相信新的民主政治是比贵族压迫更大的危险。为了论证群众骚动必然导致军事独裁的观点,他到巴黎去寻找法国革命恐怖的证据,结果写成《从复辟到拿破仑三世即位时期(1815-1852)历史》。他把英国当时的困难归咎于英国实施的改革法案。

詹姆斯·安东尼·弗鲁德(Froude,1818-1894)的父亲是托特涅斯副主教,弗鲁德在牛津大学受教育,卡莱尔的《法国革命史》引起他对历史的兴趣。毕业后,弗鲁德当了私人教师。1849 年认识了卡莱尔,后来成了卡莱尔在切尔西住宅的常客。弗鲁德花 20 年的时间撰写了《从武尔塞的垮台到西班牙无敌舰队的失败时期的英国史》,受到读者欢迎。弗鲁德后来成了《夫鲁则杂志》的编辑。1872 到 1874 年出版《18 世纪爱尔兰的英国人》,1874 年受英殖民大臣委托前往南非了解情况。1881 年卡莱尔去世,遗嘱把遗稿委托给弗鲁德管理。

弗鲁德于 1882 年和 1890 年完成的记述卡莱尔前半生和后半生的两部传记是弗鲁德最得意的著作。他于 1886 年出版的《大洋之国即英格兰及殖民地》又受到热烈欢迎,弗鲁德确立了在英国历史学界的地位。1892 年福礼曼在牛津钦定讲授讲座职位上去世,弗鲁德接替了这个职位。他在牛津的讲课很受欢迎。弗鲁德的大部分著作都是根据手稿写的,他曾在西班牙档案馆查阅了900卷用五种语言写成的字迹难以辨认的手稿。弗鲁德也常疏忽大意，无论是校对或抄写资料都是这样，并为此受到福礼曼等人的攻击。

3. 牛津和剑桥历史学派

牛津和剑桥古代史属于古典学术的一个方面，1724年两个大学才设立近代史教授职位。1867年斯塔布斯被任命为牛津皇家历史教授，开始了所谓牛津学派，剑桥学派则是从西利开始的。牛津学派不赞成博克尔科学史学的设想，也不同意历史学是训练外交家和政治家的专业，而认为史学是根据资料和其他证据对过去进行的研究。

威廉·斯塔布斯(Stubbs，1825－1901)的父亲是一位律师，斯塔布斯还在读小学时就引起朗利主教的注意，后来在牛津大学学习，研究古代手稿，辨认特许状和契约。1850年起在那威斯托克教区当了十七年的牧师。此期间，他潜心研究，写出第一部著作《英国主教记录》，并抽出时间翻译出版德国教会史家摩斯亥谟的《教会史》。1862年，任坎特伯雷大主教的朗利任命斯塔布斯为拉谟柏司图书馆馆长。斯塔布斯后来参与编写《档案丛书》，把大陆学者的科学方法运用于英国中世纪文献研究。编者们仔细核对原稿，考证异文并辨别讹传，修订或窜改部分，检查其来源的可靠性。1867年，斯塔布斯继任牛津皇家教授。在就职典礼上，斯塔布斯回顾了近年来在史料收集整理出版方面的进展后，认为有可能建立一个新的历史党派，他们不是以哈兰、弗鲁德和马考莱的著作为基础，而是建立在业已收集并编排起来的丰富的资料基础上。这个讲话宣告了牛津学派的诞生。

1869至1878年间，他与A.W.哈丹合编出版《宗教会议和教会文献》三卷，还为《教会传记词典》写了撒克逊时代的圣徒、国王和教士的文章。斯塔布斯最著名的著作是《英国宪政史》，这部巨著把按年记事的叙述部分与分析的各章交替。斯塔布斯强调历史的连续性，认为英国宪法是诺曼人综合盎格鲁－撒克逊制度发展演化出来的。1884年，斯塔布斯离开牛津大学，先后任切斯特主教和牛津主教。斯塔布斯反对把历史当作一门科学，认为历史概括必然导致不准确,他力图避免宗教成见和政治偏激,但他仍是戴着维多利亚时代的自由主义的眼镜来写史书的。他认为历史学家的工作就是搜寻手稿,分析资料,谨慎地取舍和提出试探性看法。

爱德华·奥古斯都·福礼曼(Freeman,1823—1892)毕业于牛津三一学院,起初在格洛斯特郡研究古代和近代史,这期间出版了著作《建筑史》和论文《论"哥特式"窗饰》。此后22年间他为《星期六评论》撰稿。1863年,他发表《联邦政府史》,1867年到1879年出版六卷本《诺曼征服英国史》后,牢固地建立了他的学术地位。1884年福礼曼接替斯塔布斯任牛津皇家教授,但他对教学毫无兴趣。福礼曼还写了《历史地理》、《西西里史》等著作。福礼曼很善于描绘社会生活,但他行文冗长而啰唆。他不懂古文字,对手稿特别厌恶,主要利用已出版的书籍和文献。福礼曼在政治上是一位自由主义者,他支持爱尔兰自治,同情在土耳其压迫下的基督徒。

约翰·理查德·格林(Green,1837—1883)出生于牛津,并在牛津大学受教育,毕业后在伦敦东区当牧师,1869年被任命为拉谟柏司图书馆馆长。他最早的历史写作是为《牛津年鉴》和《星期六评论》而写的稿件。格林在伦敦穷人区当牧师的经历使他深深懂得贫穷阶层的艰辛生活,多年的辛勤工作损害了他的健康,他决心在离世之前把过去所作的研究和笔记汇成一部书。在疾病和沮丧中,格林花了五年多的时间,于1874年写成《英国人民史略》。出版后,该书获得很高声誉,并认为可以和马考莱的著作媲美。格林的《英国人民史略》,从盎格鲁－撒克逊人于五世纪到英国写到1815年拿破仑在滑铁卢战败。这本书不以王朝为中心,而以重大历史事件和时代特征,作为历史分期标准,将许多王朝合在一起写。格林有意从下层人民的观点来描写历史,他的书不详细叙述战争、外交、权臣的倾轧,而研究和平时期的成就,社会政治、经济文明的发展,着重描写普通传教士、诗人、出版家、商人和哲学家,把伊丽莎白的济贫法放在比她在卡底斯的胜利更重要的位置。

格林的这部书也有很鲜明的盎格鲁－撒克逊主义观点。其重要内容之一是认为英国在盎格鲁－撒克逊时代是自由的时代,形成一个自由的传统,英国的个人自由议会都来源于这个时代,盎格鲁-撒克逊主义否认或低估外来的影响,甚至连封建制度的起源都认为没受到外来影响。在他之前,马考莱也有此倾向,格林的著作也充斥民族主义特征。1877年至1880年间,格林把这部书扩大为四卷,改名为《英国人民史》,马克思曾将此书作了摘要。格林又于1882到1883年写出《英国的形成》和《英国的征服》两部著作。格林不用王朝或军事征服来划分历史时期,宣称自己的书是一部人民的编年史,他嘲笑伊丽莎白和乔治三世,低估诺曼征服。他仅用两页的篇幅描写凯尔特和罗马,然后写起什列斯威格——英国人的老家。他认为人民是推动英国宪法进步的重要力量。

塞缪尔·罗森·加尔丁纳(Gardiner,1829-1902)是克伦威尔的女儿布里奇特和国会军司令艾尔顿的后代,毕业于牛津大学圣体基督学院。加尔丁纳锲而不舍地研究十七世纪英国史四十年,他的《1603-1660年的英国史》前两卷在1863年出版时仅售出100本,1869年出版的后两卷销路稍好,但未给他带来一分钱收入,他仍坚持写下去。为维持生计,他应聘于伦敦国王学院历史教授。直到1883年他的《英国史》前十卷售完,他的书才受到广泛注意。加尔丁纳还写过《英国史教材》和《三十年战争》等教材。1828年,加尔丁纳当选为牛津圣体基督学院研究员,回到牛津大学后,他经常为《英国历史评论》撰稿,并当了十七年的编辑。他也为《大英百科全书》和《英国传记词典》写文章条目。弗鲁德去世后,自由党首相准备把牛津皇家教授的职位授给他,加尔丁纳拒绝了,宁愿集中精力写完他的历史书,但他没能写到克伦威尔的末日,就先去世了。

加尔丁纳是一位实证史学家,他反对研究历史为现在服务,或用现在的观点诠释过去。为了不受后来观点的影响,他有意不阅读所钻研时期仅一年后的那些材料。他说"我还没有准备研究这些史料"。其结果限制了自己的眼界,不能对整个事件做出正确评价。他认为他的主要任务是要成为久已过去的某项事件的当时目睹者。加尔丁纳精通西欧各国语言,他遍访法国、西班牙、意大利、尼德兰和瑞典等国的档案馆,查阅原始资料,并经常到英国内战时期的战场实地研究。

加尔丁纳对英国革命提出不同的解释,认为它是清教徒革命,也是两种治国论即民主制和立宪制的冲突。过去历史往往以那个时代的观点来看待17世纪英国革命。18世纪当宗教争端不再重要,革命被看成是围绕国会权利的斗争;随着宗教热忱的觉醒,历史家们又认识到革命的宗教背景,但革命中的结党成派仍被认为是主要出于政治考虑,加尔丁纳从对文件的研究中证明这些政党是在斗争中产生的而不是革命以前就已存在的。加尔丁纳对劳动保护斯图亚特王朝初期的研究,外国势力对朝廷、教会和人民的影响的研究,对财政问题、苏格兰问题、军事史以及各党派的目标等等的研究都是以原始材料为依据,它丰富了英国人对17世纪的历史认知。

加尔丁纳打破过去歌颂1688年,谴责内战期间的暴力革命的倾向,他从各方面来描述暴力革命发生的背景,但特别从经济的角度来观察1640年的革命,对革命前后和革命中的英国财政进行研究,在英国革命史的研究中开创了一条新路。在他看来,随着十六世纪以来文化的发展,财富的增长,以及宗教改革的影响,民主和自由思想有重大发展。从都铎王朝起的君主专制这时已不能继续维持下去了。英国在海外有了殖民地,造成大量财富、货币和金银流向英国,促成购买力的增强和物价上涨。国王通过增加税收来夺取财富,遭到资产阶级的反对,矛盾终于发展到不可克服的阶段。

加尔丁纳认为国王应对内战负责,处死国王是无可非议的。他忽略阶级斗争,重视宗教因素在革命中的作用,称1640年革命为"清教革命"。他认为清教运动是革命的主要动力,宗教热情是造成英国重大政治变化的决定性因素。他对十七世纪四十年代存在的社会矛盾作宗教的解释。独立派不愿意服从统一信仰,力图使每类人在信仰上独立,也不服从任何世俗权力。他的书对查理一世、伯金汉、克伦威尔等历史人物的活动的记述连篇累牍。他相信克伦威尔"对贫民和被压迫者抱有无限的正义感"。他认为人民是具有某种惰性的群众,不断动摇,在决定祖国命运的伟大关头,不起重大作用。

他用许多时间来研究各种档案,仔细地在私人收藏中寻求所需要的材料,他想客观地叙述过去的历史,彻底地研究争论问题。他重视个别事实,有意识地摒弃概括,反对马考莱和弗里曼的方法,以及类比方法。加尔丁纳的文风不太吸引人,但他的历史叙述详细、巧妙,批判分析细密。英国十七世纪的事件在很大程度上是靠加尔丁纳之力才取得了应有的地位。从十九世纪末期起,加尔丁纳的作品被捧为详尽无遗地说明了十七世纪中叶英国事件的模范作品,他也被称为伟大的历史学家。

曾任牛津皇家钦定教授职位的另两位学者鲍威尔和弗思爵士也值得提到。弗雷德里克·约克·鲍威尔(Powell,1850－1904)继弗鲁德之后任牛津大学皇家教授,他毕业于牛津大学圣体基督学院,是1886年《英国历史评论》杂志的创办人之一。他的主要著作是《英国史课本》、《冰岛散文读本》、《北欧诗歌汇编》和《冰岛起源》。查尔斯·哈定·弗思(Firth,1857－1935)是加尔丁纳的弟子和遗稿保管人。他也毕业于牛津大学,后接替鲍威尔任牛津大学皇家钦定教授。他以加尔丁纳为榜样研究未曾仔细研究过的原始资料,写成《克拉克文献》。

亨利·威廉·戴维斯(Davis,1874－1928)也曾任牛津大学皇家教授。他从牛津大学贝利奥学院毕业后到新学院和贝利奥学院教书。戴维斯主要研究盎格鲁－撒克逊和诺曼时期的史料。他于1905年出版的《诺曼和安茹王朝治下的英国》确立了他作为中世纪史学者中的声誉。戴维斯修订出版了斯塔布斯的《特许状选集》,后又编辑出版《盎格鲁－诺曼时期史料集》和《盎格鲁·诺曼王室特许状索引》。后书包含很多不为人知的特许状。一战期间,他发表《亨利希·冯·特赖奇克的政治思想分析》,并且到邮政局检查处任职。1921年受聘为曼彻斯特大学近代史教授。1925年,弗思辞去牛津皇家教授后,戴维斯接任,三年后即不幸辞世。

威廉·斯迈斯从1807年到1849年任剑桥大学皇家钦定历史教授。斯迈斯去世后,马考莱拒绝担任这一职务,便由詹姆斯·斯梯芬接任。斯梯芬著作不多,仅有《教会传记论文集》和两卷论述法兰西历史的讲稿结集。查尔斯·金斯利(Kingsley,1819－1875)接替斯梯芬任剑桥大学钦定皇家历史教授达十年之久,他的历史著述比前任更差。剑桥学派实际始于约翰·罗·西利(Seeley,1834－1895),他曾在伦敦大学任拉丁文教授,并以《戴荆冠人论》一书而出名。他接替金斯利任剑桥大学钦定皇家历史教授达四分之一世纪,在剑桥大学创立了讨论班的教学方式,设立了历史荣誉学位考试制度,并使政治史研究占据重要地位。西利认为研究历史的价值在于对当今政治有用,甚至建议成立与历史教学相联系的训练政治家的学校。他的这种观点影响了剑桥大学的历史研究。西利的主要著作有《斯泰因的生平和时代》、《英格兰的扩张》和《不列颠政策的成长》。

另一位剑桥学者埃克顿(Acton,1834－1902)也是著述不多,但他却在学术界留下很高声望。埃克顿的父亲是英国的从男爵,母亲是巴伐利亚女伯爵玛丽·阿科。埃克顿生于那不勒斯,后在巴黎和爱丁堡读书。母亲改嫁后,埃克顿便到了英国寻觅前程。埃克顿游历广泛,曾随同继父参加沙皇亚历山大二世的加冕礼。他也曾在众院当了几年议员。埃克顿创办《漫谈报》后改为《国内外评论》。埃克顿学识渊博,批判透辟,有很强的道德判断力。他虽至死是一位天主教徒,但反对颁布教会无谬误这个天主教信条。

1886年,他在《英国历史评论》第一期发表"德国诸史学派别"。1895年,他接替西利担任剑桥大学钦定皇家历史教授,第一课讲的就是近代史学方法的发展。他不赞成西利关于历史教学是培养政治外交人才的专业的看法,认为历史是人类道德发展的记录,历史学是收集历史资料的艺术。他被受命为剑桥大学编辑《剑桥近代史》,该书直到最近才被译为中文在国内出版。埃克顿尽管学识渊博,但他最后未能写出一部著作,他成为他的博学的牺牲品。去世后捐献给剑桥大学的成千上万卷书和资料柜,数不清的格子里装满他的笔记卡片。

五、19世纪法国史学：诠释法国大革命

1816年，造成社会深刻变化的革命和震撼欧洲的战争终于成为过去。法国社会经连年的剧烈变动似乎疲惫不堪，然而法国的历史学家却并没有停止对那些已成为人类历史的伟大事件的思考，许多人仍然对这场革命记忆犹新，并惊奇地发现波旁王室的复辟并没有根本改变革命所形成的现实和传统。后来很多年，进步的和保守的学者思想家们都在不断诠释这些历史事件和传统。19世纪上半叶，撰写法国革命史也是一件容易出名的事，米涅和基佐的生涯就是例证。

弗朗索瓦·奥古斯特·玛利·米涅（Mignet，1796－1884）生于普罗旺斯，父亲是铁匠。他后来进入埃克斯大学法律系与同系的梯也尔成了朋友。毕业后两位朋友先后到巴黎，在《法兰西邮报》和《宪政报》当记者。米涅还在雅典娜学院兼职讲授宗教改革课，米涅的讲课叙述清晰流畅，善于分类总结，很受欢迎。查理十世即位后企图恢复专制统治，米涅觉察到全国迷漫的反君主制，开始收集材料为撰写法国革命史。1824年，他的《法国革命史，1789—1814年》出版，立即获得成功，被翻译成多种文字。这部著作明晰清澈，对革命中的各种事件的因果关系进行了冷静的分析。米涅还出版了《玛利·斯图亚特生平》、《查理五世》等多部著作。米涅的书基本都有可靠的原始资料为根据，而且对事件的关系叙述清晰。《法国革命史》使米涅誉满全国，并进入法兰西学院，不久成为终身秘书。

路易·阿道夫·梯也尔（Thiers，1797－1877）是政治家、演说家，也是一位多产的史学家。他生于普罗旺斯，后来到巴黎从事新闻和政治工作，直到任法兰西共和国总统。雄心勃勃的梯也尔刚到巴黎时从事新闻工作，但他也写历史和搞政治。梯也尔精明狡黠，知道法国革命同法国人民为之牺牲和奋斗的那些诸如自由、平等、博爱的原则紧紧相连，对这场革命的描绘和解读很容

易出名。梯也尔不久便在1823年出版了《法国革命史》第一卷,戏剧性地、强有力地记述最近发生的事情。这本书在巴黎引起轰动,在使复辟的波旁政府信誉扫地方面起到很大作用,也间接推动了1830年的革命的爆发。

1823年到1827年间,《法国革命史》共出了十卷。由于梯也尔也忙于政治和新闻事业,他很少诉诸史料,但全书叙事清晰,文笔精彩。梯也尔写史立有很高标准,要每句话都有根据。他还向将军和财政官员学习,了解财政和军事问题。《法国革命史》写完后,梯也尔已名满全国,并以《国民公报》影响全国舆论,路易·腓力普统治时期,他同基佐轮流执政。1840年,梯也尔退出政界,开始写作《执政府和帝国史》,到1843年共写完20卷。1863年重回政界,1870年法兰西第三共和国成立,梯也尔任总统三年。在写作《执政府和帝国史》过程中,梯也尔查遍外交文件,遍访著名的战场,阅读重要人物的自传、回忆录,广泛利用拿破仑的书信和命令。他所具有的历史学家掌握细节的能力和政治家的洞察力使他这部书受到暴风雨般的喝彩和批判。但梯也尔是个机会主义者,他的统治受到马克思的批判。

革命甚至使诗人也投身于历史写作。亚丰瑟·玛利·路易·拉马丁(Lamartine,1790—1869)就以其所著《吉伦特党人史》而轰动一时。拉马丁曾在拿破仑的骑兵队服役,他崇拜拜伦,并曾在东方旅行数年。他于1820年出版的《沉思集》标志着浪漫主义运动的新时期。业已成名的诗人在梯也尔著作的鼓舞下投向历史写作,1847年出版的《吉伦特党人史》对次年的革命也起到了推动作用。拉马丁笔下的革命像当时时兴的写法那样充满浪漫主义的光辉,被理想化的罗伯斯庇尔栩栩如生。但这部书不符事实的地方很多,拉马丁头脑中小说虚构同事实的界限十分淡薄。

亚历西斯·得·托克维尔(Tocqueville,1805—1859)以他的《美国的民主政治》和《旧政权与革命》名垂史册,至今仍为学者们所推崇。他的书把对法国大革命史的编纂引向从学术上和理论上进行分析,着重探讨这场革命的伟大目的,即它代表人类试图建立民主制度的尝试。该书的许多结论至今仍值得注意。托克维尔出身诺曼古老贵族家庭,父亲曾著《路易十五时代哲学史》,复辟时期曾任凡尔赛市长。母亲是路易十六的内政大臣马尔舍布的孙女。马尔舍布在专制制度下为人民讲话,在共和革命时期,又为失败的国王求情,最后马尔舍布本人也死在断头台上,托克维尔继承了这种正直的品格。

托克维尔22岁在凡尔赛当了地方法官,四年后前往美国考察,列席立宪会议,并会见美国政治家。1835年出版《美国的民主政治》一举而成名,被译为多种文字,至今仍不断再版。该书是在对"民主"仍充满革命激情的年代对民主制度的冷静分析。托克维尔断言近代民主政治如果不以公民对自由的热爱加以制约,便会走向专制,民主政治无限制地追求平等化将导致专制主义的重建。他相信一场伟大的民主革命的浪潮正兴起,民主政治必将统治世界。

托克维尔的著作获得好评,因此而进入议会当副主席和外交部长,1851年的政变后,托克维尔退出政界,转而研究旧政权。五年后出版《旧政权与革命》,托克维尔试图对旧政体的好坏两面都进行分析。在他看来,旧制度以其官僚行政制度破坏了封建主义,革命又加速了摧毁封建残余的过程,把许多世纪以来在欧洲多数民族中流行的封建典章制度废除,代之以简单划一和平等的政治秩序。

弗朗索瓦·皮埃尔·基佐(Guizot,1787-1874)是一位政治家、记者和历史家,曾任巴黎大学教授、路易·腓力普统治时期的教育部长、外交部长和首相。基佐的父亲在1794年上了断头台,年轻的基佐在日内瓦那种强烈的道德氛围中成长。18岁到巴黎学习法律,1812年为拿破仑撰写一本历史小册子,受到重视,被任为巴黎大学历史学副教授,基佐的历史写作从编译吉本的著作开始,他先后出版了《英国革命史》、《近代史教程》、《欧洲文化通史》、《法国文化史》和《欧洲代议政治起源史》等多部著作。基佐在部长任内推行立法,在全国实行义务教育,实施穷人免费,并创立法国史学会,由政府资助出版回忆录、编年史和书信。基佐站在资产阶级立场,笃信宗教,痛恨革命,强调法制。1830年,他镇压了巴黎工人暴动,解散了共和俱乐部,反对取消贵族世袭制。他声称民主政治意味着混乱,不能用战争、偏见和仇恨建立自由政权,文明是以资产阶级的存在为条件,代议制政府才能使社会稳定,资产阶级掌握的政府是介于君主专制和暴民统治的中间路线。基佐认为历史家的任务在于调查事实真相，研究它们之间的关系，描绘它们的形式和运动。

十九世纪后半叶，普法战争、巴黎公社和马克思主义兴起后，法国史学变化很大，进步的和保守的史学流派都出现了，自由主义的中间派史学占多数。然而，法国大革命，包括拿破仑帝国统治时期的历史在法国史学中仍受到高度重视。像路易·勃朗和索累尔等人都歌颂1789年革命，但他们的理解不一样，大都只捍卫大革命提出的自由、平等和博爱等原则，坚持爱国主义，都重视史料考订，并发起组织了对法国大革命史的研究。

路易·勃朗（Blanc，1812－1882）的主要著作是《1789年法国革命史》。他在书中热情歌颂1789年革命，认为法国革命有两个原则和两个运动：伏尔泰所倡导的资产阶级的个人运动，以及卢梭所倡导的实现社会平等和博爱的运动，后一运动在热月政变后夭折，所以法国社会革命的任务未完成。他对米拉波等早期资产阶级革命家有所责难，认为吉伦特派是个人主义者，雅各宾派代表新的社会势力，其激烈行为是当时形势的需要，挽救了革命。但他反对恐怖政策，认为送国王上断头台是最大的错误。他的著作比前人更重视对社会经济和国家财政情况的研究。他的书资料丰富，包含大量史料、档案，还收集了大革命时期各种传单，开辟了新的史料来源。

亚尔伯特·索累尔（Sorel，1842－1906）曾在法国外交部工作，后任巴黎大学历史学教授。他的《欧洲和法国革命》是根据他从法国和欧洲各档案馆取得的资料而撰写出的。这本书把革命与欧洲联系考察，站在爱国主义立场上，认为战争是反法联盟挑起的，后来的战争是法国为了自卫，雅各宾采取了正确的措施，1793年9月的屠杀是形势的需要，为了挽救祖国，当时的政策是对外战争的需要。索累尔花20年时间完成了这项研究，目的是要进行济贝尔所做过的工作，只是他的观点更为开放，对欧洲局势有更客观的了解。这部外交史观察入微，索累尔以极大的艺术能力来描绘场面和勾画历史人物。叙述1795年以前革命时期的各卷的文献比叙述执政府时代和拿破仑时期的文件更充实。他像托克维尔一样，认为革命运动及其政策首先是在旧政权下已经启动的倾向的继续。索累尔的主要论点是：革命一旦开始吞并领土和自称有权获得"自然疆界"，它和欧洲，特别是和英国的斗争就变成不可避免，因为比利时在法国手中掌握一天，至少英国就不会甘心。

他研究法国大革命到拿破仑一世帝国崩溃为止的国际关系史的这部著作，以大量文献史料为基础，文笔华丽。但索累尔继托克维尔之后，贬低革命的意义和必要性，不是把革命描写成为同旧时代的决裂，而是君主政体已经开始的那些措施的继续。他怀有偏见地把法国大革命时期和拿破仑一世时期的法国对外政策与路易十四的封建专制时期的外交政策相比，对革命民主派，特别是雅各宾派采取敌视态度，而对拿破仑一世则明显表示同情。

从1886年起，对法国大革命的研究就分为两派：马迪厄开创的以罗伯斯庇尔为主角的史学流派和奥拉尔开创的以丹东为主角的流派。马迪厄派是程度不同的马克思主义社会主义者，而奥拉尔派则是资产阶级共和党人。阿道夫·奥拉尔（Adolphe Aulard，1848—1928）是研究法国革命史的权威，1886年巴黎市议会为他设立第一个法国革命史讲座职位。奥拉尔和他的弟子于1888年创办"法国革命史学会"和《法国革命》月刊，并组织了巴黎大革命时期历史研究委员会，在市政府的资助下出版一系列巴黎史方面的论著。奥拉尔的主要著作《法国革命政治史——民主政治和共和国的起源与发展》试图说明1789—1804年间人权宣言的原则在制度上是如何付诸实施的。从历史上来看，权利平等和人民主权是革命的两条主要原则，经常在国家制订新政策时被援引，但对这两条原则的运用的考虑是有差异的。奥拉尔花了20年的时间研究大量的资料方写出这部书。他的书的缺陷是未能充分讨论经济和社会背景，特别是阶级冲突。

奥拉尔站在自由主义的立场上，着力歌颂革命的温和派，以人民在革命前的请愿活动为例，认为当时人民是温和的，没有提出推翻君主制，特别歌颂温和派领袖丹东等人，认为温和派对革命贡献大。他谴责雅各宾派的恐怖行为，同时又认为这是可以理解，是用牺牲自由的代价在旧制度的瓦解和外国威胁的情况下换取革命秩序。他批评拿破仑背离了1789年革命的原则。他的研究开创了法国革命史研究的一个学派,即歌颂丹东为首的温和派,同20世纪出现的歌颂雅各宾派的派别相对立。

19世纪的法国,因写历史著作而入仕的学者络绎不绝。做官后,他们又利用身居高位之便推动历史研究,基佐和梯也尔如此,后来的杜律伊也如此。维克多·杜律伊(Duruy,1811-1894)出身于巴黎工人家庭,后进师范学院学习。22岁毕业后在巴黎著名的亨利四世学院教书。为维持一个大家庭的生计,杜律伊课余时大量编写课本,前后共编写了希腊罗马史、古代史、地理、《世界史丛书》、《法国史》等74种课本。他的课本还不断弃旧添新把最新知识包括进去,其文字清新,纲目条理清楚,持论公允,好几代人都是读他的课本长大的。1859年拿破仑三世约见杜律伊,两年后杜律伊因在法国与罗马教廷的争端中为政府撰写小册子,而被任命为法兰西学院监督,后官至教育部长。杜律伊在任内实行强制性小学教育,创建6000多所免费乡村学校,并提高教师待遇。杜律伊对法国史学的影响还在于他引进德国的史学方法,创办高等研究学校,以打破索邦大学为堡垒的陈旧的教学理念。

杜律伊认为高等教育的宗旨在于向学生传授研究方法,教导学生用这些方法创造科学知识。在他看来,法国教育界习以为常的教授逐字阅读讲稿的讲课方法不利于培养这种能力。法国有许多有口才的教授,但却不像德国人那样注重给学生以指导,培养研究习惯,这是德国能在人类知识各个部门经常产生著名大师的原因。1868年创办的高等研究实践学校以实习的方法和研究生班的形式训练学生。在此后的10多年的时间中,这所学校培养出一批崭新的学者,他们在19世纪80年代以后改变了法国的史学研究。杜律伊退休后,撰写完他的七卷《罗马史》的最后三卷,1887年又出版《希腊史》。这些著作不是以独创性的研究为基础,但文字叙述清晰、准确,堪称典范。杜律伊划分出两类历史写作,一类是以艺术的手法叙事;另一类则是按照法则说明历史现象,即科学的历史学。杜律伊的学生和追随者在1876年创办了《历史评论》,在《历史评论》的周围聚集了第三共和国的新一代历史学家,他们以朗克的研究范式为楷模,例如迦柏列·摩诺和拉维斯。

第八章 十九世纪:实证主义与客观史学

近代历史研究作为一门学科,它的基本研究方法、目的和知识标准是在19世纪的德国形成的。民族主义和反启蒙运动的思潮之后,探讨史料处理的方法,收集整理汇编德国原始资料的工作被提上日程。这项工作以朗克所发展的历史研究方法的世界性影响而完成。朗克的客观主义是在柏林大学那种学术环境中形成的。1806年拿破仑在耶拿击溃了普鲁士军队,逃到东普鲁士的国王腓特烈·威廉三世决心用学术的复兴来弥补普鲁士在物质力量上遭受到的损失,他建立了柏林大学,原来发给哈雷大学的经费全部拨给柏林大学,由当时普鲁士政府教育部长、著名的学者威廉·丰·洪堡德为新大学延聘德国最著名的学者和科学家任教。1810年新大学开学时,它已有费希特、沃尔夫、萨凡尼、尼布尔、柏克,后来又增添朗克和黑格尔,形成了欧洲最杰出的教师队伍。特别是后两位学者成为具有世界性影响的世纪性人物。朗克所发展的研究班的教学形式和史料批判方法成为近现代历史学研究方法论和教学基本形式的代名词。而黑格尔则完成了德国古典哲学的终极形式,他的基本哲学观念通过马克思之手传遍世界。

普鲁士政府两位开明的政治家和学者丰·洪堡德(Humboldt, 1767 – 1835)和卡尔·斯泰因对德国的史学复兴起了很大作用。威廉·丰·洪保德曾在哥廷根大学研究考古学,22岁到巴黎,目睹了群众攻陷巴士底狱,后在凡尔赛列席国民会议,聆听了米拉波的讲演,他曾任普鲁士驻罗马公使、内政大臣和教育部长。洪堡德1821年在柏林科学院作的《论历史学家的任务》,精辟地表达了当时的德国史学思想,他提出历史学家的任务是描述已发生的事件,为此历史家应当像诗人那样运用自己的想象把独立的事实组合成一个统一的整体,历史学家还应认识历史中的因果关系,描绘人类的命运,他也应用思想来理解过去的事件的真相。

亨利希·弗里德里希·卡尔·斯泰因男爵(Stein,1757－1831)曾任普鲁士改革大臣,1808年被拿破仑流放国外,1819年他组建了德国古代史料学会,计划系统收集、整理和出版德国所有的史料,起因是他在为女儿收集历史资料时,发现摩尔派教士系统整理法国史料和穆拉托里整理意大利史料的事在德国还从来没有人做。在斯泰因的主持下成立了《德国史料集成》丛书编委会,整理和出版德国、瑞士和奥地利的重要史料,先后由柏茨和乔治·惠芝担任学会秘书和主编,出版五类著作:编年史著作、法律、国家文献、书信和古文物。1874年学会解散,由普鲁士学院接手编辑时,已出版24卷。《德国史料集成》的编辑出版为德国的史学研究打下了奠基性的基础,成为后来同类的丛书如《德国图书集成》、《德国史料汇览》和《奥地利史料汇览》的范本。出版后,英国、普鲁士、奥地利君主购买数十部精装本以示嘉奖。

一、柏林大学

柏林大学引以自豪的第一位教授是巴托尔德·乔治·尼布尔(Barthold Niebuhr,1776－1831)。尼布尔是丹麦人,他精通18种欧洲语言,并学习了自然科学的所有学科知识,他曾在爱丁堡大学学习,1806年离开哥本哈根到柏林任财政顾问。1810年柏林大学成立时,在朋友的建议下,他在这所新大学开讲罗马史课,每周两次的讲课吸引了不仅学生,也包括他的同事、官员来听。讲稿后来以《罗马史》为书名于次年出版。汤普森认为尼布尔的《罗马史》标志着近代史学的开端。尼布尔收集了丰富的材料,并以一种科学家的态度去粗取精,然后严格根据史料做出描述,在还没有确定历史"事实"的地方,他利用诗歌传说,从中分析出事件真相。尼布尔创办了讨论古典历史和考古学的杂志《莱因博物馆》。他在语言学和考古学上也很有成就。

柏林大学在希腊史的研究上也开创了一个学派。奥古斯特·伯克(August Bockh,1785－1862)原任柏林大学古典文学教授,后来研究希腊历史,他以铭文为资料写成名著《雅典国家经济》探讨雅典的财政和税收。后又写成《雅典海军史》生动形象地描绘了这座古代城市的社会生活,伯克还以他的语言学和年代学知识为基础,编成《希腊铭文集成》。伯克培养了一批德国研究希腊的学者,包括卡尔·米勒(Karl Muller,1797－1840)。米勒的博士论文对希腊文化进行了全面的研究。他的著作有《希腊文学史》和《多里亚族的历史和遗迹》,他的想象丰富、文采斑斓。在他看来,希腊文明的突出特点是和谐统一、协调与匀称。

柏林大学在罗马法律史的研究上也卓有成效。弗里德里希·卡尔·丰·萨凡尼(Savigny,1779－1861)从柏林大学开办起就在那里任教授。他的重要著作有《论所有权》和《中世纪罗马法》。他为了阻止拿破仑法典扩散到德国,提出一国的法律是这个民族在历史上发展形成的,不可以随便更换。他认为从早期到16世纪近代国家形成,罗马法在风俗和民事诉讼中都在被实施,即使蛮族入侵也未摧毁。

黑格尔(Hegel,1770－1831)以康德为开端的德国哲学终于在十九世纪中的另一位教授弗里德里克·黑格尔的著作中达到了顶峰。生气蓬勃、想象丰富的黑格尔帮助把柏林大学建成了哲学研究的中心。他对当时严肃的思想家中普遍怀有的怀疑和矛盾的地方作出自己的解答,并创立一个完整的思想体系。他试图用一种崭新的方法来调合哲学中那些对立的因素,并且使他们成为一个统一的思想体系,他在历史理论中找到了这个方法。黑格尔相信对任何事物,不论是政治、艺术、宗教的正确认识都来自于对他们的历史发展的考察。他不把历史看成是一堆杂乱事件,而认为历史事件后面支配历史进程的是真理,思想家可以发现这些真理。黑格尔思想的一个基本观点是历史发展模式是神的合乎逻辑的计划。

黑格尔的特殊贡献是他的历史辩证法思想,他像奥古斯都一样,把两种互相对立的力量的持续斗争看成是历史事变的动因,这些力量,或者互相矛盾的思想,在斗争的过程中逐步变得丰富起来。经历从"正题"到"反题"再到"合题"的发展模式。黑格尔认为东方专制主义的概念与希腊罗马有限的自由相对立,后来被在君主之下的普遍自由的日耳曼基督教概念所代替。尽管他不喜欢十八世纪关于改革和进步的思想,但认为历史的辩证法将不可抗拒地把人类引导到更加自由和幸福的状况。黑格尔把思想的发展看成是历史发展的动因和主要内涵,他因此被视为唯心主义者。黑格尔对个人在历史上的作用进行了解释,所有的人、包括伟大的人物都是辩证法的工具。然而,个别的领袖也能完成伟大的业绩,伟大人物的作用在于他能把自己的活动和发展的思想相统一,恺撒、华盛顿和俾斯麦的伟大就在于此。

黑格尔的哲学思考同他的宏大的历史叙述密切相连,形式抽象和唯心,思想的发展似乎总是与世界历史的发展紧紧地平行着,后者是前者的印证。黑格尔想证明历史中有一种发展和内在联系,他的著作贯穿着这种宏大的历史观,到处是在同历史的一定的联系中来处理材料。

他声称:凡是合理的都是现实的,凡是现实的都是合理的。黑格尔认为,世界历史的变化体现于历史上各个民族不断地更替兴起。历史是世界精神的体现和"自由意识"的发展过程。每个时代都有一个民族作为世界精神的代表。世界历史发展有三个阶段,分别以不同区域的崛起为标志。历史的发展从东往西,从亚洲(中国、印度、西亚、两河流域)再往西,从希腊、罗马到普鲁士。他认为德意志精神是新世界精神,把世界上的民族分为历史的民族和非历史的民族。在他看来,日耳曼精神体现了世界精神,日耳曼人是世界历史的主体,普鲁士国家体现了自由意志发展的最高阶段,是人类历史的终结和顶峰。他歌颂国家,断言世界精神的体现只有通过国家才能实现,国家因此不是手段而是目的,他的历史观带有强烈的西欧中心论,对东方只承认中国和印度,不承认其他亚非拉国家,他的理论的消极方面助长了狭隘民族主义和日耳曼中心主义,他的历史大叙事明显以日耳曼社会发展为中心。

在黑格尔看来,人类的行为受制于他的需求和情欲,人借助于自然来满足他的需要。社会财富的增长,贫富不均对历史有影响。斯巴达人就是由于财富增长分配不均,穷人和富人的斗争导致衰落。贫富不均是自然的,需要维持,法律要保护这种状况,道德的责任在于不破坏这种现象。他也看到了地理因素对人类生活的重要影响。

黑格尔认为历史运动是有规律的,有着内在必然联系的过程。这个过程不是直线上升的,也不是循环的,而是一个迂回曲折的过程,通过新旧事物的交替,通过暂时的倒退来体现的,新的从旧的中产生,经过一段时间就衰亡,让位于更新的东西,历史就是不断变化,变化既是死亡,也是新生。每个历史阶段都有不同于其他时代的特点,同时又与人类总进程有联系,是二者的统一。他也讨论了人的自由意志与历史必然性的关系。人的自由意志,体现为人的主动行动,只有在符合历史客观必然性时,它才产生重大意义。偶然是未被认识的必然,他既反对机械唯物论,又反对唯意志论。

黑格尔的理论突出体现了思辨历史哲学的特点,即主要凭思辨来构筑世界历史发展的模式,主观地说明历史。他的关于普鲁士是历史发展的顶峰同他的发展变化无止境的学说是相矛盾的。黑格尔强化了西欧中心论思想,他的日耳曼优越论助长了后来民族沙文主义的兴起。黑格尔的思想还未完全脱离宗教神秘感,他的思想体系是一个互相矛盾的各种观念的综合体。他的理论一方面为科学、理智、经验主义的观察成果、个人自由的观念和文化相对主义提供依据;在另一方面也能对宗教、信仰、政治、权威和历史变迁作出解释。黑格尔的理论为以后各种各样的思想和流派的发展提供了新的出发点。黑格尔的历史观是唯物主义史观的理论来源之一。恩格斯认为卡尔·马克思的一个伟大的基本思想也源自黑格尔,即认为世界不是一成不变的事物的集合体,而是过程的集合体,不论是世界及其在我们头脑中的映象,即概念都处在生成和灭亡的不断变化中,在这种变化中,前进的发展,不管一切表面的偶然性,也不管一切暂时的倒退,终究会给自己开辟道路。[①]

[①] 见恩格斯《路德维希·费尔巴哈和德国古典哲学的终结》,载《马克思恩格斯选集》,第四卷,北京:人民出版社,1957年,第240页。

二、朗克与客观主义史学

柏林大学教授利奥波德·朗克(Rank,1795－1885)开创了德国客观主义史学。朗克生于德国图林根一个律师家庭,他在莱比锡大学接受教育,主修语言学和神学,1818年获博士学位后,到法兰克福大学做拉丁和古典文学教授。在普鲁士的这个小镇,他开始研究古典希腊罗马历史学家的著作,发现后来的历史著述有很多不真实的地方,对原始历史著述的研究使朗克的兴趣进一步深入到中世纪的德国历史。朗克年青时即景仰歌德和费希特。在奥得河畔的法兰克福的七年中,他经常在黄昏时分散步和沉思,并撰写了第一部著作《拉丁和条顿民族史》,这部书的出版使他声誉鹊起,朗克也因此获得柏林大学的教授职位。朗克深受尼布尔的罗马史批判学说的影响,是第一个将这种研究史料的方法应用到差不多所有重要的罗马－日耳曼民族史和教皇政治的现代史方面的历史学家。

朗克提倡为历史而写历史,在他看来,客观的历史是无批判的,无政治色彩的,只有事实无是非,是纯粹的客观再现。他主张历史和历史学家应脱离政治,史学家应避免自己时代的影响,不把现代的观念、个人的好恶和政治观念带到历史中去。朗克在历史著述和史料学上树立的批判性研究的成果影响广泛。除《拉丁和条顿民族史》外,朗克的主要著作还有《教皇史》、《宗教改革时期的德国史》和《世界史》等,朗克的全集共有54卷,包括《16和17世纪法国史》、《17世纪英国史》、《宗教改革时期的德国史》。朗克由于在柏林大学办研究生班,培养了大批所谓以"科学态度和科学方法研究历史"的史家,形成了所谓"朗克学派",其中著名的有济贝尔、基泽布莱希特、惠芝等。法国的摩诺、英国的埃克顿、美国的班克罗夫特都曾来到德国受朗克指导,把朗克的史学方法传回母国。

朗克的《拉丁和条顿民族史》表现出对史料的十分透彻的批判和考证,以及"如实"描述事件真相的愿望。这部书还对欧洲文明的发展作了重要阐述，认为欧洲文明是罗马和日耳曼两种成分的融合，蛮族在继承了衰亡的罗马帝国的许多文化因素后发展出新的国家和教会文化。在该书题为《晚近史学家批判》的附录中，他揭露了大多数历史著作的不可信性，这篇论文对于近代史的重要性正如过去尼布尔对于古代史的批判著作一样。朗克声明说：

> 有的历史家抄袭古人，有的为时代寻找历史教训，有的攻击别人，为自己求辩护，对所有这些都应区别对待。历史学向来把为了将来的利益而评论过去、教导现在作为它的任务，对于这样崇高的功用，本书是不敢企望的，它的目的只不过是要如实陈述实际发生的事。①

朗克在"晚近史学家批判"中进一步展示了他对历史资料的批判求真的方法。他当时被认为是具史料性质的历史著述，以马基雅维利和奎昔亚底尼的著作为例，考察他们书中有关事件经过的描述的史料基础。郎克证明奎昔亚底尼的这本名著大部分是抄袭卡珀拉和加利阿佐的书，有的地方杜撰，许多事实不可靠。朗克甚至还找到了奎昔亚底尼抄袭的历史著作，卡珀拉的《意大利史》。郎克发现即使是奎昔亚底尼亲自参与其中的事件，并以见证人的原始报道的口吻讲述的文字也是步步紧跟卡珀拉的，奎昔亚底尼所引用的政治演说也是虚构的。朗克的批判不仅摧毁了奎昔亚底尼作为一位历史学家的声誉，也向历史学界证明了大多数被当作原始资料的近代历史著述的不可靠。他相信为构筑可靠的历史著述必须利用原始文献，即档案馆的文献。他还以实例提醒历史学家们注意运用修昔底德所首先表现的批判求真精神，以及后来培根和笛卡尔又加强调的怀疑批判方法。历史家在解读和利用别的历史著

---

① 转引自古奇著，耿淡如译：《十九世纪历史学与历史学家》，上册，北京：商务印书馆，1997年，第178页。

述时,必须思考书中的材料是原始的,还是二手的(摘抄或转述所谓见证人的材料),以及撰述者在发掘和利用这些材料的方式和态度。

1827 年,朗克到柏林大学后开始了对威尼斯历史的研究。他在意大利发现了大量新史料,尤其是宝贵的威尼斯大使的外交文件,这些发现加强了他对于外交文件和其他资料的重要性的认识。为了写他的《16 和 17 世纪罗马的教会、国家和教皇》这部著作,朗克翻遍了威尼斯和罗马的档案库,为了弥补不能进入梵蒂冈档案库的缺陷,他到许多罗马贵族的住宅的家族档案中去寻找有价值的资料。他也造访威尼斯的许多大家族的图书馆,搜寻手稿。朗克还进一步运用尼布尔史料批判思想,认为应从作者的政治立场、宗教信仰、生活态度对史料的形成进行分析,以确定材料的可信程度。朗克的历史著作《最近四个世纪的罗马教皇史》清楚地说明了在罗马起作用的各种政治和宗教势力的影响。《教皇史》仿佛是作者站在云端来观察和描述,语言显得客观、崇高,字里行间洋溢着热情。在朗克的笔下,历史事件冥冥之中受命运的鬼使神差的影响十分突出。他善于绘声绘色、栩栩如生地描绘人物。《教皇领地的世界史》是体现朗克世界历史的哲学思想的最重要著作。它的特色是研究彻底,批判出色,风格上具有诗的活力。

朗克就以这种方法以及他对德国、法国、意大利和西班牙的史家的批判性考察为 19 世纪德国和西方史学提出了新的标准和研究范式。朗克的世界性影响不仅依赖于他的卷帙浩繁的著述,还有他在柏林大学所开创的培养新的历史学家的研究班教学方法。朗克为德国培养了多位优秀学者,他们又以朗克的方法为德国乃至欧洲其他国家和美国培养历史学家。朗克的"研讨班"着重指导研究生批判性考察文献,并从事写作实践,以此培养研究生的史料批判能力和历史写作的技巧。朗克常布置学生研究中世纪史,首先要他们准确、透彻地考查批判资料及来源,弄清事实真相,再做出自己的阐述。他常提醒学生要注意历史文献中常有的主观的描述,注意历史学家的职责就是从中把真实的事件经过发掘出来。自海奈以来,还没有别人对德国的学术生活起过这样大的影响,而且在整整一代里,没有能与柏林学派相匹敌的。

1871年,朗克76岁从教学职位退休。83岁时,他仍雄心勃勃,计划包罗他一生积累的知识,撰写《世界史》。朗克的书房里收藏了25000卷原始文献。朗克通常9点起床,9点半到下午2点,向助手口述写作,然后散步,下午4点吃饭。睡一个小时,从7点左右又和另一个助手工作到午夜。《世界史》第一卷于1880年出版,到他1886年逝世时已出6卷,写到公元962年鄂图大帝统治时期。朗克去世时,德国和欧洲一片哀痛。

朗克对西方史学发展的突出贡献可以总结如下:第一,朗克强调如实记述和客观描写,不把现代观念、个人的政治道德偏见带入历史中去,主张按照事件"实际存在的"的那样来理解,避免先入为主的倾向性意见,以公正的态度来评价历史事件。他的《教皇史》探讨教皇政治与宗教改革的历史意义,这本书也受天主教徒欢迎。他作为德国人写《法国史》,其书也受法国人的欢迎。这在各种宗教学说、意识形态和政治偏见主宰历史写作的那个时代,相当不容易。

第二,朗克强调掌握原始史料的重要性,提出"要让亲临其境者说话"。19世纪20年代末,朗克用四年的时间在欧洲各国进行学访,广泛地查阅各大图书馆和档案馆的未经刊布的原始文献,特别是威尼斯驻外大使写回国的报告,出版若干本16和17世纪意大利和西班牙的历史著作。朗克的这些著作为历史家树立了榜样,使许多历史家懂得除非是根据档案馆保存的"目击者的叙述和最信实可靠的直接文献",不要写近代史著作。

第三,在史料考证上,他提出历史学家应看到史料包含主观和客观两种成分,史学家要去掉主观臆测的部分,取其客观。在史料考订上,朗克主要依据溯源和对勘的方法来发现最原始和最可靠的资料。在不能找到第一手资料时,朗克追溯第二手、第三手的资料所依据的更原始资料,然后加以比较,看看哪些地方是抄袭、增添、删节、改动,进而推究其原因,判断其可信与否。朗克的上述主张无疑对于纠正理性主义、浪漫主义、历史哲学流派空疏论证,忽视史料批判的倾向有积极意义。然而史料批判仅是史学研究的第一步,朗克所提供的有一分史料说一分话,实际上使他成了史料的奴仆。他的著作中的一篇,其中只有一行正文,下面连同后面的三篇全是对这句话的注解。

朗克不相信一切不能加以完全证实的东西,他只利用在文献中能判断靠得住的记述。朗克认为历史是科学,历史著述是由历史学家批判性的思维去伪存真后整理出的可靠史料构成,历史同时又是艺术,朗克的历史著作情节鲜明,议论生动而出色,对历史人物的勾画绘声绘色。朗克也未能摆脱他所属的普鲁士上层阶级的那种保守的偏见。朗克并不是像他自己所说的那样客观公正,超然于世外,他实际上是一个政治极端保守,反对革命,颂扬普鲁士君主政体,为强权辩护,并认为上帝之手直接干预历史的学者。朗克相信上帝和思想的力量潜藏在历史事变中。他所依据的"权威文献",威尼斯驻外大使写回国的报告也不是纯客观,而没有偏见的。在他的著述中,仍可看出他反对1789年革命,力图消除它在德国的影响,他也为普鲁士和后来的德国改革制造根据并进行辩解。他反对德国农民战争,要普鲁士消灭作为中立国的瑞士。

朗克主要依据的是政府外交文件,他写的这类历史很难反映出那些国家的社会、文化和经济发展的广阔画面。朗克重视政治史、军事史、外交史,其历史作品多系1300－1789年欧洲各强国的发展和兴盛的政治外交史和军事史,这同18世纪理性主义史学所提倡的文明史和社会史相比,无疑是一大退步。朗克认为历史是个体民族创造的,各民族在各个时代都有各自的特点,因此都有价值。各个民族、各个时代所具有的一定的思想体系和精神倾向,是区别各个不同时代、不同民族的明确标志,历史家应注意将各个民族的特点和个性加以区别,并说明各民族的情况。但他却非常轻视中国和东方的历史文化。

朗克也有狭隘的民族主义思想,认为拉丁和日耳曼民族是欧洲人的核心,是创造历史的主体,上帝意志的体现,只有他们创造的历史才具有历史的价值。亚洲是蛮族,宣扬用基督教文明去教化代替那些落后地区的蒙昧。他主张国家应建立在实力之上,宣扬弱肉强食,认为民族国家的实质是对土地财富的掠夺。朗克还具有英雄史观,在他看来,伟大人物的活动最能反映时代精神,是历史兴起的化身和民族的产物,其活动体现上帝意志。史学家的任务就是要记载这些英雄人物和它所代表的民族的活动。

尽管如此，朗克的史学观念代表了西方史学从过去各种形而上学和宗教观念中解构出来又一关键阶段。他虽然认为历史的发展似乎印证上帝的启示，但他既不谋求神秘地体验这种启示，也不想在哲学上使它成立，而提出人对于"上帝的手指"干预自己的命运只能有一种预感，他不是先验地在表象世界的"后面"去寻求各历史时代的一般"观念"或"倾向"，而是以无神论的观点在充分发展的个体力量本身中去寻求这些倾向。他也反对黑格尔及其门徒强使各种事实适合哲学体系的倾向。根据他的观点，强大的民族和个体启示了历史过程中的各种主宰力量和"上帝的意志"，但他按照发生论，而不是采取像黑格尔那样的目的论的辩证方法来研究，从而避免了黑格尔的历史泛神论和国家偶像化以及施洛塞的道德主义或利奥的神学历史观念的影响。

三、朗克学派与普鲁士学派

朗克尚未去世时，他在德国史学界的影响已极其巨大，德国各大学的几乎所有历史教授的任用都由朗克提名，朗克的学生中有30多名卓有成就的历史学家，他的学生又培养出数十位历史研究者。从朗克的研究班里毕业的学者当了《历史杂志》、《普鲁士年鉴》、《德国史料集成》、《德国编年纪事》等各种历史刊物的编委和撰稿者。他们形成了所谓"朗克学派"，以搞政治史为主，到了第三代，才开始研究政治史以外的内容，形成所谓"普鲁士学派"。朗克的最著名的学生有基泽布莱希特、济贝尔和惠芝。

基泽布莱希特（Giesebrecht, 1814 - 1889）在朗克研究班毕业后，到柯尼斯堡大学和慕尼黑大学任教授，担任巴伐利亚历史委员会秘书。他的主要著作是《德国诸帝史》五卷，用了四十年的时间写成。这是一本考据史学方法和民族主义思想相结合的著作，在该书中，基泽布莱希特宣扬日耳曼伟大的过去和未来的光荣使命。埃克顿评论说基泽布莱希特充分掌握了原始资料。他的另一本书是《日耳曼帝国时期史》，描述日耳曼帝国的形成和发展。此书一方面表现了他在史料上的大量功夫,同时又大肆美化中世纪的日耳曼,宣传日耳曼的伟大的过去和光荣的使命。

基泽布莱希特在慕尼黑大学讲德国中世纪史时,教室里座无虚席。他沿用朗克的研究班方法培养学生。他通常选择一件著名的或声名狼藉的原始资料,让研究生翻译,并回答就该史料提出的批判性问题,从而培养学生批判性地使用研究资料。然后,他又以一个历史问题为题目,列举主要资料和辅助材料要学生撰写历史文章,培养学生历史写作的技巧。在研究班上,通常会就研究生的作业、对资料的运用、文字叙述的形式等进行讨论,基泽布莱希特十分强调历史叙述的批判性、准确性和透彻。基泽布莱希特尽量置身于政治斗争之外,不结怨于人。但他的著作在某种程度上仍是一部"中世纪德意志帝国主义的颂辞",受到斯拉夫人和奥地利人的攻击。

朗克最早的学生和最得意的弟子是乔治·惠芝(Waitz,1813－1886)。他在朗克的研究班毕业后,在柏茨的领导下从事《德国史料集成》的编辑工作,因重新发现了《梅则堡咒文》而在学术界赢得声望。年仅29岁就被基尔大学聘为教授,开始撰写他的名著《德国宪政史》。他花费了二十年时间收集大量史料,对每一条史料都有考证和注释。摩诺称此书是"我们时代的历史名著之一"。但此书没有概括,不能说明日耳曼制度的发展、演变规律,只是史料的堆砌。惠芝的前三卷《德国宪政史》是献给朗克的,他在书中感谢朗克传授给他的历史研究方法。

惠芝后来接受哥廷根大学聘请,在那里当了26年的教授。他在哥廷根大学的中世纪史研究班吸引了来自全德各地,包括奥地利、瑞士、法国和意大利的学生。惠芝培养研究生的方式同样令人难忘。他在哥廷根大学的书房中每次邀请八至十个学生,和他们讨论原始资料以及他要求他们撰写的批判考证论文。惠芝教导学生在任何概括陈述作出之前都要彻查原始资料,并对资料的来源和可靠性进行批判。他常提醒学生需养成质疑任何一个概要性叙述、定义或决断性词汇的习惯。1876年,惠芝接替柏茨任《德国史料集成》总编。

德国的历史研究在朗克的时代发展到鼎盛时期。在梵文和波斯文研究、

《圣经》训诂、拉丁和希腊历史以及语言学等领域，德国都达到了卓越水平。法国史家泰纳当时评论说，德国史学的卓越在于这些历史学家首先都是语言学家，他们直接阅读手稿和未曾刊印的原文，并到欧洲其他中心城市，巴黎、牛津查找对比不同文献的原稿。其次，他们都学过哲学课程，养成从一类事物和复杂情况中概括规则的习惯，并对文明的总体发展力求形成客观看法。

那个时代其他值得提到的德意志历史学家有约翰·弗里德里希·伯梅尔（Bohmer, 1795—1863），他曾任法兰克福图书馆馆长，担任过《德国史料集成》编委会秘书，他的重要著作有《康德拉一世到亨利七世的文献记录》、《加洛林王朝古文书记录》以及他死后由菲克续编的《皇帝特许状选集》。奥地利史学那时以因斯布鲁克和维也纳为中心，主要从事古文书学研究。因斯布鲁克大学教授朱里阿斯·菲克所撰《对文献学的贡献》是同马比昂的《古文书学》一样的划时代的著作。1854年维也纳历史研究所成立，1847年维也纳科学院成立。奥地利历史学派主要从事古文书学和古文字学的研究，他们在这方面的成就超出德国学术界。

普鲁士历史学派是朗克学派后来发展的一个分支学派，以达尔曼、济贝尔、德诺伊森和特赖奇克为代表。他们受到黑格尔哲学的影响，认为国家是人类理性的最高表现，在政治上他们鼓吹德国统一。普鲁士学派的一个共同点是认为日耳曼民族优秀，在历史上起过伟大作用，现在应由霍亨索伦王室武力统一德意志，称霸欧洲，宣扬民族沙文主义和强权政治。

腓特烈·克里斯托夫·达尔曼（Dahlmann, 1785—1860）被称为"普鲁士历史学派之父"。达尔曼在哥本哈根和哈雷研究语言学。拿破仑入侵德国后，他横穿德国，参加了奥地利军队到法国作战。1812年，达尔曼在基尔大学获教授职位，后辞职，到波恩大学做教授。达尔曼把学术和政治结合在一起，他是反对汉诺威国王废除宪法的"哥廷根七君子"之一，后又是法兰克福国民宪法委员会成员。他试图以强烈的爱国主义精神鼓舞青年，宣扬在普鲁士领导下统一全德意志。达尔曼在政治上赞同君主立宪，但又认为为了统一德国更需要强权。达尔曼和普鲁士学派其他人有所不同,他是民族自由主义者。他虽反对法国资产阶级革命,力图排斥法国革命对德国的影响,主张建立以普鲁士为首的立宪制帝国,认为宪法观念是德国固有的,建立立宪制国家只是恢复古代日耳曼的传统,霍亨索伦王朝的神圣使命就是把立宪制度恩赐给德国伟大国家。他认为英国和法国会发生革命,就是因为这两个国家都无宪法,得不到强有力的地主贵族的支持。他的主要著作有《英国革命史》、《法国革命史》、《丹麦史》和一本德国主要史料和名著概论《德国史的主要资料和权威作家概论》,该书成为最完备的全国性的书目提要。

亨利希·未·济贝尔(Sybel,1817－1895)代表了普鲁士历史学派从达尔曼到特赖奇克的思想逐渐极端化的过渡。济贝尔曾在朗克的研究班学习过两年。他生于杜塞尔多夫,在莱茵地区的自由主义和法国思想强烈影响的环境中,他本来极可能会走上马克思的道路,但他后来受到埃德蒙·伯克的影响,摒弃了激进主义。他先后在波恩大学、马尔堡大学和慕尼黑大学任教授,后被任命为普鲁士档案馆馆长。他批评朗克的超然态度,主张德国历史学家应有一颗"民族良心",把历史看作是政治工具。他竭力丑化法国大革命,阻止激进主义在德国的传播;另一方面认为普鲁士国家的存在是合理的,并促进其发展。

济贝尔研究巴黎档案写成了《1789—1800年法国革命时期史》,首先把革命纳入欧洲历史的大背景中,重点描述法国革命对欧洲其余地区的影响,强调俄国和波兰问题的重要性。他认为革命不仅是立宪的问题的斗争,也是巨大的社会变革。他虽然承认法国大革命加速了封建主义的崩溃,但贬低革命事件及人物的重要性,不能真正了解这一强有力的运动和其革命原则的意义。他提出了"革命"这一概念,但他主张的革命是不要暴力,由上而下进行改革为资本主义发展开辟道路。他主要是把法国革命作为一种反面教材来教育人民,断言法国大革命是一场灾难,认为法国革命和普鲁士国家政治代表18世纪历史的消极和积极两个方面。法国革命之所以失败是因为它是一个时代的错误。他诋毁法国大革命的思想原则——自由、平等、博爱,声称十九世纪是民族主义时代,自由、平等、博爱是以共产主义理论为依据,因此在民族主义时代行不通。他坚持英雄史观,认为历史是有才能的伟大人物所创造的。自从米拉波逝世,法国就是民意政治,后来,形成暴民政治。

他晚年写成《威廉一世创建德意志帝国史》,从德国近代史开始,详细写到帝国成立,把德意志在统一过程中发生的三次战争,每一次战争的责任都归罪于对方。他试图证明俾斯麦的普鲁士的政策是正确的,俾斯麦是建国英雄。他的著作《德意志王权的产生》研究德国王权的发展,否认王国的本地起源,而强调罗马的影响。在《德意志民族和帝国》中,他表达了对普鲁士的"德意志使命"的信念,以及在普鲁士领导下排除奥地利的"小德意志联邦"的想法。济贝尔认为历史著述的目的在于培养政治家和使用历史方法解决当前问题,他把历史视为政治的工具。他否认历史家的理想在于"中立",主张历史家应把宗教和政治中的民族理想介绍给读者,热烈鼓吹在德意志统一中普鲁士应占霸主地位。

约翰·考斯道夫·德诺伊森(Droysen,1808－1884)没有受过朗克的培训,但他同普鲁士学派的其他历史家一样,也是一位彻头彻尾的普鲁士爱国者,相信德意志只有以普鲁士为核心联合起来,才能解救自己。他出身贫苦,后在柏林大学任教,著作有《德国政治史》、《希腊化时期史》、《亚历山大大帝传》及其续编。后书中,他批评雅典、斯巴达和底比斯都认识不到希腊民族的统一性,而处于互相争雄的状态,结果由野蛮人来统合他们的文明。他的《希腊化时期史》奠定了研究希腊化时期历史的基础,但他给"希腊化"这个术语下了并不太正确的定义。他叙述希腊化时期的战争史和政治史时,受黑格尔哲学的强烈影响,过高估计了个人的作用,倾向某些宿命论的见解,美化了马其顿王亚历山大。

《德国政治史》七卷,把普鲁士王国的起源和发展描绘成德意志民族发展的核心。他断言从古以来,普鲁士就一直努力建立德意志国家。他的《论自由战争的讲演》是一个实用的国家政治纲领,带有施泰因的自由主义和爱国主义倾向色彩。此书和他的《德国政治史》中拥有大量有关普鲁士政治史的文献材料。他主张用"铁血政策"自上而下统一德国,捍卫强权的君主政权。他还用历史写作论证黑格尔的理论:当时的德国的国家制度是历史发展的最后结果,普鲁士君主制是绝对精神的体现。他的《德国政治史》试图证明普鲁士邦从发轫之初便具有不变的特征,歌颂普鲁士为争取实现一个日耳曼强国所作的不懈努力。德诺伊森写有《史学概论》一书,反对博克尔关于历史规律的思想,强调个人自由意志。他攻击朗克客观史学,主张历史学家要根据当时的需要和问题去了解历史和解释历史,认为历史方法的本质是通过研究达到理解。

亨利希·丰·特赖奇克(Treitschke,1834—1896)是普鲁士学派最具代表性的历史家。特赖奇克生于德累斯顿,父亲是一位撒克逊将军,他在波恩大学和海德堡大学受过教育。1859年毕业后到莱比锡大学作讲师,后来在基尔大学、海德堡大学和柏林大学当教授,1871到1888年任联邦议会议员。朗克去世后,特赖奇克被任命为普鲁士王家史官。特顿奇克的早期论著带有自由派色彩,内容多涉及部分英国历史,以及德意志民族统一和资产阶级君主制的问题。七十年代后,他公开支持俾斯麦的内外政策,是俾斯麦以铁与血统一德意志政策的坚决拥护者。他以讲课、演说和著书的形式宣扬非日耳曼人的堕落,普鲁士以外的其他小邦的劣势以及统一的德国如何光荣强盛。

特赖奇克颂扬国家和战争。他提出国家是为了进行攻击战或防御而联合起来的社会,国家不是建立在善良意志或公民的一致意见的基础上。国家是为一个崇高的理想而存在的,战争对一个国家是必须的,强国征服弱国是生存竞争的规则。战争,它貌似恐怖,但它的伟大却恰恰在于它克服了人类自然的仁爱之心和本能而牺牲自己,屠杀他人。他把动物界存在的生存竞争视作人类的道德准则,认为人类的发展依赖于人的永恒的不平等,发展以人民群众的贫困为补充,贵族支持的世袭君主制是最理想的制度。大国以生存竞争为基础,人类社会在战场中获得再生,因此,他崇拜强权政治,鼓吹弱肉强食,主张推行侵略性的政策。他鼓吹德国再次征服欧洲,并和欧洲其他国家算旧账。特赖奇克的言论得到德意志帝国军界和容克地主阶层的热烈响应,他被视为是德国战争贩子,对一战后纳粹主义的兴趣有重要思想推动。

特赖奇克发展了日耳曼主义理论,认为日耳曼人是欧洲历史上起决定作用的力量,是新欧洲的创造者,历史上日耳曼征服了罗马,是日耳曼精神对于正在解体的世界的胜利。由于这一征服,欧洲从毁灭中获得新生。在近现代,普鲁士体现了一切日耳曼优良的品质。普鲁士的制度应扩大为全日耳曼的制度,普鲁士的贵族君主制度创造了德国的统一,它们的一切行动都符合历史的要求。他相信英雄史观,否认历史规律,把伟大人物的自由意志看成是决定历史发展的动力,他认为路德、弗里特里希大帝和俾斯麦这样的伟人创造了历史。他认为人民群众应当是受教育不足,然而虔诚、忠于职守、满足的人,任凭伟大人物驱使。为此,他公然反对改善国民教育,认为这会训练出具有涣散性的破坏力量。他响应俾斯麦的号召,鼓吹强权政治,成为讲坛上的俾斯麦。列宁称他为德国警察、食俸的历史学家。

特赖奇克的主要著作是《19世纪德国史》,这部书偏激,充满沙文主义,但文笔光彩夺目,像史诗一样引人入胜,内容涉及到德意志民族生活的许多方面,包括艺术、诗歌和科学。该书的第一卷回顾了1648－1815年的勃兰登堡－普鲁士的历史;二卷至五卷叙述三月革命至1847年的德国史。在他看来,这一时期普鲁士代表了德意志民族的利益。他的书试图把新的德意志帝国描述成是一切在德意志人民中活动的高贵的、伟大的崇高力量的产物,认为德国古典文学和哲学是德意志帝国的母亲。为了论证他的论点,他拉扯了一大堆历史资料。他的编史方法,正如默林所指出的是"制作",只要历史事实障碍他,他就会加以窜改。他的历史著作提供了一幅历史的畸形讽刺画。他的第五卷叙述马克思的早期活动时错误很多,以粗暴方式诽谤了社会主义及其受尊敬的代表人物。

四、实证主义史学

十八世纪的理性主义史学和历史哲学以及十九世纪的浪漫主义史学，主要从主观的角度研究民族国家的历史发展。法国历史家古朗治就此批评说，他们提出了很多理论，但这些理论都不是依照文献或史料。的确，虽然这些理论也依据了部分历史事实。但像历史哲学家那样构筑的宏大历史叙事，明显依靠抽象思辨，即像恩格斯所说的那样，用假想的联系来代替真实的联系，所以到了十九世纪下半叶，与这种历史写作方式相对立的派别，即实证主义史学出现了。

实证主义史学也把史料考订视为历史研究的首要任务，强调史料的整理和发表，认为历史研究的目的主要就是弄清历史事件是怎样发生的。其次，它主张多写专题论文，由于实证主义史家强调只有把有关此段历史的所有资料收集拢，史家才能对这段历史有了解，因而只好写短的历史时期、个人或城市的历史。实证主义史家佩吉说，我们不能搞古代，因为文献太少，我们也不能搞现代，因为文献太多，只有中世纪的文献能够弄全。题材的选择显然与研究方法密切相关。实证主义史学的研究范围多局限于具体的历史事件，较少借鉴和利用其他学科的知识与方法。但在另一方面，实证主义也不反对概括。在实证主义看来，历史也是一门关于社会现象的科学，以事实为依据进行分析、比较和概括。

实证主义的出现与自然科学对社会历史研究的影响分不开。17世纪起，科学革命具有划时代的意义，1628年哈维以实例证明血液循环，后来莱布尼茨发现微积分计算法，牛顿又提出物理学的三大定律。同古希腊和中世纪相比，人类在科学研究上进入崭新的时代。正如朗克所评论的，一种深刻的探索精神兴起了。17世纪最重要的自然科学是力学、物理学和数学。这些学科中的一些概念，如"均势"、"平衡"和"循环"在当时的政治学和经济学中都可以看到运用。18世纪和19世纪,化学、物理学和生物学的进展影响了历史思维。19世纪自然科学对历史解释的一个重要影响是使历史学家们认识到探究事物根源的重要性以及以演化的观点来探讨历史现象的发展。物理学家追查到物理结构的原子;生物学家探究到细胞;19世纪的历史学家探讨各种社会制度、惯例、法规的源起,对原先被神话和传说所占领的那些古老岁月进行实证研究。

自然科学对历史社会研究的影响是强化了历史学家们对事实的强调和更进一步认识到史料考证的重要性;另一方面也使对人类社会的概括性和类型化研究分离出去,诞生了社会学。早在18世纪,圣西门(Saint-Simon, 1760 – 1825)和傅立叶(Fourier, 1772 – 1837)就提倡把实证科学方法应用到社会研究上面,孔德首先使用社会学这个词。孔德号召把对社会现象的研究从神学和形而上学的概念中解放出来,而引入物理学、化学和生物学的理论和法则,使"想象"由观察到的事实来检验,并发现人类社会的法则,借以解释历史。

实证主义史学的一个重要理论渊源是孔德的学说,他的社会学和实证主义理论对历史学产生了很大影响,最终形成一个史学流派。浪漫主义和民族主义史学不能满意地解释历史现象,对政治军事史的孤立研究不能解决历史中长期悬而未决的问题。实证主义史学以新的姿态出现,在一定范围内克服了浪漫主义、民族主义史学的缺点。实证(positive)有多种含义:1)从事实出发,以事实为依据,同浪漫主义以想象为依据相反;2)意指准确的,无疑义的;3)决定论的,跟不可知相对立;4)实用的,现实的,不是为了了解过去而无目的的探索,研究历史是为了现在而推索过去,要求历史和现实相结合,历史为现实服务,预见未来。

实证主义不赞成浪漫主义认为历史没有因果性的观点,实证主义从现象出发通过经验观察去发现现象的规律。它要寻找历史发展的连续性、继承性和规律。实证主义史家把社会现象与自然现象等同,认为历史的规律和自然界的规律有共同性。他也把社会看成是一个生物有机体,重视研究人类的共同活动,认为历史不是英雄伟人,而是共同心理活动的结果。实证主义提出历史动因的多因论,认为历史发展是多种因素:经济、法律、道德、宗教、科学技术等相互作用的结果。人类社会的发展进化的历程有一致性,经历的阶段和特点有相似性,存在某些共同的阶段,而各民族的发展差异源于进化速度。达尔文的进化观点被带进历史领域,实证主义同时又认为社会进化是循序渐进,自然和谐的进化,革命和动乱是不正常的现象。

在方法论上,实证主义强调依据材料,它首先广泛收集资料,然后考订和鉴别材料,确定其真实性和准确性,然后对材料进行分类和分析,最后进行概括和归纳。它重视从零散的事实中寻找联系,进行系统概括,在一定程度上有助于克服把历史现象简单化、孤立化的主观评判倾向。实证主义也有忽视个人和偶然因素,只注意其共性而忽略个性,有公式化之嫌。

1. 孔德和其他法国实证主义史家

孔德(Comte,1798 – 1854)是实证主义哲学的创立者和社会学的奠基人,他受圣西门思想影响很大,主要著作有《实证哲学教程》和《实证政治体系》等。孔德认为科学研究的对象应当是实在的、确定的和有用的东西,现象背后的本质之类的东西不属于实证知识的范畴。真正的科学研究应当以事实为基础,以观察为依据,探讨现象产生的原因,"用研究怎样,代替为何"。"历史构成了解社会的原始材料。"[①]

孔德提出,知识的发展经历了三个阶段,即神学阶段、形而上学阶段和实证阶段。在前两个阶段,人们试图用神和抽象概念来解释人的本质、历史发展的终极目的和根本原因。形而上学阶段如同黑格尔用自由精神和理念来解释历史发展。到了实证阶段,人们不再研究本质、现象内部的原因,而是在观察的基础上分析现象及其规则,找出事物发展的最直接的原因和结果。

孔德声称以人类的认知形态为主线,人类在情感、社会伦理、物质文明和政府形式上也都呈现相同特征,例如在神学阶段,即从上古到文艺复兴前,人

[①] 汤普森著,谢德风译《历史著作史》,下卷,第四分册,北京:商务印书馆,1996年,第609页。

类的心理活动以想象和幻想为基础,发展出多神教、一神教、拜物教,智慧发展处于初期阶段,政治上是神权政治、君主制,武力征服和强权统治;在形而上学时代,即文艺复兴到十八世纪,人类思维发展到抽象推理,在西欧,这是法律和哲学占统治地位,人类智慧发展的过渡阶段,法治和革命并存。导致革命的因素有:科学的进步、近代工业的兴起、国家的发展、教会的没落、新的方法论等等。在实证科学阶段,即1800年到孔德那个时代,观察和实验居于主导地位,人类智慧发展处于最高阶段,物质文明以产业和实业的发展为标志。孔德认为在未来的时代,会达到最高的人道和谐境界。

泰纳(Taine,1828—1892)是一位渊博的学者、文学评论家、哲学家和美学家,主要著作有《现代法国的起源》、《古代政体》、《英国文学史》和《艺术哲学》等。泰纳曾担任外省学校教师,后成为巴黎美术学院的美术史教授和法兰西语言科学院院士。泰纳是法国继浪漫主义之后兴起的实证主义和悲观主义时代的代言人,在他的著作中看不到热情希望,他对人类怀有悲观的看法。在他的《格兰多尔日》一书中,他所描写的人类似原始的大猩猩,食肉和淫荡的动物,否则就是身体多病或心理失常的狂人。对于这种人来说,心理或身体的健康不过是偶然的事实了。他对人类愚行的种种可能性感到恐怖。泰纳是当悲观情绪席卷法国文学界时,嫌恶心理失常的人类那一教派的大祭司。对这一教派来说,科学也是偶像,值得尊敬和供奉,而不值得人们信仰。

泰纳从风格和方法上还没有摆脱浪漫主义传统。泰纳喜爱莎士比亚和鲁本斯,他的著作对于自然主义派小说家和法国历史著作都有巨大影响。他善于使用富于色彩的隐喻,文体雄健有力。他认为种族是历史的产物,而环境是较固定的,时代在他的思想中就是在历史中活动的人。他相信人性是恶的、自私的,群众是愚昧的,人在逆境时更能暴露丑恶的人性,认为1789年的革命就是人性中丑恶方面的集中的爆发。法国大革命是一场灾难,革命中的人民群众,有如盲人骑瞎马和疯子。

泰纳的思想与他本人的经历有关,他的一些书写作于巴黎公社之后,这时无产阶级革命与1789年的革命加深了他的右倾思想的发展。泰纳在政治上保守,维护君主政体和贵族特权,激烈反对卢梭和雅各宾主义。他认为人类的一切活动、行为和思想都受因果性支配,是共同原因的产物。种族、环境、历史契机制约人类历史的发展。实证主义倾向在泰纳的著作中表现得十分明显,它认为历史学类似生物学,也可以找到许多类似几何学的定理。在一些地方,他又认为史学类似生理学和地质学,在人类社会的物资和精神生活的各类事实之间有明确的关系。泰纳主张历史研究用观察、归纳、分类和类比的方法,研究社会的精神生活、宗教、哲学与环境的关系与法则,社会转化和发展的条件等等。

1857年,他编印了《十九世纪法国哲学家》小册子,立即获得成功而出名。1863年,他发表《英国文学史》,试图从土壤、气候、食物和生产等方面的背景去说明英国人的性格和文化精神。泰纳认为一个民族的思维方式、观点、习惯、美学和哲学与这个民族的环境、气候和种族特征有关。泰纳也认为文学批评、美学和心理学是和化学一样精确的科学,他以一种分析和推论的实验室风格来处理这些学问,试图从历史的角度来说明艺术现象,而不考虑社会阶级结构对文学艺术的影响。他忽视个人的因素,把事物简化为一种严格的系统或体系。此书在法兰西语言学院竞选波丹奖时引起激烈争论。

在《现代法国的起源》中,泰纳试图从1789年革命中找出后来政治动荡的原因。他在书中试图解答:为什么现代法国的中央集权到这么大程度以致压制了个人的主动精神,中央的权力无论掌握在议会或个人手里都成了绝对的权力。他反对那种以为法国大革命推翻专制而创立了自由的看法,同时也不赞成大革命破坏了自由的说法。泰纳反驳说法国在1789年以前就是一个中央集权国家,路易十四时代起,权力就越来越集中,革命仅仅是加上了新的形式而已。他集中在政治病理学的研究上,其目的是要弄清法国军事失败和公社这双重"大祸"的原因,他最终把责任归咎于整个法国的制度。所有的政党对这个制度的形成都有影响,他用不安的眼光看待法国君主时代、法国大革命和拿破仑时代以及后来的政权中存在的许多威胁国家的危险制度和病症,经常把这种情况和英国政体的安定和社会的繁荣相比,对维多利亚英国的扩张和法国1871年遭受的患难备感失望。

泰纳忽视偶然性和个人在历史上的作用,有公式化的倾向。他声称欧洲史学发展史上有三大里程碑:伏尔泰、伯因汉和他本人。1896年到1900年间,他和朗克学派展开一场论战,提出了新史学的口号,认为朗克史学是旧史学,以单纯记叙的为特征,其理论基础是形而上学;新史学则是根据对事实的归纳,力图寻找规律;旧史学注意独特性和个性,编纂的是政治家和大人物的传记,而新史学重视每个时代的典型性,着眼于人民群众和社会生活的整个方面,编纂文明史;旧史学根本否认历史能成为科学,新史学使用科学方法要使史学上升为科学。他认为历史研究要重视心理和知识的发展,重视文化史,要反映各个时代流行的时代精神,历史也应对复杂的社会为生活现象进行分析和综合。他到美国讲学,在他的影响下,美国史家鲁滨逊建立了美国新史学学派。

利奥波尔德·得利尔(Delisle,1826–1910)是实证主义类型的历史学家,据说他整理出版的论著有1900多种,超过蒙森。得利尔毕业于古文书学校,后回家乡诺曼底档案馆工作。他的老师革拉尔聘他当了巴黎国立图书馆手稿部的管理员,后升为主任。他花了极大精力把到处堆放的文献整理和编目。他的名著《帝国图书馆手稿珍藏》汇总了大量材料,包括印刷术发明前巴黎的图书制作、装订和买卖方面的历史。得利尔的《中世纪诺曼底农民生活和农业情况研究》以及一批契据文献合编对法国中世纪经济史研究有重要贡献。

摩诺(Gabriel Monod,1844–1912)受到朗克和实证主义影响,主要著作有《郝尔主教格利哥里》和《加洛林王朝史料批判》等。他曾在德国哥廷根大学跟惠芝学习,从那儿受到研究班培训历史研究者的方法,决心把德国的历史研究方法介绍进来。摩诺注意到师范学院的教育过于广泛,而古文书学校的研究太专门,决心创办《历史评论》以倡导两者兼具的历史论文,1876年1月出版的《历史评论》第一期编委会和合作者包括当时法国53位著名历史家。杂志声称仅刊登能推动历史学发展的原创性的研究论文,而且论文必须言而有据,包含参考资料和引语,严格排除炫耀词句和空洞的概括。

摩诺在这一期上发表了《16世纪以来法国历史研究的进步》，批评19世纪上半叶法国的大多数历史家自学成才，首先是作家，然后才是历史学者。他们首先关注著作的文学形式，而且受当代社会意识形态和本人激情的强烈影响，忽视对历史事实的考证和叙述准确。提埃里、基佐、米什勒和梯也尔这些影响巨大的历史家都是如此。摩诺反对那种认为历史想象和叙述风格代表一切的倾向，也反对专业的历史研究者钻进毫无趣味的琐碎事实细节，厌恶概括性论述的做法。摩诺主张历史学家不卷入政治和宗教事务。历史著作应当有创见，并包含第一手资料，每一个论断都必须附有证据和参考资料。《历史评论》杂志的影响，使法国史学以后长期被资料、原文和摘录所统治，直到十九世纪末才多少被纠正。

《历史评论》所提倡的实际上是朗克学派的那种"实证科学"式的历史研究范式。摩诺从1876年到1912年任《历史评论》的编辑达36年之久。《历史评论》的创办标志着法国史学从米什勒、提埃里那种文学式的历史写作向近代专业化的史学研究的转变。19世纪末和20世纪初，十多种专门的历史期刊和几十个专门的历史研究协会成立了。对资料文献的编撰和运用，专题化的历史研究逐渐占据统治地位，历史变得更"科学"了，虽然综合性的研究少了。

朗格洛瓦（Langlois, 1863–1929）也是法国历史学家。他在《史学方法导论》中，提出历史是间接的知识，因为历史不是客观存在的事实，只存在于历史家和史料家的头脑中。历史真实也不能以直接方法得到，只能间接中得到。在朗格洛瓦看来，历史是推理的科学，不是观察的科学，正好与上述法国历史学家古朗治的观点相反。他认为排比编纂历史需要想象力。历史的作用不是提供教训、娱乐，而在于提供关于过去的知识。他研究史料的鉴定，从文字、版本的鉴定，到撰述人的生平及时代的鉴定，再进到内容的鉴定。他的方法又分为正面的考证和反面的考证，以得到真实的印证。朗格洛瓦认为历史研究方法分为四个步骤:1)收集原始材料;2)鉴定文献资料的真伪，分析所述史事的准确与否;3)从文件中抽象出真实历史事件，加以表述;4)找出各个单独历史事件的联系,澄清事件的过程、因果关系等。

世纪之交法国出版了多部集体编写的大部头著作,值得提到的有拉维斯和亚烈弗列·兰波(Rambaud,1842—1905)主编的《通史》十卷和阿诺托主编的《法兰西民族史》15卷。恩斯特·拉维斯(Lavisse,1842—1922)在德国获得博士学位,论文研究普鲁士王国的起源,后在巴黎大学任教。朗格洛瓦曾在他指导下学习。拉维斯主编的《法国史》18卷和《法国现代史》9卷是论述法国文化的最全面而透辟的著作。

2. 西欧其他国家的实证主义史家

英国的亨利·托马斯·博克尔(Henry Thomas Buckle,1821—1862)也受孔德思想影响。博克尔发表的《英国、法国、西班牙和苏格兰文明史》被认为是用演绎法说明物质原因对人类文明影响的重要尝试。博克尔批评过去的史家单纯整理史料、编辑事实的作法,主张在归纳法的基础上发展"历史科学"。他把自然科学有关自然现象的因果联系的决定论思想引入史学领域,探讨研究历史的方法,证明人类活动的规律性。他探讨精神因素和自然规律对社会历史发展的影响,比前人更深入地分析了地理环境对社会的影响。他认为自然条件,包括气候、土壤、食物等影响人的精神心理、财富的生产和分配以及社会政治状态。

他也强调精神因素、知识对社会文明进程的决定性影响,认为知识使人类由野蛮进入文明,是推动历史发展的主要动力。非欧洲文明受自然规律支配,欧洲文明则受知识规律支配,知识的发展是欧洲历史进步的主要动力。他以大量的篇幅从正反两个方面阐述了促进和阻碍知识进步的两种对立的思想和政策在英国、法国、西班牙和苏格兰所导致的不同结果,分析和揭露了宗教迷信、神权政治对社会发展和文明进步的影响,肯定了理性和知识的力量、怀疑精神和自由思想的作用。

博克尔认为历史学应当变为像自然科学那样的科学。他认为历史学家在收集史料以后,应当进行概括以发现史事之间的因果关系和规律。他主张必须占有丰富而来源无可置疑的资料才能发现历史现象的因果关系,总结出规律,从而使历史上升为科学。他反对只记述事实,强调历史概括的重要性。他试图把自然科学和人文科学的一些新的研究方法运用于研究历史,认为历史研究应从简单到复杂,并选择正常发展状态作为典型,以概括一般规律,还重视社会统计方法的应用。他反对历史研究和编纂只局限于君主的私人逸事、战争和经济成本的详尽记载,主张史学家应记载社会发展和人类文明的整个情况及其规律。他的著作在描绘民族和国家文明演进的历程的同时,也对牛顿、笛卡尔等人在促进科学和社会发展方面的贡献做出了说明。

博克尔还探讨所谓支配历史运动的三个规律或"动力因素",认为道德因素从古到今都不变,物质因素以自然条件为主,精神因素指理性知识和科学方法。他在书中以很多篇幅讲落后民族的情况,偏重于以地理环境因素来解释社会的各种现象。地理环境的不同在一定程度上导致东方落后,西方先进。他认为人与自然相互影响,随着社会的发展,自然作用将缩小,人的作用将扩大。

博克尔也提倡怀疑批判精神,反对宗教迷信,讲究科学和知识的作用,认为知识发展的方向、知识传播的程度对社会发展的影响很大。博克尔在《英国文明史导论》中,谈到近三百年来科学知识的巨大进步时,认为这"足以解释欧洲近几个世纪连续取得的非凡进步"。[①]

德国历史学家朗普莱希特(Lamprecht,1856—1915)也受到实证主义思想影响,尽管他批评实证主义史学,认为实证学派强调心理活动,把历史变为社会学,其历史分期缺乏历史根据,但他仍可被归属于该派。朗普莱希特在莱布尼茨大学获得中世纪经济史学位后,曾任波恩大学、马德堡大学和莱布尼茨大学教授。他在《历史科学中的新与旧的两种方向》书中,声称他代表了新的史学方向。朗普莱希特批评朗克的史学编纂方法是旧史学,实际上只是史料学,

---

[①] 见伯纳德:《进步观念,历史和社会》(S. Pollard, *The Idea of Progress, History and Society*, Pelican Books, 1971),第 146 页。

很大程度上是政治史料的收集和整理。朗普莱希特认为朗克学派忽视社会心理和历史发展的统一性和连续性,看不到社会进步和历史发展的深层原因,把历史看成是推动领导人物行动的"神秘的超验精神力量"的表现,是名人的生活史而不是"普通人"的生活史。旧史学也未搞清历史之进程以及社会活动和心理活动的意义,不了解经济和政治因素的相互关系,对历史的解释无能为力。朗普莱希特认为应当用新史学代替朗克派的旧史学。新史学像一个社会学家那样以发生学的观点把社会看成一个整体,研究群众、社会的集体心理和集体的成就,而不是个人或杰出人物的成就。在他看来,个人并不能决定社会发展,而是社会制约个人的行为。在《历史是什么?》一书中,朗普莱希特断言"历史主要是一门社会心理科学"。他试图以"文化史学方法"建立一门立足于社会学规律的历史科学。

1891年,朗普莱希特发表《德国史》,从远古讲到十九世纪,共十九卷。在他看来,历史是有规律的,史学家的任务不在记载,而在解释。历史首先是社会心理或集体心理的活动,心理活动表现在文化上,不同的时代有不同的心理活动之表现。历史因而主要是文化史,也包含社会经济的发展史。他认为德国史从原始社会到十九世纪的发展经历了六个阶段,16—18世纪前段是个人主义时代,18世纪后期到工业革命是主观主义时代。朗普莱希特的书出版后,受到朗克学派攻击,并引起欧洲史学界一场延续半个世纪的论战。

孔德和朗克所代表的客观注意和实证方法并不是他们所独创的。在十六世纪以瓦拉为代表的考证派和以马比昂和孟福孔为代表的十七世纪博学派的著述中已见这种方法的雏形。然而,孔德和朗克对这种方法的系统化和理论化却发生在一个更为成熟的时代,因而在西方史学中就引起很大反响。不少的历史学家也对这些方法加以概括和总结,其中有德国历史家伯因汉,著《史学方法论》,和前面提到的法国史家朗格洛瓦,著《史学方法导论》。

德国历史学家伯因汉(Bernheim,1850—1942)的主要著作是《史学方法论》(或《历史方法与历史哲学教程》)是史料学方法论方面的经典著作之一。他认为历史学是研究历史现象因果关系的科学,这种因果关系不是客观的,而是人们心理活动的因果关系,因为历史活动本身是人们精神心理活动的表现。历史现象反映了人们观念、愿望和欲念。然而,他又提出,在客观历史现象中找不到规律,历史的任务不是去发现规律和寻找典型。伯因汉着重研究史料的真实性和客观性。在他看来,史料本身包含有主观和客观两种因素,史学家的任务在于发现史料中的主观因素。史学家必须深入研究史料作者的生平、时代、思想、个性、品质等。史料的考订分为外部的考订和内容的考订。伯因汉在史料的外部考订方法上提出了值得注意的见解。

达尔文的进化论使许多历史学家把历史看成是文化的形成、发展、竞争和衰亡。雅各·布克哈特(Burckhardt,1818-1897)的《意大利文艺复兴时期的文化》侧重从文化的角度对那一时期艺术、政治、学术、道德进行描述。布克哈特出身于瑞士一个古老的家庭,其父是传教士。1843年,布克哈特在柏林大学朗克的指导下获得学位。此后在巴塞尔大学任艺术史教授近50年。1872年他曾拒绝了到柏林大学任教授、成为朗克继承人的邀请。布克哈特同尼采终生友好,并担当了尼采遗嘱的受托人。

法国历史学家赫朗(Ernest Renan,1823-1892)也相信存在一种法则:一些民族的文明由于为人类文明作出贡献而被削弱,创造力随之枯竭,而最终衰亡,新的文化又从这块土地上生长起来,他认为希腊和罗马就是实例,鄂图·塞克在《古代世界夭亡史》中描述说罗马文化烂掉了,腐烂了的文明垃圾堆里生出孢子,逐渐开花、结果,生长成一种新的文明。

实证主义方法同客观主义史学不同的地方是它除了强调史料考证和批判外,还主张进行历史概括,以发现规律。这两大史学范式都相信文献中存在客观的历史"事实",客观史学认为历史学家能做到完全客观公正。在这种观念影响下,他们主张先整理出版文献,再搞专题研究和综合历史研究,最后建立历史的宏观叙事,达到"终极历史",即彻底搞清全部欧洲历史的真相。然而,随着文献的爆炸,这种想法被认为是不现实的。在柏林,1815-1886年间整理出版了1万8千多件重要文献,与此同时,又发现了3万多件重要文献,整理出版所有文献的奢望不得不放弃了。随着社会的发展,新的历史问题的不断出现,历史过程变得越来越复杂了,历史不再是一个僵死的、固化的过去。纯粹实证主义不足于把握复杂的历史过程。十九世纪末叶,物理学的危机和革命破坏了实证方法的理论基础。"物质"的消失,使历史学家们认识到文献中,并不存在像砖块一样的"历史事实",对同一事件,不同的作者选择突出哪些内容带有主观性,对事件的记述也不可能做到客观全面,必然带有偏见。"相对论"的提出也使历史学家们领悟到历史认识的相对性,于是一场对实证主义观念和思辨历史哲学的批判便在二十世纪初展开了。

第九章 十九世纪史学:专门史研究

法国大革命破坏了欧洲一些最古老的制度,建立起新的法制,深刻的社会变革使许多史家,尤其是德国历史家对历史上的法律制度感兴趣。他们认为制度是风俗习惯的程序化,是人类生活的模式,研究制度可以从深刻的层次揭示过去的人类历史。到19世纪下半叶,政府机关和教会的文件,尤其是特许状的大量刊布使得这种研究得以大规模地展开。

一、制度史研究

19世纪发表的研究制度的书刊文章数以百计,其中研究封建主义的起源和形成的最多。封建主义作为一种大规模的经济法律制度是由更早的哪些制度演化而成,它起源于罗马人,还是日耳曼人?18世纪占优势的观点是封建主义源于罗马。杜波神父和伯勒修(1728-1798)认为罗马庄园就是封建主义的胚胎,而孟德斯鸠则断言古代日耳曼民众会议是封建关系的原始胚胎。起初,爱国主义并没有影响历史研究的结论,例如,《中世纪罗马法史》的作者德国学者萨凡尼,就认为罗马隶农制度在封建制度的发展上有重要意义,朗克的弟子惠芝则支持孟德斯鸠的观点。

1850年到1874年,慕尼黑学者保罗·罗特发表《采邑史》、《封建制与小诸侯联盟》和《卡尔·马特尔诸子时期教会财产的还俗》三部著作,认为罗马的制度对封建制的形成起了主要作用。墨洛温王朝时期,国家形式是罗马式的,社会秩序的基础仍然是公法而不是私人契约,当时仅有国王的侍卫制度带有封建关系。封建制度主要是由于卡尔·马特尔把教会土地还俗,并作为军事封地进行分配这件事开始的。

1. 法国

在法国,本杰明·格拉尔(Guerard,1797-1854)依据历史文献在封建制度的研究方面开辟了道路。格拉尔先后担任过王室图书馆手稿部管理员、古文书学校校长和铭文研究院研究员,格拉尔编辑了沙特尔的圣佩尔、兰斯的圣勒密、圣柏丁和马塞的圣维克等许多修道院的案卷记录。他的《伊尔米农主持的地籍册》研究公元811至826年圣泽芒修道院的庄园、农奴和收入清册。他依据这些资料文献探讨了当时的阶级关系、租地的方式和日耳曼人入侵以来的制度,认为高卢并没有受法兰克侵略者的很大影响,庄园和行政机构仍都是沿袭罗马时代的。

1870年以后,法国史家库朗热通过他一系列更为深入地研究批驳了日耳曼派的观点。福斯特尔·德·库朗热(Fustel de Coulanges,1830-1889)是布列塔尼人,出生在七月革命那个多事之年。20岁时他进入了巴黎高等师范学院,学到了怀疑批判精神以及措词准确、避免先入之见的习惯。高师毕业后,库朗热于1853年前往雅典的法国学校任教两年,后到亚眠高中做历史教师,这期间又完成了高师的博士学位论文。库朗热后来被斯特拉斯堡大学聘为历史学教授。他依据在该校的讲义写成《古代城市》一书,获得好评。他这本书的主要观点是人类的各种信念是社会制度形成的决定因素。在古代,家族制度是围绕祖先崇拜建立起来的,祖先和自然力的崇拜帮助城市兴起。城市仍以家族为模型,它的法制则源于宗教。政府和统治者的形式经历了祭司国王、寡头统治和民主政体。不久,许多地方性的神合为一体,世界主义削弱了爱国主义,许多城市屈从于一个城市,后来基督教取代了种种旧宗教,旧的制度也随之毁灭。库朗热的这部书后来被批评为有先验论的倾向和把同时发生的现象视为具有因果关系。批评者们认为实际上人的信仰和制度同时发生变动。

1870年库朗热被请回巴黎高等师范学院任教,他计划中的巨著——四卷本《法国政治制度》仅写完两卷。普法战争使库朗热变成痛恨德国及其制度的爱国史家。1874年,库朗热出版他的名著《古代法国政治制度史》第一卷。库朗热否认公元五世纪日耳曼人的入侵对法国的宗教、风俗和社会结构产生了深远影响。他相信入侵不是征服者把自己的制度强加于被征服者的活动,而是一群侵略成性的匪帮连续不断地掠夺活动,或者是无地的蛮族进入高卢定居。日耳曼人入侵后发现高卢到处都是罗马式的庄园制度,于是便全面采用了罗马庄园制度,入侵者作为罗马土地所有者的隶农也定居下来,日耳曼人的村社也随之走上了罗马的道路。作为封建制度特色的个人效忠制不是由入侵者引进的,而是由罗马的保护制度逐步发展成的。库朗热否认自己是封建制罗马起源说派,他坚称封建制度既不是罗马社会的,也不是日耳曼人所特有的,而是人性在那种经济社会状况下的选择结果。

库朗热的理论遭到来自四面八方的挑战,他不得不暂停原计划讨论中世纪封建制三级会议限制下的王权和1789年前法国君主专制的二、三、四卷的撰写出版计划,而提出证据。库朗热不得不更细致地分析并大量引证,每一章都扩展成一卷,用翔实的史料和参考文献来证明自己的每一个论断和描述。1875年,他再到巴黎大学任教,1880库朗热回到巴黎高师任院长。四年后,他辞去行政职务回到巴黎大学潜心著述。库朗热每天工作近十个小时,很少体育锻炼,辛劳不久使他卧床。当他看到死神很快会从他手中夺去笔杆时,才把手稿委托给卡密勒·朱里安。库朗热的《法国古代政治制度史》从一卷扩展至六卷,每卷约500页。第三卷《法朗克王国》和第四卷《墨洛温时代以前乡村的自由地和土地所有权》是在库朗热去世前的1888年和1889年出版。其余四卷:《封建制度的起源,恩赏制和保护制》、《罗马统治下的高卢》、《日耳曼的入侵和帝国的终结》、《加洛林时代以前王权的转变》,以及两部论文集:《若干历史问题的研究》和《历史问题》由朱理安在1890年到1893年很快编辑出版。

库朗热依据大量文献的研究迫使人们对日耳曼入侵做出新的估价,尽管他完全依靠文本的分析研究也有很大局限性。库朗热崇拜史料到了几成信仰的地步,他称"最好的史学家是紧紧靠拢史料的人,他仅仅根据史料进行写作和思考"。为了不产生先入的偏见,他告诫学生不要先读并非原著的东西。他的名言是"史料并非经常真实可靠;但历史只能根据它们来写",必须读原文全文,而不是第二手引用的片断。历史研究者还必须熟悉那个时代的精神和文字,不能曲解文字,或读出其中并不存在的东西。库朗热痛恨历史哲学和史学类推法。他批评近代作家根据自己的意识形态勾勒古代人物,例如保皇党意识形态的作者把古罗马执政官描写成近代君主,而如果历史家是个共和党人,就把罗马执政官写成革命领袖的样子。库朗热的评论言词犀利而机智,他评论说历史是一种科学,爱国是一种道德,二者不可混淆。他总结他的实证主义方法是:"1. 仅仅研究原始材料而且是直接地、极其详尽地研究;2. 仅仅相信这些材料所表明的东西;3. 从过去的历史中坚决把可能由于方法错误而读史时混入其中的近代思想剔出来。"①

库朗热的著作使法、德两国历史家的争论朝着有利于罗马起源说的方向发展。法国的另一位历史学家维克·弗拉希于1886年发表《古代法兰西的起源》,提醒历史学家们注意到封建制形成过程中的凯尔特因素。弗拉希几乎研究了每个省和每个领地的特许状和契据。在他看来,附庸(Vassus)是凯尔特字,意指凯尔特古代的一种保护制度。当罗马帝国内的社会秩序解体,日耳曼人入侵,人们普遍需要保护时,这种制度便传入高卢。加洛林时代,查理曼强制推行这种制度。自发的封建制度则是加洛林帝国分裂时形成的。封建制度在10世纪首次出现,到11世纪充分发展。

卡密勒·朱里安(Camille Jullian, 1859 – 1933)是库朗热最得意的学生,他也在柏林听过蒙森讲课,先后在波尔多大学和法兰西学院任教。他不仅帮助把他的老师的著作出版,而且撰写了《波尔多,从起源到1895年》和《高卢史》八卷,前书堪称法国行省历史的典范,后书填补了高卢史研究的空白。以

---

① 引自汤普森:《历史著作史》第四分册,北京:商务印书馆,1996年,第513页。

前的作家只是简略地叙述罗马势力向北部诸省的扩张,而朱里安则站在高卢的立场,叙述自罗马人到来以前马赛与希腊的关系以及反抗罗马帝国的征服的斗争。在他的书中,反抗恺撒的高卢人领袖维辛泽拖立克斯是英雄。

库朗热在巴黎大学的继任人阿西里·里瑟尔(Luchaire,1847－1909)对法国中世纪史的研究也做出了卓越贡献,他在波尔多大学当教授,因出版《早期加佩朝法兰西王国制度史,987－1180》而成名,其他著作有《路易七世生平业绩研究》、《加佩王朝时期法国的郡》、《加佩王朝时期法国制度手册》以及《自古至腓力·奥古斯都时代的法国社会》等。

这一时期法制史研究值得提到的作者还有以下一些:雅克·若弗罗瓦·弗拉希(Jacques Geoffroi Flach,1846－1919)生于斯特拉斯堡,在斯特拉斯堡大学研习古典学和法律。阿尔萨斯割让给德国后,他离开家乡到巴黎,并于1884年当了法兰西学院的比较法学教授。他的比较研究包括未曾出版的寺院记录、编年史、圣徒行传、故事和诗歌等。保罗·玛丽·维奥勒(Viollet,1845－1914)。他在国家档案馆工作,著《法国政治和行政制度史》以及《圣路易的法制》四卷;保罗·佛尔内(Fournier,1853－1935),著《论中世纪宗教法庭,1180—1328年法国普通宗教法庭的组织,管辖范围和程序》。保罗·佛尔内的巨著《从〈伪教令集〉到格累兴〈教令集〉:西方寺院法编撰史》,反映了他25年间在欧洲各地研究各种中世纪手稿的成果。佛尔内研究了《伪教令集》到格累兴的《教令集》之间这段时期,欧洲出现的数以百计的寺院法和教士会法规和忏悔书汇编,认为这一时期教廷至上的原则扩展为教会法庭的普遍裁判权,并成为新寺院法的基础。

2. 英国的制度史研究

1827年,哈兰的《从亨利七世到乔治二世逝世的英国史》标志着对英国制度研究的开始。封建制度起源的日耳曼派以垦布尔的著作《英格兰的撒克逊人》(1849)为代表,垦布尔声称英国早期的制度,除教会组织都能找到起源于日耳曼制度的痕迹。罗马派代表帕尔格雷夫则坚信即使盎格鲁－撒克逊人入侵后,罗马对英国社会制度的影响也继续存在。斯塔布斯1874年到1878年发表的《英国宪法史》为学者们指出了该研究领域的丰富手稿资料。

1872年至1873年间,英国的封建制度中罗马、日耳曼和凯尔特的影响各占多大的问题引起广泛关注。后来任剑桥三一学院院长的亨利·梅恩(Henry Maine,1822-1888)于1871年出版《东方和西方的村社》把19世纪印度存在的一些制度和盎格鲁-撒克逊时代英国的制度类比,他的比较方法为研究封建制度史提供了一种启示。1883年,弗雷德里克·西博姆(Frederic Seebohm,1833-1912)发表《英国村社》断言,英国有史之初许多农村都是在领主统治下的农奴村社,而且似乎从来未有自由。西博姆写这本书花了十五年。从1865年起,他开始研究农村中的人口经济组织形式。他在希钦镇周围的乡间找到在英国农村占支配地位达一千多年的敞田制的痕迹,这种村社耕种形式可以追溯到领地制度,而领地制度在罗马庄园就已经存在。西博姆著作的言下之意是罗马的奴隶庄园制度在英国影响到后来的日耳曼自由村社的演变。西博姆还写有《威尔士部落制度》、《盎格鲁-撒克逊法律中的部落习惯》和《习惯耕地》等著作研究凯尔特人口经济组织的影响。

保罗·维诺格拉多夫(Paul Vinogradoff,1854-1925)的父亲是莫斯科一所学校的校长。维诺格拉多夫在莫斯科大学、柏林大学学习过,并在蒙森的研究班读了一年书。1877年开始在莫斯科大学教书,两年后到英国公共档案馆和其他图书馆作研究,发现了13世纪英国教士和法官亨利·得·不刺克顿的珍贵的研讨法律的笔记,打开了英国学者对本国法律史研究领域的眼界。1903年起直到1925年去世,维诺格拉多夫在牛津大学圣体基督学院任法学教授。

1887年,维诺格拉多夫发表《英国农奴制》俄文版,1892年被译为英文出版。这部书批驳了西博姆的观点:从罗马时代起就存在奴役土地租用制。维诺格拉多夫认为早期英国的自由村社是源于日耳曼的农业组织,而不是罗马人组织的政治单位,诺曼征服后及封建制仅改变了一些自由土地者的状况。他在1905年发表的《庄园的发展》一书中强调凯尔特的影响,甚至声称"英国的历史是在凯尔特制度和习俗的岩层上兴起的"。① 维诺格拉多夫在《11 世纪的英国社会》中又把 11 世纪视为英国社会发展的分水岭。他的《中世纪欧洲的罗马法》是用英文写的权威之作。他在《民间土地》那篇短文中论证恢复了关于"民间土地"是私人按照民间法律或习惯法占有的土地而不是国有地的说法。维诺格拉多夫对英国史学的贡献是把欧洲大陆的研究方法和法律史研究的学术成果介绍到那时的英国。

弗雷德里克·威廉·梅特兰(Frederick William Maitland,1850 – 1906)被埃克顿称为英国最能干的历史家。梅特兰生于伦敦,在剑桥受过教育后成为律师,1884 年起在剑桥大学任教,后担任法律学讲座教授,直到去世。梅特兰就职后呼吁撰写一部科学而富于哲理的英国通史,包括英国民族生活的各个方面。他还发起组织塞尔登学会,出版英联邦法律史方面的资料。梅特兰有着一位伟大历史家那种对证据的敏感,洞察力和分析批判能力,也有精彩的文风和建立一家之说的大师风范。

1887 年,梅特兰的《不剌克顿的笔记》证明了维诺格拉多夫关于他发现的大英博物馆里的一件手稿是 13 世纪伟大法律史家不剌克顿为写《英格兰的法律与习惯》而收集的材料的说法。梅特兰解释了不剌克顿是如何从官方辩护卷宗中摘录材料的。梅特兰发表了许多著作,包括《爱德华二世年鉴》、《末日裁判书及其他》、《集镇和自治市》、《英国教会中的罗马教会法》以及《爱德华一世以前的英国法律史》。后书是那一时期的权威之作,梅特兰认为盎格鲁-撒克逊时代的法律主要是条顿式的,而受罗马影响的那些东西是在诺曼征服后由法兰克人传来的。

在《末日裁判书及其他》书中,梅特兰断言在诺曼征服前,英国农村不是到处都是农奴庄园制,而是有若干种土地占有制和许多自由农民的存在。他认为《末日裁判书及其他》中的"庄园"一词不是指农奴制下的田庄或农业单位,而只是政府定出的征税的一个单位,意指一定的土地及其占有者应缴一笔

---

① 引自汤普森:《历史著作史》第四分册,北京:商务印书馆,1996 年,第 535 页。

1. 埃及古文字和古代史研究

法国学者冉·弗朗索瓦·商博良(Jean Francois Champollion, 1790 – 1832)首先对古埃及文物上的文字辨认成功，并基本弄清了古埃及文字的语言特征。商博良年幼便研究阿拉伯、希伯来和哥普特等语言，16岁便写出文章说哥普特语就是古埃及语，1821年他辨认古埃及文字成功并因此能解释埃及古文字的基本原则。商博良后担任卢浮宫埃及文物陈列部主任，并受国家派遣到埃及考察。1831年商博良回到法国任法兰西学院埃及古文物学教授。他在埃及考察报告中认为埃及古代文献上写的三种文字：象形文字、世俗文字和僧侣文字都是一种语言，象形文字约十分之九是拼音文字，十分之一是表意字或象形符号，因此，可以用音译的方法来探明古埃及语和哥普特语的关联，他的著作有《论象形文字》、《埃及文法》和《埃及字典》等。

在商博良研究的基础上，德国学者卡尔·理查德·勒普修司(Karl Richard Lepsius, 1810 – 1884)对古埃及的年代学、宗教、重要古代遗迹分布作了系统的综合性探究，勒普修司的父亲是撒克逊的一位官员，勒普修司在商博良去世后一年来到巴黎，认识了许多法国阿拉伯研究学者，后到意大利、英国和埃及研究考查，1842年起任柏林大学教授，勒普修司首先对商博良的拼音字母表进行修订，并分类整理了他所看到的大量资料文献，探明了埃及诸神的系谱，在意大利都灵，他从研究中得出结论，业已发现的古埃及莎草纸、石棺、符箓及木乃伊裹尸布边上的宗教经文可能全部都是从一部大书上抄来的，他把这部书称为《死者之书》，认为其中表达了古埃及人的宗教观点和对永生的信念。1842年他根据都灵的古埃及文本和图片为《死者之书》分章，并对古埃及诸神之间的关系作了说明。

勒普修司还旅行考察了孟菲斯、法尤姆、上埃及和埃拉马那，溯尼罗河而上到埃塞俄比亚喀土穆，到底比斯和西奈等地的基地和古迹。他从孟菲斯的金字塔开始，对墓地进行拍照、绘图、拓下铭文，并把发现的文物按历史顺序整理出来，从而开始了对古埃及历史、文明和艺术的系统研究。三年考察后，他用船把许多铭文、古物和绘制的图运回普鲁士，1859年勒普修司出版《埃及与埃塞俄比亚古文物》共12卷巨著，附有一千幅图片。该书同拿破仑任命的委员会编辑的《埃及志》不同，是按年代编排的，不同时期的文献资料被分开，而《埃及志》24卷则是按地理方位来编排的。勒普修司还于1859年发表《埃及编年史》和《埃及列王记》，详细列举古埃及统治者的姓名，并附有年月和相关文献，从而把古埃及的编年置于牢固的基础之上。勒普修司还研究古埃及、亚述和巴比伦的度量衡。1866年访问下埃及尼罗河三角洲的塔尼斯城遗迹中发现的卡诺斯石刻铭文，为研究埃及历法提供了线索。

19世纪埃及大规模发掘古迹的主持人是法国学者弗朗索瓦－奥古斯特－斐迪南·马赫特（Ferdinand Mariette, 1821－1881），马赫特的父亲是法国布洛涅市的文书，读完大学后，马赫特在卢浮宫博物馆做莎草纸文献复原，后被派到埃及搜寻手稿，结果在孟菲斯的墓地发掘出64头圣牛，上面的铭文提供了从第18王朝到古埃及最后一位女王克利奥佩特拉的几乎完整的古埃及列王表。马赫特带着7000件文物回到卢浮宫博物馆。

埃及总督赛德巴夏于1857年在开罗建立博物馆，邀请马赫特任该馆主任，并授予他在埃及各地考古发掘的权力。此后20年间，马赫特在埃及发掘了37处。马赫特无力亲手指导所有这些地点的发掘，结果工人们鲁莽的手把许多文物损坏了，许多地方连记录都没办法做出。马赫特在尼罗河三角洲发掘了20多处遗迹，收获甚丰，包括塔尼斯的狮身人面像、孟菲斯的300多个墓前祭祠的长方形建筑物、第十九王朝锡提一世庙和"列王表"、周围乡村散布的15000件文物和800块墓石。"列王表"是一幅浮雕，描绘拉姆西斯二世和他的父亲锡提一世焚香祠76位祖先，每位法老的宝座刻有名字和称号。1867年他把著名的木制"村长"（Sheikhel-Beled）雕像和安内里替斯王后石膏像和珠宝等带回法国，在国际博览会上展览。1880年，马赫特重返埃及，死在工作岗位上，十年后，他的遗体被运回基泽，葬在新建博物馆门前，狮身人面像守卫着他的花岗岩石棺。

在对这些发掘和语言文字的研究基础上，亨利希·布鲁格施（Heinrich

Brugsch,1827－1894)得以对古埃及的历史地理进行系统研究,布鲁格施生于柏林,21岁便用拉丁文出版论述埃及通俗文法要点书,普鲁士国王资助他到埃及考察,碰见马赫特,他在塞拉匹昂收集考察上埃及和底比斯用通俗文字写的埃及铭文,最后完成了《世俗文字文法》和《象形文字——世俗文字字典》七卷本巨著,对埃及学做出巨大的贡献。他还把他的研究总结在《古代埃及遗物上的地理铭文》、《古代埃及地理词典》和《埃及史》,后书记述诸王朝直至马其顿人征服埃及为止。

商博良在法兰西学院的继承人是加斯顿·卡密尔·查理·马斯伯洛(Maspero,1846－1916),马斯伯洛21岁就把两块东方铭文翻译出来,令马列特大吃一惊,马斯伯洛的主要著作是《东方各民族史》。他后来被埃及政府任命为埃及遗物和纪念品总管,监督建立了一套看管埃及各地古迹的守护人制度。马斯伯洛在萨奎拉金字塔里发现4000多行古埃及第五和第六王朝文字,在第伊尔·埃尔·巴里发现了一个储藏许多国王木乃伊的地下墓穴。按近代语言学方法对古埃及语言进行系统整理的是阿道夫·埃尔曼(Erman,1854－1937)。他的《埃及语字典》对过去的研究进行了整理,并且辨别出其发展阶段。

2. 古代亚述、巴比伦和波斯古文字和古史研究

古代亚述和巴比伦的光辉文明在18世纪还只在《圣经》里有少许记载,由于古代美索不达米亚建筑很少用石材,数十年过去了,人们还只是看到尼尼微和巴比伦的无数土丘。1711年骑士沙丁在波斯波利斯地面上发现一篇铭文,18世纪中叶,卡斯腾·尼布尔也在那里抄下一些铭文,并鉴别出它们代表三种楔形文字,英国东印度公司驻巴格达代办克劳迪亚斯·詹姆斯·里奇(1787－1820)利用闲暇测量了巴格达周围那些神秘的丘岗和位置。

对楔形文字的辨认,首先由汉诺威高等学校教授G.F.格罗特芬德(Grotefend,1775－1853)获得突破,他认出了尼布尔抄件上的大流士、喜斯塔斯皮和泽尔士三位国王的名字,并发现11个最简单波斯文字母的含义,后来

丹麦学者拉斯克和波恩大学教授克立斯兴·拉森等又辨认出更多的字母。

对波斯文系统的破译是由英国人亨利·克雷斯维克·诺林森(Henry Creswicke Rawlinson, 1810—1895)做出的, 诺林森起先为东印度公司雇员, 后来为波斯国王训练军队。1835年起他开始抄录贝希斯敦铭文, 公元前516年大流士·喜斯塔斯皮用古波斯文、新苏桑文和巴比伦文三种语言把自己的业绩雕刻在巴格达附近贝希斯敦1700英尺高的峭壁上, 共400行文字。诺林森也像格罗特芬德一样, 通过首先读出大流士、泽尔士和喜斯塔斯皮三个人名破译出42个字母中的18个, 两年后诺林森把他翻译的贝希斯敦铭文的两段通知了伦敦和巴黎的亚洲协会。

诺林森后任驻巴格达代办, 历尽艰辛, 抄完了贝希斯敦波斯铭文, 并于1844年译出200行波斯文字, 出版《贝希斯敦波斯楔形文字铭刻》, 诺林森名满欧洲, 又开始破译巴比伦文, 他又回到贝希斯敦峭壁, 借助梯子和助手的帮助拓完另两种文字。1852年诺林森受大不列颠博物馆委托到东方收集文物, 英法两国对古波斯的发掘也大规模展开, 法国驻摩苏尔领事代理人保罗·波塔在柯萨巴发掘出萨艮王宫雕刻, 诺林森之前的大不列颠博物馆代理莱亚德在柏斯·尼姆鲁德土丘下发现亚述那塞拔、萨艮和萨尔马尼塞的宫殿和巨大的有翼公牛, 莱亚德和他的当地助手赫尔木斯德又在库容哲克发掘出西努基立宫殿和泥版图书馆、亚达巴尼拔的宫殿和图书馆, 诺林森于1853年在库容哲克发掘出上用楔形文字记载亚述国王的年代记的黏土圆柱体。四年后, 诺林森和其他三位学者独立译出此段铭文, 内容基本一致, 诺林森把他的研究成果和心得发表在《西亚楔形文字铭文》和《亚述史大纲》中。

后来爱尔兰学者爱德华·兴克斯和法国学者朱理亚·奥柏特又证明第三种文字使用缀音和会意符号, 在词汇和语法上属闪语, 但书写体是借用的。兴克斯认为巴比伦人从非闪族的民族那里借用了书写体, 然后加进了自己语言中的语音和音节。

后来的一系列发掘为澄清《圣经》的传说提供了根据, 1853年到1854年, 英国驻巴士拉领事泰勒在乌尔发掘, 后来找到的那波尼达斯黏土圆柱体上的楔形文字,澄清了《圣经》上的有关这个城市的传说,乔治·斯密斯在大英博物馆的亚述泥板上发现了关于洪水的记载。英国、法国、德国和美国的大学、领事馆,特别是德国东方学会在19世纪下半叶到第一次世界大战爆发前组织了多次在中东和埃及的发掘。

多年来的这些考古发现在乔治·诺林森和爱德华·迈尔手中得到综合并得以和有关这些地区的古代记述进行对比。乔治·诺林森(George Rawlinson,1812–1902)是亨利·诺林森的弟弟,他把最近的一些发现同《圣经》的历史记述加以对照,并出版《希罗多德的〈历史〉新译本,附楔形文字和象形文字发现所提供的历史和人种学证据》,为希罗多德的著作提供了新的注释。乔治·诺林森还撰写了《五大君主国》,包含古代东方迦勒底、亚述、巴比伦、米堤亚和波斯等国家的地理、历史、宗教、建筑、艺术和习俗方面的新旧材料,后来又增加了帕提亚和萨珊王朝的波斯的历史。对十九世纪下半叶积累起来的古代东方的庞大考古材料进行综合研究的另一位伟大学者是爱德华·迈尔(Meier,1855–1930)。他在1884年到1902年完成《古代史》五卷本著作,把古代各国的历史视为整体的一部分,描述了文化和宗教运动。他探寻犹太教和伊斯兰教的起源,对波斯政府的宗教政策进行讨论,对埃及的年代记进行订正。他对埃及和古代东方其他国家的经济交往进行探讨,迈尔面临的问题是不得不根据当时的发掘修改自己的观点。

3. 古希腊遗迹的考古发掘

直到拿破仑战争以后,密特福德(Mitford,1744–1827)的《希腊史》仍被视为是可信赖的。马考莱后来正确地批评指出,该书只是从古代作家作品中东鳞西爪地拣来的东西凑成的,实证的情况很少。英国对古希腊罗马历史的批判性研究是从康诺普·瑟尔沃(Connop Thirlwall,1797–1875)开始的。他与朱里阿斯·黑尔出版了他们合译的尼布尔的《罗马史》,尼布尔对罗马史的批判性研究把英国古典史学这潭死水搅动了。1855年,乔治·康沃尔·刘易斯(Lewis,1806–1863)出版两卷本的《早期罗马史可靠性的探索》更进一步地批判了英国以前的史家,甚至包括尼布尔在内的史家的一些假设。尼布尔曾提出早期罗马民谣确实存在的假说,刘易斯批评说罗马王政时代只是从口头传说中得知的,并没有事实根据,对早期罗马史的研究缺乏足够的资料。

在英国批判性地看待希腊传说和神话,并写出一部希腊史学名著的是乔治·格罗特(George Grote,1794－1871)。格罗特的祖先于1710年移居英国,整个家族经营银行,格罗特在父亲去世后,也在银行忙碌,业余时间则钻研古典历史和学术思想,格罗特认识李嘉图、詹姆士·穆勒和边沁等著名学者,格罗特憎恨英国教会和贵族政治,思想激进。1830年他访问巴黎,捐款500镑支援革命者,他协助建立了伦敦大学,并被选为国会议员,主张扩大选举权。

格罗特在出版《希腊史》第一卷前花了20多年的时间收集资料,《希腊史》头两卷于1846年初出版后,祝贺和颂扬从四面八方涌来,格罗特扎实的研究成果使密特福德的《希腊史》相形见绌。其后的十卷于1856年前完成。格罗特的书写到亚历山大大帝时期结束,那时希腊的思想、政治自由和独立精神开始衰微。格罗特的书颂扬雅典民主政治,认为希腊的神话不是信史,又承认它反映了希腊的思想文化。格罗特是从英国自由党人和支持普选制的战士的立场来撰写希腊史的。

到19世纪中叶,德国古典希腊罗马的研究又取得迅速进展,超过尼布尔、伯克和米勒的研究成果。首先须提到的是恩斯特·库图斯(Ernst Curtius,1814－1896),库图斯生于德国吕贝克贵族家庭。他曾在米勒和伯克指导下在哥廷根大学和柏林大学研究希腊艺术和考古。希腊从土耳其的统治下争取到独立后,希腊国王请库图斯的老师布兰迪斯到希腊做他的顾问,库图斯也随布兰迪斯到了希腊。在布兰迪斯家两年的时间里,库图斯见到许多研究希腊的学者,还同他的另一位老师米勒在希腊各地发掘神庙,抄写铭文。

米勒在考古发掘中受热去世后,库图斯回到德国,在柏林的一次重要演讲中,他对雅典卫城的热情洋溢的描述赢得了包括洪堡德、德国王储威廉亲王在内的听众喝彩,库图斯因此而成为后来的腓特烈二世威廉亲王的老师。1850年以后库图斯到哥廷根大学和柏林大学任教授,1869年成为普鲁士皇家博物馆馆长。

库图斯在大学的讲课充满古代学术的芳香和怀古之情,出版了《伯罗奔尼撒》、《希腊铭刻集成》、《希腊的道路建筑》和《迁移以前的爱奥尼亚人》。他论证了爱奥尼亚人来自小亚细亚的说法。库图斯是他那个时代在希腊的地形、考古和艺术方面的权威。格罗特不认为希腊神话是信史,蒙森避开神话,而库图斯则认为传说包含民族的记忆,从中可以找到历史线索。库图斯主持发掘了奥林匹亚的发掘。他把希腊的建筑、艺术、宗教、竞技和诗歌都看作是希腊文明整体的部分,描绘温雅,但他不重视政治和外交事务。

谢里曼发掘出迈锡尼古城后,考古资料和铭文不断增加,19世纪后期,约三万件希腊铭文出版,这引起史家们对希腊文明进行重新解释。弗顿堡大学教授阿道夫·赫姆(Adolf Holm,1830－1900)写了四卷本的《希腊史》,罗马大学教授德国学者卡尔·朱理亚·贝洛赫(Beloch,1854－1929)出版了《伯利克里斯以来的雅典政治》和《希腊罗马世界的人口》。

4. 古罗马遗迹的考古发掘

对罗马史研究影响最大的是蒙森(Mommsen,1817－1903)。蒙森生于德国石勒苏益格省,父亲是牧师。他毕业于基尔大学,后在莱比锡大学、苏黎世大学、布雷斯劳大学和柏林(大学)任教。蒙森的成名之作是《罗马史》,这本书缺少参考书目和注解,是蒙森应出版商之约,短时间内写出的。由于蒙森避开有争议的探讨,其解释观点适应那个时代,因而获得成功。蒙森认为罗马并没有一个深思熟虑的计划要成为世界霸主,它的许多远征是被迫的或环境造成的。蒙森还说:"任何革命或篡权,只要有独到的统治能力,就能够在历史法庭上胜诉。"①

《罗马史》囊括从罗马建城到公元三世纪的历史,纠正了他的前人尼布尔

---

① 转引自汤普森:《历史著作史》第四卷,北京:商务印书馆,1996年,第691页。本章大量参考了汤普森著作。

对罗马史的某些错误,更为"真实地"重构古罗马文明。此书受到马克思和恩格斯的重视,他们都曾引用过此书。蒙森用他的古代史为民族自由派的宣传活动效劳,他反对德意志的分崩离析状况,也反对绝对君主专制,主张迅速建立德意志中央集权制。《罗马史》反映了他的自由派思想,他试图通过对古代罗马国家的产生以及扩大到整个意大利的描写,鼓励德意志人民在普鲁士领导下去实现德国统一的问题。蒙森也受到普鲁士学派的影响,他宣扬社会达尔文思想,认为罗马史就是一部激烈斗争的历史,罗马由此体现了伟大,创造了灿烂的文明。他甚至认为民族要强大,就要用战争征服、掠夺其他国家人民来达此目的。战争是民族优劣的标准,失败者要受到当然的淘汰。他声称普鲁士王室的出现是时代的需要,要建立一个强大的国家也是时代的需要。

蒙森的主要成就是编辑出版《拉丁铭刻资料汇编》。他派人到欧洲各地,北非、小亚细亚、埃及和叙利亚等地到处寻找罗马遗迹,抄录铭文,校对已出版的铭文,共收集 36000 件铭文,用了几十年时间编纂这部《拉丁铭刻资料汇编》。《拉丁铭刻资料汇编》最后出齐时共 15 卷,41 部分,计有 130000 件,是对古代史研究的极其重要的贡献。他的《货币史》为罗马史研究提供了新的素材。蒙森还编辑出版了《罗马国家法律》和《德国史料集成》的中世纪早期部分的法律史资料。蒙森蔑视民主,认为暴政都是普选的结果,但他也写道,公民行使自决权的宪法远胜于最人道的专制主义,蒙森于 1861 年先后入选普鲁士国会和帝国议会。他谴责反犹太运动和英国的布尔人政策,攻击俾斯麦的保护关税政策。

由于蒙森把罗马共和时期的铭文资料收集得如此彻底,年轻学者便转而研究新的领域——罗马帝国时代。蒙森的学生路德维希·弗里德兰德(Friedlander,1824 - 1909)发表《罗马风俗史略》,德骚发表《罗马帝国时代史》。蒙森最好的学生鄂图·塞克(Otto Seeck,1850 - 1921)出版《古代世界衰亡史》。蒙森的许多著作在第二帝国时代被译成法文,但整个来说在法国和在意大利一样,对古典历史的研究发展缓慢。

5. 拜占庭历史研究

1648年，路易十四的王家印刷厂出版了拜占庭诸史家著作汇编第一集第一卷。后来60多年内共出版了34卷《拜占庭史学著作汇编》。参与编辑的杜·孔日还著有《法朗克皇帝统治下的君士坦丁堡帝国》和《中下级希腊语词汇》。到了18世纪，拜占庭帝国作为"千年衰朽"的帝国而遭到忽视。孟德斯鸠曾在《罗马盛衰原因论》中有一章解释拜占庭帝国的残存的原因。吉本的《罗马帝国衰亡史》对拜占庭帝国的描述简略而全面。

到19世纪，拜占庭研究才逐渐展开，拿破仑远征埃及把法国的视线引向地中海东部地区。19世纪上半叶，许多英国人到希腊和小亚细亚旅游，并写下有关希腊和土耳其地区历史文化情况的游记。英国考古学家威廉·马丁·利克上校1799年受政府委派到过希腊，后来又回到那里，鉴定遗址，搜集拜占庭时代的钱币、铭文。19世纪早期，西欧对荷马和柏拉图的故国挣脱土耳其野蛮统治的解放战争热情支持，拜伦就是病死在援助希腊的活动中。这种普遍的情感激起研究中世纪希腊史的兴趣。1828年起尼布尔和贝克就开始撰写《拜占庭史学集成》和《希腊铭文集成》。

德国学者雅各·腓力善·法尔梅来尔(Fallmerayer, 1791－1861)于1830年到1836年出版《摩里亚半岛史》，把现代希腊人说成是一个混血民族，引起与新独立的希腊民族和众多学者的争论和人种学的研究。拜占庭历史从此成为西欧世界史研究的一部分。法国的查理七世和路易·菲力普都曾派人到希腊和小亚细亚考查，收集铭文，并于1846年在雅典成立法兰西学院。

早期的拜占庭研究主要集中在法律和通史，例如莫尔托伊耳的《拜占庭法律史》(1843)，卡尔·丰·林根塔耳的《希腊罗马法》(1866－1884)以及乔治·芬利(Finlay, 1799－1875)的《从罗马征服到现在的希腊史，公元146－1864年》(1877)。芬利的著作描绘了希腊民族在罗马征服拜占庭和土耳其奴役下两千年的历史，他认为奴役没有泯灭希腊民族的个性和她的雄心。雅典大学教授帕佩里哥泡罗斯(Paparrhigopoulos, 1815－1891)也写了一部五卷本的《希腊民族史》。他站在祖国的立场上认为许多世纪中希腊都存在民族精神，全书将近四卷是写拜占庭时期。他肯定8世纪希腊的改革和破坏偶像崇拜运动。他还用法文写《希腊文明史》。

德国人卡尔·霍普夫(Hopf,1832－1873)曾任柯尼斯堡大学教授和图书馆长。他曾两次长时间到意大利和希腊各地，包括马耳他、热那亚、纳克索斯等地研究私人档案，收集手稿，写出了有关希腊本土和爱琴海诸岛法朗克王国历史的各种文章，这些论文被收集在埃斯和格鲁伯合编的《科学和艺术世界百科全书》中，主要以法朗克时期为中心，被后来的史家当作原始资料。考斯道夫·赫茨贝格在他的《拜占庭与奥斯曼帝国》(1883)中利用了霍普夫遗留下的数量庞大的手稿。在霍普夫著作的基础上，格列哥罗维阿斯利用新发现的资料写出《中世纪雅典城市史》。

19世纪后30年，史家们已开始在更为客观的立场来描述拜占庭历史。腓特烈·哈里森·兰波和弟尔等西欧作家强调东罗马帝国是防止阿拉伯人和土耳其人以及斯拉夫人入侵的堡垒，他们肯定拜占庭出奇的生命力，认为应当抹去拉丁教会对拜占庭的偏见。

第十章 十九世纪以来的经济史编纂

经济史作为西方历史学的一门分支学科成熟于十九世纪后半叶。那时，西欧各国相继完成第一次产业革命，经济在人类生活中日益占据显要地位，历史学家们越来越认识到经济发展对社会的决定性作用；其次，经济学作为一门学科的确立以及对贸易政策的争执，使人们转向社会经济史的研究；再次是由于统计学以及有系统的统计资料的出现。这些使历史学家们能够从一种新的，经济的角度来追溯人类社会的历史发展，并探讨经济发展的规律及其与社会其他方面的联系。

一、早期经济史研究

1892年，美国哈佛大学任命英国学者W.J.阿希利主持新开设的经济史讲座，标志着经济史作为一门独立学科的地位首次在大学得到确认。当然，早在古代希腊人们就关注商业和经济对社会发展的影响。柏拉图在《Critiqs》谈到文明的物质基础，他看到了土壤的贫瘠对雅典经济与文明的影响；而亚里士多德在《政治学》中，用经济（oekononick）和贷殖（chre, qtistik）两个名词，在对立中论述了W－G－W和G－W－G这两个运动；色诺芬写了《家政论》和《雅典的收入》。十五世纪末叶，新大陆的发现，世界贸易航运路线的改变，西欧发生"商业革命"。它在一方面使理论家们去研究商品货币在世界范围内的流通对一国经济的影响，从而产生了古典政治经济学的重商主义理论；另一方面，也促使早期经济史著作的出现。1601年约翰·威勒写了《论商业》,1606年巴黎出版了拉费马斯的《法国商业史》,1674年伦敦出版了另一位学者所写的《贸易通史》,1716年巴黎出版了惠特的《古代以来的商业航海史》。①

但是只是在十九世纪下半叶的德国,经济史才最终臻于成熟。事实上,不是英国的古典政治经济学派,而是德国经济学的历史学派孕育了经济史。德国第一部包括了经济史内容的著作是奥斯那布吕克公国的首相J.莫柴(J. Moser,1720－1794)所写的。莫柴曾在耶拿大学和哥廷根大学学习法律,1768年发表《奥斯那布吕克公国史》,是德国第一部宪法史和经济史著作。受当时盛行的启蒙思潮影响,莫柴也重视文化史,他追溯经济组织和政治制度的深层联系。莫柴拒绝接受"开明的专制君主"或"抽象的政治原则",认为所有的德意志小国构成一个统一的德意志政治实体。国家并不是如思想家们所认为的那样是一个哲学概念,而是建立在一些社团联合体——特别是以私有制为基础的村社——之上的上层建筑。为了搞清德国宪法的发展,他研究了地理、社会、经济等等因素的影响,他把历史发展看成是各种社会经济因素同不断变动的社会各阶层之间相互作用的结果,强调经济和技术因素对社会的作用,主张政府不干预农业。他赞美中世纪德国,特别是德意志的自由村社——马克。他站在德意志民族的立场上,既反对狭隘的地方主义观点,也反对个人主义和启蒙学派的世界主义观点。在史学方法上,他重视原始史料,提出了逆溯历史的方法,即从现在的状况倒推过去。赫尔德认为莫柴是"第一本道地的德国史著作的作者,是第一位不仅试图洞察历史事件的意义,而且尽力从中概括出理论原则的德国历史学家"。莫柴的著述影响了尼布尔、朗克和尼采。

另一位著名的德国经济史学家赫棱(A. H. L. Heeren,1760－1842)于1779年进哥廷根大学在海恩和斯比特的指导下学习。他受后者的史学方法的影响,获得哲学博士学位后,在欧洲旅行两年,于1787年被任命为哥廷根大

---

① 值得提到的早期经济史著作还有康林汉:《从征服者威廉到1761年英国关税、地租、津贴、国债和税收史》,伦敦:1764年;J.辛克莱爵士:《大不列颠财政岁入史》,伦敦:1784年。

学哲学教授,讲授古罗马史学。其后十二年致力于研究亚洲和非洲史料,结果写成《古代主要国家的商业、政治和社会交往》于1796年出版。该书主要描述波斯、腓尼基、巴比伦和亚述的商业。1799年赫棱被聘为哥廷根大学历史学讲座教授,同年出版《古代国家制度史》。1808年出版一本关于英国欧陆利益史和近代欧洲君主制度发展史。1809年出版另一本从1492年起的《欧洲国家制度及其殖民地史》的著作,1829年发起编著《欧洲国家史》系列丛书。

美国独立战争和阅读孟德斯鸠和亚当·斯密的著作使赫棱对商业问题备感兴趣。赫棱关心国际贸易和殖民活动的关系以及它们对政治的影响。当赫棱在讲授古代海上贸易和殖民共和国——迦太基时,注意到古代国家之间的贸易交往及其相互影响同国家的形成和兴起密切相关。赫棱认为在古代由于缺乏技术手段(例如指南针),人只能在一个狭隘的地区内活动,因此商业贸易主要通过陆路来进行。现代,由于技术装备的进步,商业贸易通过海路来进行,西方的优越技术使其能征服世界广大地区,并散布其影响,新世界已成为西方的战利品,1/3以上的亚洲臣服于俄国沙皇,英国的商人则控制了印度政府。

赫棱还看到国家的物质经济基础。他着重去考察人的基本的衣、食、住、行,想要弄清人们是怎样满足其物质需要,而这些活动又是在哪些方面影响了政治。赫棱也从"哲学的角度"来考察历史,把人看成是一个具有伦理观念的生物,认为经济及其数据只能显示政体的轮廓。赫棱提出了"国家制度"这个概念并探讨其相互关系。国家制度是指几个在风俗、宗教、利益和社会发展方面互相一致的邻近国家组成的联盟。他划分了四种国家制度:1)君主立宪,例如大不列颠王国;2)宪法民主,但政府专制,例如,法兰西帝国;3)宪法不民主,政府也专制,例如俄罗斯帝国;4)民主的联邦共和国,例如美国。在赫棱看来无论谁着手写某一个有特殊的国家制度的历史时,都应当首先对其总的性质有一个正确的概念。赫棱认为维系埃及政治制度的纽带是宗教,宗教不仅是一种聚合力,也是对专制王权的制掣。他的文风庄重而不夸张,著作被广为阅读,美国许多著名的历史学家像班克罗夫持和摩特莱等人都曾在赫棱的

二、德国的经济史学派

拿破仑战争后,德国的民族意识觉醒,德国一方面要完成政治统一的大业,另一方面要发展本国工业以便在经济上赶上先进的英法,并与之竞争。各种利益集团、各派思想家围绕着德国统一的途径和方式、各阶层和地区在其中所占的地位以及如何发展经济,诸如贸易政策和关税等等问题上互相争斗,各陈己见,都在历史中去寻找自己的论据。在哲学上,黑格尔创立了一个空前庞大的体系,把整个世界描绘成一个处在不断变化、不断发展的巨大历史过程,而这个过程的顶点就是普鲁士国家;在法学上,仿佛是为了与启蒙学派所信奉的自然法学派理论相抗衡,萨维尼创建了法的历史学派;在历史学领域,受席卷全欧的浪漫主义思潮影响,历史主义取代了理性主义;经济学上,形成了德国经济学的历史学派。历史学和经济学的互相渗透结合,对贸易和关税政策的普遍关心,以及德国学术界当时存在的那种欣欣向荣的总的气氛,这些就是经济史在德国首先发轫的原因。

经济史分支学科的创立者之一的 G. 施穆勒(Schmoller,1838－1917)谈到经济史是德国的发明时写道:德国或许只有路德时代、撒克逊朝和斯陶芬朝才能够同 1838－1888 年代相比。德国科学从来没有像今天这样获得如此高的威望,而社会科学则尤其荣耀,自李斯特开始,德国的政治经济学开始摆脱英国体系的束缚。

德国政治经济学的先驱是弗里德里希·李斯特(F. List,1789－1846),他曾倡导成立德国工商业协会,并被选为符腾堡国民议会议员,由于尖锐抨击德国的专制制度,被迫逃亡美国。1832 年,以美国领事身份回德后继续受德国反动政权迫害,最终自杀。1841 年,李斯特发表其主要著作《政治经济学的国民体系》。① 李斯特反对自由贸易政策，主张保护关税政策。他批评以亚当·斯密和李嘉图为代表的古典经济学派忽视经济发展的民族特点和"世界主义"的倾向。李斯特认为经济发展没有共同的普遍规律，各民族的经济有自己发展的特殊道路，只有国民经济学，而没有政治经济学。国民经济学是这样一种科学，它探讨各国的经济利益及环境，它研究各个国家上升到与发达国家并驾齐驱的工业发展阶段，怎样使它同其他同样发展的国家结成联盟，从而使实行自由贸易成为可能，并从中获得利益。②

李斯特认为德国应当采取保护关税政策，因为它使一个发展中国家生产力增长，并发展独立的工业。工业独立以及由此及彼而来的国内发展，会使国家获得力量，可以顺利经营国外贸易，扩张航运事业。文化和国内政治制度也可以改进，对外力量可以加强。李斯特提出了经济发展阶段的学说，他认为每个国家的经济发展都须经过如下阶段："原始未开化时期，畜牧时期，农业时期，农工业时期，农工商业时期。"处于第四发展阶段的德国应当实行保护关税政策。李斯特关于政治经济学是一门研究各个民族经济发展特殊道路的科学，以及在研究经济现象和经济政策时必须根据经济发展的公式的思想影响了德国经济历史的编纂。

德国经济学的历史学派攻击古典政治经济学对复杂的经济现象只作简单化的理论概括，主张摒弃古典政治经济学应用的抽象演绎法，提出要对社会经济制度进行更多的归纳的历史研究。这使得经济历史学派转向注重历史上的经济资料，最终导致经济史的形成。

德国经济史学的奠基人是威廉·罗雪尔（W. Roscher, 1817－1894）。他曾在赫棱和朗克的指导下学习，后在哥廷根大学讲授政治、经济、统计学、古代史学史和政治思想史。1843 年，罗雪尔发表《国民经济学的历史方法概要》，

---

① 李斯特:《政治经济学的国民体系》(Friedrich List, *National System of Political Economy*, trans. By G. A. Matile, Philadelphia: Lippincott, 1856)。

② 赫斯特:《李斯特的生平和著作》(Margret E. Hirst, Life of *Friedrich List and Selections from His Writings*, London: Smith, Elder, 1909)。

该书被认为是经济史学派的宣言和纲领。① 1845－1894 年期间，罗雪尔出版《国民经济学体系》四卷，第一卷题为《政治经济学的基础》，第二卷题为《原始生产方式和农业政治经济学》，第三卷为《工商业的政治经济学》，第四卷为《财政金融学的体系》。

罗雪尔认为政治学是研究国家发展的规律，经济学则是研究经济发展的规律。必须采用历史的和比较的方法去发现支配经济生活的基本规律。而只有通过比较各国历史的异同才能发现这些规律。他强调必须使用新方法，即历史方法来重新研究政治经济学，认为政治经济学不应当限于研究现代的经济制度，而必须搜集和研究大量的"历史材料"，特别是各个国家古代的历史材料。历史方法就是按照时代的顺序来研究现象，而且要研究国民作为个体的和整体的，过去的和现在的国民想些什么，做了些什么，研究现代国民经济必需观察过去各历史阶段。经济学的主要任务在于指出：各种经济关系为何以及如何逐渐发生从合理的变为不合理的，从幸福的变为有害的。

罗雪尔还强调人类文化是一个不可分割的整体，经济发展就像思想、宗教、政治和道德一样是人类历史总潮流的一个方面。由于罗雪尔认为经济同整个人类文化相关，主张运用历史的方法来研究经济，并寻找因果关系，因此他在推动经济学和历史学相结合，从而导致经济史学的诞生上起到了很大作用。罗雪尔强调必须搜集大量的历史资料，而忽视了理论分析和概括，这也导致不少历史学派的著作成为杂乱的经济史资料的堆集。

布鲁诺·希尔德布兰德（B. Hildebrand, 1812－1878）和卡尔·克尼斯（G. Knies, 1821－1898），两人都不是历史学家，但其著作同样给德国经济史学派以极大影响。希尔德布兰德是马德堡大学教授，1848 年发表《现在和将来的国民经济学》，主张用历史的方法研究政治经济学。它主张"经济学应该仔细地考察各个民族和整个人类的发展，应该产生一种文化的经济史，使它和历史

---

① 罗雪尔：《历史方法的国民经济学讲义大纲》（Wilhelm Roscher, *Principles of Political Economy*, trans. John Lalor, New York: Holt, 1878），商务印书馆，1981 年译本。

的其他分支以及统计学密切结合"。① 他还试图用心理规律来代替罗雪尔提出的经济规律。希尔德布兰德声称对私有制的任何侵犯就是破坏历史规律，他认为没有私有制的社会将变成毫无生气,也失去个性的多样性和发展。希尔德布兰德认为经济科学并非从复杂的经济现象中去探求不变的相同的规律,经济关系是依地点和时间的差异而相区别。由于否认普遍规律,希尔德布兰德相信各个民族的经济有不同的发展阶段,他把经济发展划分为三个阶段:自然经济、货币经济和信用经济。卡尔·克尼斯在其1853年发表的《政治经济学的历史方法观》著作中,认为在没有发展的自然界中才存在规律,而在社会经济生活中,存在的不是规律性,而是因果关系。因此他把政治经济学归结为只是简单地论述经济现象的科学。在他看来,认识经济现象的工具是统计学和研究历史。

波克是海德堡大学和柏林大学古希腊语言文献学教授,他在柏林大学时开始研究希腊经济。1817年发表《雅典的公共经济》,探讨波斯战争后到马其顿征服希腊之间的希腊经济和社会情况,该书被认为是"朗克以前唯一一本没有被后人所超越的德国历史著作"。波克声称古希腊学尚处在襁褓之中,许多研究者只注意各种琐细的文献,因此很有必要对整个希腊史进行宏观研究。古代希腊人的成就及其社会生活,只有通过分析希腊文明的物质基础——公共经济和私人经济,以及商品和劳动力价格、国家事务开支才能得到一幅清晰的图景。

波克的《雅典的公共经济》研究当时的货币流通量、贵金属的数量、国际事务和民事、集会、治安、法律诉讼、公共建筑、战争、宗教节庆以及济贫所需款项,也研究土地、矿藏、住房、奴隶、牲畜和衣食等等的价格。波克得出结论说,由于奴隶和外侨的存在,雅典的劳动力和生活必需品的价格才低廉。波克还分析了雅典的财政收支,他指出雅典正常的收入来源于国有资产、采矿业、关

---

① 希尔德布兰德:《国民经济与统计年鉴》,1863年版,转引自埃里克·罗尔著:《经济思想史》,陆元诚译,商务印书馆:1981年,第298页。

税、人口税、法律诉讼费、罚款、没收的财产和盟国的进贡。战争所需特别款项则通过特别财产税、强制税和借款筹得。他的研究表明希腊政府总是试图通过国家的公共财政收入,而不是私人的生产活动来养活人民。波克告诫说,不要把希腊人看得比我们更聪明和更好,希腊人军费开支过大,殖民地管理不善,盟国遭到剥削,即使在希腊的鼎盛时期,堕落和腐化仍旧漫延猖獗。希腊人尽管其艺术臻于完美,政治达于民主,但远比想象的还要更不自由。该书把财富同贵金属混为一谈,对人口的估计也引起争议,但是该书仍被许多西方学者视为是关于古希腊史的第一本"科学经济史"著作,揭示了雅典城邦的经济体制,并且首次勾画了希腊文明的真实图景。

朗克的学生尼采(K. W. Nitzsch,1818 – 1880)在尼布尔的影响下研究罗马史,后转而研究中世纪荷尔斯坦史。1854 年出版《十二世纪的荷尔斯坦贵族》,1859 年出版《十一、十二世纪的市民及市政官员》。他认为自由资产阶级是由市政官员阶层发展而来的,而城市宪法则来源于宫中法令。《罗马共和国史》在他死后出版,该书把普鲁士国家及军队比作罗马及其军团。尼采认为经济在国民生活中占有主导地位,历史学家必须选择经济条件和经济运动作为中心线索,以使其著作脉络清晰,并具有统一性,理解历史的钥匙就在于追溯一定阶级经济利益的出现和制度化。在他看来,蒙森的著作缺乏具体内容,而朗克则一味注重政治和外交史。

尼采反对用"民族性"或"种族"来解释各国历史发展的不同,认为不是民族性,而是各民族在其发展阶段上的社会经济条件影响了他们的文化发展。法制实际上是社会经济条件的结果,不应当把法制看成是历史发展的主要动因。无论在罗马共和国还是在中世纪的德国,宪政的历史都同经济的历史发展紧密相关。领导人物的自由意志和行动也制约历史的发展,甚至地理位置也影响历史发展。他指出,早在亨利一世时期,撒克逊王室领地的地理位置就预示着德意志注定要向东方斯拉夫地区扩张。尼采的观点同当时占统治地位的德国史学观点,特别是对日耳曼民族的自豪感相抵触,因此他对德国史学影响不大,但是他的很多思想却被朗普莱希特所继承。

另一位德国学者,布兰登堡史官施穆勒(G. Schmoller,1838 – 1917),写过一些十分杰出的经济史著作,包括一本关于斯特拉斯堡织工行会的书。施穆勒也强调经济史必须以大量的历史事实和数据为依据,认为经济同社会生活各方面密切相关,国家政权对历史上出现的各种经济体制有着深远的影响,但他否认个人例如美国人民所具有的那种个人的首创精神对经济制度发展的巨大作用。施穆勒1984年发表《政治经济学及其研究方法》,强调历史研究的作用,"历史科学提供了经验资料和数据……尊重历史是最适合的政治经济分析方法"。① 卡尔·谬赫尔于1893年发表《国民经济的形成》一书,把经济发展的过程分为自给自足的家庭经济,其中没有商品交换,每一户自给自足;城镇经济,其中货物直接从生产者到消费者手中;国家经济,其中生产者和消费者的中介人出现了。谬赫尔认为中欧和西欧的经济发展都适合这个模式。

朗普莱希特(Lamprecht,1856 – 1915)前面已提到。1886年发表《中世纪经济史》,研究莫泽尔谷地和中部莱茵地区的经济状况,包含了大量有关磨坊、教区、葡萄园和房租等等的资料、数据和表格,书中有专章论及中世纪法律、农业、商会、耕作、庄园制度、阶级状况、行政机构等等社会经济体制方面的复杂细节,至今仍被视为经济史的典范著作。1891年朗普莱希特发表《德国史》第一卷,投身到当时正明朗化的文化史学派同政治史学派的争论中去,该书立即引起争议。不久,朗普莱希特宣称自己是一个在史学中完成了一场革命的进步战士。到1913年,《德国史》共出版十二卷,分十四个部分,涉及1870年以前的德国史。《德国史续编》分两部分,记叙1870年以后的德国史,该书于1891年至1895年间共出六卷,受到欢迎。

朗普莱希特在《德国史》中,按照社会集体心理和经济状况把德国历史划分为六个时期:第一阶段,从原始时期起,是象征主义时期,经济上是渔猎和农

---

① 引自斯坦利·布鲁著:《经济思想史》(Stanley Bruce, *The Evolution of Economic Thought*, Harcourt,2000),焦国华等译,机械工业出版社,2003年,第150页。

年青一代的英国经济史学家有康林翰和阿希利。康林翰（William Cunningham,1849－1919）曾在爱丁堡大学、图宾根大学和剑桥大学学习,受德国经济史影响,著述甚多,但缺乏创见,1882 年出版其编写的教科书《英国工商业的成长》对经济史的普及很有帮助。威廉·阿希利（W. Aschley,1860－1927）曾在海德堡大学学习,受克尼斯和施穆勒影响,致力于把德国的经济思想引进英语国家,1888 年在加拿大多伦多大学任政治经济学教授期间,发表著作《英国经济史理论导论》,被认为是"英语国家社会,经济史研究中的里程碑"。其后,英语国家出现的许多这方面著作都依据该书的基本思想。不久,阿希利创建多伦多政治科学院,1892 年,应邀入哈佛大学任首席经济史教授。1901 年回英,任伯明翰大学商业史教授,并组织英国第一所商业学院。阿希利常承担政府使命,因此其著作不多。他一生致力于使英国学者了解德国经济史学派,但他并不完全赞同德国经济史学派的观点。他认为经济史作为一门学科,应当包括历史批评和经济理论。他在 1900 年出版的献给施穆勒的著作《历史和经济史论文集》中声称,无论多困难都要既成为一位经济学家,又不失为一个历史学家。

二十世纪初最重要的英国经济史学家乔治·昂文（George Unwin,1870－1935）曾在牛津大学学习哲学和神学,后转而研究经济史。德国留学归来后,任爱丁堡大学经济史讲师,1904 年发表《十六和十七世纪工业体制》,1908 年发表《伦敦的行会和公司》。昂文在《工业体制》和《通史中的某些经济事实》论文中认为社会发展的许多问题的答案在经济史中,普通人及其自治的组织和瞬息万变的经济生活是社会发展变化的真正动因。在中世纪,行会是社会成长的动力,但是当行会致富并代表一定阶层利益时,便不再发生积极影响。昂文反对政府干涉经济,批评某些著作把一个国家的社会经济进步归结为经济利益和政治权力结盟坚持追求一项国家政策的结果的观点。他认为爱德华三世时英国就并无一贯政策。在昂文看来,英国历史发展是"通常由地区利益决定的一系列权宜之计"的结果,而这些权宜之计对社会进步并不利。因此,那种根基于对法令、国家文件和其他官方文件的研究得来的"权力主义进步观"应当放弃,而真正的英国经济史应当从那些记载个人、家庭、公司和其他社会经济组织的地方性史料入手。

昂文在爱丁堡大学和曼彻斯特大学讲授经济史,他经常引证罕见的文件和著作,他对阿克莱特的研究表现了他善于发现线索。昂文认为历史最重要的内容不是帝国,而是劳工利益和阶级冲突。社会最主要和最终的目的是通过宗教、艺术、文学、科学、音乐和哲学,来发展人的经验和精神财富。社会史关心生活中的真理和美,政治史和经济史则关心实现这些社会目的的手段和工具。反复出现的文明崩溃的深层原因其实是道德和社会的原因,但是这个崩溃过程的直接征兆和线索则是经济的。他认为分析经济状况为政治史和社会史提供了有效的解释手段,经济史的主要任务是研究公众生活、王权、生产劳动、社会消遣、财产以及企业的变化等等的经济后果,阶级冲突是历史的真正动因,阶级利益能够说明大多数社会立法的性质。

在埃克顿和经济学家 A. 马歇尔的影响下,约翰·克莱汉(1873 – 1946)也开始研究近代欧洲经济史,他于 1921 年出版《1815 年至 1914 年间法国和德国的经济发展》。1928 年被任命为剑桥大学首席经济史教授,后同 E. 鲍维尔合编《剑桥欧洲经济史》。克莱汉认为经济史是制度史的一个部门,它研究社会制度发展的经济层面,其方法特点在于注重数量,因而是历史学中最精确的分支学科。他认为旧的制度经济史忽略对历史事实进行精确的数量研究,因而很多论点是不准确的,例如,公元一世纪初期的罗马大庄园在罗马帝国经济中并不像历史学家所认为的那样普遍,很多关于城镇的起源的理论也由于事实的典型性不够而站不住脚。在克莱汉眼中,经济史学家必须养成习惯探究某一种制度、政策、社团和运动的规模有多大,时间有多久,是否具有代表性,是否经常发生等等问题。克莱汉质疑希尔德布兰德和谬赫尔的经济发展阶段的模式,认为他们把复杂的经济现象仅仅归结为一种类型,而事实上在同一阶段常存在其他类型的经济,例如:在古代,自然经济的残余常存在于使用货币的社会中。对历史进行人为的分期,会使研究某一阶段历史的历史学家不容易看到发展的前后相继性。

克莱汉断言对经济发展进行分段实际上是不可能的,因为缺乏足够的数据,例如,在英国几乎不可能准确地研究1886年以前的失业,因为从1886年开始,工会才第一次发布失业的数字。经济史学家也不应当忽视与经济相关的一些学科,例如,社会学和地理学等等,否则经济史学家就会搞不清经济因素在任何一组历史因素中的重要性,也无法追溯社会是如何从某一特定环境中取得生活资料,并在这一过程中改变环境,从而进化的。

1900年前后经济史方面的著作还不很多,但是到1933年,加利福尼亚大学经济系教授弗鲁格尔在《经济和社会史目录》中就提到共有不下335位作者在英语刊物上发表总计达1340篇经济史方面的论文。经济史列入了许多大学的课程表,经济史学术潮流在德国、英国和美国逐渐成熟,并开始影响到法国、意大利、西班牙和苏俄,虽然并没有导致在这些国家里出现经济史学派,但仍有好几位值得提到的历史学家。

法国史家A. 布朗基(Blanqui, 1798 – 1854),是经济学家萨伊的信徒,1833年布朗基接替萨伊任艺术贸易学院教授,创办了《经济杂志》,后被选为法国议员,担任伦理和政治科学院报道农业和金融状况的特约记者。布朗基捍卫贸易自由,研究经济史。阿文内尔(V. Avenel)被称为法国的罗吉斯,他于1894年出版《经济史,1200 – 1800》,该书收集了各种文件和档案材料,并且运用准确而又严格的方法研究食物、租金和岁收,对于每一项资料他都注明史料来源。另一位著名的法国经济史学家拉法斯图尔(P. E. Levasstur, 1828 – 1911),曾担任法兰西学院地理历史和统计学教授,1859年出版名著《法国工人阶级史》,被认为是研究工人阶级的先驱著作。他于1911年又出版两卷本的《法国商业史》。古朗治的学生奎劳德(P. Guiraud)一生致力于研究古代特别是希腊经济史,1893年至1905年间发表多本著作,包括《罗马征服前的希腊不动产史》、《古希腊手工制造史》和《古代经济研究》等。他相信财产制度、工商业状况、财富的分配、生产组织和税收制度是和战争、政治制度具有同样价值的问题。

总的来说,此段时期法国的经济史学并不让人满意,几乎没有一本对法国经济史加以综述的书,而只有对地区经济史及某个特殊的工业部门或法国革命时期的经济进行了一些研究。1903 年成立的"法国革命研究和文献委员会",编辑出版了好几本经济史著作,例如《簿记》(cahiers)、《革命时期经济史公报》和《经济和法律历史文献逐年索引》等等。

比利时出现了一位著名经济史学家皮瑞勒(H. Pirenne, 1862 – 1935),他受到施穆勒和朗普莱希特的影响。朗普莱希特建议他像赫棱那样写一本比利时的《国家史》,结果皮瑞勒于 1900 年到 1932 年出版七卷本的《比利时史》,成为比利时历史经典著作之一。他更早些在 1893 年出版《比利时史文献》第一卷之后,开始持续不断地发表文章,其中有研究城市起源的史料,他的工作为其追随者研究中世纪城市起源铺平了道路。作为一位教师,他也影响了比利时历史学界对中世纪社会以及城市起源的研究。1889 年他写出一本水壶制造业的书,1906 – 1909 年期间出版两卷《佛兰德区域工商业史资料汇编》。这些书描绘了低地国家工业发展的一幅图画,随着资本主义占领农村,城镇丧失了主导地位,庄园制正如在十九世纪的美国南部一样处于支配地位。1926 年,他同另一位学者合作写完一卷佛兰德织布业和服装业史书。重病缠身时,他还希望能出版 Liege 煤矿档案资料(该煤矿是西欧最早的煤矿之一)。皮瑞勒被认为是一战前后最伟大的法语国家史学家,其历史观点大胆,但却以大量知识为依据。他晚年致力于研究阿拉伯人对地中海地区的占领,认为阿拉伯人的影响标志着中世纪的开始,该理论出现在他于 1917 年当战俘期间构思的著作《欧洲通史》中。《欧洲通史》在他死后于 1936 年由他儿子出版。

自 1892 年美国哈佛大学首次开设经济史课程,经济史在美国便逐渐发展起来。美国经济史学的后来居上与美国在十九世纪末叶以来迅速发展成为世界头号经济大国是分不开的。工业的发展以及随之而产生的强大经济力量在美国历史中发挥着十分明显的作用,这是任何一位历史学家都容易看到的。事实上,早在二十世纪上半叶美国经济史学的两个重要流派"经济学派"和"商业学派"出现以前,就有不少历史学家用经济观点来解释历史事件,其中值得一提的有 A. M. 西蒙斯和 U. B. 菲利普。

西蒙斯于1903年发表《美国历史上的阶级斗争》,1911年发表《美国历史上的社会力量》,强调经济力量和阶级斗争在历史上的决定意义。在西蒙斯看来,社会的经济基础决定社会制度和阶级结构。随着经济基础的改变,阶级结构就会发生变化,新诞生的阶级为了自身的经济利益便会展开争夺政权的斗争。十九世纪五十年代,美国的经济发展在北部产生了一个建立在雇佣制基础上的资本家阶级及政党——共和党。这个革命的政党力图使政权转移到新的阶级手中,因此和建立在奴隶制基础上的南方种植园阶级发生了不可避免的斗争。美国南北战争的重要意义就在于,它使那个由于经济革命而获得权力的资产阶级夺得政权。

在这种观点的影响下,菲利普开始收集南方种植园的史料,很快就在1904年发表《产棉区的发展和保守主义》,1909年发表十卷本《美国工业社会记实史》,1918年发表《美国黑人奴隶制》,1929年发表《旧南部的生活状况和劳动制度》。在菲利普看来,理解美国南方历史的关键在于研究两个在生理上、文化形态上和文明程度上差异悬殊的种族的关系。奴隶制种植园经济实质上是白人用来控制、训练和开化劣等种族的工具,通过这种关系格局,这些愚钝和落后的野蛮人变成了劳动者。种植园主在使用这些愚昧、懒惰的生产力时,效率是高的,种植园培养未开化的黑人在盎格鲁-撒克逊文明中生存的能力,这对社会、对白人和黑人都利大于弊。南方人口稀疏,货币流通量小,对发展工商业不利,因此只有奴隶制才使得大部分劳动力得到良好管理,生活得到保护,社会秩序和谐得到一定的维持。菲利普广泛收集和挖掘史料,其研究被认为具有权威性。

两次世界大战期间出现"经济学派",研究近代美国史,主要历史学家有比尔德,他于1913年发表《美国宪法的经济解释》,1927年发表《美国文明的兴起》。比尔德是美国经济史学派的代表人物。他把美国的南北战争看作是第二次革命,认为这场"社会战争"引起了财富的生产和分配以及阶级结构的变化,南北战争爆发的原因是由于经济和政治利益的尖锐矛盾,南部种植园主想驱使联邦政府维护奴隶制度,退还"逃脱的财产",同时在诸如保护性关税、全国统一的金融货币制度、海运补贴等问题上同北部工商阶层的意见分歧。南部种植园主在北部和西部自由农民支持下,于50年代控制了联邦政府。到60年代,北部资本家和自由农民则在保护性关税、自由土地、太平洋铁路、反奴隶制等问题上产生了共同政治经济利益,并联合起来控制了政府。在比尔德看来,奴隶制度的伦理和道德意义从属于经济利益,南北战争的重要性在于它引起了那些由工商业、农业、交通运输业和金融界的统计数字以及宪法和法令的补充条例所体现的政治经济的变化。比尔德认为美国主张发展农业和主张发展工业两派之间的斗争是美国历史的基本内容。农业和资本主义的长期斗争从华盛顿的时代开始,一直延续到现在从未间断。他依据这一斗争中对比力量形成的情况把历史发展过程分为几个阶段,并断言斗争的结果使阶级区别逐渐缓和,民主制度开始建立。

另一位美国历史学家特纳以其边疆理论给美国史学界以深刻影响,特纳于1920年发表《美国历史上的边疆》,1932年发表《区域在美国历史上的意义》。在特纳看来,地理环境、气候、生产方式使得美国南部和北部形成不同的制度和利益。南北两方在奴隶制和州权上的争执不过是美国各个不同区域,南部和北部、东部和中西部在关税、土地和政治权力等问题上的首要争执而已。西部不仅是不同的互相竞争和扩张的社会集团角逐之地,而且以它的理想主义和民主精神孕育了美国民主制度。

老施莱辛格不同意特纳的观点,他认为,"城市变动"才是解释历史发展进程的重要原因,不能把"美国民主制"完全归功于自由土地之存在,而应当看到工业发展的意义。老施莱辛格的《殖民地商人和美国革命》以及詹姆逊的《作为一种社会运动的美国革命》对于独立战争的经济解释值得注意。他们用社会经济史的大量事实证明,经济矛盾是十八世纪末宗主国和殖民地斗争的基础,这种矛盾特别表现在宗主国的税收压迫、对殖民地工场手工业以及贸易的限制上等等。

"商业学派"出现于20世纪20年代,以格拉斯创立的"商业史学会"和附设于哈佛大学的由格拉斯和拉尔松领导的商业史教研室为据点。该学派于

1926年创办《商业史学会通报》,1928年创办《经济史与商业史杂志》。该学派的重要著作有格拉斯和拉尔松合著的《美国商业史指南》和《1784－1934年纽约银行和信托公司的历史》,纳文斯著的《约翰·洛克菲勒:美国企业的英雄时代》等。商业学派的历史学家认为,商业史应当给商人们提供"往日商业实践"的材料,因此他们主要研究公司——"大规模的商业联合组织"的历史,研究垄断企业的内部组织,它们的财政活动以及获得和销售商品的历史。二次大战后,商业史学会在每年的学术大会上提出商业史问题进行讨论,并从福特基金和洛克菲勒基金获得资助。

19世纪和20世纪西方的经济史学家们扩大并且丰富了历史编纂的领域,这不仅表现在他们出版了许多有关经济史的专著,而且也在于他们强调经济制度和经济力量在历史发展中的重要性,提醒历史学家们不要把自己的研究局限在政治和外交史中。可以看出,经济史的编撰使西方历史学家对社会历史发展的认识深化了。然而,综观19世纪和20世纪西方经济史学,有两点必须指出:第一,大多数的经济史学家都忽略了把经济同人类社会的总体联系起来加以考察;第二,19世纪以前,大部分的经济史学家对经济发展阶段的划分是牵强的,其原因是由于大多数历史学家们几乎都忽视了以英国为代表的古典政治经济学的积极成果。事实上,正是英国古典政治经济学派对社会的经济结构进行了初步的科学分析,而马克思则在吸收他们的成果基础上,对社会经济结构进行了更加卓越的分析,并把经济发展同社会发展联系起来加以考察,还提出了一个极有影响的有关经济发展阶段的理论。

四、二十世纪三十年代以后的经济史

19世纪,经济史作为一门分支学科确立了,它更多受到政治经济学的影响。20世纪,经济发展受到前所未有的重视,经济学家对社会经济变化的理论解释和政府的相关政策直接关系民生。马克思主义的影响也使历史学家们不能忽视对社会经济发展的研究。20世纪30年代发生世界经济大萧条促使经济学家们"从研究短期平衡问题转移到贸易周期和贸易周期理论的研究"。[①] 20世纪50年代以后,经济学家所关心的问题又转向对经济发展和长期经济增长问题的研究,他们日益求助于从历史的演变的角度去说明经济的发展趋势。20世纪70年代经济史进展迅速,新的研究问题和旧的研究手段的矛盾导致其理论和方法论的不断推陈出新,研究者们普遍重视运用理论模式和计量分析。

20世纪的经济史研究受到社会学、心理学和文化人类学的影响,研究者更注意运用经济学理论和经济发展的模型,并强调数量化研究。20世纪的经济史形成至少三个流派和范式:1)宏观历史理论的影响下的经济史研究;2)经济学理论的影响下形成的经济史研究;3)社会学理论影响下的经济史研究。

1)宏观历史理论影响下的经济史研究的一种倾向是借用社会科学的理论概念去分析研究问题,或者是从一种理论框架出发去解释某一经济发展过程。马克思的社会历史理论影响了东欧和苏联的经济史研究,也是西欧史学中关于封建制的衰亡和资本主义兴起的原因的讨论出现的重要背景。这场讨论在20世纪50年代由英国历史学家N.多布,R.希尔顿发起,它承继了马克斯·韦伯和R.唐宁等学者更早些开展的讨论。波兰历史学家丁·鲁特科维期基(J. Rutkowski)、W.库拉(W. Kula)和丁托波斯(J. Topolski)在20世纪30年代到70年代间发表的几本著作也以农奴制衰亡的原因为主题,探讨了17世纪前后波兰农奴制庄园经济,包括贵族和农民的收入情况、长时段的客观历史环境和短时段的历史事件对庄园经济的影响。

唐宁到多布和希尔顿的讨论力图对"封建制"和"资本主义"这些概念进行清洗。他们认为"资本主义"概念太强调阶级"剥削"。D.诺思和R.托玛斯

---

① 马勒克拉夫著,杨豫译:《当代史学主要趋势》,北京大学出版社,2006年,第91页。

在20世纪70年代发表的一篇文章试图对"封建制"提供一种"非剥削性"的解释视角,但是这些研究都没能找到可以替代"封建制"和"资本主义"的更好的概念。

围绕"封建社会"向近现代工业资本主义的转变这个重要的历史时期,经济史学家们展开了一系列的研究。20 世纪的新经济史也形成一系列的研究论题,例如 G. 杜拜(G. Duby)和波斯坦等人研究"封建制的危机",霍布斯鲍姆和拉杜里等人研究"英国的圈地运动",兰德斯(D. Landes)和哈特维尔(R. Hartwell)等历史学家讨论"工业革命的原因"、国家政权对经济发展的影响以及经济技术对经济生活的影响。

宏观经济史研究产生了一些影响较大的成果,例如沃勒斯坦的资本主义世界体系理论,他的《现代世界体系:16 世纪资本主义农业和欧洲世界经济的起源》一书认为资本主义的成长是由于欧洲商业的扩张造成地区性经济发展的差异而被推动的。G. 波依斯的《封建制的危机》把贵族收入的下降归因于封建制的内在矛盾——大地产和小农(家庭)经济之间的矛盾,在这种体制下,小农被迫以非经济的手段来支付封建地租。F. 门德尔斯(F. Mendels)和 H. 墨狄克(H. Medick)等历史学家研究国内工业和乡村手工业在资本主义形成时期的情况时,提出了"前工业化"这样的概念。

在宏观社会历史理论,特别是马克思的历史观启发下,许多经济史学家也对市场和商业史、尤其是商品市场和资本市场、自然环境和原材料,包括一些特定国家,例如 19 和 20 世纪俄国的乡村市场这些问题展开研究。布罗代尔长时段周期的概念也促使一些经济史学家去研究像"现代化"这样的历史过程,以及生产力的发展和不同地区经济发展的不平衡,甚至衰退的现象,例如近代早期西班牙和意大利的经济衰退。

虽然并不是每个经济史学家都明白地声称自己的研究源于某种社会经济理论,但在许多经济史的研究中是可以看到这种趋势的。例如 E. 内尔(E. Nell)和 R. 布伦纳(R. Brenner)等人开展的对中世纪和近代初期的长时段经济变迁的研究。在宏观经济史研究中,还可以看到三种理论研究路数:一是人口学的范式,在这种视野下,欧洲从 12 到 18 世纪的经济发展史被描述为由一连串的周期构成:人口增长、气候突变、食物短缺,人口递减、气候转好,食物供应转好、人口增长等等;二是商业史的视角,这种视角认为商业和市场的扩展促进了经济发展;三是阶级斗争的观点,它认为是阶级矛盾和阶级斗争推动生产力的发展。宏观历史理论影响下的这些研究也都和计量史学方法相结合,运用统计资料对宏观理论性解释进行具体入微的说明。

2)经济学的理论对经济史的研究的影响是理所当然的。凯恩斯、库兹涅茨和熊彼特等经济学家关于经济增长的原因、国家市场和企业家的作用、经济发展周期、供求的模式等等理论观点为经济史家们提供了研究的分析框架和视角。经济现代化理论也为这些史家的研究提供了理论框架。凯恩斯曾主张重写经济史,他认为文明的兴衰是与贵金属的流入和输出有关。E. 汉密尔顿 (E. Hamilton) 在二战以前,就出书讨论 16 世纪贵金属流入欧洲的情况。F. 西缅安德 (F. Simiand) 为首的瑞典经济学派关于繁荣和衰退的理论、熊彼德同凯恩斯的理论一起推动了经济史家们研究物价和工资的统计资料。另一些历史学家又用这些统计资料说明历史上的经济循环周期。经济史著作中所发掘出的大量的关于价格、工资、外贸和货币流通以及人口统计的计量化数据资料展现了蓬勃向上的经济发展和停滞状态的历史时期,它也丰富了西方学者关于停滞的封建经济和生气蓬勃的资本主义经济之间在性质上有差异的知识。

价格是研究商业周期变化的主要指标之一,在国际价格史研究会的主持下对价格进行了历史计量化研究,国际收入和财富研究协会又开始研究发达国家的国民收入状况,试图从统计数据上对经济结构的变化作比较。1961 年出版的戴维斯、休斯和麦克杜格尔的《美国经济史:国民经济的发展》标志着"新经济史"的形成。新经济史的特征是更加强调理论分析和系统使用统计方法分析大量资料。

经济史家们当然也更关注生产的发展、国民收入、资本积累、投资和消费等等问题。经济增长、国民收入和投资这些概念特别被库兹涅茨和罗斯托的著作引入经济史研究中。库兹涅茨 1952 年出版的《1870 年以来美国国民收入的长期变迁》,和托斯托 1957 年出版的《经济增长的阶段》两本著作都立即引发了讨论,并使"传统社会"、"起飞"、"大众消费"这些概念流行开来。随即出现了一系列研究各个地区、国家或经济部门的经济增长的著作,例如 P. 丁纳(P. Deane) 和 W. 柯尔(W. Cole) 的《1688 到 1959 年的英国经济增长》。E. 布朗(E. Brown) 和 M. 布诺恩(M. Browne) 的著作研究了一个世纪以来法国、德国、瑞典、英国和美国的工资收入和生产力的关系。苏联和东欧和历史学家也研究各自地区和国家的农业和经济增长的历史。

熊彼德的理论在美国影响较大,它催生了商业史和企业史流派的诞生。这些研究大多关注企业家以及国家干预对经济的影响。T. 柯奇兰(T. Cochran)的《铁路行业的领导者》依据对铁路行业的行政管理者的信函的数量化分析勾勒了铁路行业的企业家的集体画像。对史料的计量化的研究所得出的结论影响历史家对过去某些事件的性质和意义的解释,例如对美国内战的经济后果。R. 法格尔(R. Fogel) 和 S. 恩格尔曼(S. Engerman) 的著作《十字架上的时间:美国黑奴经济》(1975) 就是一例。该书引起激烈的讨论,并催生了相反观点的研究论著的出现。

新经济史学试图用可靠的假设演绎模式去检验对过去经济发展的全部解释,从而在具有量度性的统计事实和历史社会理论间建立了紧密的联系。这些研究通常去证实新出现的事物,例如,银行和铁路对经济发展过程的影响。R. 法格尔(R. Fogel) 的《铁路和美国的成长》研究铁路对美国经济的意义,他从反证的角度,在假设没有铁路的情况下,研究经济活动中各项指标的变化。用经济理论模型化的分析以及量化资料去验证关于美国历史的传统的看法的著名例子是研究美国历史上黑奴制的经济效益和妇女在经济增长中的作用。

3) 社会学理论影响下的经济史更像是社会经济史、全球史或整体史学。这中间法国年鉴学派的影响不容忽视,年鉴学派超越传统历史研究模式,力图理解社会生活的总体。年鉴学派从社会学、地理学和社会心理学等学科中去寻找理论启迪,年鉴学派的机关刊物取名为《经济、社会和文明年鉴》颇能说明问题,年鉴学派的第二代抛弃纯粹的经济史出发点,关注地理环境和长时段的变迁,而最终走向"总体史"的方向。

　　在法国,对人的关注引向人口史研究。新的历史人口学的研究重构了传统人口史研究范式,特别是剔除了马尔萨斯人口理论的影响。20 世纪 50 年代在法国诞生了历史人口学,它借助对人口问题的研究来解释经济发展。剑桥大学后来也专门成立了"人口史和社会结构研究所"。历史人口学研究领域的一些著名著作包括,P. 古贝尔的《历史人口学以及对近代早期法国史的重新解释》[①]、R. 范恩的《历史学与人口学》[②]、L. 亨利的《被人遗忘的人口学资料:教区登记册》以及 P. 拉斯勒特 1965 年出版的《人口史和社会结构》等等。

　　新历史人口学试图对各个历史时代的社会进行计量研究,以便获得有关人口数量、出生、婚姻和死亡的人数变化,以及城镇、家庭和社会各阶层的人口分布情况。在这些历史学家看来,这些事实和数据可以构成一幅社会结构的解剖图式,也可用于说明前工业化社会停滞的原因或者是工业开始发展的社会原因,它也有助于对前马尔萨斯时代英国和法国同世界其他前工业化社会的比较研究,找到诸如西欧为什么能从破坏持续发展的那种周期性的事件中逃脱出来这些问题的较为满意的答案。历史人口学和计量研究方法能够对使用传统历史研究方法的历史学无力回答的问题做出回应。20 世纪 50 年代以来,对历史资料的计量化研究对历史学的各个领域都产生了影响。

　　年鉴派学派的学者也从马克思主义那里寻找灵感。对社会心理的关注拓展了年鉴学派历史解释的方法,使他们深入到历史过程的更深层次。拉杜里 1965 年出版的《朗格多克的农民》是年鉴学派社会经济史的名著。新社会经济史也研究社会各阶层,例如农民、贵族和资产阶级的生活状况。拉杜里等人也使用大规模的计量史学的方法研究 19 世纪军人名册的信息,有些研究的分类统计项目达 78 条。D. 赫尔利(D. Herlihy) 和 Ch. 克拉皮西(Ch. Klapisch) 利用 15 世纪末以来佛罗伦萨的市政档案,研究了五万户家庭的户籍资料。对社

[①] P. 古贝尔:《历史人口学以及对近代早期法国史的重新解释》,载《跨学科杂志》第一卷,第一期,1970 年。

[②] R. 范恩的《历史学与人口学》,载《历史学与理论》,1969 年。

会问题的关注使新经济史学家们日益重视人口社会问题。

年鉴学派对社会史的关注使一些经济史学家转向所谓"新乡村史"和"新城市史"。"新城市史"综合了人口史、经济史和社会史。越来越多的历史学家跨越经济史和社会史的边界,从经济背景去研究特定的社会阶层,例如劳伦斯·斯通(L. Stone)、E. 霍布斯鲍姆(E. Hobsbawm)和 E. 汤普逊(E. Thompson)对贵族、工人阶级和社会各阶层的社会流动性的研究,E. 冯·考维伯格(E. Van Cauwebberge)和 P. 钱森(P. Janssen)对 14 世纪到 18 世纪荷兰贵族的研究。受马克思主义历史观影响下的东欧历史学家们研究工人阶级、农民和资产阶级的经济社会状况。这些研究与其说是经济史,毋宁说是社会经济史。

第十一章 马克思的唯物主义历史观念的形成

近代西方史学诞生以来欧洲学者们就试图对人类历史进行新的解释，这种努力在马克思那里达到了高峰。十八世纪起，欧洲历史学家们对社会发展变化的原因进行多种解释。法国的唯物主义者如爱尔维修等从感觉论出发，认为人的思想意识中的所有表象和概念都是周围环境反映到人的意识中的结果。他们因此断言人及其一切意见都是环境，主要是社会环境的产物，但他们又认识到任何民族亦不会和那个与他们的全部观点相矛盾的社会制度协调，而将起来反抗这种制度，并按自己的意见改造宪法。因此，他们又声称意见也在某种程度上决定环境的面貌。后来，他们又试图通过二者之间的相互作用来解释这个二律背反。

1789年开始的法国革命深刻地改变了欧洲政治格局，也使历史学家们对社会历史发展变化形成新看法。19世纪初，法国复辟时代的历史学家西斯蒙弟总结说：自然（环境）给一切人以一切，而政府则保存或取消在它们开始管辖时人们的那些人类共有的品质。从古罗马到19世纪，意大利的民族性格变化很大，而意大利的自然环境则没有变化，只是政府改变了——而这个改变总是先于或伴随着民族性的改变，因此，政府是民族性格、道德风习和人的意见改变的原因。① 然而，当像西斯蒙弟这样的历史学家对历史作进一步分析时，又发现政府的性格有时也为民族性格所决定，他们的历史分析便又陷入矛

---

① 西斯蒙弟在《中世纪意大利共和国史》中，写道："根据历史研究所能做出的最重要的结论之一，就是政府是民族性格的最真实的原因。"人民的坚强或脆弱，他们是否表现出天才，他们的受教育或无知，都取决于政府。

盾中。

维科曾试图用政治革命的作用来解决这种矛盾,而后来的法国唯物主义者则用立法的作用来解决这个矛盾:一切从属于立法。然而,法国大革命的进程和结局——伟大的立法者和政治宪法相继更迭——驳斥了把社会环境的一切属性归因于"立法者"和"政府宪法"的观点。法国大革命以后的历史学家如基佐开始意识到不应按照政府的形式来判断人民的状况,而应该首先研究社会,它的成员和社会群体的生活方式,不同的阶级关系,总之,公民的生活。另一些历史学家又提出:为了理解社会中不同的阶层,应该知道土地关系的性质及其财产关系。财产关系属于法权范围,历史家们便进一步探索是什么创造了财产关系。有的学者认为是征服。但是在被问到为什么同样的军事征服在不同的国家,例如(中国和英国)这样的国家里,产生不同的结果时,他们又用人的本性来解释。在他们看来,归根结底,人的天性、社会需要和理性是历史变革的最终原因。

法国复辟时代的历史学家和后来的空想社会主义者似乎都是靠诉诸人性来作为历史解释的最后依据。[1] 原始资本主义的丑恶现实使人们怀疑18世纪启蒙哲学家所勾勒的理性王国,空想社会主义者和启蒙哲学家在寻求一种完美的政治制度时,按照人的天性,设计了许多乌托邦、"完美的"立法和合理的政府形式。他们也试图理解社会发展动因。他们当中头脑最深刻的,如圣西门,已把财产关系看作是社会制度的基础。在问到欧洲历史上为什么正是这些财产关系而不是别的关系起着这样的作用时,圣西门认为这是由于产业发展的需要。但他最终还是把社会的发展诉诸于人性或理性。同样值得注意的是圣西门和这些学者所持有的结构主义视野下的人性论观念,在他们看来,人的精神和行为中存在永恒的,不随人类历史发展而演变的品质和模式。[2]

---

[1] 《普列汉诺夫哲学著作选集》,第一卷,三联书店,1961年,第593页。
[2] 波特摩尔:《马克思主义词典》(Tom Bottomore, eds., *A Dictionary of Marxist Thought*, Oxford: Blackwell, 1991),第244页。

一、马克思历史观念的三大来源

德国的"古典"哲学 德国哲学家从另一个层面对社会发展的原因进行了探讨。德国辩证唯心主义把社会发展看成是必然的,合乎规律的过程。在黑格尔看来,启蒙学者和空想主义者所公认的那个观点,理性的意见支配世界只在它也支配天体运动的意义上,即在规律性的意义上,才支配着历史。虽然人们的社会关系是人们自觉活动的结果,但各个人的自由活动注定要产生某些必然性的东西。世界史是在自由意识上的进步,应该从必然性上去理解这个进步。黑格尔认为,问究竟是宪法依赖于道德风习还是道德风习依赖于宪法是不妥当的,尽管宪法和道德风习无疑是互相影响,但两者都是第三者,即"某种特殊力量"的结果,它既创造宪法,又创造道德风习,这就是理念。理念是人的天性及社会关系的本性(社会性)所依靠的这种特殊力量和最后基础。每个民族的历史就是它的特殊理念的实现,而每个特殊的理念,乃是绝对理念发展过程中的一个阶段。德国唯心主义者最终还是在观念中转圈子,他们把人的思维人格化为绝对理念的形态,又在这个理念中找寻一切现象的解答。

希腊为什么没落?因为那个组成希腊生活的原则——希腊精神中心的"理念"只能是全世界精神发展上的一个短促的阶段。黑格尔援引古希腊的经济现实来补充说,拉开提蒙之没落主要是由于财产的不平等。这里,黑格尔又回到基佐和圣西门那里。然而,财产关系又是从何而来呢?财产关系是由于自己内部力量而发展起来的法权概念的实现,黑格尔会这样回答。从黑格尔的"绝对理念",我们可以看到中世纪神学史观的"上帝"的影子。德国唯心主义对社会关系的本性和它的现实基础的理解显然非常令人难以理解,当谈到历史发展的动因时,他们乞援于绝对理念,认为绝对理念的诸属性应该是这个过程的最后的和最深刻的解释。然而,青年黑格尔派,如鲍威尔兄弟也开始把抽象的理性解释成是人的自我意识。

费尔巴哈在批判黑格尔式的宗教神学的基础上创立了人本主义。在他看来,人创造了神,神的本质就是人的本质,是人的本质的虚幻的反映,是人的本质的异化。人的精神和思想是附属于人的肉体的,是头脑的产物,脱离了肉体和头脑就不能有什么精神与思想。因此黑格尔的绝对理念不过是宗教神学理论中上帝的别名,也是上帝创世说的神学理论和宗教教义的翻版。费尔巴哈认为,黑格尔哲学关于思维先于存在,绝对理念外化为自然界是错了。实际上应是物质先于精神,存在先于思维,思维和存在统一于人这个主体。

费尔巴哈批评黑格尔像神学家在宗教领域内创造了上帝一样,在哲学领域内也创造了神——"绝对理念"。他认为,正如上帝是人的本质的异化,绝对理念也是人的意识的抽象化。在费尔巴哈看来,人的历史是人的本质的异化和复归的历史。人的本质是"自觉的自然本质",因而是"类",是把许多个人纯粹自然地联系起来的共同性。但费尔巴哈又声称,人有一个独立本质,因为他有理性精神。这样,历史又变成人的理性精神的发展史。费尔巴哈回到了18世纪启蒙学派的出发点。[①]

马克思吸收了黑格尔的历史辩证法观点,也继承费尔巴哈从唯物主义立场对黑格尔哲学的清洗,但他超越了他们。马克思承认人性中有不变的、共有的品质,又注意到相对主义的观点,即不同地区和不同时代,人性有差异,换句话说,人性是变化的。[②] 他还进一步认为,人的本质是社会关系的总和,生产活动改变社会的物质条件、社会关系以及人的"本质"。

自然法学派:国家政权和法制的起源　　德国以外的自然法学派早已开始

[①] 参见恩格斯著,张忠实译:《费尔巴哈和德国古典哲学的终结》,人民出版社,1959年。
[②] 波特摩尔:《马克思主义词典》(Tom Bottomore, eds., *A Dictionary of Marxist Thought*, Oxford: Blackwell, 1991),第228、245页。

探讨国家政权的起源和作用。马基雅弗利以及后来的自然法学派,例如格劳修斯、霍布斯、洛克、卢梭和孟德斯鸠等抛弃神学史观念,用人的眼光来观察国家,他们从理性和经验中,而不是从神学中推导出有关国家的原理。格劳修斯于1625年写成了其名著《关于战争与和平的法规》,从原子论社会结构观念出发,按照力学法则引申出了对法权及国家政权的解释。渴望同人们交往是人类本性的基本特征,因此,人天生倾向于共同生活和建立社会。为了保护每个人天赋的生命、自由和财产等权利,人们于是订立契约,建立国家政权。国家是自由人为了保护权利和共同利益而缔结的完美的联邦。国家所拥有的法权是为保卫公民的充分自由和他们的财产,并为公民选择较好国家机构的形式提供可能。公民,除了自然权利,即天赋人权而外,还必须服从这样的国家政权。格劳修斯论述了国与国之间的政治关系,即国际法的问题,还首先提出三权分立的学说。

同格劳修斯的人性论相反,霍布斯从最简单的社会要素,个体的相反性质演绎出他的政治学说。霍布斯认为,损人利己,追求个人幸福是人的本性,因此在"自然状态"中进行着一切人反对一切人的战争。为了结束这种长期争斗的苦难,理性终于指导人们互相转让某些权力,订立契约,建立国家。因此,国家是一个人格,一大群人通过相互约定使他们自己都成为这个人格的一切行动的主人,为的是当他认为适当的时候,可以使用大家的力量和工具来谋求和平和公共防务。"[1]存在着两种法:自然法状态中,人与人互相反对;派生法状态中,社会规定人们互相转让某些权利,订立共同遵守的契约。这两种法的结合产生社会生活的一切法权。荷兰学者斯宾诺莎认为,自然法是"一切事物……据以成立的自然的规律和法则本身"。国家的形式体现了"共同权利",因此,国家和社会在权力上是同一的。

洛克和孟德斯鸠也对国家政权的性质作了很多论述。洛克认为享有自由

---

[1] 霍布斯著,黎思复、黎廷弼译:《利维坦》,北京:商务印书馆,1985年,第98–99页。

平等是天赋人权。财产起源于劳动,因而也是天赋人权。政府得到的只是维护公民的人身和所有权所必需的而且是被限制的权利。洛克把政权分为立法权、行政权和司法权。他认为最高的权力是立法权,政府对公民的人身和财产没有随意侵犯的权利,人民的权利高于立法权,如果行政权越权,而司法权又不能制止,人民就有权拿起武器。这样,洛克就创立了资产阶级国家法权的基本原理。孟德斯鸠论述说"法是由事物的性质产生出来的必然关系,在这个意义上,一切存在物都有它们的法"。而支配一切民族的一般法,"就是人类的理性"。孟德斯鸠研究了多个民族国家的历史以及各种不同的政治制度,详细考察了三种政体,即专制政体、君主制和共和制,提出和论证了他认为最好的君主立宪制,即以权力约束权力的三权分立政体。

孟德斯鸠也系统地研究了地理环境、人口、工商业、国民道德、宗教等各种因素对法律制度的影响,对不同民族的法律制度进行类比,他根据对大量历史资料进行的归纳,认为法律制度是随着社会条件而不断变化的,人类理性是一般法律的基础,各国的法律是人类理性在特殊场合的适用。他认为地理环境,即疆域大小、气候对民族性、法律制度有很大影响。孟德斯鸠没有详细讨论政治法律制度赖以建立的经济基础,因而也未能很好揭示法权的起源。但是,孟德斯鸠和在之前的波丹通过对地理环境对社会的影响的研究启示学者们注意到地理环境对社会发展的巨大作用。

在卢梭那里,法权已经被看成是同生产技术的发展,同经济关系的状况有关。卢梭认为法权在历史上经历了一个平等—不平等—平等的否定之否定的发展过程;温斯坦利则把国家法权同私有财产的产生联系起来,在哈林顿那里,国家已经不被简单地看成是依社会契约建成的,而是看成以土地所有制为基础的,"最高政权的体制取决于国内的土地所有权的分配,如果全部土地或大部分土地属于一个人,那么,在这个国家里,将会建立像东方国家那样无限制的君主政体,如果土地集中于为数不多的贵族之手,那么,在那里,社会就会确立贵族政体和君主政权的混合形式,即受贵族限制的君主政权;如土地分配或多或少是均等的,那么,其结果就是共和制。"[1]

空想社会主义者的历史观念 欧文、傅立叶和圣西门为代表的欧洲空想社会主义者对马克思的社会历史观念的形成有很大的影响,尤其是圣西门,他有较为成体系的理论。圣西门深受启蒙时代思想,特别是孔多塞思想的影响,他相信历史决定论,但又不像孟德斯鸠那样认为自然环境对人类社会发展有决定影响。他根据自己对古代和当代社会的研究来预见未来社会,认为社会是不断进步的,而新的社会制度总是优于先前的社会制度。奴隶制的建立使统治阶级能够从沉重的体力劳动中挣脱出来,从事智力活动,中世纪把奴隶变成农奴,这就为劳动阶级的进一步解放创造条件。从精神方面来说,中世纪神学体系比希腊罗马的政治哲学体系前进了一步。在希腊罗马,政权和知识被奴隶主所垄断。中世纪政权对平民开放,平民可以参加教会,做教士、主教,甚至成为教皇。工业社会政权更开放,更优越,但工业社会也是暂时的,人类的理想社会还在未来。

圣西门以人类精神和知识发展为标准把从古代埃及到近代的历史分为三个阶段:在第一阶段,即从原始时期到苏格拉底的预备阶段,人类把自然现象的原因理解为神的作用,多神教占统治地位。在第二阶段,即从苏格拉底到近代以前的假设体系时期,人类思维为自然神论所支配。在第三阶段,即实证体系时期,人类理性得到充分发展,产生人的科学。这种历史分期理论影响了梯也里、基佐和米涅等人,也是后来孔德历史分期理论的直接来源。圣西门已经注意到历史继承性。

圣西门认为"实业体制"与封建制都是暂时的,经济状况是政治制度的基础。他特别重视所有权,认为十四和十五世纪的变革是由于武士和贵族的地位下降,实业家地位的上升,以及相伴随的所有权和生产领导职能的转移。所

---

[1] 叶·阿·科斯敏斯基基著,伊曲、陶松云等译:《中世纪史学史》上册,东北师范大学历史系印内部读物,第250页。

有制是社会大厦的基石,政府制度只是形式,社会活动的目的是生产,所以管理生产的人总是会居于领导地位,国家最根本的法律是定义财产和保护财产的法令。在他看来,近代社会的产生和进步同阶级斗争有密切关系,法国社会到十八世纪进入空前繁荣时期,文明所取得的成就超出旧制度范围,要继续进步就只有摧毁旧制度,而当时已产生一个代表劳动和科学思想的实业家集团。十五世纪以前,社会生产的最主要部门是农业,领导农业的贵族,因此就掌握了世俗权力。到了十八世纪,工业和科学繁荣了,权力斗争便不可避免。学者们对旧制度进行批判,实业家领导社会进行反封建斗争,要夺取政权,旧的统治终于崩溃,实业家取得政权。因此法国革命是由于经济进步引起社会力量对比变化的结果。

圣西门显然已有阶级斗争推动历史进步的思想雏形。在他眼中,历史是一个有规律的和必然的过程,没有偶然性存在。社会的进步是理性和知识的进步所推动的。圣西门还有历史辩证法思想,他认为历史有延续性、继承性、前进性,社会历史是个新旧交替过程,新总胜于旧,新旧交替使社会发展进步。总的说来,圣西门同启蒙思想家一样,也用人性来解释历史。但他要对人的天性进行生理学的研究,企图以此来建立人的科学,研究社会的结构,社会机体的功能,这种观点为后来的孔德所继承,并成为孔德的社会学理论基础。

圣西门对未来社会进行了构想:未来社会的发展应该保证满足大多数人生活基本需求;每个人不论其出身和经历都应受到同等对待,最有品德的人受到最大尊重;这个社会应能够鼓励劳动,并促进科学和社会进步。在圣西门看来,社会进步一般来说是和缓而渐进的,但在一定时期有中断,只有在社会制度还符合社会智慧和文明状态时,社会才能进步。但是一旦文明智慧的发展超出那个社会制度能鼓励的水平,就应该摧毁旧社会,建立更高水平的新社会制度。

圣西门还从政治角度来看待宗教,认为宗教的社会职能是创造良好的秩序。他也主张一切人都应该劳动,声称政治是关于生产的科学,提出了"计划生产"和"按能分配"的概念。他也高度评价了科学和实业的历史作用,赞颂从事科学和实业的人们。他为人类设计了一个科学和实业的高度发达,并为人类服务的理想社会。他为了"改进人类命运"进行了各种实践活动。他的著作闪烁着理想主义的真知灼见。《一个日内瓦居民给当代人的信》标志他的空想社会主义体系的诞生。

圣西门看到了贵族、市民和无产者之间存在的利益差异和阶级斗争。他主张社会和谐,个人利益和公共利益的统一,各种不同经常发生对立作用的力量的合为一个整体,以改进人类的命运。他也主张把选举权交给人民,认为现代社会真正是颠倒的世界,明确地提出要改革资本主义社会,改善最穷苦阶级的命运。这种思想反映了工人阶级利益和他们要改造社会的最初的本能的愿望。

圣西门在《新基督教》一书中,已作为工人阶级的代言人出现。他宣称他致力于工人阶级的解放。然而,他把工人阶级描写得非常消极,不能自助。他不主张暴力,并提出要消灭竞争和无政府状态,实行计划经济,还提出了国家消亡的思想。他设想在未来社会中,国家将成为生产组织,政治将成为关于生产的科学,对人的政治统治,将变成对物的管理和对生产过程的领导。他也批判利己主义。这里,不难看出,为什么法国空想社会主义思想是马克思主义的三大理论来源之一。

法国的阶级斗争史学派 17世纪和18世纪的许多学者对社会政治结构的认识,是基于"自然法"这样一个抽象概念。但是随着拿破仑战争的失败,建立资产阶级理性王国的梦想的破灭,在探讨国家与法的领域内出现了另一被称为"历史法学派"的思潮,这派学者有胡果、埃希霍思和萨维尼等。埃希霍斯著有《德意志国家和法权史》,萨维尼著有《德意志所有权》、《中世纪罗马法权史》和《德国史》等。历史法学派不赞同自然法学派关于法律制度起源于社会契约的思想,认为法律制度是由民族持性所决定的,是民族精神历史发展的结果,因此法律制度不能被人更改。马克思曾批判历史法学派把历史上存在的都当成权威和传统来反对革命。

以梯叶里、基佐和米涅为代表的法国阶级斗争史学派对社会政治结构做出了极有意义的探索。如前所述,早在圣西门那里,自十五世纪以来的法国历史就被看成是阶级斗争的历史。圣西门在其著作中把阶级的出现同一定的生产方式相联系,把政权的改变看成是阶级力量变化和斗争的结果。在他看来,1789年的"法国革命的根本原因是世俗方面和精神方面发生的力量对比变化的结果",法国革命不仅是贵族和资产阶级,也是"穷人对富人的战争"。

在自然法学派看来,法律和制度是按照人性或者理性,通过社会契约创造出来的。十八世纪的启蒙思想家们相信通过启迪民众,特别是"立法者"的理性,合理的社会制度就会诞生。法国革命的进程和结局无情地嘲笑了这种"立法者是政治制度和宪法的创造者"的观点。历史研究者们开始认识到企图以某一社会的政治制度来解释这个社会的特定的状态,它的文明的程度或类型是不行的。他们转而相信为了理解政治制度,应该研究社会中的不同的阶层及其相互关系,为着理解这些不同的社会阶层,又应该进一步了解土地关系的性质。[①] 按照这种观点,基佐、梯叶里和米涅研究了自中世纪以来的英国和法国以及欧洲的历史。梯叶里把英国革命的历史看成是资产阶级(被诺曼人征服的市民)和贵族(征服者)为了各自利益进行斗争的过程。甚至在宗教领域内,双方也是为了现实利益而进行战争。基佐不仅按照这种观点考察了自法兰克人征服高卢以来法国资产阶级和贵族以及僧侣斗争的历史,还更进一步指出,不仅土地关系,而且,一般的财产关系是政治关系的基础和政治制度的来源。米涅更详细地探讨了法国革命中各个政党同一定社会阶层的联系。在他看来,历史事变是由社会需要所决定的。米涅由此总结出一个"文明社会进步的公式":"变化(指财产)破坏利益,(阶级)利益生产政党,政党进行斗争。"米涅实际上以一种特有的方式描述出了一幅阶级斗争推动历史

[①] 参见基佐著,阮芷、伊信译:《法国文明史》,北京:商务印书馆,1993年。

前进的图画。

　　法国阶级斗争史学派是马克思主义阶级斗争史观的重要来源之一。他们强调财产关系的变革，但在财产关系形成的原因上，他们或者诉诸于"军事征服"，或者乞援于"人的天性"。思想深刻的圣西门已经从财产关系追踪到产业的发展，又从产业发展的原因看到劳动工具的发明与人类智慧发展的关系。与此同时，19世纪初英国和欧洲的政治经济学家和其他历史学家们已经开始探索人类社会的经济基础。而在以前，正如马克思所指出，占主导地位的理性主义历史家们忽视人类社会历史发展的基础（社会经济基础），或者是把它仅仅看成与历史过程没有多大联系的附带因素。

　　马克思从德国古典唯心主义的哲学传统中走出来，接触到法国的社会主义和阶级斗争历史观念，并注意到政治经济学的研究的重要性，这种跨学科的优势，再加上马克思的思想天才，就使他能够建立一种更为深刻而系统的理论体系。

二、马克思唯物史观的形成和发展

　　马克思被20世纪许多学者视为最早的结构主义理论家。的确，马克思的上层建筑和经济基础的社会结构模式可能是最早的一个关于人类社会组织的结构及变迁的理论。法国当代学者德里达声称西方认识论的核心是认为现象后面有一结构存在，而学者的任务就是去揭示这个现象后面的结构。[1] 马克思也把揭示隐藏在资本主义制度运转现象背后的内部结构视为"科学理解资

---

　　[1] 马克思借助他的思维天才和分析能力把复杂的社会现象加以概括分类，创立了关于人类社会结构的理论。在《政治经济学批判》序言中，马克思写道："人们在自己的生活的社会生产中发生一定的、必然的、不以他们意志为转移的关系，即同他们的物质生产力的一定发展阶段相适合的生产关系。这些生产关系的总和构成社会的经济结构，即有法律的和政治的上层建筑竖立其上，并有一定的社会意识形式与之相适应的现实基础。"（见中央马克思恩格斯列宁斯大林著作编译局编：《马克思恩格斯选集》第三卷，人民出版社，1972年，第82页）

本主义制度"的关键。① 他提出一个涵盖人类全部历史发展的学说。在马克思看来,人类社会制度中,经济结构具有决定作用,它制约着政治结构和意识形态结构的发展,是政治和意识形态结构这些上层建筑赖以建立的基础。在《1844 年经济学——哲学手稿》中,马克思提出生产决定生活的一切方面。在《政治经济学批判》序言中,马克思写道:"物质生活的生产方式制约着整个社会生活,包括政治生活和精神生活的过程。""社会的物质生产力发展到一定阶段便同它们一直在其中活动的现存生产关系或财产关系(这只是生产的法律用语)发生矛盾。于是这些关系便由生产力的发展形式变成生产力的桎梏。那时,社会革命的时代就到来了。随着经济基础的变更,全部庞大的上层建筑也发生变革"。②

马克思在发展他的唯物主义历史观时大致经历了三个阶段:克列茨纳赫阶段,这一时期的思想探索代表性地反映在《黑格尔法哲学批判》中;巴黎阶段,其代表性著作是《经济学与哲学手稿》;布鲁塞尔阶段:总结性著作是《德意志意识形态》。

克列茨纳赫阶段:《黑格尔法哲学批判》 1842-1843 年间在《莱茵报》的论战促使马克思研究经济问题,当马克思感到对《莱茵报》上出现的法国社会主义和共产主义思潮,自己不具备知识发表意见时,马克思回到了书斋去研究。在《克列茨纳赫笔记》中,马克思通过分析具体历史材料,研究了私有财产和政治的相互关系。1843 年春夏之际,马克思在克列茨纳赫完成了一部篇幅很大的手稿,后来被称为《黑格尔法哲学批判》,对黑格尔书中有关国家问题的部分逐节地进行了分析批判。国家和市民社会的关系问题是马克思全部手稿的核心。马克思在批判黑格尔法哲学的过程中,同时依据费尔巴哈的著作,开始对黑格尔的辩证法的唯心主义基础进行清洗。

马克思在《黑格尔法哲学批判》中,提出市民社会决定国家制度。马克思

---

① 墨克奎瑞:《马克思:社会学、社会变化和资本主义》(Donald Mcquarie, *Marx*: *Sociology*, *Social Change*, *Capitalism*, London:Quartet Books Limited, 1978),第 78 页。
② 同上书,第 82 页。

把市民社会规定为物质生活关系的总和。他发现18世纪的英、法学者和黑格尔曾使用过这个概念,并且认为,对市民社会的分析解剖是由政治经济学提供的,马克思曾阅读了亚·弗格森的《市民社会史试论》。他认为法国人和英国人做了一些给历史编撰学提供唯物主义基础的初步尝试。《黑格尔法哲学批判》还按照市民社会和国家的关系进行了历史分期,划分出古代、中世纪和新时代以及未来社会,即民主制。

巴黎阶段:《政治经济学与哲学手稿》 1844年4－8月,马克思写成《政治经济学和哲学手稿》,马克思认为应当在市民社会这一基本层面去寻找支配社会发展的规律。为了在政治经济学中找到市民社会的解释,就必须对政治经济学进行批判性的研究。在《政治经济学和哲学手稿》中,马克思认为生产决定社会生活的一切方面。他把历史分为劳动异化和私有制出现以前的时期,劳动异化和私有制存在的时期,以及劳动异化和私有制消亡后的时期。

布鲁塞尔阶段:《德意志意识形志》 1845－1846年间,马克思在《德意志意识形态》中,发展了他的关于社会结构的理论,即生产力——生产关系——政治的上层建筑——社会意识形态的架构的观念。他提出了"生产关系"的概念,并对人类历史发展过程中不同性质的阶段进行了分期。马克思按生产力发展水平,区分了人类历史上依次出现的五种所有制形式:部落所有制、古代公社所有制、封建所有制、资产阶级所有制(资产阶级私有制统治时期又分为手工业和大工业两个阶段)和未来的共产主义公有制。《德意志意识形态》成功地提出了关于社会结构和历史分期的完整的理论概念。这个理论概念在这里不仅作为社会及其历史发展的理论,而且作为认识社会历史现象的方法。

从1859年到马克思逝世,马克思和恩格斯对他们的理论进行了一系列的讨论、反思和完善化。在1859年的《政治经济学批判》序言中,马克思提出了"社会经济形态"的概念,并在历史分期上也提出了更多的概念,诸如"形细亚的"、"原始社会"和"共产主义社会(形态)"的概念。恩格斯在1884年写的

《家庭私有制和国家的起源》以及在1890年到1894年间关于历史唯物主义的一系列通信中,对物质生产的决定作用以及上层建筑的积极反作用等等内容上都有更为合理的论述。

恩格斯写道:毫无疑问,"经济条件归根到底制约着历史的发展",但是,社会的发展已经不是总是由经济动因所引起了。恩格斯认为经济发展水平制约社会其他领域的发展水平主要体现在历史发展的长时期,而不是短时期。在1894年1月25日,致符·博尔吉乌斯的信中,恩格斯谈到特定历史时代思想意识发展水平同经济发展水平不一致时说:"历史上所有其他的偶然性和表面的偶然性都是如此,我们所研究的领域越是远离经济领域,越是接近于抽象的思想领域,我们在它的发展中看到的偶然性就越多,它的曲线越是曲折。如果划出曲线的中轴线,就会发觉,研究时期越长,研究的范围越大,这个曲线就越接近经济发展的轴线,就越是跟后者平行而进。"[1]

恩格斯在谈到政治结构中,国家机器和法律界的相对独立性时写道:"社会产生着它所不能缺少的共同职能,被指定去执行这种职能的人,就形成社会内部分工的一个新部门……于是,就出现国家。然后便发生像在商品贸易中和后来在金融贸易中的那种情形:这新的独立的力量总的来说固然应当尾随生产的运动,然而它由于它本来具有的,即它一经获得,便逐渐向前发展了的相对独立性,又反过来,对生产的条件和进程发生影响。"[2]"法也是如此,产生了职业法律家的新分工一旦成为必要,立刻就又开辟了一个新的独立部门。"[3]在谈到意识形态度的相对独立性时,恩格斯写道:"每一个时代的哲学作为分工的一个特定的领域,都具有由它的先驱者传给它,而它便由以出发的特定的思想资料作为前提。"[4]经济发展对哲学的支配作用就是各种经济影响

---

[1] 中央马克思恩格斯列宁斯大林著作编译局编:《马克思恩格斯选集》第四卷,人民出版社,1972年,第507页。
[2] 《马克思恩格斯选集》第四卷,第482页。
[3] 《马克思恩格斯选集》第四卷,第483页。
[4] 《马克思恩格斯选集》第四卷,第485页。

(这些经济影响多半又只是在它的政治等等的外衣下起作用)对先驱者所提供的现有哲学资料发生作用。经济在这里并不重新创造出任何东西,"但是它决定着现有思想资料的改变和进一步发展的方式,而且这一作用多半也是间接发生的。"①

恩格斯还强调虽然从最终原因和最终结果来看,历史过程中的决定性因素归根到底是现实生活的生产和再生产,但是,经济因素并不是唯一决定性的因素。他强调,如果这样说,那就是把这个命题变成毫无内容的、抽象的和荒诞无稽的空话。社会的发展是一切因素间的交互作用,虽然就各种动因的力量强度而言,经济动因是推动社会的最强大力量。

恩格斯还进一步阐明了政治结构和意识形态结构同经济结构相互作用和互为因果,从而推动社会发展的复杂表现形式。在1890年10月27日给康·施密特的信中,恩格斯谈到国家政权作为社会内部的一个独立部门,在自身进行独立运动的同时,对经济发展可能会产生的三种作用:"总的说来,经济运动会替自己开辟道路,但是它也必定要经受它自己所造成的并具有相对独立性的政治运动的反作用。"②"国家权力对于经济发展的反作用可能有三种:它可以沿着同一方向作用,在这种情况下就会发展得比较快;它可以沿着相反方向起作用,在这种情况下,它表现在每个大民族中经过一定的时期就都要遭到崩溃;或者是它可以阻碍经济发展沿着某些方向走,而推动它沿着另一种方向走,这第三种情况归根结底还是归结为前两种情况中的一种。但是,很明显,在第二和第三种情况下,政治权力能给经济发展造成巨大的损害,并能引起大量的人力和物力的浪费。"③

在这封信的后面和另一封给符·博尔吉乌斯的信中,恩格斯也谈到意识形态对经济和社会发展的影响。"政治、法律、哲学、宗教、文学和艺术等的发展是以经济发展为基础的,但是,它们又都互相影响并对经济基础发生影响。

---

① 《马克思恩格斯选集》第四卷,第485-486页。
② 《马克思恩格斯选集》第四卷,第482页。
③ 《马克思恩格斯选集》第四卷,第483页。

并不是只有经济状况才是原因,才是积极的,而其他一切都不过是消极的结果。"①"我们称之为思想观点的东西的——又对经济基础发生反作用,并且能在某种限度内改变它。"在给康·施密特的信中,恩格斯谈到意识形态,即使是错误的意识形态也会对社会发展产生影响,"只要他们(指意识形态)形成社会分工之内的独立集团,它们的产物:包括他们的错误在内,就要反过来影响全社会发展,包括经济发展。"②

恩格斯显然认为,推动社会发展的不是单个原因,而是"一个总的合力",社会结构的变化发展表现为政治、意识形态和经济诸系统之间的相互影响和相互制约。在这里,原因和结果不是固定不变的,而是一种互为因果,一种环形因果链。"整个伟大的发展过程是在相互作用的形式中进行的(虽然相互作用的力量很不均衡,其中经济运动是更有力得多的,最原始的,最有决定性的)。"③

马克思和恩格斯还分析了自然环境和国际社会环境对一个社会发展的影响。劳动,在他们看来,首先是人和自然之间的过程,是人以自身的活动来引起,调节人和自然之间的物质交换的过程。在1894年1月25日致符·博尔吉乌斯的信中,恩格斯把地理环境和外部环境看成是"社会历史的决定性基础"之一。"我们视为社会历史的决定性基础的经济关系,是指一定社会的人们用以生产生活资源和彼此交换产品(在有分工的条件下)的方式说的。……此外,包括在经济关系中的,还有这些关系赖以发展的地理基础……,当然还有环绕着这一社会的外部环境。"④马克思在《资本论》中,就地理环境对社会发展的影响时写道:"不是土地的绝对丰饶性,而是它的差异性,它的天然产物的多样性,组成社会分工的天然的基础,并使得人因为周围

---

① 《马克思恩格斯选集》第四卷,第506页。
② 《马克思恩格斯选集》第四卷,第485页。
③ 《马克思恩格斯选集》第四卷,第487页。
④ 《马克思恩格斯选集》第四卷,第505页。

的天然条件的多色多样,而多样化自己的能力,自己的生产手段和方式。"①地理环境对社会发展的影响不仅表现在生产发展的初期,它决定着社会分工的多样化程度,而且在生产发展的不同阶段上,地理环境提供给社会的自然资源的数量和品种是不同的。

马克思也看到,外来文明对一个社会发展的强大影响。马克思在《不列颠在印度的统治》和《不列颠在印度统治的结束》两篇文章中写道:"相继征服过印度的阿拉伯人、土耳其人、鞑靼人和莫卧儿人不久就被当地居民同化了。野蛮的征服者总是被那些他们所征服的民族的较高文明所征服,这是一条永恒的历史规律。不列颠人是第一批发展程度高于印度的征服者,因此印度的文明就影响不了他们。他们破坏了本地的公社,摧毁了本地的工业,夷平了本地社会中伟大和突出的一切,从而消灭了印度的文明。"②"英国的蒸汽机和英国的自由贸易""在亚洲造成了一场最大的,老实说,也是亚洲历来仅有的一次社会革命。"③在这里,外部环境(其极端表现形式是两个不同的社会在军事和经济上的直接接触)甚至会造成一个社会历史发展的根本转变,即旧结构解体,并沿着另一个方向重建。这里也包含马克思这样一个思想:即外部环境对一个社会的影响的大小是同该社会的文明发展程度成反比的。在前面提到的社会形态变化的三种模式中,后两种模式,即由政治结构或意识形态首先发生变化,从而引起经济结构的改变中,不同社会之间的示范,刺激和冲击正是造成一个社会中,政治和意识形态离开那个社会经济发展阶段的实际情况而发生变革的原因。

---

① 转引自黎澍主编:《马克思、恩格斯、列宁、斯大林论历史科学》,人民出版社,1980年,第76页。
② 《马克思恩格斯选集》第四卷,第70页。
③ 《马克思恩格斯选集》第三卷,第23页。

三、结 语

恩格斯在 1877 年评论说:马克思"在整个世界史观上实现了变革"。① 马克思对不同社会的历史发展进行比较,概括抽象出"规律"和模式。马克思同时还是一位革命家、政治哲学家和社会学家。列宁评价说:"唯物主义提供了一个完全客观的标准,它把'生产关系'化为社会结构……就有可能把各国制度概括为一个基本概念,即社会形态,只有这种概括才使我们有可能记载社会现象(和从理想观点来估计社会现象)进而极科学地分析社会现象。"②

马克思试图揭示制约"人类社会发展的结构和动因"的努力的成效是巨大的。③ "马克思以前的社会学和历史学,至多是积累了片断收集来的未加分析的事实,描述了历史过程的个别方面,马克思则指出了对各种社会经济形态的产生,发展和衰落过程进行全面而周密的研究的途径"。"人们过去对于历史和政治所持的极其混乱和武断的见解,为一种极其完整严格的科学理论所代替。"④

然而,马克思的历史唯物论也并不是任何一个试图夺取政权和巩固政权的政治宗派的哲学和历史观念,马克思的历史唯物论也不是一个用来裁减历史事实的公式,而是进行进一步研究的工作指南。正如列宁所说:"马克思主义绝没有与'宗派主义'相似的东西,他绝不是离开世界文明发展大道而产生的固步自封,僵化不变的学说。"⑤ "历史唯物主义并不是一个封闭的,以最后

---

① 《马克思恩格斯选集》第三卷,第 40 页。
② 列宁著,中央马恩列斯著作编译局译:《列宁选集》,人民出版社,1972 年,第 7-8 页。
③ 林赛:《马克思主义的危机》(Jack Lindsay, *The Crisis in Marxism*, Bradford - on Avon: Moonraker Press, 1981),第 3 页。
④ 同注②,第二卷,人民出版社,1972 年,第 443 页。
⑤ 同注②,第二卷,人民出版社,1972 年,第 441 页。

真理为起点的体系,它只是研究人类发展过程的科学方法。"①"如果不把唯物主义方法当作历史研究的指南,而把它当作现成的公式,按照它来剪裁各种历史事实,那么,它就会转变为自己的对立物。"恩格斯强调说:"我们的历史现首先是进行研究工作的指南,而不是按照黑格尔学派的方式构造体系的方法。"②

20世纪30年代以来,欧洲的"马克思主义学者"又对马克思的社会历史理论进行了"清洗"和"修正"。他们似乎首先都批评后来的所谓"庸俗马克思主义"的一些做法,尤其是把上层建筑还原到经济基础,把观念史降低为经济史的做法。这些观点值得我们注意。

卢卡奇认为经济基础决定上层建筑的规律不适用于前资本主义社会,因为人被完全受制于客观经济规律的支配,只是资本主义社会的特征。③ 在封建社会中,经济还不具有在资本主义社会中所见到的那种独立性,那个时代基本上是政治决定经济基础。在葛兰西看来,意识形态并不消极反映经济基础,它帮助建构集体认同,通过了解特定社会的教育和知识传播的方式,可以分解统治阶级的意识形态,推动社会变革。④

阿尔都塞扩大了"生产方式"的内涵,把经济、政治和意识形态作为三个层次包含在其中,认为每一个层次都可能是某一具体生产方式的"主导结构"或层次。例如在封建社会中,政治成为主导结构;资本主义生产方式中,经济是主导结构。这三个层次形成一个动态的平衡体系,每一个层次既对这个结合体起作用,同时又是被结合体所决定。⑤ 霍布斯鲍姆认为"社会结构同时具有丧失或重建其平衡的普遍机制"。霍布斯鲍姆也认为历史唯物主义勾勒了一系列的生产方式,但这些生产方式并不在任何地方构成先定秩序。汤普森

---

① 梅林:《论历史唯物主义》,第25页。
② 《马克思恩格斯选集》第四卷,第475页。
③ 卢卡奇著,杜章智等译:《历史与阶级意识》,商务印书馆,1992年,第135页。
④ 葛兰西著,徐崇温译:《实践哲学》,重庆出版社,1990年,第161页。
⑤ 阿尔都塞:《保卫马克思》第90页。

主张马克思的历史唯物论最好被理解为是一种历史理论,而不是一些历史规律,即它不是人类社会必须经历的先定的发展模式。他认为历史学家没有断言规律存在的能力。①

对马克思关于人的本质的理论也有评论。在马克思眼中,人作为"类"的存在,具有"类的特征",即本质的特征。人的本质是他作为类的群体的特征,包含可以全面发展自己的天赋的潜能。在阶级社会的异化劳动(劳动产品不属于生产者,而成为异己力量与生产者对立;人被当作生产的工具,而不是目的)中,人的精神本质异化了。马克思批判人的异化,致力于人的解放。但法国学者阿尔都塞认为,从1845年起,马克思超越了把历史归结为人的本质的外在化的人道主义意识形态,而把历史视为是"无主体的"自然历史过程,或者说是以阶级为主体的斗争的过程,他声称马克思主义在理论上是"反人道主义"的。②

欧洲学者也试图修正马克思主义关于人的本质是人的社会关系的总和的观点,萨特强调人的本质的形成的主观性,他认为人的本质是他自我设计的。在设计时,他选择他想成为什么样的人物,也就选择他的本质,但这种设计和最终的成果是受到在社会中活动的他人的行为的制约。③ 自由体现在自我设计,"人的自由先于人的本质","在成为一个人和'他是自由的',这二者之间没有区别。"④

英国历史学家汤普森重构了"阶级"的概念,认为它的形成既有经济的原因,也是一个文化的构成。阶级不是一种结构,也不是一个范畴,它与"认同意识"有关。⑤ 从英国经验论出发,他认为意识与存在是以"经验"为中介而发生联系的。他使人作为主体回到历史结构中去了。人经验既定的社会关系和

---

① 汤普森著,钱乘旦译:《英国工人阶级的形成》,译林出版社,2001年,第2页。
② 阿尔都塞:《自我批判论文集》洛克英译本,伦敦,1976年,第51页。
③ 萨特:《存在主义与马克思主义之间》,约翰马太英译本,纽约:1974年,第33页。
④ 萨特著,陈宣良译:《存在与虚无》,三联书店,1987年,第56页。
⑤ 汤普森著,钱乘旦译:《英国工人阶级的形成》,译林出版社,2001年,第1页。

生产关系，又以自己已有的意识形态和文化观念来处理经验，并进一步影响既定的社会形势。

哈贝马斯认为人类的理想是向着更合乎理性的社会制度发展，社会主义就是这样的一个社会结构。但是他也质疑把五种生产方式序列的逻辑更迭作为普遍形式是否有足够的历史事实作为概括的基础。他认为到现在，我们都还不清楚亚细亚生产方式是某种普遍的历史发展阶段，还是与古代希腊和罗马的生产方式并行的阶级社会发展的特殊社会形态。非西方的前资本主义历史也不能证实"封建主义"生产方式曾以纯粹的西欧形式作为一个人类历史发展的阶段而普遍存在过，封建主义向资本主义过渡也不存在普遍规律。[①] 这些学者的观点当然不一定都正确，但他们在资本主义意识形态占统治地位的西欧那种社会条件下，仍坚持从马克思的政治和学术传统出发来思考问题仍是值得肯定的。而且这些新观点也贯穿在欧洲"马克思主义史学"中，所以是值得我们注意的。

[①] 哈贝马斯著，张博树译：《交往与社会进化》，重庆出版社，1990年，第140-150页。

第十二章 美国史学的发展

早至殖民时期,即美国史学的肇始阶段,美国历史写作就受到欧洲史学思潮的影响:行将过去的文艺复兴运动,正方兴未艾的宗教改革运动,所有这些思想运动都给美国史学留下了烙印。历史写作的最早尝试是由那些移居到新世界来的盎格鲁－撒克逊人写回祖国去的有关新英格兰殖民地的书信、报告或自传之类的史料。美国历史写作史上第一位写出一本历史书的人是约翰·斯密思上校。他那本事实和幻想混糅掺杂的书至今仍是有关大西洋沿岸英国殖民地的最初年月状况的一份极为宝贵的史料。

一、美国的早期史学

十七世纪美国历史写作史出现了布雷德福(Bradford)的《普茨矛斯殖民地史》和约翰·温思罗普(Winthrop)的《日记》。布雷德福或许可以被称为美国历史编纂学之父,他的著作行文流畅,叙事生动简洁,尽管没有什么系统的有关政治自由,以及清教徒严峻的道德规范等等思想,他的书却勾勒出有关清教徒及殖民地的一幅鲜明画面,至今仍在美国历史和民间传说中占据显要位置。温思罗普受过大学教育,他的书具有较高史料价值,记载了初期移民在荒野中建立联邦时遭遇到的问题和斗争。

十七世纪下半叶,美国历史写作史上的第一代人出现了。这代人不像那些在英国受过正规教育,并怀有强烈宗教感的第一代人。他们主要在哈佛大学接受教育,印第安人是他们面临的主要问题。1676年,马瑟(Mather)写了

《与印第安人的战争简史》。这本战争编年史言词夸张,绘声绘色。马瑟认为需要一种真正的"新英格兰历史"。1693 年到 1697 年,马瑟的儿子科顿(Cotton)写了另一本有关英格兰殖民地历史的著作,该书宛如《天路历程》与《艾丽丝漫游奇境记》的混合,它包括了新英格兰殖民地的建立、总督、行政官员、宗教界名人的传记、哈佛校史、宗教史和战争史等。书中既有大量翔实可靠的文献资料,又充斥着传闻逸事和奇异的启示,该书是殖民时期最重要的史料之一,也是美国的历史编纂史上最有影响的著作之一。

十八世纪初到独立战争前夕,宗教神学观念对史学的影响逐渐减少,有关印第安人的事件仍是历史写作的重要题目之一。同时期欧洲大陆历史写作的那种哲学气味和宏观性在美国却感受不到。图书馆处在发展之中,找不到足够的资料来孕育吉本、休谟或者罗伯逊之类的大史学家。这一时期美国史学带有极明显的个人性和地方色彩。日记和传记仍是历史写作的主要形式,游记和风土地貌描述逐渐开始出现。塞缪尔·塞沃尔(Samuel Sewall)的日记代表了从清教主义向新时代的转折。他的日记迄于 1675 年,止于 1729 年,反映了社会的商业化和中产阶级意识的出现。这时期较专业的历史写作与 W. 斯蒂思、托玛斯·普林思和 T. 哈森的名字相联系。威廉·斯蒂思(W. Stith)记叙了十七世纪前二十五年弗吉尼亚历史,此书尽管比例失调,然而却材料翔实,堪称殖民时期最好作品之一。斯蒂思相信每一个时代的历史学家都有责任使用当时的资料,以免这些史料在将来湮灭。托玛斯·普林思(Thomas Prince)在《新英格兰编年中史》中,从人类始祖亚当的堕落,基督的诞生,哥伦布发现美洲大陆,一直写到 1633 年。这种写法酷似中世纪神学史家。但是,由于他的书行文生动并保存了大量未经修饰的史料,因此他的书成为后来许多历史著述的重要史料来源之一。他声称对自己书的每一页都一丝不苟,并尽力首先发现客观事实,然后清楚地叙述,力求准确无误。托玛斯·哈森(Hutchinson)的《马萨诸塞殖民地史》一书起于 1628 年,止于 1774 年。该书据认为对美独立战争爆发原因的分析比此后一个世纪的史家持论更为公允。然而他的书却由于他几乎不可能一次坐下来写两页,而显得散乱粗糙。总的来说,这一被称为"英雄时代"或"原始时期"的史学发展阶段由于主观性太强而影响不大。

独立战争以后,美国史学发生较大变化。英国史学影响了美国的历史写作,辉格派史学观点在美国史学中占据了上风:欣赏缓慢的,有条不紊的发展,惧怕潘恩似的激进主义,充满民族主义精神和都市工商业资产阶级的思想意识。欧洲浪漫主义思潮也影响了美国历史写作,向往中世纪,肯定原始生活和过去。历史家不再过分强调风格,而重视对史料的怀疑考证。这一时期美国历史写作主要有4类:1)独立战争史;2)传记;3)州史;4)史料汇编。

1)以独立战争为题材的这些历史著作除了揭示那个时代的心理外,史料价值不大。作者们太习惯于抄袭,特别是抄袭《大不列颠年鉴》。即使作者刚好是某些历史事件的见证人,他们也按《不列颠年鉴》的说法来描述历史事件。

2)传记类历史作品中最著名的是约翰·马歇尔(Marshall)所著的《乔治·华盛顿生平》和巴森·威姆(Parson Weem)的《华盛顿生平》。《乔治·华盛顿生平》一书迎得普遍的赞赏。但是这本书可以说基本上是英国历史的华盛顿时代,因为作者尽管和华盛顿关系密切,他的作品的大部分内容却都是取自《大不列颠年鉴》。相比之下,《华盛顿的生平》更受欢迎,由于书商们四处巡回兜售,此书再版达七十次。该书由于作者的粗心,很多史料极不准确,但是作者叙述丰富多彩,并对诸如勤奋、克制、节俭之类的德行倍加赞扬,因此此书在一定意义上也揭示了那个时代的精神风貌,有关华盛顿在童年时砍伐樱桃树的那个著名的故事就是由威姆首先叙述出来的。

3)州史。到十九世纪初,美国各州已基本定型,这就为历史家们撰写州史提供了基础。这一时期比较著名的州史有休华特(Hewatt)著《南卡罗莱和佐治亚州》,G.普劳德(Proud)著《宾夕法尼亚州史》,B.特朗布尔(Trumbull)著《康涅狄克州史》和J.柏克(Burk)著《弗吉尼亚州史》。撰写州史最著名的历史家还是J.贝尔克纳普(Belknap),这位多佛的贫穷教师收集利用了大量报纸、官方文件和邮件,其著作史料价值较高。他的《新罕布什尔州史》在很多方面都符合现代史学标准,并且至今仍是有关新罕布什尔州早期历史的权威性著作之一。他的《美国名人录》开创了美国名人传记写作的先河。他同他的挚友、邮政部长 E. 哈泽德(Hazard)的通信集勾画了十八世纪末叶历史学家撰写历史所遭遇到的种种困难。这部通信集行文轻松,保存了当时很多重要的社会史料。贝尔克纳普还是美国第一个地方历史协会,马萨诸塞州历史协会的创建者之一。

4)史料汇编,这一时期有更多的人收集整理历史资料,从事历史写作,其中比较著名的有 F. 哈泽德(Hazard)、塞缪尔(Samuel)、H. 奈尔斯(Niles)、J. 埃利奥特(Elliot)、P. 福斯(Force)、西顿(Seaton)和 J. 斯巴克思(Sparks)等。H. 哈泽德同国会签定合同,但最终只出版了两卷殖民时期文件汇编。他的儿子塞缪尔收集整理了宾夕法尼亚州档案案卷。奈尔斯写出了《美国革命的原则和法令》,埃利奥特则开始收集整理州议会辩论集。福斯在国会的赞助下,为美国仿效英国和法国出版全国性的史料汇编收集资料。盖尔斯和西顿受美国国会任命主持出版《美国国家文件集》。斯巴克思则收集华盛顿和富兰克林的文件。正是这些对史料的收集、整理和保存为美国史学发展史上的"中期阶段"的历史学家撰写那些著名的著作打下了坚实基础。

二、十九世纪:欧洲史学观念影响下的历史写作

十九世纪中期,美国的历史编纂由于以下几个方面的因素而得到进一步发展。对英国的两次军事胜利使民族主义精神进一步高涨,需要历史家们以新的眼光来回顾本国历史,展望世界;经济的发展使历史编纂受到更多赞助;再次是图书馆的发展,前阶段史料的收集整理工作,期刊杂志的出版和受过较高教育的读者阶层的形成。

这时期,班克罗夫特、巴克曼、普利斯科特、希尔德利斯等人的著作使美国

历史写作受到公众前所未有的注意。这些历史家们关心政治、哲学和宗教,相信美国拥有社会发展进步所需的无穷尽资源,认为自己应当在著作中对广泛的社会问题进行评判。对班克罗夫特(Bancroft)来说,美国历史是一部英雄史诗,是一部美国的进步和已有成绩的赞歌。他那部著名的《美国史》,读起来就像美国国庆日的演说词。班克罗夫特常为了说教的目的而略去很多重要事实,他对社会心理变化缺乏历史洞察力,看不到一个民族发展的复杂性。经济发展在他的著作中也根本看不到,美国革命在他的书中被描绘成一种自发性的起义。但是,由于班克罗夫特参考了许多有关美国史的著作,并且广泛摘引手稿,在史实上也较准确。因此班克罗夫特的书得到广泛传播,并直接影响了美国史教材的编写。

如果说班克罗夫特著作的思想观点和文风代表了美国历史编纂中的浪漫主义思潮的话,那么希尔德利斯(R. Hildreth)则正好相反。他的著作冷静,注重事实的准确,在很多方面表现出了二十世纪美国历史编纂的特点。在他的笔下,美利坚民族的创建者并不是像浪漫传奇或戏剧舞台上的角色,他们虔诚,正直,充满男子气概,言词粗鲁,性格刚强,迷信而又时常犯错误。J. 帕尔弗里(Palfrey)继承斯巴克思和班克罗夫特的传统,编纂了五卷本的《新英格兰史》,该书记录了美利坚民族对新大陆的征服,赞扬宗教宽容和政治自由的丰功伟绩,把美国革命描绘成是爱国者和暴君之间的斗争。美利坚合众国的创始者们在他的笔下成了决定殖民地命运的宠儿,并且为美国人民留下了一份珍贵的道德与才智的遗产。

这一时期的另外三位史家则注重戏剧性的历史事件。普利斯科特(Prescott)撰写了两本风靡一时的著作:《墨西哥征服史》和《秘鲁征服史》。普利斯科特富于冒险精神,深受华盛顿·欧文的影响。他的作品叙事生动,画面鲜明,充满了传奇色彩。普利斯科特在 E. 埃佛雷特的帮助下得以利用大量的西班牙资料,但他的书今天之所以流传,还主要是由于他的叙事才能。同普利斯科特相反,J. 摩特莱(Motley)身体健康,精力充沛,他出身于波士顿商人阶层,之所以选择描写荷兰共和国的兴起,并不仅是因为这表现了新教对天主教的胜利,而是因为他从荷兰的市民阶层看到了波士顿商业阶层,从荷兰共和国的兴起想到了美利坚合众国的成长。他的那本《荷兰共和国的兴起》在风格和文采方面都不及普利斯科特和巴克曼,在对待史实上也比他们更随便,沉默的威廉在他的笔下总是正确,而阿尔法公爵总是错误。

弗兰西斯·巴克曼(Francis Parkman, 1823－1894)毕业于哈佛大学,曾担任督学,也是教授,他是美国人类学的先驱。他有浪漫主义思想,对自然感兴趣,爱好传奇,曾到西部和许多地区旅行,访问重要历史事件地点。他的主要著作有《俄勒冈的足迹》以及《英国和法国在美国》等。长达40年的时间中,他勤奋地收集史料,从事写作。他的著作《俄勒冈的足迹》被认为是历史与文学的完美统一。正如普利斯科特选择美国南面的墨西哥和秘鲁作为题材一样,巴克曼也由于浪漫主义的原因,把英法争夺对美国北部和加拿大的控制权的斗争作为自己的富有刺激性的题材。由于巴克曼娴熟地掌握了历史写作的技巧,并孜孜不倦地利用史料,他的书史料价值极高。后代的史家只能在他的书的细微末节上发现缺点。他是第一个承认地理因素对历史有影响,并注意到西部对美国历史发展的影响的历史家。他的著作还强烈影响了T.罗斯福。J.费斯克认为在美国历史学家中,巴克曼既是最道地和最褊狭的美国人,又是眼界开阔的世界主义者。

巴克曼的书包含详尽的材料,文笔明晰,优美,想象丰富,描述充满生气,富于戏剧性和传奇魅力。他的书注意英、法两国在北美的关系以及移民与印第安人的关系,发掘了印第安人反抗外国殖民统治的资料,但他把印第安人描写成野人,从而认为对他们的屠杀是正当的。他认为英法争夺殖民地,英国的胜利是英国信仰民主、自由的移民的胜利,是反对强权和暴力的胜利。在他看来,英国在加拿大的胜利为美国的独立开辟了道路,改变了大陆上的政治形势。

十九世纪后半叶,兰克的著作及其通过讨论班研习历史的教学方法传入了美国历史学界。亨利·亚当斯从德国回来以后,开始在哈佛大学运用这种方法培养学生。亨利·亚当斯(Henry Adams, 1838－1918)生于波士顿,哈佛大学毕业,后在哈佛大学任教,1894年任美国历史协会主席。亨利·亚当斯是一位历史哲学家。他的气质和思想同他那个时代格格不入。他的作品有《A.加勒廷的生平》和九卷本的《美国史》,《美国史》记载了杰斐逊和墨迪逊当政时期的历史。该书主要是一本政治史,但第五卷的导言和第九卷的结尾那两章堪称美国社会史的楷模。一八九三年芝加哥博览会使亚当斯对推动历史发展的动力感兴趣。他开始探索社会进化这门科学的原理,把美国社会发展史与物理过程作牵强的对比,试图寻找出支配历史时代的"力量倾向"。他提出世界历史发展由五种动力相继推动:第一阶段,即史前时期,是兽欲的力量;第二阶段,到十六世纪为止,是信仰的力量;第三阶段,十六世纪到十九世纪,是机械能的力量。他后来陷入悲观怀疑之中,认为人类生活就像他自己的生活,虽有目的,但结果总要受既不能预见也无法控制的盲目支配力量所支配,不仅无法解决这一问题,甚至总也不能把这个问题阐明得使自己满意。

亚当斯属于实证主义的史学家,是美国"科学的历史"的开创者之一。在他看来,历史可以而且应该成为科学,他把自然科学的一些原理错误地搬到了历史领域,认为历史家应注意力的作用和反作用,即人与自然的交互作用的规律,认为这是社会进步的规律。他还研究对外政策,试图分析整个国际体系,吸收美国和欧洲的档案资料来说明美、英、法和西班牙的关系。他有益格鲁-撒克逊主义思想,歌颂美国式民主制度,为美国早期的扩张辩护,认为美国是世界上最民主的国家,美国在十九世纪的扩张是正确的。

约翰·费斯克(John Fiske,1842-1901)生于康涅狄克,毕业于哈佛大学,曾在哈佛大学、华盛顿大学以及英国皇家学会讲学。他在观点上同亨利·亚当斯正好相反,他信奉进化论哲学,深受孔德、赫胥黎和达尔文的影响。他的主要著作有《新英格兰的起源》、《美洲的发现》、《宇宙进化论概述》、《独立战争》、《从通史观点看美国政治思想》等,并曾为泰恩的《英国文学史》写序。他的众多历史著述涉及殖民时期到独立战争。《新英格兰的起源》把美国资产阶级政治中的发展归结于美联邦和地方的阿里安精神的增长。这一原则的结合造成美国政治生活的民主化,并把法国和荷兰排挤出去,最后建立了独立的美国国家。他以田园牧歌式的笔调描写美国移民生活,漠视一小撮大私有者不受监督地支配殖民地一切事情的情况,企图掩饰独立战争的革命性质,把它描写成了不列颠内战,是大西洋两岸辉格党对托利党的内战。

《美国政治思想》宣扬撒克逊种族的优越性,鼓吹扩张和侵略政策以及美国统治世界的"命运"。他认为盎格鲁-撒克逊人才是最有开疆创业,治理国家的才能,只有英国、美国人才有在地球上建立高级文明和政治秩序的权利,其他民族应让位于他们,要承认他们是世界各民族的公认领袖。他力图证明宗教和进化论并不矛盾,其书风格明晰,引人入胜,在安排、判断、比例和戏剧性兴趣方面对美国历史写作有影响。

费斯克和伯哲士二人都有种族主义和社会达尔文主义思想。他们受到美国的种族主义传统与狭隘民族主义的影响。在他们之前,美国就有人对奴隶制从学术上进行研究,说黑人是一种与白人不同的特殊的人种,故其地位将是不同的。伯哲士(John Burgess, 1844-1931)生于田纳西,在马萨诸塞去世。他毕业于阿姆斯特学院,后在哥伦比亚大学任世界史教授,帮助设立哥伦比亚政治科学系,并任政治学系主任。他的主要著作有《南北战争与宪法》、《复兴与宪法》、《政治科学和比较法》等,还创立出版《政治科学季刊》。他专门研究美国内战和南方重建时期,以对有色人种和黑色人种仇视的心理来写历史,认为黑皮肤的人是不能创造任何文明的人,他们是理智不能战胜情欲的人。他反对南方重建和黑人的解放,说给黑人的权利是野蛮人对文明的统治,认为美国的前途应握紧对黑人的统治。以他为首形成了一个学派,适应美国领土扩张主义的需要。

如果说亨利·亚当斯把兰克的史学思想和方法传入哈佛,那么赫伯特·亚当斯则把这种思想方法引入密执安大学,用于培养研究生。赫伯特·亚当斯(Herbert Adams, 1850-1901)毕业于阿尔斯特学院,获海德堡大学博士学位,后任霍普金斯大学历史系教授。赫伯特·亚当斯在约翰·霍普金斯大学成为一名影响深远的导师。他的研究生班的花名册读起来宛如美国历史学名人传:W. 威尔逊、F. 特纳、J. 康基斯、J. 杜威、J. 巴西特、R. 伊利和 T. 维布伦等等。他受德国学派影响,着重研究美国的政治制度,也站在盎格鲁－撒克逊人的立场,认为美国的民主制度的产生是由于盎格鲁－撒克逊人有一种特殊品质。他主持编辑了《约翰·霍普金斯大学历史和政治学研究》丛书,1884年组织美国历史学会,担任该会秘书,在他周围形成一个学派。他在《历史研究的方法》书中,声称历史就是过去的政策,政策就是现在的历史。他忽视对社会经济的研究,号召以国家利益现政策来解释过去的历史。他遵循弗里曼的方法,用比较法来研究政治制度。

他的《新英格兰的起源》研究新英格兰早期的土地关系和政治组织,引用了新的资料来证明此地保存了许多农村公社的残余,土地常常被宣布为是公社的财产。他在解释这些特定史事上有扩大化倾向,他把殖民初期组织起来的公社同古代日耳曼的公社相对比,并把这种假想的类似作为该种族的共同性,鼓吹盎格鲁－撒克逊种族优越论,为美的扩张和奴隶制作历史辩护。他的其他著作还有《1801－1817年的美国历史》和《亨利·亚当斯的教育》等。

19世纪70年代起,美国的大学普遍开设了历史课程,1884年成立了"美国历史协会",1888年创办"美国历史评论",不少大学研究生教学采用了德国讨论班的形式,以推动学术发展。十九世纪末叶,美国史学发展进入一个新阶段,新创刊了不少史学杂志。对具体问题的研究盛行起来,通史写作衰落了。在联邦政府的资助下,为使散见于各种期刊杂志的史学论文为史学界及公众所了解,美国历史协会仿照德国编辑出版书目提要,其中最著名的有《历史文献索引》、《美国历史书目提要和资料索引》以及《世界历史科学书目提要》。

三、美国本土的史学观念和流派的创始

19世纪,美国史学界两位历史学家开创了有世界影响的两大历史学流派,特纳的边疆学说理论和马汉的制海权学说。F. 特纳对美国史学的最大贡献是他使美国史学不再盲目追随欧洲史学潮流。特纳(F. Turner, 1861－

1932)生于威斯康星州,获霍普金斯大学哲学博士学位,后任威斯康星大学历史学副教授、哈佛大学历史学教授,1910年任美历史学会主席。他的主要著作有《边疆在美国历史上的意义》和《新西部地区的兴起》等。《边疆地区在美国历史中的意义》于1893年7月12日在美国历史学会上宣读后,特纳关于美国边疆的学说的重要意义就立刻被人认识了。特纳后半生因而成了解释美国历史的一位权威性学者。

特纳认为美国天然存在一些不同的经济区域,东部沿海为一个区,南边的奴隶制为一个区,西部的荒芜地区为另一个区。美国因此是三大地理区域的联合。地域是具有特定的经济结构和特殊的居民心理特征的区域。地理环境决定在这些区域中哪一种生产部门占统治地位,地理环境因此归根结底决定了社会经济结构,西部地区对于美国不同的民族性格和民主制度的形成有重要意义。

特纳认为美国史是一个向西部不断移民和扩张的历史。正是这种不断发生的向西部扩张的浪潮使美国人的生活具有创造力,并由此而形成美国特殊的社会经济制度。美国历史就是几大区域之间发生冲突的过程。西部边疆拥有自由土地和均等机会,移民们得以在这个巨大的社会实验室里试验各种社会制度。西部也是美国繁荣的源泉,当西部的移民扩张完成以后,美国就必须向另外的地方寻求这种机会和刺激。向西移民的艰苦生活需要个人奋斗,带来经济平等的思想。边疆不断地向西推进,美国社会由此也不断变化,在此过程中就形成了美国的民族性格和生活方式:个人主义和民主制度。美国西部也是一个安全活塞,受剥削和压迫的人们可以跑到西部大开发土地,有一条出路,它起到缓和社会矛盾和危机,阻止革命发展的作用。

美国还没有哪一位历史家像特纳那样以那样少的著述造成如此深远的影响。事实上,特纳通过他的著述和教学给美国历史编纂带来一种全新的方向。但特纳的思想并不是无本之源,早在特纳之前,巴克曼、班克罗夫特和罗斯福就把西部看作一个历史实体,而像德莱帕这样的历史学家也早就开始收集有关西部的史料。在1824年,杰斐逊就提出了和特纳的移民浪潮相似的见解,爱默森、马考莱和 L. 布顿斯也非常强调边疆对美国历史的影响。在他之前,托克维尔已指出,向西部开发对美国民主政治的重大影响,特纳使这种思想成为一种理论。特纳的理论没有注意到西部并非无人之地,它是土著印第安人的土地,开发西部是以屠杀、消灭土著居民为前提的。

特纳把社会科学的概念运用于历史研究,并撰写现代意义上的社会史。赫伯特·亚当斯强调美国民主的欧洲起源,特纳批判美国民主起源的日耳曼说,认为民主是在美国的环境下发展的。他认为政治制度和社会基层的经济社会力量相关,正是这些基本力量,特别是美国的气候和经济地理形成了美国和欧洲不同的兴趣和制度。南部和北部在宪法上围绕奴隶制的冲突仅仅是不同地区之间在很多问题,如土地、关税、政治权力等问题上的冲突一个首要冲突而已。特纳反对用单一因素,例如经济、自然、地理、政治等,解释历史事件,认为对一个特定的问题应创造出一系列可能的解释,避免个人的偏爱。但他本人就把西部的社会经济关系理想化。他过分强调边疆对美国民主的影响,看不到阶级冲突,城市化这样一些因素的作用。但是,特纳的著作促进了对"地方史"的研究,为像 W. 邓宁、U. 菲利普斯和 W. 多德这样的历史学家的历史写作打下了基础。

马汉(Alfred Mahan, 1840—1914)毕业于美国海军学院,曾任新港海事学院院长、舰长。他是美国地缘政治学的创始人之一,后担任美国历史协会会长,海军事务委员会主席,获牛津、剑桥荣誉学位。他的主要著作有《制海权对于法国大革命和拿破仑帝国的影响,1793—1812》、《制海权对历史的影响》、《制海权与 1812 年战争的关系》。马汉的理论与德国贝恩哈迪的见解相同,他试图阐明制海权作为历史中一个决定性因素的重要性,分析了制海权对军事、民族、领土和商业的一切影响,强调对海洋的军事和商业控制之间的相互依赖性。他的著作叙述了海军战略,制海权和海洋封锁战略的政治重要性,他认为一般人都过多重视就近的军事占领和侵略,而忽略了对于远方封锁产生的缓慢而逐渐增加的影响的重要意义。他以十七世纪和十九世纪英国的海战说明海上力量在对外战争中的决定性作用。

海上实力,不仅指制海能力,也指殖民国家的生产能力等,认为海上实力应服从于对外扩张等任务。海上实力是一个国家发展的关键性因素。两个世纪以来,欧洲的历史就是西方列强争夺制海权的历史。英国由于其地理位置、生产能力和远在殖民地的海军等的优越性,成为海上强国和最大的殖民国家。在《制海权对于法国大革命和拿破仑帝国的影响,1793－1812》书中,他认为英国控制贸易路线和英国总的制海权挫败了拿破仑在大陆上占绝对优势的兵力,粉碎了他的东方战略计划,使法国在欧洲大陆的辉煌胜利由于被切断海运物质供应线和停止海洋贸易而成泡影。他在《美国现在和将来对海权的利益》和其他书中,试图唤起美国人对海上责任的认识,他不相信在国际争端中仲裁一定能奏效,认为和平的最可靠希望在于英美的海军优势。

他号召建立强大的海军,占领战略阵地,向加勒比海扩张。他是西方第一个把海军实力对国际政治的影响提到如此高度,并在西方史学中开辟该领域的研究的人。他的理论为美国扩张服务。他相信美国独立战争如果没有法国和西班牙海军的支援是不能最后取胜的。他的著作风行一时,理论自成一派,他的理论同地缘政治理论结合对世界影响很大,德国、英国、法国和俄国都受其影响,加速海军的发展,并参与争夺海洋。

四、二十世纪上半叶的新史学

麦克马斯特(John McMaster, 1852－1932)生于布鲁克林。他毕业于土木工程系,后任宾夕法尼亚大学美国史教授。他的主要著作是《美国人民史》,到1913年出齐八卷,曾作为历史教科书。该书包括从美国革命(1783)到南北战争爆发这期间,美国国家形成过程中的具有决定性意义的多事之秋。他特别注意国家形成期间的情况,对美国的先驱殖民者时代进行了细心的研究,力图描绘出一幅社会的而不是宪法的或政治的发展图景。他还注意以明晰和朴素的风格来叙述美国的发展历史,尽量使之符合事实,以求避免为使历史适合一种理论而凭自己的主观下笔的倾向。

麦克马斯特受马考莱和博克尔影响,认为应当研究习俗的变化,阐明人类精神的成长。他收集了大量有关美国文化和艺术史的材料,引用不少早已无人知道的文件、回忆和书信等,特别是一些西部殖民地的材料。他把报纸作为一个重要的历史资料来源,把描写的重点放在美国人民上,而不把作为一个政治整体的国家当作重点,强调社会史、经济史和普通人世间的日常生活,民主观念的发展,重视对个人的研究。麦克马斯特的书的缺点是引文过多和冗长,堆砌过多的细节,由于他所强调的是事件发生的过程,而非意义,因此,他的叙述通常既不生动也缺乏见地。但他对内战期间美国社会的阶级和社会制度的冲突有自己的理解,认为内战是不同社会的冲突:南方是一个停滞的农业社会,北方和西部是一个工业化的社会。麦克马斯特是美国历史学的"新学派"的创始人之一,但他的爱国主义和对美国的盎格鲁－撒克逊人的优良素质和社会进步具有的信念,以及很少以脚注方式注明引文等特点,又把他同他的前辈连接在一起。

早在历史学家们试图使历史上升为一门科学,并扩展历史研究的范围时,新史学就已初见端倪。新史学出现之前,大学研究院流行的历史思想方法,推崇引证和脚注,强调排除旧史学在史事上的不准确,并追求重现历史真实。但这种方法偏重分析和具体的知识,不注意从整体上和哲理上去把握历史发展,文体也不如从前那样通俗和引人入胜,因而也包含薄弱的地方。新史学反对这种德国学院派式的方法,它试图吸收和运用其他社会科学(经济学、政治学和心理学等)的研究方法和成果。工业化和都市化也使史学家的注意力由伟人转到普通群众身上,兰克学派追求绝对客观公正的思想遭到唾弃。新史学认为历史学家应当对历史有取舍,强调再现复杂的社会生活,注重探索那些构成历史实体的政治经济和社会力量。

J.鲁宾逊(James Robinson,1863－1936),C.比尔德(Charles Beard,1874－1948)的早期著作以及《美国社会生活史》丛书这样的新史学著作丰富了历史写作的内容,深化了人们对过去的理解。但新史学也存在不少弊病,它生搬硬套其他科学,例如社会学的术语和方法,忽视对"非普通人"的考察,片面否定1920年以前的历史著述。

第一次和第二次世界大战都使我们对美国的历史有了重新解释的必要。第一次世界大战以后,历史家们或者聚集在威尔逊的理想主义旗帜周围,或者信奉斯宾格勒和亨利·亚当斯的悲观主义。相对论同样给历史学带来一种解放感,传统的制度和历史观点受到攻击,民族英雄也变得不那么神圣了。热情的和平主义者试图重写历史。他们认为由于外交官的腐败无能,美国才被干涉主义者们施入欧战以保护美国在国外的投资。

二次大战后,历史学又一次出现观点混乱、思想分歧的局面。一九四六年,社会科学研究院史学委员会出版一本题为《历史研究的理论和实践》的论文集,清楚地表明了这一点。伍德沃德教授认为无论历史学家采用其他社会科学、人类学、社会学甚至文学,或"科学方法",历史学家仍是历史学家而不是科学家,他的主要领域在过去。二次大战后出现了一批业余的历史学家,像 C. 桑德伯格（Sandburg）、D. 弗里曼、R. 舍伍德（R. Sherwood）、B. 沃托（Voto）、M. 李奇（Leech）和 E. 福布斯（Forbes）等。他们的历史著作不仅具有较高的学术水平,而且具有文学意义。传记大量涌现,像美国历史上出自弗吉尼亚州的总统,三代亚当斯,以及林肯·卡尔洪这样的名人的生平常常被好几个传记作者详加撰述。这一时期的著名作品有《罗伯特·李》、《罗伯特·李的部属》、《保尔·里维尔》和《罗斯福与霍普金斯》。比尔德和 V. 帕林顿所开创的把政治史和思想史加以综合研究的作法在 R. 霍夫施塔特（Hofstadter）、A. 施莱辛格（Schlesinger）、J. 柯蒂（Curti）和 R. 加布里埃尔（Gabriel）等人的书中得到更进一步发挥。

在大学的历史系,各种研究美国文明的学会和交叉研究小组里出现了重视思想史和文化史的趋势。文献索引工作也得到极大加强。对历史现象进行交叉学科的研究获得了有意义的进展。C. 威特克、D. 汉德林和 T. 布利根等人有关移民对美国社会的影响的著作既增添了社会学知识,也增添了历史学知识。对经济感兴趣的历史家们着手撰写一些大公司的经济发展史。

军事史著作多起来了，军队允许那些有才能的历史学家查阅二次大战的战争档案。政府资助出版多卷本二战海、陆、空战史。对美国独立战争、一八一二年战争、美国内战和同印第安人之间的战争史的研究兴趣也再次增大。美国公路和铁路交通对美国社会经济生活的影响这样一些问题吸引了专业的和业余的历史家的注意，其中密西西比河流域历史协会的"勒克星顿小组"最为著名。①

---

① 本章主要根据20多年前本人的一篇译稿改写，由于无法找到原文，无法注明出处。

第十三章　批判历史哲学：历史事实、历史知识和历史客观性的限度

20世纪初以来，西方史学中出现了所谓"批判历史哲学"流派，它是对朗克客观史学的反制，也是对19世纪末叶弥漫于史学界的关于"终极史学"的乐观情绪的批判。西方历史学家对历史知识的性质、历史知识（历史话语，叙述和解释）的结构以及历史知识被创造出来的途径等等进行了极为深刻的探讨。批判历史哲学家既反对思辨历史哲学也反对客观史学的幼稚判断。他们对这些问题的思考使历史思维达到了一个新的高度，这些问题包括我们能够获得历史真理吗？历史家是在重建历史真实还是仅构筑了关于真实历史的一种说法？历史家是怎样了解过去的？这种知识可靠吗？批判历史哲学主要是由居住在欧洲大陆的学者们进行的，他们的批判对象不仅是实证主义史学观念，也针对思辨历史哲学而发。

19世纪下半叶，朗克和实证主义史学试图把历史学和关于人类历史的形而上学以及对历史的文学性描述加以分离。朗克在他的学术生涯的早期的1830年的一篇《论历史科学的特征》手稿中，就表现出要使历史学脱离诗学的特征，而向自然科学靠拢。他声称历史虽同时又是一门艺术，但它是有关收集，查寻和洞悉的一门科学。诗歌和哲学在观念领域活动，而历史则非得依赖现实，它的主题是人类的具体的经验或经历。他认为历史学的一些原则是：求真、以文献为基础的研究现象的环境和条件，相信前事决定后事，因而试图理解事件的因果关系。如前面已提到，朗克以他的研究成功地示范了这种历史观念和研究范式：对档案文献进行严格的批判，确定事实，找出他们的联系，并"客观地"叙述。实证主义从另一方面也强调了史学的科学性，认为对社会现

象的研究应该摆脱神学和形而上学的束缚,探讨社会事实的因果联系。

朗克的客观主义史学观念和实证主义理论都认为历史事实是客观存在的,历史家可以通过考证批判历史上流传下来的记录,从而发现历史真实,因为历史事实是自明的,不需要解释。历史家的工作主要就是去发现、考证和批判原始史料。这种客观历史观是同西方哲学的一个重要理论:反映论紧密相连的。反映论相信人心如一面镜子。所有的观念都源于心灵对外界的反映。客观就意味着心灵无成见。历史实证主义的另一基本观念是"关于研究对象的知识独立于研究主体的活动"的观点。历史知识的真理性在于它重构了过去史实。而这个历史真实是独立于历史家的思维的。这些观念我们在朗克和实证主义史家那里都可以找到。

在西方,修昔底德最早把追求历史真实看作是历史家的首要使命。17世纪的博学家们建立了缜密的批判考证史料的方法。然而他们在对这些史料进行评价上仍受到头脑中固有的伦理、宗教和政治意识的影响。到朗克那里,才把应当以一种"客观主义"的态度来生产历史知识上升到理论观念的地步。19和20世纪之交,关于历史是客观存在的和历史家能够客观叙述历史的思想是历史学当时发展成为一门学科的信念基础。可以说20世纪西方批判历史哲学正是围绕对这一主题的反思而展开的。

历史知识是历史家和过去对话的过程中产生出来的。它来源于历史家对过去所留下来的各种资料,遗迹和实物的加工、整理、编排和解释的产物。康德的理论显示人类的心灵并不是如白板反映外界。人类的思维实际是借助先验的范畴,如最基本的时空观,整理感性材料。这些基本的范畴和观念在不同的文化中是不同的。体质人类学家发现不同种族的人的体质和生理上的差异影响人的观察。历史学家也是借助于历史范畴,例如关于历史演化的方向的范畴和理论来观察、收集、整理和解释历史事件的。这些理论使西方不少史学家认识到朗克客观史学仅是一个高尚的梦想。

一、对客观史学观念的解构

进入 20 世纪,客观史学的基本概念首先遭到以狄尔泰为首的德国批判历史哲学家、意大利克罗齐和美国的贝克尔和法国的雷蒙·阿隆等人的质疑。克罗齐首先向 19 世纪这种对事实的偶像崇拜的历史观挑战。他声称,这种认为事实和解释相分离,解释是以事实为根据的观念是似是而非的。并没有已经制好的事实供历史家去发现。历史家往往为自己的研究目的而假设了历史"事实"。因此历史研究的起点就是"正在思考建构事实的头脑。"[①]

狄尔泰(Wilhelm Dilthey, 1833 - 1911)德国生命哲学的奠基人之一。他曾在海德堡大学和柏林大学学习,获博士学位。先后在巴塞尔大学、基尔大学和柏林大学任教授。主要著作有《精神科学导论》、《精神科学中历史世界的建构》和《历史理性批判》等。狄尔泰认为自朗克起,历史学已成为一门独立的学科,但还缺少坚实的认识论和方法论基础,因此应当向康德那样批判历史理性。他提出体验是历史认识论中的首要概念,历史本质上是人类精神的历史,只有认识客观精神才能理解作为人类精神生命的表现的历史,他进而探讨是属于精神科学的历史知识成为可能的理性能力的范畴,特别是手段、价值、意义和目的等。狄尔泰认为精神科学和自然科学的研究对象和方法不同。包含历史学在内的精神科学有自己的独特的认识论和方法论基础。历史知识的获得是靠体验进入精神生命的深处。"体验是对实在的一种领悟",[②]它需要投入、重构和再体验,对过去事件的重构和再体验需要历史家的天才和历史意

[①] 克罗齐:《历史学的理论和实践》(Croce, Benedetto. *History*: *Its Theory and Practice*, New York: 1960),第 75 页。

[②] 狄尔泰:《对他人及其生命表现的理解》,载何兆武主编译:《历史理论与史学理论——近现代西方史学著作选》,北京:商务印书馆,1999 年,第 329 - 333 页。

识的发展。狄尔泰认为施莱尔马赫的解释学是历史学和精神科学的方法论基础。

新康德主义弗莱堡学派的学者文德尔班(Wilhelm Windelband, 1848 – 1915)和李凯尔特也从康德的观念出发来探讨朗克史学所引发的认识论问题。文德尔班曾在耶拿和哥廷根大学学习,后在弗莱堡大学和海德堡大学教哲学。它的主要著作有《历史和自然科学》以及《历史哲学》等。他重点探讨历史认识论中的价值判断问题。他认为康德在分析自然科学基础上形成的认识论没有看到与之相区别的哲学知识的特点和认识主体的价值判断的作用。他认为哲学、数学与经验科学有区别,经验科学的任务是认识外界可感知的现实,他的理论以一般原则的形式出现,同时要能通过感觉加以证实。经验科学在对现实事物的探索中,要么寻找自然阿规律形式下的共相,要么是历史形态下的殊相;他所考察的要么是永远如此的内容和长往不变的形式,要么是现实事件的一次性的,特定的内容。科学思维在前一场合是寻求法则的,在后一场合是描述特征的。作为描述科学的历史学需要向制定法则的学科学习。文德尔班把事件和规律,个别和一般完全对立起来,具有片面性。实际上从类似事件中概括结构或模式也是许多描述事件的历史著述的特征之一。

从康德和黑格尔的路线,在意大利产生了历史认识论的新黑格尔主义,其著名代表是本尼戴托·克罗齐(Benedetto Croce, 1866 – 1952)。他曾在罗马大学读书,他的老师是意大利著名的马克思主义理论家拉勃里奥拉。克罗齐逐步建立起自己的哲学体系,1903年创办《批评》杂志。他当过意大利内阁部长。主要著作有《历史唯物主义与卡尔·马克思的经济学》、《精神哲学》、《论维科》和《作为思想与行为的历史》。克罗齐把人类历史看作是精神的历史,认为"每一部真正的历史都是当代的历史"。因为我们对某一历史事件的兴趣的形成与当前的社会兴趣有关;其次,我们对历史的提问与我们的存在有关系。克罗齐区分了"编年史"和"史学意义上的历史写作"。他声称编年史是"死的"、"以往的"历史,而"历史写作"则是"活的"、"当代的"历史。"先有编年史,后有历史事实"。无论把历史资料分为记述和文献,它们都是精神的创造物。"文献和批评,生活和思想"是历史写作的不可分割的部分。①

美国历史学家贝克尔(Carl Becker,1873－1945)从盎格鲁－撒克逊的经验主义立场,也对朗克史学观念的核心——"历史事实"的"实体性"进行了澄清。贝克尔1896年在威斯康星大学获博士学位。曾在明尼苏达大学和康乃尔大学任教,主要著作有《十八世纪哲学家的天堂》、《革命前夕》和《现代史》等。但是他的最著名论著还是一篇题为《什么是历史事实?》的论文。1926年贝克尔在纽约举行的美国历史协会年会上宣读了这篇文章,1955年才正式发表在《西方政治季刊》上。贝克尔举"公元前四十九年恺撒渡过卢比孔河"这样一个"历史事实"证明"历史事实"并不是一个像物质例如砖头和石块那样有一定形状和坚实的东西,而是"一个象征,一个概括了许许多多简单事实的叙述"。恺撒渡过卢比孔河是与我们所理解的恺撒渡河的背景,它所造成的影响和意义等等联系在一起的。例如罗马元老院要恺撒辞职的命令,恺撒的抗命,卢比孔河位于意大利和高卢的交界处等等。史学家所接触的是证明曾发生这一事件的记载。② 换句话说,所谓"事实"是他根据这些记载而在想象中进行的逻辑推理。

法国历史家列维·布鲁尔从另一个侧面对客观史学的基本范畴"事实"挑战。在他看来,历史家更多地是去关注社会所认为是真实的,而不是实际的、粗糙的事实。建立在19世纪分解式历史编纂学基础上的这种把事实等同于著名的事件,把历史等同于对事件的平铺直叙的观点不适合现代解释历史的需要。从历史相对论出发,另一位美国历史协会主席比尔德也否认历史客观性的可能。

比尔德(Charles Beard,1874－1948)曾任美国历史协会主席。他毕业于牛津大学,后在哥伦比亚大学当教授。他的主要著作有《欧洲史纲》、《美国人

---

① 克罗齐:《历史和编年史》,载张文杰等编译:《现代西方历史哲学译文集》,上海译文出版社,1984年,第291－301页。
② 卡尔·贝克尔:《什么是历史事实?》,载张文杰等编译:《现代西方历史哲学译文集》,上海译文出版社,1984年,第224－229页。

第十三章　批判历史哲学:历史事实、历史知识和历史客观性的限度

民史》、《美国外交政策》、《美国文明的兴起》和《美国宪法的经济观》等。后书认为美国革命后的宪法是各派经济集团利益冲突的产物,宪法的政治话语表现了各派的经济目标和妥协。他的经济观在美国曾影响很大,并由此成为美国经济史学派的重要学者。比尔德对历史事件的重构过程中的主观因素进行了探讨,他声称历史客观性是一个高尚,但却达不到的梦想,这个梦想认为能获得关于过去的完整的、不偏不倚的知识。然而历史家不可能客观地再现历史事件,因为该事件已逝去了。有关的记载再完整也不可能全面。材料因而是残缺不全的。历史家必须选择材料。而选择时,又受到头脑中已有的有关该事件的结论的影响,因此会按照某一框架来选择材料。对同一事件常会有几个框架。"每一段成文史……都是对事实的选择和整理……,与价值相连的选择,确定和阐述的结果。"①换句话说,历史学家关于事件的描述不可能穷尽与事件相关的所有小事件、人的活动和观念等。因此必须去选择某些与事件相关的材料,而反对其他说法或断言。是什么导致历史家从特定事件的所有可能真实的断言中做出某些判断?是历史学家头脑中的目的。并不是所有的事件都可成为历史。只有那些对著述者来说具有社会含义的事件才成为历史事实。

19 世纪实证主义史学的哲学基础是反映论。而 20 世纪的相对主义史学理论的哲学基础则源于体验论,他们认为历史知识起源于历史家的内部体验。新康德主义哲学家狄尔泰仿效康德,对历史学进行认识论批判。他提出历史认识的起源和基础在于内部经验,即体验。因为历史家所接触到的素材都是僵死的文字数据、古迹、考古发现等。历史家要探讨它们的社会历史含义,彼此的联系以及留下这些遗物的人和社会的精神思想,只能通过自己的思想设身处地地去体验。换句话说,让过去在自己的精神想象中复活。克罗齐在此

---

① 查尔斯·比尔德:《那个高尚的梦想》(Beard, Charles. "*That Noble Dream*" in Stern, Fritz. *The Varieties of History: From Voltaire to the Present*, New York: 1972)。参见查尔斯·比尔德:《作为信念活动的历史写作》(Beard, Charles. "*Written History as an Act of Faith*"),载麦尔哈夫编,《当代历史哲学论文集》,第 141 页。

基础上提出一切历史都是当代历史思维史。

科林伍德更进一步归纳为：一切历史都是思维史。"历史思维是对事实世界的领悟"，"历史哲学就是对历史思维的研究"，它是"对历史思维的前提和含义的一种批判性的探讨，是为发现历史思维在整个人类经验中的位置、它与其他经验形式的关系、它的起源及其有效性所作的一种尝试"。① 历史文献和资料是共同的记忆。罗宾·科林伍德（Robin Collingwood, 1889－1943）是新黑格尔主义哲学家和历史学家，他毕业于牛津大学，先后在牛津大学和剑桥大学任教。他也是研究罗马统治时期的不列颠史的权威，他的主要著作有《罗马统治时期的不列颠史》、《历史哲学论文集》、《艺术原理》和《历史的观念》等。科林伍德认为历史哲学是对历史进程中的计划的一种的解释。他批判极端神学决定论已过时，认为历史中展示出来的计划，并不是预先就存在的，"历史是一场即席演出的戏"。② 在科林伍德看来，"一切历史都是艺术，因为讲故事是一种艺术，但讲真实的故事却是历史。"历史学家需要想象，但这种想象同小说家的想象不同，"历史学家的想象是一种经过训练的想象，其目的是寻求事实真相。"③英国当代著名历史学家凯斯·托马斯也认为历史是艺术与科学的综合。

体验论在看到反映论的弱点，即人的观察思维或者说心灵并不是白板一块，而是带有种种时代的、社会的、个人的成见和观念时，过分夸大了历史思维的作用。实际上，历史叙述或解释并不能脱离具体的史料。历史思维在很大程度上表现为历史家对史料的整理和解释。

被评为"洞察力堪与分析哲学相媲美的"批判历史哲学家④雷蒙·阿隆提出在所有的历史记叙中，原就存在某种历史哲学的成分，这种成分是隐蔽的、

---

① 科林伍德：《历史哲学的性质和任务》，载张文杰等编译：《现代西方历史哲学译文集》，上海译文出版社，1984年，第158－159页。
② 同上，第152页。
③ 同上，第162页。
④ 保罗·利科著，王建华译：《法国史学对史学理论的贡献》，上海社会科学院出版社，1991年，第29页。

含糊不清的。他认为在探索历史知识的过程中,经历了三个时期:1)神话和传说时期;2)科学考证时期;3)批判思考时期。雷蒙·阿隆(Raymond Aron,1905 – 1983)也曾任科隆大学、巴黎高等师范学院教师。二战期间在法国空军服役,参加戴高乐在伦敦的抵抗运动,并担任《自由法兰西报》主编。战后任巴黎(索邦)大学政治学院、文学院和国立行政学院教授。他同萨特过往甚密。阿隆的主要著作有《历史哲学导论》、《知识分子的鸦片》、《社会学思想的阶段》和《帝国共和国:1945 – 1972》等。阿隆批判斯宾格勒的历史图式排除偶然事件,压缩多元性并描绘出一幕演化过程或者一种宿命的辩证法,是超出实证知识的哲学,是建立在独断论性质的形而上学概念如文化的生长和死亡的基础之上的。

二、对历史事实和历史客观性的再探讨

1. 对历史事实的重新定义

20 世纪上半叶起,西方历史学家们对什么是历史"事实"进行了批判性的重新思考。相对主义者在 20 世纪上半叶的分析批判使很少人认为历史事实会自己说话,或者阐明自己的价值。但是许多历史学家也不同意贝克尔关于事实只是一个象征,历史家可随意构造的看法。他们进一步的辨析,区分了事实与事件。"事实"被理解为是对事件的一种陈述或确证,而不是一独立的实体,也不是"关于过去事件的真实的描述"。[1]对事实的重新定义受到语义分析哲学的影响,上述解释很符合中文的词义。在汉语中,事 = 事件;实 = 真相。事件真相也含一种对过去某一事件的某种陈述和评判。而这种陈述和评判被

---

[1] 费希尔:《历史家的谬误:寻找历史思想的逻辑》(Fisher, David. *Historians' Fallacies*: *Toward a Logic of Historical Thought*, New York: 1970),第 66 页。

认为是符合真相的。传统的观念把"事实"和"事件"混同使用,模糊了历史叙述中的事实和过去事件的差别。

贝克尔在他 1932 年任美国历史协会主席的讲演中,宣称"事实"并不像自然界中的物质,坚实、有形体。事实本身是对许多小事实概括的结果。而这些小事实是历史家在与该中心事件相关的更广泛的历史联系中选择出来的。因此,它类似一个象征符号。① 贝克尔的理论被不少历史学家评为是对"历史学的最大破坏"。曼德尔鲍姆反驳贝克尔的相对主义理论,认为过去发生的事实是确实的。②当然这里,曼德尔鲍姆主要是指第一种含义,即作为"事件"的事实。而贝克尔更多地是指后一种含义的事实,即关于过去事件的真实陈述。后者确实在不同的时代会不同。"尽管过去的事件是以那种而不是以其他方式发生了……事实,或者说关于过去事件的真实陈述随着将来其他事件的出现能够而将改变"。③

科林伍德对此评论说:"从来没有一个历史事实被完全确定过,但它可以逐步被确定……从来没有一种历史陈述能够揭示一个事实的全部真相"。"我们只是借助于对比我们现在和过去的经验,才确定我们感知的东西究竟是这还是那"。每个历史家都从自己的视角来观察问题,所以只能看到事实真相的一个方面。④ 对历史事实不确定的根源,费希尔和卡尔等人提到了两方面的原因,a)"过去某一事件的意义总是部分地依赖后来的事件"。⑤ 后来

---

① 卡尔·贝克尔:《什么是历史事实》(Becker, Carl. "What are Historical Facts"),载汉斯·麦尔哈夫编:《当代历史哲学论文集》(Meyerhoff, Hans. *The Philosophy of History in Our Time*: *An Anthology*, Garden City, New York: 1959),第 120-125 页;和张文杰等编译《现代西方历史哲学译文集》,上海译文出版社 1984 年版,第 228-229 页。

② 莫瑞斯,曼德尔鲍姆,《评论》,载《哲学杂志》,1952 年 49 卷(Mandelbaum, Maurice, "Comments" in *The Journal of Philosophy*, vol. 49.1952),第 360 页。

③ 费希尔:《历史家的谬误:寻找历史思想的逻辑》(Fisher, David. *Historians' Fallacies*: *Toward a Logic of Historical Thought*, New York: 1970,第 66 页。

④ 科林伍德:《历史哲学的性质和任务》,载张文杰等编译:《现代西方历史哲学译文集》,上海译文出版社,1984 年,第 158-164 页。

⑤ 费希尔 1970 书,第 66 页。

的发展会使该事件在一连串的事件序列中的意义不同,对历史的解释也发生变化。① b)对历史事件的解释还会因为进行这种解释的主体的思想价值观随时代的变化而变易。卡尔就指出,事实"属于过去",而史家则是"现在的一部分"。历史学家寻找和收集"基本事实"。它们之所以成为历史叙述中的事实仅仅是它们被选择出来并被加以解释,才成为有历史意义的。② 卡尔的话语虽有相对主义之嫌,但在某种意义上也揭示了历史写作中主体与客体的复杂关系。

2. 对历史知识的客观性限度的探讨

历史知识就是历史学家所普遍同意的关于某些事件的描述。事实是历史学家目前所同意的关于事件真相的说法,例如科林伍德就持这种见解。可以说,历史真实就像绝对真理,而历史家的叙述如相对真理。随着更多的证据的发现和有问题的陈述被推翻。历史叙述将越来越接近历史真实。历史知识并不是由一套准确的,没有问题的类似真理的陈述句构成。它是一套相互限定的陈述或假设,其中完全可以肯定的"事实"仅是少数,但这样一套陈述和假设却能构成关于历史事件的一连贯的和较为可信的说法。关于历史知识的另一派观点称为"构建主义"(reconstruction)。在构建主义看来,真正的知识是那些知识对象能被研究者所感知或直接面对的。由于历史家不能再直接面对研究对象。因此他只是根据某些规则,构建关于过去的故事,而不是发现一个独立存在的过去事件的事实。尽管历史家也面对一些现存的对象,例如历史文献和其他历史证据,但这些物证只构成了关于现实世界,而不是过去的一连贯的叙述。③ 美国哲学家麦兰德和奥克哈特(Michael Oakeshott)持这种

---

① 这点可以用我国学者对洋务运动的解释来说明,由于我国在 80 年代的对外开放和改革,80 年代对洋务运动的性质及后果和解释已与 50 年代的不同。
② 卡尔:《历史是什么》(Carr, E. *What is History*? Harmondsworth, 1964),第 30 页。
③ 见麦梯兰德:《怀疑论和历史知识》(Jack Meitland, *Scepticism and Historical Knowledge*, Random House, 1965)。

观点。

英国历史哲学家沃尔什在谈到历史客观性问题时,认为它是"分析历史哲学中最重要而又最令人困惑不解的问题",①因为历史学家是各以其自己的哲学观念在看待过去的,这对他们解说历史的方式有着一种决定性的影响。沃尔什(William Walsh, 1913－1968)曾在牛津大学和爱丁堡大学当教授,他的主要著作有《理性与经验》、《形而上学》和《历史哲学导论》等。后书是西方历史哲学的很有影响的名著,探讨历史解释,历史知识的客观性、真实性和因果性问题。把 20 世纪西方历史哲学的两个重要流派称为"思辨历史哲学"和"分析的历史哲学"就是沃尔什首先在此书中提出的。

可以区分出两派观点,一派认为历史知识具有某种客观性,因为在我们之外存在一个作为研究对象的真实的过去。实在主义者如曼德尔鲍姆和特纳认为的确存在不依后人的观点和理解而改变的历史客体。尽管历史家不可能成为完全没有偏见的历史现实的镜子,历史证据也支离破碎,历史学家的社会存在也在变化,以及不可能当面观察一个永远消失了的过去等,使历史叙述不可能和真实相符合,但这并不意味着历史事件改变了。而只意味着我们对事件的理解改变了。历史研究的对象仍是这些事件。历史家的目标是讲述真实生活的故事。②

实在主义的另一个重要观点是认为过去有一内在结构,这个结构是历史叙述的对象。曼德尔鲍姆就认为,社会和它的各个方面在历史上是客观真实的,有其结构和特征。它们不依赖我们所选择的观点而改变。莫里斯·曼德尔鲍姆(Maurice Mandelbaum, 1908－   )是美国历史学家,曾任达特莫兹大学和约翰·霍普金斯大学教授,是美国哲学学会会长,并兼任《历史和理论》杂志编委。他的主要著作有《历史知识问题:对相对主义的回答》和《道德经验

---

① 沃尔什《历史哲学导论》(W. Walsh, *Philosophy of History: An Introduction*, New York: 1960),第 94 页,引自中文译本。
② 弗里德里克·特纳:《历史的意义》(Turner, Frederick. "*The Significance of History*"),载斯特恩:《多样化的历史写作:从伏尔泰到现在》,1972 年版,第 200 页。

第十三章 批判历史哲学：历史事实、历史知识和历史客观性的限度

的现象学》等。正如曼德尔鲍姆总结,贝克尔和比尔德等相对主义者都认为历史谈论的是人类的全部过去,历史学家必须从过去所说和所做的全部事物中选择素材。①

分析历史哲学家,如德雷从历史研究与自然科学的差异的相对性出发来辩护历史研究的科学性。他的论点是:在研究者对研究的题材有选择性和掺入价值判断上,历史研究并不是独一无二的。的确,自然科学也研究个别现象(如某一次火山爆发)。历史研究者也试图建立一般结构和原则。没有任何科学家能够研究他领域的一切。他也选择特定方面或问题。这样,他也像历史家一样从他自己的兴趣出发,并暴露出自己的价值判断。②德雷的论点的确有其合理的地方。在物理学中,对事实的观察会由于方法和实验手段的差异而导致不同结果。例如用 X 光测电子的位置。由于 X 光的能量比电子的能量大 1000 倍。一旦光子碰到电子。碰撞就将使电子离开轨道。在这种情况下,测量的企图会改变待测量物体的状态。"到了这种程度,每个物理过程都可以说成是具有客观性和主观性的特征"。③爱因斯坦的相对论也告诉我们"对于一个静止的观测者来说是同时出现的事件,对另一个运动的观测者就未必是同时的了"。④

相对主义者从社会学和心理学的角度上去质疑历史客观性问题。而实在主义则从方法论和逻辑结构上去论证历史研究的客观性问题。曼德尔鲍姆指出对历史表述的环境进行社会学的批判丝毫也未触及对历史叙述本身是否真实的问题。⑤像自然科学一样,历史叙述的可靠性应该看它同证据的逻辑关系

---

① 曼德尔鲍姆:《历史中的客观主义》,载张文杰等编译:《现代西方历史哲学译文集》,上译文出版社,1984 年,第 287 页。
② 威廉·德雷:《历史哲学》(Dray, William. *Philosophy of History*, Englewood Cliffs, N. J. 1964),第 29 页。
③ 见海森堡:《原子物理学的发展和社会》,中国社会科学院出版社,1985 年,第 98 页。
④ 同上,第 98 页。
⑤ 莫瑞斯·曼德尔鲍姆:《历史知识问题:回答相对主义》(Mandelbaum, Maurice. *The Problem of Historical Knowledge: An Answer to Relativism*, New York: 1967),第 184 页,首次出版于 1938 年的该书提出了许多客观主义的基本论点。

是否严密。当代历史研究在对证据的分析和研究结果的表述上同自然科学并无多大差别,可以说是遵循同样的方法论原则。实在主义者据此反驳相对论:我们虽然承认人不可能去了解认识过去的全貌和全部真相,但这并不等于说对过去的某些方面不能得出从逻辑上来说站得住脚的结论。[①] 个人的偏好和社会成见影响历史家对史料的选择和解释,并不意味着研究不可能获得站得住脚的对事件的解释。[②]

实在主义历史哲学家曼德尔鲍姆在他那本 1967 年发表的《历史知识问题:对相对主义的回答》的书中,在接受相对论者的许多批评意见时,也提出了许多客观主义的观点。他认为不应当过分夸大历史研究的非客观性。相对论者对客观性这个词的解释过分严格。因为没有那门科学,包括自然科学能够宣称其知识是终极真理。或在其学科领域获得学者的普遍赞同,所以历史学和自然科学在这点上处于同等地位。

在反驳相对论的论战中,实在主义历史哲学家们对历史客观性进行了重新定位。绝对,超然的客观的观念让位于有限的客观的观念。客观被定义为在学科领域内得到普遍认同。曼德尔鲍姆解释说。在研究中如果我们说某些研究结论客观,并不是说这些结论符合一个与人的探索相分离的一个抽象意义上的真理,而是说它们能被所有认真研究此问题的人所接受。沃尔什提出了一个所谓"透视观理论"他认为使一种探讨方式客观不在于它像镜子一样如实地反映一个独立的对象。而在于它是否发展出一套思考其研究对象的标准方法。这就是说,其研究者在什么构成研究素材和怎样研究上多少有一致

[①] 莫顿·怀特:《历史能够是客观的吗?》(White, Morton. "Can History Be Objective?"),载麦尔哈夫编,《当代历史哲学论文集》第 193 – 196 页;赫克斯特:《历史家和他的时代》(J. Hexter, "The Historian and His Day"),载赫克斯特编:《重新评价历史》(Hexter, J. Reappraisals in History, Evanston, 1961),第 189 页,该文是专业历史写作者对相对论批判的力作;戴维·费希尔:《历史家的谬误:寻找历史思想的逻辑》(Fisher, David. Historians' Fallacies: Toward a Logic of Historical Thought, New York: 1970),该书分析了历史相对论的一些基本论点,驳斥了历史家不能发现客观真实的错误观点。

[②] 恩斯特·纳格尔:《历史分析的逻辑》(Nagel, Ernest. The Logic of Historical Analysis),载麦尔哈夫编,《当代历史哲学论文集》,第 203 – 215 页。

第十三章 批判历史哲学:历史事实、历史知识和历史客观性的限度

同意的原则和方法。客观就意味着准确地从其学科观点,而不是以其他方式描述研究对象。①这种理论同库恩的科学范式理论接近了。

客观性也体现为一种避免主观性的高度觉悟。实在主义者梅尔登对此阐述说,我们承认历史研究是人去研究人的行为的过去。因此历史研究比自然科学更易受到社会偏见的影响。相对论者提出社会科学不可能是中性的是有一定道理的。客观性因此最好不要理解为绝对的中性,而应理解为"一种高度的觉悟。它意识到研究者作为一个社会存在物。其观点可能会给研究带来某种偏见,歪曲和错误。因而采用各种可能去达到合理性和可信性的标准"。②罗素曾经说过,哲学分析的任务就是去揭露那些似是而非的"先验的证明"然后把剩下的问题置于"经验的基础之上"。20世纪下半叶西方历史学界的上述辨析,在一定程度上使历史知识的性质变得更为清楚。

---

① 沃尔什:《历史哲学导论》(Walsh, W. *Philosophy of History: An Introduction*, New York: 1960),第109页。

② 美尔登:《历史客观性,一个高尚的梦想?》(Melden, A. "*Historical Objectivity, A Noble Dream?*" in Nash, Ronald. *Ideas of History*, New York: 1969),第200页。

第十四章　二十世纪：历史观念和写作范式的变迁

　　批判历史哲学家解构客观主义史学认识论的同时，对传统世界史编撰体系的解构也出现了。20世纪上半叶，斯宾格勒和汤因比等提出以文明史为单位重新回顾人类历史的发展。斯宾格勒批判旧世界史的"托勒密体系"，认为它是以欧洲为主线把中国和埃及等其他文明的历史缩小为"插曲"，妨碍了历史家正确判断西方在世界上的重要性的相对性。他也批判古代、中世纪和近代的历史单线论的分期模式主宰西方历史思维，错误地把东方历史视为是静止的，而只有西方历史是进步的。[①] 斯宾格勒提出文明"形态学"来代替带有偏见的"排列史实"的旧世界历史编撰框架。新的世界史观重视使用类比的方法从生成和发展的角度来领悟世界历史的"活的形式"，它的周期性。

　　他们看来，世界历史可以被视为是8种文化或21种文明的生活史，每一种文明或文化形态都是一有机体，它们的历史发展显现为如有机体一样的萌芽、开花、结果、枯萎或幼年、青年、成年和老年诸阶段的循环周期。斯宾格勒相信，每一种文化都有自己的观念、情欲、生活愿望和情感。"文明是文化的不可避免的归宿。"[②]文明形态史观为后来的全球史观开辟了道路，它也是20世纪末叶国际关系研究领域内的一个重要理论，即亨廷顿的文明冲突论的历史观念基础。

　　[①]　斯宾格勒：《西方的没落》参见何兆武主编：《历史理论与史学理论——近现代西方史学著作选》，北京：商务印书馆，1999，第654–657页。
　　[②]　斯宾格勒：《西方的没落》见上引书第665页。

一、文明形态论

斯宾格勒(Oswald Spengler,1880 – 1936)生于德国布兰登堡,先后在慕尼黑大学、哈雷大学和柏林大学学习数学、哲学、历史和文学。1904 年获得柏林大学博士学位,其博士论文以希腊哲学家赫拉克利特为题。斯宾格勒毕业后在一所地方中学任教,生活境况艰苦,微薄的收入甚至使他无力购书。1911年,斯宾格勒继承了一笔遗产,便迁居慕尼黑,开始写作《西方的没落》,该书的一二两卷于 1918 年和 1922 年出版。斯宾格勒打破长期主宰西方历史研究的所谓"托勒密体系",即古代——中古——近代思维模式,把世界历史看做是各种文化的"集体传记"。他也反对把人类历史视为是某种世界精神的展开和人类历史具有目标的观点。他认为,世界历史上的重要事件和人物在数量上虽是有限的,但时代、情景和人物却"都是符合类型地重复出现的,人们讨论拿破仑时很少有不旁及恺撒和亚历山大"。可以用类比来领悟世界历史上的活生生的人类社会的演化的"形而上的结构的东西",这就是他的所谓"世界历史的形态学"观念。

《西方的没落》以"文化"来置换"国家"作为世界史研究的基本单位,以多线论的视野替代单线演化模式。斯宾格勒建构了世界历史上的八种高级文化:埃及、印度、巴比伦、中国、古典(希腊和罗马)、阿拉伯、墨西哥和西方文化发展的周期性模式。他认为,与整个人类演化的漫长时期相比,这八种文化可以看作是同时性的。斯宾格勒划分了原始文化和高级文化两大时代。他把高级文化的发展分为四个阶段:前文化时期、早期文化、晚期文化和文明时期,与精神上的春、夏、秋、冬四季相对应。在文化发展的第四阶段——"文明时期",精神创造力消失了,艺术沦为奢侈、享乐和刺激,个人主义的出现使世界陷入了空前残酷的战争之中。原始的人类状态逐渐取代文明的生活方式,文化的生命终结,并重新进入原始的无历史时期。

斯宾格勒反对西方中心论史观,批判西方史学编撰忽视非欧文明的倾向。在斯宾格勒看来,任何文化都逃脱不了衰亡的宿命。斯宾格勒认为,在世界八种高级文化中,除西方文化外的其他七种文化都已死亡,进入无历史时期。西方文化也已进入衰落阶段。斯宾格勒认为一切文明,包括西方文明,均将灭亡。斯宾格勒的理论通过历史著述的形式把当时欧洲一战后流行的悲观情绪表达出来。从学术史的角度上来讲,斯宾格勒的比较文化研究对应于19世纪末20世纪初文化人类学的兴起。

如果说斯宾格勒独辟蹊径,首先提出以文化(文明)为研究单位,汤因比则着重探讨了文明的起源和成长的动因以及历史上所常见的"社会瓦解的有规律的模式"。他把近六千年地球上出现的21个"文明"也看作是同时代的,试图用英国经验主义的方法来发展斯宾格勒依靠先验论创立的世界历史研究的形态史学。汤因比重在研究是什么力量使人类少数社会摆脱懒散的原始状态,而创造出"文明"。[1] 汤因比(Arnold Toynbee,1889－1975)出生于英国伦敦书香门第之家,自小受古典文化影响。他曾在牛津大学贝里奥学院修拉丁和希腊文学。后又在古希腊史与现代史比较研究学者阿·齐默恩(Alhed Zimmern)的指导下研究古希腊罗马史。汤因比在雅典进修一年,并前往希腊各地考察古文化遗址。1912年,他回到牛津大学教授古代史。一战期间,汤因比在英国外交部工作,任英国近东问题顾问。1919年后,汤因比出任伦敦大学教授,主讲拜占庭史和希腊近代史,并担任英国皇家国际事务学会年刊《国际事务概览》的主编、学会研究部主任、英国皇家科学院研究员。二战期间,汤因比任英国外交部研究司司长。

汤因比的著作很多,长达12卷的《历史研究》出版于1934到1961年,其他还有:《民族与战争》(1915年)、《一个历史学家的宗教观念》(1954年)、《基督教在世界各大宗教中的地位》(1958年)和《希腊文明时期:一个文明的

---

[1] 汤因比:《历史研究》,参见何兆武主编:《历史理论与史学理论——近现代西方史学著作选》,北京:商务印书馆,1999年,第773页。

历史》(1959)等。在汤因比的眼中,世界历史是21种文明的诞生和衰亡的过程。各种文明是在内外挑战和应战中演变的。文明的成长表现为对环境控制力量的增强,包括技术进步、军事征服、地理扩张;从内部来说,表现为文明有了日益增强的内部自决能力和自我表现能力。文明首先起源于自然环境的严峻挑战。如古埃及文明起因于干燥气候的挑战;中国文明形成于应付黄河流域洪水的挑战。第二代文明起源于人为环境的挑战。文明的成长不是必然的,文明随时可能在其生长的某一个阶段上衰落下来。衰落的原因是文明创造性的消失,文明的发展使原先的少数创造者逐渐丧失创造力、蜕变为文明社会的压迫者。他们依靠强权压迫多数无产者,激起无产者的脱离意志,造成内部分裂和阶级战争。该文明周边的各个民族也退出并组成一个外部无产阶级,成了不时威胁解体中的文明的蛮族军事集团。文明就在这两种力量和意志的冲突中衰微。有些情况下无产者对社会文明环境恶化的富有成效的应战能产生更高级的文明形态。

在文明发展的第三阶段,即"大一统国家时期",统治者把一种大一统的国家政治制度强加于文明,以此恢复社会的统一,这可以由本国的统治者或外来的蛮族军事集团来实现。大一统国家暂时制止了导致文明衰落的动乱,恢复了秩序。大一统国家失败后,便进入文明的第四阶段——"间歇时期",文明的崩溃全面展开。贫苦阶级为逃避难以忍受的生活,建立并在精神上皈依大一统教会。大一统的教会保存和嬗递了文明的种子。不久,外部无产阶级,即蛮族开始了劫掠性的民族大迁徙,摧垮解体中的文明,社会堕入黑暗,旧文明灭亡了。蛮族军事集团也同归于尽。黑暗的"间歇时期"中,大一统教会成为孕育新文明的母胎;旧文明的废墟成为新社会的摇篮。在汤因比的眼中,文明兴衰不是封闭的圆圈式的运动,而是向更高方向运动的螺旋发展。

汤因比的理论被评为是建立在对人类历史的经验归纳上的思辨哲学体系,在中国和欧洲历史上可以找到若干历史事件作为其例证。欧洲中世纪基督教文明是对罗马文明衰亡的应战,中国春秋战国时期标志着中国远古文明的衰落。当时的挑战是如何使中国免于在战乱中毁灭,以及如何使礼崩乐丧,官方伦理秩序遭到破坏的局面恢复到周初的所谓文明典范时期。孔子的哲学以及秦汉的法家和儒家所发展出的法制和礼仪规范成功地使中国文明在应付这一挑战时进一步成长。雅斯贝思的"轴心时代"理论所指的那个时代可以被理解为是世界几大古典文明,中国、印度、希腊罗马和中东地区应付第一代文明衰亡的挑战。

卡尔·雅斯贝斯特别探讨了文明形成的关键时期即"轴心时期"的历史状况。**卡尔·雅斯贝斯**(Karl Jaspers,1883－1969)是德国存在主义的代表人物之一。他早年是精神病医生,后任心理学教授和哲学教授。雅斯贝斯贬低理性,认为客观的研究方法不能提供世界的一幅统一图景。雅斯贝斯对历史的论述,构成了他的存在主义哲学的一个重要部分。他的主要历史著作是发表于1949年的《论历史的起源和目的》。

在雅斯贝斯看来,哲学的核心是认识人的生存,但人的生存只有通过历史才能加以认识。他认为近代以前世界的历史虽然只不过是各地区历史的聚合,并不存在世界整体的历史,但人类有共同的起源和目标。在他所抽象的世界历史发展框架中,人类的历史分为四个发展阶段:

a)史前时代。由于语言的应用、工具的发现、火的使用和人类共同体的形成,人第一次超出了生物学物种的规定而变成了真正的人。

b)古代文明。公元前5000年至公元前2000年。古代文明相继在西亚、北非、南亚的印度和东亚的中国等三个地区产生,形成了文明社会的国家,有了文字、共同的语言、文化和神话的形成产生了各个民族。在这三个文明中,人的创造性发展了。这种内部转变使人类从非历史进入了历史。

c)轴心期。从公元前800年至公元200年,以公元前500年为中心,人类的精神基础独立地奠立于中国、印度、波斯、巴勒斯坦和希腊。直到今天,人类仍然附在这种精神基础之上。轴心时期人类从哲学上总结和抽象以前数千年的生活实践,探究了以前无意识接受的习俗和行为模式,"宗教伦理化了"。哲学家首次出现。孔子、佛陀、琐罗亚斯德、荷马等少数贤哲的精神探索活动标志着人类精神的觉醒。人开始意识到了自己的独立存在,并在自己身上发现最根本的精神源泉,以自己的内在来从精神上超越自身和外在的世界,形成了关于人和世界的哲学、宗教和道德意识。"我们今天所了解的人开始出现",轴心期是"人性形成的最有成效的历史之点"。至今人类的重要的精神文化成果大都在这时产生。但轴心期不是直线进步的时期,个别贤哲实现的最高思想潜力及其表达没有成为共同的财富,在政治上到处都产生了庞大的帝国。

d) 科技时代。以自中世纪末到20世纪的欧洲为标志。现代科学技术使欧洲产生了有别于其他文化的特征,技术的发展使世界缓慢发展成以欧洲为中心的世界总体。科技时代也有一些新的精神创新,但其基本精神基础却是在轴心期确立的,每一次创新都要借助于并且回归到轴心期的伟大精神遗产。史前与古代文明可以说是间歇期,而轴心期则是突破期,科学时代是第二个间歇期,是集聚力量以准备进入第二个即新的根本突破的轴心期的间歇阶段。雅斯贝斯对轴心时期人类文化发展的诠释已成为历史知识的重要内容之一。

二、现代化历史研究

20世纪50和60年代,西方历史研究领域形成了专门研究传统农业社会向现代工业社会转变的历史。它虽然重点放在经济发展层面,但也涉及那些影响经济发展的文化和社会因素,例如布莱克的《现代化的动力》对政治现代化进行了系统的探索,英格尔斯的《人的现代化》和亨廷顿的《变动社会中的政治秩序》等。早期的现代化历史研究理论以欧美国家是如何发展到现代以及非欧国家怎样才能向欧美型现代社会转变为框架,带有欧洲中心论色彩。

现代化理论从60年代起成为世界历史编纂的重要理论之一,指导许多历史研究者组织史料,解释历史事件。许多西方学者都以现代化理论框架解释发展中国家的近代史,例如美国汉学界在20世纪中叶就是以西方现代性对中国传统社会的挑战及中国的应战为线索来观察解释中国近现代史。以现代化理论来研究地区或国家的历史的名著有费正清的《传统与变革——东亚历史》和西里尔·E.布莱克的《日本和俄国的现代化》以及罗兹曼的《中国的现代化》。

谈到现代化历史研究,不能不提到18世纪马尔萨斯对人口与经济发展的研究,他的著作描述了现代社会出现以前的传统社会发展的模式。托马斯·马尔萨斯(Thomas Malthus,1766－1834)是英国经济学家,他于1798年发表《人口原理》,提出关于人口增长和经济发展关系的理论。马尔萨斯认为人口普遍具有增长的趋势,除非通过减少食物供给的方法来控制它,人口将按几何级数增长,平均30－40年翻一番。马尔萨斯又根据报酬递减规律认为食物的供给大致会按算术级数增长。而且,人口的增加占用耕地,也使耕地减少。食物的供给和人口的发展便不能保持同步增长,人均收入(人均占有食物产品)反而具有下降的趋势,直到徘徊在人们勉强糊口或者最低生活水平上下。

马尔萨斯所描述的这种状况也被称为"低水平均衡的人口陷阱"。他假定了一个人均收入的生存线。在这个水平上出生率和死亡率相等,人们勉强维持自己的生存。当人均收入高于这个水平时,饥饿和疾病减少,死亡率下降,人口增加。当人口的增长速度超过了总收入的上升速度,人均收入开始下降;在人口增加的同时,土地和自然资源的数量却一般不变。收入增长曲线就停止上升并下跌,而回到生存线上下。马尔萨斯相信,除非有效地控制人口增长,穷国不能把人均收入长期提高到生存线生活水平以上。在缺乏人口控制的情况下,饥饿、疾病和战争等便起到了控制人口增长的作用。

马尔萨斯生活的那个时代,通过科学技术来达到使产出和人均收入持续增长的可能性还没有被人们清楚地认识到,或者说还没有被发现,另外,他也没有意识到人口是可以被控制的,马尔萨斯理论的出现因而是毫不奇怪的。依靠科学发明、技术革新和控制人口来打破马尔萨斯陷阱,造成递增而不是递减的经济已经是现代经济的显著特征。马尔萨斯理论应当说是描述了前现代或前工业化社会经济发展的某些特征。

20世纪70年代,马尔萨斯人口经济理论在欧洲一些研究中世纪和近代初期社会经济史的学者那里得到运用。大部分研究中世纪史和近代史的学者都明确地或不言而喻地从《马尔萨斯人口理论》中去寻找分析的出发点,而不太愿意去思考其理论根据怎样,当偶尔出现向这个正统理论挑战的观点时,立即有人着手把这个观点纳入马尔萨斯理论框架。法国历史家拉杜里是新马尔萨斯人口经济理论的著名代表。他的《朗克多克的农民》一书第二部的副标题就是《马尔萨斯理论的复兴》。他认为14到17世纪,欧洲经济在人口涨落的巨大力量面前逆来顺受,政治和阶级斗争只是到后来才起作用。拉杜里把人口的涨落看做是当时社会、经济发展的决定因素。新马尔萨斯主义历史家们几乎把全部注意力都集中到人口经济学方面,而不愿意考虑其他因素的作用。

从12到17世纪这段欧洲历史中,波斯坦(M. Postan)和拉杜里(Le Roy Ladurie)发现并论证了两个马尔萨斯社会经济涨落的循环圈。波斯坦认为,从12到14世纪,由于人口的增加,剩余土地日益减少,土壤肥力下降,对食物和土地的需求增长,地租和食品价格便相应上升。这种人口压力加强了领主的地位,迫使农民接受一系列有关人身及租税的附加条件以继续使用自己租用的小块土地。这些条件包括在传统税额以外的附加税和向领主付出更多劳役。这种现象的发生是马尔萨斯人口律和市场供求关系的简单表现。生产力的下降,连带饥荒、瘟疫的出现使欧洲人口在十四十五世纪急剧减少,导致人均占有耕地的大幅度回升。劳动力供求关系的变化造成了和13世纪刚好相反的形势。农业劳动力的不足使领主不得不降低地租,放宽对佃户的人身限制,诸如迁移等权利。领主为获得足够的劳动力,彼此之间互相竞争,结果使领主最终不得不倾向于彻底放弃对农民的人身控制。因此可以说是人口的剧减导致农奴制的衰落。

拉杜里的研究和波斯坦的研究似乎相互衔接。在《朗格多克的农民》一书中,拉杜里指出,从16世纪起,农奴制在法、英已基本崩溃,农民已是在合同制的基础上使用土地。在16世纪中,人口持续增长,引起地租上涨,劳动力价格下跌,农村土地的进一步分散,结果使生产力急剧下降,人口在17世纪再次大幅度下跌。在他们的研究中,虽然并未排除其他因素的作用,但很明显,人口与土地资源的比例,马尔萨斯人口律和李嘉图的报酬递减规律的作用是此段时期经济发展的决定因素。[1]

马尔萨斯的理论是建立在假定一国资源不变和没有外部资源、资本及技术投入的情况下发生的。这种情况大都属于一个封闭的传统社会。由于现代科学技术发明和外部资源的投入,西欧从 18 世纪起,建立了一个后马尔萨斯人口经济体系,或者说"现代经济"。经济学家对这种历史变迁的原因进行多方面的探讨,包括内部结构性的变迁,知识的增长和外部资源的投入等等。这些理论对经济史和历史学家探讨近代社会变迁有很大影响,因此我们必须花一些篇幅谈到它们。

库兹涅茨(Simon Kuznets,1901 – 1985)发表名著《现代经济增长》探讨导致经济现代化的各种社会的和历史的原因,他认为 17 世纪以来实用科技知识的增加是近现代社会变迁的主要动力。库兹涅茨把 18 世纪下半叶到 20 世纪 60 年代这两百年称为现代经济(或工业资本主义的时代)。这期间经济出现持续高速增长的一个原因是人类经济活动发生了重大创新,通过实验及理性的方法大量积累实用科学知识,并把这些科学知识系统广泛地运用于经济生产领域,人类因而能够以更有效的方式生产更多更好的产品。在库兹涅茨看来,现代经济增长的一个基础是 17 世纪科学革命以来实用知识的急剧增加。世界范围内科技知识和社会知识的存量的膨胀和它们被开发利用,成为生产

---

[1] 牛津大学的伊懋可(Mark Elvin)教授把马尔萨斯的理论运用于中国历史的研究,他发现清代中期以后,中国土地资源无法再扩张,新开垦的土地质量下降,良田短缺;同时,人口在 18 世纪急剧增加,人均收入开始徘徊在生存线上下。几个世纪的发展使中国的农业运输和制造业技术达到了传统技术的极限。18 世纪晚期,持续增长的人口和停滞的技术以及无法再扩张的土地资源使报酬急剧递减。这种陷阱只能通过以现代科学为基础的技术投入或技术革新才能打破。但是由于资源短缺,例如,建造房屋、船舶以及机械需用的木柴、燃料、纺织纤维、耕畜、金属和良田等人均占有量都很低,人均收入的下降使资本也稀缺,而劳动力却越来越廉价。发明和运用节省劳动力而耗费资本和资源的机器无利可图,不能带来经济产出的增加。一方面需要新技术,另一方面新技术又不能带来产出的增加。由于这种陷阱发生在一个传统技术几乎已臻完善的国家,因此,这不是"低度人口陷阱"而是"高均衡陷阱"。弗兰克在他的《白银资本》中提到:在这种陷阱中,对节约人力的技术进行投资既不合理,也不经济。伊懋可的书在 20 世纪 70 年代出版后,便成为解释中国清代中叶以后历史的名著之一。

高速增长和表现现代经济特征的结构迅速变化的源泉。

实用科技知识的应用导致经济增长的著名的例子是蒸汽机在18世纪末的发明,它引起纺织业生产力的大幅提高。从19世纪后半叶开始,发达国家经济增长的主要源泉一直是科学技术革新。新的能源(如电力、原子能)、新的机械、新的生产方法和新的资源的利用都与当时的科学研究成果在生产领域的运用和开发分不开。瓦特蒸汽机不是科学研究成果,但科学实验室的仪器设备,及科学研究方法对他的影响,包括它能够利用的学校的蒸汽膨胀实验台,以及所了解的关于能量转换的理论,帮助他使技术发明成功。对美国在1909-1957年的经济分析表明,美国这一阶段人均国民收入的增长中,资本和土地的贡献只占12%左右,而劳动力教育水平的提高和主要由规模经济及技术知识的传播导致的单位投入产出的增加合起来占85%以上[1]。在现代,"某个特定国家对现代经济增长的参与是一个学习和直接利用国际性技术及社会知识的问题"[2]。

另一位经济学家哈罗德则认为经济增长的主要原因是资本增加了。在他看来,发展就是一个把储蓄和投资增加到GNP的10%以上的过程。假如一国要想以每年7%的速度增长,而资本产出的比例为3,该国的储蓄投资必须达到占GNP的21%。如果仅有15%,要填平储蓄投资差距,就需借助外资的引入。哈罗德的理论使我们注意到,在欧洲工业化历史上,通过政治手段,即海外殖民扩张,掠夺和国际贸易达成的原始资本的增加所起到的作用。然而,资本能否有效地转换成高水平产品还需必要的经济结构,社会制度和思想上的条件,例如发达的运输网络、统一完善的商品和货币市场、受过良好教育和训练的劳动力以及高效率的政府等。

诺贝尔经济学奖得主阿瑟·刘易斯(A. Lewis,1915-1991)20世纪50年代又提出经济现代化的结构变动理论。在刘易斯看来,发展的过程就是一个

---

[1] 见西蒙·库兹涅茨:《现代经济增长》,戴睿易诚译,北京经济学院出版社,1989年,第72页。
[2] 同上书,第255页。

国内经济结构从以仅能维持生存的传统农业为主,转变为现代化、城市化和多样化的制造业和服务业经济。发展体现为传统的农村部门的剩余劳动力逐渐转移到高劳动生产率的现代城市工业部门。

极有影响的是罗斯托(W. Rostow,1916—)的经济社会现代化五阶段发展理论。罗斯托认为任何国家的现代化都经历五个阶段,即:1)传统社会阶段,2)起飞准备阶段,3)持续增长阶段,4)成熟阶段,5)高消费阶段。罗斯托认为,传统社会具有以下的特征:传统社会有着前牛顿时代的科学技术和世界观。牛顿的科学体系形成以后,人类才开始相信自然界是受可认知规律的支配,而且人类可以利用这些规律来征服自然,提高生产的规模和质量以及人均产量的最高限额。在传统社会中,耕地面积可以扩大,新作物品种的发现和扩散等会使生产力提高。但是,由于缺少现代科学技术,或者这种潜力未能被充分利用,传统社会中人均产值存在一个最高限额水平。传统社会中统治效率、地区间的贸易、生活水平都在不断的变动中。但是,由于没有现代科学或不能应用现代科学,生产率水平受到限制。

在传统社会中,农业为国民经济主要部门。生产率的限制使传统社会把大部分资源用于农业生产。从这个农业体系中产生了一种等级制社会结构和低度的社会流动性。家族关系和宗教在社会生活中发挥很大的作用。传统社会的价值体系是宿命论的,但总体的宿命论不排除个人在短期内的选择机会。中央政治统治常以各种形式在传统社会中存在,超越了相对自给自足地区,但是政治权力的重心一般在地方,被掌握在那些拥有或控制土地的人手中。土地所有者对于中央政治权力的影响不稳定,但却很深。

按这样的定义,帝制中国、中东和地中海的社会,中世纪的欧洲都属于"传统社会"。牛顿以后,那些还没有掌握运用科学知识来改造自然,发展经济的能力的社会也属于传统社会。罗斯托的"传统社会"的理论影响很大,一时间许多西方历史学家都用这个词来称呼前工业化社会。罗斯托认为 17 世纪末和 18 世纪初的西欧属于起飞前或转变中的社会。那时,现代科学技术知识开始在农业和工业中转化为新的生产要素,世界市场的形成和国际竞争使经济环境变得活跃起来。英国由于其地理、自然资源、贸易机会以及社会和政治结构的优势,首先具备起飞条件。

在经济社会现代化的第二阶段,即经济起飞阶段,促进经济进步的力量壮大,开始支配社会进程。而在过去,这些力量只是产生有限的突破和现代经济社会活动的飞地。在英国和加拿大等资源丰富的国家,技术革命成为起飞的直接动力。在起飞阶段,新兴工业迅速扩张,国民收入增加,过去未被利用的自然资源和新生产方法获得利用。新的技术和生产方法也扩散到农业。起飞持续大约20年左右,基本的社会政治和经济结构发生重要转变。罗斯托断言:英国的起飞阶段大致在1783年后的20年,法国和美国在1860年前的几十年,德国在19世纪的第3个25年,日本在19世纪的最后25年,俄国和加拿大在1914年的20多年间。

第三个阶段是持续增长阶段,现代技术在各个经济领域中广泛使用,出现长时间的、持续的经济增长。产量超过人口的增长,新兴工业发展迅速,旧工业衰落,经济构成发生变化。该国经济在国际经济体系中占有了位置。以前需要进口的商品现在由国内生产;社会将和现代高效的生产的要求做出妥协,使得新价值观和制度与旧价值观和制度平衡,或者改革后者,以使它们支持而非阻碍经济增长进程。

第四个阶段是成熟阶段,起飞开始后约60年到达成熟阶段。在起飞阶段,经济集中于工业和技术的相对狭小的部门,但现在它已把其范围扩展至更精密的技术上和更加复杂的领域。德国、英国、法国和美国在19世纪末都经过了这个转变。在这一阶段中,该经济体显示出在非常广泛的资源范围上采用现代最先进技术成果的能力。

罗斯托的理论提供了一个编撰和解释中世纪以来的近现代世界,特别是欧美历史的框架。应当看到,现代化理论主要是以欧美国家的现代化历史来抽象的,而且把西方价值观视为具有普遍性。因此,后来的学者就用"发展经济学"来概括和研究以前用现代化理论所囊括的对象。

三、法国年鉴学派

实证主义把历史学的目标定为"研究主宰人类发展的规律"。[①] 20 世纪初,实证史学陷入危机,20 年代起,在法国出现了试图超越实证主义史学较为狭窄的,主要分析社会政治、经济、哲学、外交、军事等文献资料的研究模式,而深入于更为深广的社会文化心理的结构和内涵的研究。这就是从 20 世纪 20 年代出现的"年鉴学派"的史学流派。年鉴学派认为历史学原本是"关于人类过去的科学",[②]然而建立在 19 世纪科学观念之上的实证主义史学却强调分门别类的分割性研究,局限于历史的某些现象层次。20 世纪新的科学革命已使史学革新成为可能,新的史学应当向其他社会科学学习,对历史进行整体的认识,注重比较与解释,探讨历史发展的趋势和结构。

早在 1900 年,贝尔(Herri Berr,1863－1954)就创办《历史综合杂志》,提倡跨学科的综合研究,以历史学为中心统一人类的知识。年鉴学派的两位创始人费弗尔和布洛克先后参与该杂志的编辑工作。贝尔提议编辑出版一套反映历史综合学派观点的 100 卷大型系列丛书《人类的进化》。这些学术实践孕育了年鉴学派。贝尔早年毕业于巴黎高师,其后从事教学 30 余年。他倡导历史解释,并澄清了历史事件中的三类因果关系:一些事件被另一些事件所决定的简单的偶然性的连贯关系;一些事件与另一些事件的重复和不变的必然的联系;事件之间的合于逻辑的长期联系性。他主张史学应当既具有科学性又具有宽广视野。

《历史综合杂志》创刊不久,就同瑟诺博斯就实证史学方法论展开了论

[①] 转引自姚蒙:《法国年鉴学派》,载何兆武和陈启能编:《当代西方史学理论》,中国社会科学出版社,1996 年,第 492 页。

[②] 费弗尔:《为史学而战斗》,巴黎,1953 年,第 12 页,转引自何兆武和陈启能编:《当代西方史学理论》,中国社会科学出版社,1996 年,第 497 页。

战,西米昂(Francois Simiand,1873－1935)批判实证史学崇拜政治事件、大人物和编年纪事,认为史学必须抛弃特殊事件而关注重复的事件,抛开偶然性而靠拢规律性,研究社会而不是个体。西米昂采用实证主义的史料处理方法以及社会学的比较和系统分析方法写出了《16 至 19 世纪价格一般运动的研究》和《世界经济危机和长阶段中的经济变动》等著作,是法国经济史领域中第一个大量使用计量系列分析方法的历史学家。布洛克也发表他的《为史学而辩护》论文,声称"真正唯一的历史乃是全部的历史",包括人类社会的全部层面:[①]政治、军事、经济、社会、文化、人口和精神心态等等。作为总体史的世界史的研究不能离开比较,这种比较应该是实证的和具体的比较,而不应是对文明或文化做哲学式的抽象比较。总体研究的目的是达到理解:对历史结构与现象的复杂性及其各种内部和外部联系的深刻认识。

由于年鉴学派欲弥补实证主义史学之不足,超越政治史、军事史和伟大人物等事件系列史,而进入经济史、社会史和心态史的编撰范围,因此轻视叙述史学,主张问题史学,强调分析性而淡化叙述性。年鉴学派认为提出问题是史学研究的开端和终结。年鉴学派的研究具有跨学科的特征,主张历史研究向社会科学学习,认为应以研究对象来确定方法,主张使用各种方法和手段对所提出的历史问题进行研究。他们在研究初级阶段仍沿用实证史学的史料考证方法,如文献考据学、文字学和谱系学等;但在进行综合研究,描述和分析时,就打破了学科界限,强调运用社会学、人类学、经济学、地理学、人口学和民族学等各种学科的研究方法来回答问题。费弗尔就认为,许多重要的发现"不是产生于每个(科学)学科的内部及核心,而是产生于学科的边缘、前沿和交界线"。[②] 年鉴学派的语言更多是分析性语言,而不是叙述性语言。为了研究他们所提出的各种新问题,他们也把过去许多不被看作是史料的材料发掘了

---

① 布洛克:《为史学而辩护》,第 50 页,转引自何兆武和陈启能编:《当代西方史学理论》,中国社会科学出版社,1996 年,第 503 页。

② 费弗尔:《为史学而战斗》,第 30 页,转引自何兆武和陈启能编:《当代西方史学理论》,中国社会科学出版社,1996 年,第 502 页。

出来,如经济史研究中的簿记统计资料,人口史研究中的教区人口记录档案,心态史研究中的建筑,墓碑式样,服装等非文字的资料。

1. 早期年鉴学派

年鉴学派首先在社会史、经济史与文明史等领域内进行新的实践,然后再在其他史学领域如人口史、心态史、历史人类学等继续开拓。费弗尔、布洛克、勒费弗尔和拉布鲁斯等认为社会史是研究社会群体、社会运动和社会变迁。布洛克和费弗尔两人着重分析社会整体内政治、经济、文化和心态等各层次的相互关系及历史作用,他们的社会史与总体史概念和社会结构概念相联系;后两人则从社会学的角度来研究社会各阶级和阶层的具体状况与作用。勒费弗尔和拉布鲁斯的著作奠定了二战以后社会史研究的范式。勒费弗尔(Georges Lefebvre,1874－1959)的《法国大革命期间北方省的农民》(1924)以农民阶层为研究重点考察了那一时期的社会心理。拉布鲁斯(E. Labrousse,1895－1988)曾任巴黎大学教授,包括布罗代尔在内的一批法国著名学者的博士论文都曾受到他的指导或评审。他长达50年的教学和学术活动影响了法国几代学者。他的代表作是《18世纪法国价格和收入运动纲要》(1933)和《旧制度后期与大革命前期的法国经济危机》(1944)。他在著作中提出了历史运动的节奏的概念,认为经济运动存在10年左右的短周期和30年以上的长周期。历史运动的节奏的观念启发了后来的年鉴学派有关历史长时段的研究理论。20世纪20年代起,年鉴学派通过一系列的典范性成果树立了自己的权威和规范。

吕西安·费弗尔(Lucien Febvre,1878－1956)1911年通过他的博士论文《菲利普二世和弗朗什—孔泰地区:政治、宗教和社会史研究》的答辩。这篇论文脱离了政治史和编年史的模式,以当时该王国的内外政治动态为基线综合考察了社会经济、文化和人们的日常生活和观念形态等层面,及其相互关联,传统史学的事件序列不再被置于突出位置。费弗尔1919年到斯特拉斯堡大学任教,布洛克和勒费弗尔也相继进入该校。斯特拉斯堡大学位于法国和德国边境地区,受到德国学术和文化的强烈影响。由于斯特拉斯堡大学处于有争议的阿尔萨斯—洛林地区,法国政府在一战后收回该地区后,便重点建设斯特拉斯堡大学。这种种原因使斯特拉斯堡大学得以游离于在法国占统治地位的实证主义史学传统体制之外。费弗尔1922年出版《大地和人类演进:历史学的地理引论》把地理学的概念引入历史研究中来;1928年他又出版《一种命运:马丁·路德》等书,开始研究文化心态史。

在斯特拉斯堡大学,费弗尔经常与布洛克、地理学家布里格(H. Baulig)、心理学家布隆代尔(C. Blondel)、社会学家阿伯瓦克(M. Halbwachs)和宗教社会学家勒伯拉(G Le Bras)交流学术和研究心得,定期举行学术报告会。1928年,费弗尔和布洛克提议创建一份代表新历史研究范式的刊物,《经济与社会史研究年鉴》最终在1929年1月15日问世。在创刊号的《致读者》中,编辑们声称要打破学科界限,提倡与其他人文社会科学相结合来研究历史。刊物登载的文章将不仅仅是方法论和理论的阐述,而是具体的和实例的研究。从此,不断问世的论文和研究成果使《年鉴》成为法国新史学潮流的代名词。

马克·布洛克(Marc Bloch, 1886 – 1944)的父亲是研究古罗马史的历史学家。布洛克毕业于巴黎高等师范学院。在高师他受到实证主义史学方法训练和地理学的影响。一战期间,布洛克应征入伍。战后继续学习,于1920年答辩通过了他的博士论文《国王与农奴:加佩王朝历史的一个侧面》,不久被聘为教授。他陆续发表了《会魔术的国王们》等一系列的论著,这一时期,他也结识了费弗尔,开始新史学的尝试。

1939 – 1940年,布洛克出版他的名著《封建社会》,从整体上考察了中世纪欧洲的封建制度,包括生产和生活方式,政治体制与行为,阶级和阶层的区分、观念体系与心态环境,分析了封建制度的共同特征和差异性。在《封建社会》的第一部分中,布洛克探讨了9世纪开始的封建依附关系的形成及其背景。罗马帝国崩溃后公共机构崩溃,交通状况恶化,贸易下降,经济衰退,城镇被废弃,人口大幅度减少,匈奴人、斯堪的纳维亚人和穆斯林接连入侵,西欧的军事力量脆弱无力。极度的骚动不安使人们转而寻求拥有军队的采邑或强者的保护。后来在军事首领和武装追随者之间便形成一种等级制的有条件的依附关系,封臣在采邑拥有所领有的庄园的司法权,在战时则提供军事服役。在该书的第二部分中,布洛克探讨了始于11世纪中期的封建制的转型和衰落。农业的发展,城市及贸易的兴起,大学的建立和知识的复兴,罗马法的重新实施,社会经济和文化背景的变迁使旧的封建依附关系难以再继。采邑变成可以被封臣领主出售或遗赠的财产,封臣的军事义务也可以用货币支付来替代,劳役也可以用现金来替代。

经济的扩张和商业的复兴也有助于国王建立起一套官僚体制,并强化对臣民的征税能力。封建领主关于效忠和义务的观念和实践变得模糊的同时,国王也以同封臣的经济和军事关系逐渐疏离,并拥有自己的资源而宣告独立,教会也以罗马为中心建立起一套官僚体制。布洛克的大叙事主要虽是以欧洲历史为主,但《封建社会》是比较史学早期典范之作。德国占领法国后,有犹太血统的布洛克以教师的身份隐居法国中部,历史学家的社会责任感驱使他在里昂参加反抗德国占领的抵抗组织,1944年被德军逮捕,严刑拷问后被枪杀。布洛克逝世十多年后,《封建社会》在1961年被译为英文出版,英勇牺牲后多年,名满世界。

费弗尔与布洛克的著作对法国文化——心态史的形成也有很大影响。19世纪虽有不少历史家,如基佐、米什勒和丹纳等写作文化和文明史,但文化史同政治军事史相比仍处于边缘地位。19世纪的传统文化史的另一个弱点是它多关注上层文化和表现在文本中的文化,即哲学思想、文学和艺术等等,其研究也多为描述,而缺少分析。年鉴学派则运用文化人类学的文化概念,把文化视作是人类社会有别于自然界的精神和物质的创造物,人类群体的生活方式、制度、心理和价值观念等等。为突出他们的观点,年鉴学派用"文明"一词来区别传统的"文化"概念。他们认为物质和精神,知识和宗教的合力对特定的时期和社会中的人们的思想意识发挥作用,产生了文明。

布洛克在《封建社会》中已探讨封建社会的价值信仰体系,在《会魔术的国王们》中又研究了中世纪社会文化的氛围和心态结构,认为必须把一种制度与其同时代心态的各种主要潮流——精神的、情感的和神秘的——相联系,才能知道怎样解释这种制度。费弗尔则从对历史人物的研究来分析特定时期社会的文化结构与心态潮流。他在《一种命运:马丁·路德》、《16世纪的不信神问题——拉伯雷的宗教》和《关于爱帕塔梅隆——神圣的爱和世俗的爱》三本书中通过对马丁·路德、拉伯雷和玛格丽特三个人物的观念和个性的形成考察了16世纪法国与德国的文化心态。通过对拉伯雷个人信仰的研究,费弗尔揭示了16世纪是一个倾向于在所有事情上寻找神意的世纪。布洛克和费弗尔开创了从文化人类学和社会学的视角研究文明深层次的途径,影响了二战以后的西方史学。两人的研究重点不同,布洛克侧重日常生活和习俗以及文化的群体特征,费弗尔则运用社会心理学方法从人物的研究来把握特定社会的心态——文化结构。社会学是首先在法国由孔德创建,文化人类学的早期开拓者以19世纪末英国的泰勒为最著名。这两门新兴学科都给20世纪上半叶的法国历史研究以深刻影响。在文化人类学和社会学的影响下,弗朗卡斯泰勒(P. Francastel, 1900－1970)开创了艺术社会史,代表作有《绘画与社会》(1951)。迪梅西勒(G. Dunezil, 1898－　)开拓了通过神话研究意识形态和心态结构的模式,1941年至1948年出版他的代表作《朱庇特——马尔斯——基里努斯》。拉布鲁斯最早用"局势"来形容那种以几十年为单位的中时段历史运动,并解释法国大革命的爆发。后来的布罗代尔认识到中时段的局势也需要解释,于是提出了长时段的概念。

2. 鼎盛期的年鉴学派

二战前,在年鉴学派推动下法国形成的新史学潮流已在理论和实践上成形。1933年,费弗尔获选为极具声望的法兰西学院教授,1936年,布洛克出任巴黎大学经济史讲座教授,其他的一些年鉴派史家也开始担任各个大学和研究机构的重要职位。年鉴学派已成为法国史学主流。德国占领期间,年鉴学派受到重创,《年鉴》杂志屡易其名,篇幅缩水,德国史、欧洲史比较研究和当代史不得不取消。1946年法国解放后,《年鉴》杂志改名为《经济、社会、文明年鉴》，更加重视对特定社会的整体研究和对文化与文明的研究。页数由每年的约 700 页也增加到现在的约 1700 页，《年鉴》杂志成为国际上最具权威的史学杂志。1947 年，费弗尔经政府批准设立隶属于法国国家科学研究最高机构的高等研究试验学院（Ecole Pratique des Hautes Etudes）第六部——经济和社会科学部，在该部聚集了布罗代尔、勒高夫（Le Goff）、勒瓦·拉杜里（Le Roy Laudurie）、孚雷（Furet）和维拉（Vilar）等一批出类拔萃的史学家。布罗代尔于 1956 年接替费弗尔出任第六部主任，1975 年第六部改名为社会科学高等研究院（E. H. E. S. S）。年鉴学派的影响也遍及国家教学当局，媒体、出版社和各种研究机构和学术组织。年鉴派史学思想强烈影响法国的历史意识和历史知识的产生。1961 年约 41％的博士学位论文是以靠拢年鉴学派范式的近现代经济社会史为研究题目的。

布罗代尔接任第六部主任，标志着年鉴学派进入第二代，布罗代尔（Braudel, 1902 – 1986）1923 年毕业于巴黎大学历史系，后到阿尔及利亚一中学任教师 10 年，期间，开始研究腓力二世的地中海政策。30 年代中期，他在巴西圣保罗学院短期工作，后到巴黎高等研究院任职。1940 年到 1945 年，布罗代尔作为战俘被囚于德国，在没有文献资料的情况下写成后来名为《菲利普二世时代的地中海和地中海世界》初稿。1947 年他的博士论文在巴黎大学答辩通过，两年后成书发表，这就是他的《腓力二世时代的地中海世界》。三年后，布罗代尔应他的导师吕西安·费弗尔的邀请，撰写《15 至 18 世纪的物质文明和资本主义》。1956 年，费弗尔去世后，布罗代尔成为《年鉴》杂志主编和高等研究院六部主任，后又任人类科学学院院长。布罗代尔写出了三部极有影响的巨著：《腓力二世时代的地中海世界》两卷，最初于 1949 年出版；《15 至 18 世纪的物质文明和资本主义》，1979 年出版，以及《法兰西的特性》，逝世时仅完成计划中的四卷的两卷，布罗代尔的前两部名著都分为三部分。

《菲利普二世时代的地中海和地中海世界》受到韦达·白兰士（Paul Vidal de La Blache, 1845 – 1918）的人文地理学思想的影响。布罗代尔试图在书中展示腓力二世时代地中海世界的历史变迁结构，以及三个时段的历史变化。

布罗代尔也受到他的同事社会学家乔治·古尔维奇的影响。古尔维奇认为社会现象总是表现出某种结构,结构是规则性和制度化的互动关系。古尔维奇反对孔德把历史视为线性进步的过程,强调社会发展的非延续性,划分了包括"长时段"、"中时段"等多种事件演化时间类型。布罗代尔相信历史研究要取得真正成就,就必须跳出事件史的束缚,研究更长期历史发展中社会结构的变迁。布罗代尔批评传统史学的历史时间观单一和表层化,关注以个人短暂的生命为量度单位的历史运动,看不到不同的历史变化的时间节奏,号召研究经济和社会的周期性变动和结构的长时期中的变化。

布罗代尔认为大体上可将历史时间分为三种,分别表示三种不同层次的历史运动。长时段历史是以世纪为基本单位的"缓慢流逝和变动的历史"。社会的政治、经济、文化与心态的结构的变动,自然生态环境和人与自然的关系的变动都属于这类历史。对长时段中历史运动的观察,可以看到人类历史演进的深刻的内在变动。中时段是一种具有缓慢节奏的社会群体和集团的历史、经济的、人口的和文化的变动。在中时段的历史时期,历史结构中的各项研究因素之间的关系可能变化,但还不是结构的变动。**短时段**是传统史学所关注的历史时间,是个人的历史、事件的历史。这是历史表层的运动,表现为个人的活动,而不是抽象意义上的人(类)的历史,它们如同海面上的浪花,表现为政治、军事和外交等各种事件。这些事件中倾注了人们的想象与追求、爱憎和激情。在布罗代尔看来,中时段的历史可以对短时段的历史事件作出说明,而中时段局势的历史也可通过长时段历史结构的稳定与变化来解释。地理生态环境、文化与心态结构和经济与社会的结构属于第一层次,社会的、经济的和人口的运动属于第二层次,政治、军事和人物活动时间属于第三层次。[①]

《菲利普二世时期的地中海和地中海世界》就是以三种历史运动和时间

---

① 布罗代尔:《论史学》,转引自姚蒙:《法国年鉴学派》,载何兆武和陈启能编:《当代西方史学理论》,中国社会科学出版社,1996年,第518页。

量度的框架来撰写的。该书第一部分从探讨长时段的人类和环境的关系,第二部分阐述人类集体的命运和发展的总趋势,第三部分是事件的历史。《15至18世纪的物质文明和资本主义》第一卷也是从长时段视野下描述日常生活的结构和物质文明;第二卷探讨物质文明基础上的市场经济;第三卷考察11世纪以来相继形成的世界经济体系。

布罗代尔构造了一种不同于依据外交档案的历史,人文地理学的视野为他提供一条路径。在《地中海》中,他首先描述气候和地理环境,尤其是地中海世界作为一个人文地理单位的文明特征。整个地中海世界都能发现小麦、橄榄和葡萄酒,所有海岸地区都生产皮革、羊毛和蜡。北非、安纳托利亚、意大利、巴尔干和伊比利亚几个半岛轮流成为征服者和被征服者。热那亚、马赛、巴塞罗那这些海港都有繁荣和衰落的周期。高地是难民摆脱封建束缚的庇护所和多余人口的疏散地,低地大规模的灌溉系统需要组织纪律。道路系统连接城市、集市中心、海港,还起到经济生产活动的流水线作用。从里昂到利沃夫这条线区分南欧和北欧,这条线以南有葡萄园、橄榄树和骡队运输,以北的欧洲有啤酒厂、森林和有轮的交通工具。

在《15到18世纪的物质文明和资本主义》书中,布罗代尔描述了公元1500年前后,从日本到北欧出现一条文明的腰带,这个腰带散布着城市,使用车辆,有家畜和犁。16世纪,俄国人扩张到了西伯利亚,向南推进到顿河和伏尔加河;哥萨克人在大草原殖民,建立起了抵制伊斯兰游牧民族和克里米亚鞑靼人的屏障。资本主义最早起源于13世纪的意大利城邦国家。以城市为中心的经济体系向民族国家的经济体系的转变在15世纪中期以后才发生。民族的整合又经历了几代人,直到18世纪民族性的市场形成,政治权力、军事力量和资本家的财富才在拥有固定疆域的国家内结合起来。资本主义的发展和扩张是以拥有政治权力和军事权力为先决条件的。

3. 后期年鉴学派

以布罗代尔的著述为代表的那一代年鉴学派更多关注社会集体和环境的

影响,把秩序和结构置于个人的活动之上。① 在布罗代尔看来,长时段是以世纪为单位的结构的变化。结构是人类制度建构组合,它变化缓慢,甚至呈稳定状态。"一些长期生存的结构成为世代相传的稳定因素",②限制着人类历史变化的幅度,支配着历史的进程。结构既是历史运动的支撑物,又是历史发展的障碍物,人类的活动受到这些社会的、生产的、生理的、地理的和心态结构的局限。年鉴学派的"结构"同结构人类学的"结构"不同,列维·斯特劳斯把"结构"视为是先验的,并以同时性排斥历时性。布罗代尔的"结构"的概念提醒历史学家去注意历史中那些重复的,或周期性反复的,或在一个漫长时期中稳定存在的,限制着人类活动的各种架构,并把它们看作是一种研究对象去加以整体的理解与把握。布罗代尔的长时段结构的概念吸引了20世纪60年代到80年代的一代历史学家。许多著名的历史著作就是在这一研究角度的启发下完成的,例如勒瓦·拉杜里的《朗格多克的农民》和他对中世纪晚期欧洲人口经济的周期性变动的研究。

长时段的结构分析使历史学家跳出了以叙述为主的传统史学方法,而运用分析的语言。历史概念的精确化也成为必要。长时段结构和中时段趋势的研究使计量方法成为不可或缺的基本手段。从计量分析中产生了"系列史"的研究范式。它研究特定历史时间与空间中的社会,按人口(人口流动、男女比例、生育和死亡率)、心态(人们对宗教、社会、生活、死亡和政治等的观念及变化)、政治(政治制度和统治方式及变化)、地理环境与交通状况等一系列内容进行系列分析,多层次地把握整体的历史。为此它要求历史学家把一定的历史现象看做是特定时空中相关的历史现象系列的综合反映,例如把攻占巴士底狱和处死路易十六看作是当时的政治、经济、军事和社会其他事件结果和综合反映。

---

① 布莱萨赫:《历史编纂学史》(Ernst Breisach, *Historiography, Ancient, Medieval & Modern*, The University of Chicago Press, 1994),第374页。

② 布罗代尔:《论史学》,参见姚蒙:《法国年鉴学派》,载何兆武和陈启能编:《当代西方史学理论》,中国社会科学出版社,1996年,第521页。

"系列史"对历史材料进行了系统收集、集中分析和统计处理。孚雷区分了三类计量材料:第一,记录出生、死亡和婚姻的教区档案;第二,能回答间接问题的数量化的材料,例如生育间隔的材料,可回答性行为和避孕等文化心态问题;第三,经历史研究者进行综合处理后可回答史学家提出的问题的材料,例如对遗嘱内容的分类系列考察可回答人们的宗教死亡观念及变化。由于采用结构研究和系列计量分析的方法,法国新史学脱离了传统史学的叙事方式而大量采用分析语言和数据,从而更加细致,精确地剖析和提示历史的面貌。追求科学性,精确性和整体性改变了史学的文风。在年鉴学派的史学试验推动下,历史学与多种人文社会科学的相互渗透,产生了多门历史分支学科,例如历史人口学、历史地理学、历史生态学(环境史)、历史社会学和历史人类学。

到20世纪70年代,"年鉴派"已无法涵盖所有的史学新潮流,人们逐渐开始采用"新史学"一词来包容史学新潮。费弗尔和布洛克之后的年鉴派历史学家的研究大致可分为宏观性研究和非宏观性研究。前者如布罗代尔和拉杜里等多以特定的地理区域或时段为对象,以各种方法与手段对历史上的社会的各个层面进行研究,从而揭示一个社会或地区的整体性的面貌。后者对特定历史社会中的各种利益集团和阶层以及社会边缘阶层,如党派、社区、乡村、职业团体、乞丐、异教徒和精神病人等等展开研究,构成物质文明史和社会史研究。在非宏观的研究倾向下又分化出更细致的研究领域。

经济史研究 20世纪50和70年代,在西米昂和拉布鲁斯开创的以价格、工资和旧制度下的经济危机等局势的研究范式基础上,年鉴学派经济史逐步扩展到从社会史的角度来对经济现象加以说明。布罗代尔在其著作中所首创的研究特定区域在长时段中的经济结构及其演变的范式的影响,使经济史家们开始把经济史研究与生态环境史研究和物质文明史研究相结合。美国新经济史学派也影响了法国新经济史,推动了运用现代统计手段与各种数学模型,借助电脑对经济现象的相关因素进行计量分析和解释。

人口史研究 年鉴学派取得突出成就的另一个领域是人口史的研究。默伏瑞(Meuvret)1946年发表的文章《生存危机与旧制度的人口》开创新人口史研究,他分析经济变动曲线与人口变动曲线。亨利(L. Henry)1952年以教区记录为资料,从婚姻、生育、离异、死亡等记录入手,构建了特定历史时期的家庭状况。60年代起,运用电脑对司法记录、职业登记表、税收和财务报告、遗址开发和墓地等资料进行分析,人口史的研究范围已包括出生、死亡、婚姻率、瘟疫、性、医疗健康、人口的结构和分布等内容。

文化心态史研究 后期年鉴学派的文化史研究从出版物的产生、传播和流通这些环节来分析大众文化书籍史。研究后来扩及对异端、民间宗教,巫士阶层及宗教观念在社会不同层面的形态。20世纪60年代起,心态史成为一极受欢迎的研究新领域。心态被认为是社会文化心理和观念及其反映的总称,是文化最基本的层次,是集体无意识在文化中的积淀,它表现在特定社会的价值信仰和行动系列中。它不同于意识形态或精神状态,是人们对生活、死亡、爱情与性、家庭、财产、政权、宗教和习俗等的态度。心态史研究者注意到了传统文献以外的那些反映一定时代心态的东西:墓碑、教学的摆设装饰、艺术品的样式、民俗民风、生活规范、口头传说。先前的文化史、人口史和社会经济史研究为心态史研究准备了条件。人口史的研究使历史学家了解人们生育观念的变化,出版史研究成果揭示人们的兴趣爱好和欣赏标准的变化,社会经济史使历史学家了解人们对政权、财政制度税收以及金钱的态度。心态史研究是年鉴学派史学整体研究发展的最后层次。从经济、社会到心态这三个阶段和层次,心态史汇集和沟通了历史研究各领域。

年鉴学派的第三代,也是最后一代的代表性历史学家是伊曼纽尔·勒·瓦·拉杜里(Emmanuel Le Roy Laduri,1919—)。拉杜里毕业于巴黎高等师范学院。杜克海姆、马克·布洛赫、雷蒙·阿隆、列维·斯特劳斯、让保罗·萨特、布罗代尔、福柯、德里达、拉康、罗兰·巴特等都有曾在高师学习和任教过的经历。拉杜里在1949年加入法国共产党,6年后又退出了法国共产党。拉杜里1973年成为法兰学院院士,任现代文明史讲座教授和法国图书馆馆长,并曾为《年鉴》杂志主编。拉杜里出版了许多蜚声世界的名著,包括《朗格多克的农民》(1966)、《蒙塔尤·奥克西坦尼的一个山村,1294—1324》(1975)、

《历史学家的领域》、《在历史学家中间》、《气候与人类文明史比较》以及《古代政体,1610年到1714年的法国历史》、《1460年到1610年的法兰西王国》等。后两书是由牛津布莱克维尔出版社出版的拉杜里五卷本的《法兰西历史》的第二卷和第三卷。整套丛书涵盖987年到1992年的法国历史。

拉杜里的《蒙塔尤》以13世纪主教雅克·富尼埃主持的宗教裁判所法庭对蒙塔尤小山村村民三百多天的审判材料为基础,运用人类学的概念和方法研究了印刷术的传播和美洲被发现后造成封闭状态的普通人的心态变化之前的那种山村生活状态,包括乡土观念和行为、文化心态、家庭观念和性生活。拉杜里现已有保留地摒弃"总体史"和结构主义方法,主张关注社会历史的复杂性。拉杜里认为应从整体上研究世界史,并运用比较方法对人类社会的人口变迁、文明习俗和心态都应系统地研究。拉杜里著作已具有全球史的特征,他的近作《气候与人类文明比较》就是一例。

四、历史社会学

与年鉴派史学实践同时,还出现了"历史社会学"。早在1900年法国《综合历史评论》的创刊号上,费弗尔的朋友亨利·贝尔就号召社会学向历史学靠拢,研究历史上的社会,并对历史事实采用实验的、精确的和比较的分析方法。贝尔在1920年主编一套名为《人类的演化》多卷本丛书,马克·布洛克为这套丛书撰写了《封建社会》。二战以后,社会学和人类学对历史研究的影响不仅使历史研究更具理论性,同时,也使许多历史学家以社会学和人类学的观点和方法去研究历史上的人类社会。1958年到1978年,美国有关社会史研究的博士论文数量翻了4倍,80年代初期,在主要的社会学期刊上,1/4的文章涉及历史内容。

历史社会学探讨人类社会延续和转型的机制,以及人类社会行为和制度的原因及模式。韦伯对中国和欧洲宗教意识形态对其向现代理性资本主义转变的关系的研究,以及他对儒教、道教和新教的比较研究是历史社会学的早期名著。年鉴学派的马克·布洛克也是历史社会学的重要学者,其他著名学者还包括:帕森斯(Talcot Parsons)、艾森斯塔德(S. N. Eisenstadt)、爱因哈德·本迪克斯、巴林顿·摩尔、西达·斯科克波(Theda Skoopol)、佩里·安德森和伊曼纽尔·沃勒斯坦。E. P. 汤普森(《英国工人阶级的形成》)和布罗代尔的历史著述因带有很强的社会学方法论也可以算作是在历史社会学领域内实践的学者。

帕森斯(T. Parsens,1902－1979)是结构功能主义社会学的代表学者。他于1963年发表的《帝国政治体系》,对中国、埃及、罗马、拜占庭等历史上的27个官僚化社会,以及蒙古与加洛林帝国等5个前官僚社会进行比较研究,试图探讨专门化的政治体制得以发展并长期存在的条件,以及官僚帝国内部的结构性冲突。在帕森斯看来,官僚政体的出现必须满足以下几个条件:1)社会和经济生活的分化形成了超越狭隘地域和宗族界限的社会群体和社会角色;2)资本、劳动、政治支持和文化认同以及商品从自我封闭中游离出来,导致封闭的社会和经济体制解体和更广泛的社会结构的建立;3)存在保证资源,信息和劳务流通的技术和组织机构;4)存在统一的规范和规则。官僚帝国处于传统和现代政治体制之间,它们包含某些现代政治特征,如中央集权的政体和官僚化管理等等。官僚帝国中,统治者与各种社会集团的关系是复杂的,统治者总试图限制后者的独立性,并夺取他们创造的剩余价值,从而引起他们的反抗。官僚承担使社会资源有序流动的责任,同时又总是倾向中饱私囊和形成独立权势集团,这些冲突形成持久的社会变革压力。帕森斯区分了三种政治变革:整体性变革是在起义和夺权后对现存政治体系的框架作根本性调整以容纳发生位移的集团;边缘性变革是对现存秩序的某些方面的否定性重塑;最后是适应性变革。①

---

① 见丹尼斯·史密斯著,周辉荣等译:《历史社会学的兴起》,上海人民出版社,2000年,第24－27页。

英国学者 T. H. 马歇尔(T. H. Marshall)1950 年发表的《公民权和社会阶级》(Citizenship and Social Class),研究公民权利发展的轨迹及其对社会生活和经济活力的影响。在欧洲中世纪,权利是与个人在社区中的地位相连的。地方社区解体过程中,分离出公民权、政治权和社会权利,它们分别由诸如皇家法院、议会以及济贫法等专门的国家机构和法规来管理。在英国法院抵制了王权和议会限制个人自由从事职业的权利后,公民权利在 18 世纪取得长足发展。19 世纪政治权利逐渐扩大,虽然直到 1832 年,公民权利仍与财产和收入水平的资格连在一起。20 世纪初以来实行的各种劳动保障法规和后来的福利制度的推行全面发展了公民的社会权利。

另一本有名的著作是埃利亚斯(Norbert Elias)1939 年出版的《文明进程》。像布洛克一样,埃利亚斯的著作也是探讨中世纪欧洲社会的变化,但埃利亚斯所探讨的是欧洲社会怎样从带有暴力倾向的行为转向注重礼仪规范和富有艺术审美感的文雅举止的转变。埃利亚斯担任过英国莱斯特大学和德国法兰克福大学教授,他曾充当卡尔·曼海姆的助手,并认识帕森斯。埃利亚斯的教授资格论文是探讨影响欧洲上层文化和政治体制的路易十四时期的法国宫廷社会。埃利亚斯认为就餐的礼仪和其他发展起来的有关个人的道德规范有助于驯化中世纪社会。国家也开始作为社会秩序的调节者,这同自我控制的文明制度的出现,有助于文明的发展。埃利亚斯《文明进程》的第一卷《风俗的历史》首先探讨了德文"文化"和法文"文明"的词义差异。他认为,在很多国家,宫廷文化对社会文明的形成起到表率作用,它为那个国家的民族文化的许多方面,例如语言、艺术、礼仪和情感结构打下烙印。在法国,宫廷在法国民族文化的形成中扮演了中心角色,在德国则没有。埃利亚斯也考察了礼貌、教养和文明这三个概念及其行为实践在中世纪、集权君主制和资产阶级社会的表现和演化。第二卷讨论了人类的心理和相互行为从中世纪的相对简单而又具有暴力性向更紧密的相互依存和日益平和的模式转化。当互相竞争的领主的斗争受制于一个垄断机构,人们学会了自我控制。人们间的相互依赖加深并依赖中央政府所维护的和平局面,暴力便被边缘化了。统治机构推行文明行为又使那些有抱负的体制外的人安分守己。11世纪以后,法国宫廷拥有更文雅的行为准则,法国的贵族文化影响了欧洲社会。法国王室宫廷是社会控制的关键性机构和对社会生活起表率作用的地方,那里表现出的心理平和和束缚性行为规范后来在资产阶级社会中首先普遍化了。中上层社会中的礼仪规范又为城市生活的秩序提供了一种模仿的范例。

巴林顿·摩尔(Barrington Moore,1913 – 2005)的《民主和专制的社会起源》也是著名的历史社会学的著作。摩尔比较研究了英、法、中、美、日本和印度6个商品化的农业社会中现代政治体系的起源。他把民主界定为"分享制定政治规则的责任和保护个人自由"。在他看来,农业的商品化和官僚制的发展,贵族、资产阶级和国家之间三角冲突和调和的结果,决定最终出现的现代政体究竟是民主还是专制政体。在法国,贵族从农民那里获取封建租税,促成王权专制主义的形成;在英国,贵族和商人联合起来限制王权;在中国和俄国,资产阶级的弱小,地主和官僚政府面对的是反抗的农民。

二十世纪是革命的世纪,从历史社会学的角度研究革命出了好几本名著,斯科克波(Theda Skocpol,1947 –   )1979年出版的《国家与社会革命》考察了法国、俄国和中国的革命。[①] 革命在她看来是多种冲突的意外产物,不是任何群体塑造的,而是由现存的社会经济和国际条件所塑造。她把革命界定为一个社会的国家和阶级结构迅速而根本的改变。革命的进程受到诸如有没有可以仿效的社会革命先例,以及当时正处于世界历史那一个阶段和国际体系的结构状况。斯科克波在对三个国家的革命案例进行研究时采用"求同法"和"求异法"。她的三个革命个案因经济技术发展水平的差异而有许多不同之处,但它们共同有她想要的加以解释那种现象和一组可以识别的具有因果关系的因素。

马克思的历史著述可以说是历史社会学的最早范例,马克思关注历史上

[①] 斯科克波:《国家与社会革命》(Theda Skocpol, *The States and Social Revolutions*, Cambridge University Press, 1979)。

社会结构的演进和全球政治经济关系。佩里·安德森和沃勒斯坦在马克思主义的传统内对古代到封建主义的过渡以及全球资本主义世界体系进行了新的探讨。安德森相信历史社会学的研究对马克思主义的发展有重要意义,他反对把马克思主义理论探讨从政治经济学收缩进美学、解释学和思辨哲学中去。安德森的两本主要著作是《从古代到封建主义的过渡》和《绝对主义国家的系谱》。在这两本都出版于1974年的书中他试图解释从古典到君主专制的绝对主义政体这一时期,欧洲各地区生产方式和政治制度演化的差异性。前书研究封建生产方式的发展,后书研究绝对主义国家的形成。罗马帝国后期,法律秩序日益恶化,社会日益乡村化,再加上日耳曼部落的频繁侵扰,弱者便从大庄园寻求保护,而强者则建立起效忠自己的武装团伙。安德森认为作为生产方式的封建制是濒临崩溃的奴隶制生产方式和日耳曼原始公有制结合的产物。

在法兰西和诺曼征服后的英国,这种合成是均衡的;在罗马帝国未能统治过的斯堪的纳维亚地区,维京人实行的是奴隶制,很晚才采用封建制;在东欧,原始公有制与游牧生产方式的碰撞与融合形成一系列由入侵军队建立的临时帝国,而不是封建生产方式。在西欧,农民和封建地主的斗争在14世纪黑死病爆发时引起的经济和人口危机中到达一个关键阶段,农民得以摆脱农奴制的束缚。在东欧,农奴制反而强化了,这是一种从上而下的不但使农民农奴化,而且控制贵族的进程。

在《绝对主义国家的系谱》中,安德森(Perry Anderson,1938 －   )认为市场关系和私有财产及绝对权力的观念取代封建义务的观念时,绝对主义国家的基础便形成了。这一形成过程从文艺复兴直到18世纪。绝对主义是以君主的中央集权的专制权力来保护封建贵族对农民进行超经济制剥削。典型意义上的绝对主义国家是法国和德国,俄国和奥地利是残缺型,英国和波兰则是失败型。中国、日本、印度和奥斯曼帝国则没有经历这样一个从封建主义到绝对主义和资本主义的发展过程。安德森在这里显然是由于不了解中国,他的分析和概括就产生了错误。

历史社会学领域有不少著作更多的是对历史的宏观描述,它们注重归纳分析历史事件和社会演化的结构,但这种"大叙事"同黑格尔式的历史哲学是有区别的,后者从抽象原则出发,根据零碎的材料思辨,前者则多运用社会学的概念和研究方法对事件进行概括和解释。沃勒斯坦研究全球社会的结构就是一例。沃勒斯坦曾任纽约州立大学布罗代尔经济、历史体系和文明研究中心主任。他的《现代世界体系》第二卷是献给布罗代尔的。沃勒斯坦在他的三卷著作中论述资本主义世界经济体系的形成和结构。他认为中世纪后期的生态和人口危机促使欧洲向外寻找可开发的土地和资源,新大陆的发现和跨洋的贸易使得泛欧市场的形成。16世纪资本主义世界体系的中心是英格兰、法国北部和荷兰,美洲和东欧是这个体系的边缘地带。

英法在长达三个多世纪中争夺世界体系的领导权。英国在17世纪建立了中央集权的国家,资本主义在农业中也进展较快;法国则长期困扰于是向海外发展还是面向内陆,此外,法国大革命和内部争斗也削弱了他的竞争力。起初,资本主义世界体系的半边缘区是中世纪欧洲的商业中心区,包括北意大利、德意志南部、弗兰德、西班牙和葡萄牙。18世纪中期起,俄国、奥斯曼帝国、西非和印度也被纳入这个世界体系,成为边缘区。沃勒斯坦把经济和社会发展解释为是从边缘向半边缘,再向核心国家的跃进。普鲁士国家官僚联合客克,强化国家机器,保护本国工业,建立垄断性的国内区域性市场,到19世纪晚期和美国一道从半边缘区向英国的霸权发出挑战。二战以后,美、苏、日本和欧共体成为中心区主要成员,第三世界成为边缘区。

另一本值得注意的是迈克尔·曼1986出版的《社会权力的来源》,这本书追溯从公元前5000年的美索不达米亚到18世纪的资本主义社会,以及欧洲的国家及社会权力的演变。社会权力是整合民族和地域的能力。曼认为社会权力有四个主要来源:经济、意识形态、政治和军事。政治权力通过国家对公民社会进行调控,并展开地缘政治外交。意识形态权力可以内在地表现在一个阶级或民族的集体风貌,也可表现在弥散在整个地区的普世宗教中。

历史上曾反复出现两种社会权力的形式:支配性帝国和多种权力共存的

分散社会，前者以军事强制为手段追求中央集权和地缘政治霸权，后者则允许不同的权力互相竞争共存。在原始村社中，人们不愿看到权力的集中，酋长变得太强大，村民宁愿废黜酋长或迁走。公元前5000年左右，美索不达米亚的灌溉系统维持的肥沃淤泥地带的农业社会打破了这种循环，大量的剩余产品使人们得以定居，社会分层，私有财产出现，少数人对多数人的持久性权力出现了。近东的第一批支配性帝国面对游牧民族的挑战，它们的生存空间只能在后勤能力能够支持其军队活动的范围内。

希腊城邦融合犁耕农业和海上贸易。罗马把广泛的公民权、部落效忠感和种族意识结合在一起。它虽然把公民权授予被兼并地区的上层，但外省庄园的上层阶级与在罗马控制政权的军人之间不合作和冲突，使帝国的财政军事体系最终瓦解。罗马帝国解体后，基督教传播开来，到公元九世纪以后，基督教的影响遍及欧洲，它为政治经济活动提供行为准则。公元1500年以后，民族国家接过了规范社会，绥靖秩序的任务。后来，国家更进一步发展了他的征税和推行法律的能力，增强了他控制社会的能力。①

五、历史人类学

到20世纪80年代，法国心态史学转向更深层次的文化研究。许多历史学家们意识到不同时代的社会群体和文化形态中，心态是差异和变化的，只能从人类学的角度和方法，通过分析不同人类群体的生存环境制度、信仰体系、文化习俗等更进一步加以解释。这个领域的研究后来被称为"历史人类学"。正如勒高夫指出："新史学在自己带上社会学特点后，现在已朝着文化人类学

---

① 本部分参考使用了丹尼斯·史密斯：《历史社会学的兴起》，上海人民出版社，2000年，和P. Anderson, *Passages from Antiquity to Feudalism*, London: Verso. 1974, 以及P. Anderson, *Lineages of the Absolutist State*. London: Verso, 1974 等书部分内容。

方向发展。"①

　　社会学和人类学等社会科学对历史学的影响和渗透形成的新的历史研究领域,学者们见仁见智,各以不同方式命名。肯德里克称之为"历史社会学",认为这门新的学科把人类学和社会学的理论倾向同历史学的详尽而深入地考证和利用史料结合起来。丹尼斯·史密斯称之为历史社会学,而保罗·韦纳则称之为"社会学史学",雅克·勒高夫用"历史人类学"来命名。勒高夫在70年代预见史学、人类学和社会学这三门最接近的社会科学将合并成一门新学科。法国的心态史尤其显示人类学的倾向。

　　20世纪60年代以来,学者们就谈到以新史学和新叙事史为代表发生了所谓"人类学转向"。历史研究者从传统的上层人物的政治史转向关心普通民众的态度和信仰,尤其是下层平民的日常生活世界和当地人的看法,区分当地人的历史观和外面人的历史观、事件史和连续史。历史人类学动摇那种关注精英的传统史学话语。传统史学忽略了没有话语权的平民和日常生活世界,让知识精英去构造历史知识。艾米科认为传统史学也未能充分注意到研究者同过去的文化的间距。艾米科把历史研究视为是"基于过去的信息试图再现过去的一种解释和建构"。② 伯克认为历史是对过去的他者的理解,我们对他者的文化知识帮助我们从他人的角度思考。人类学对口述史、生活史和生命史的研究,以及它注重田野调查和民族志的研究方法有助于历史学家批判性地看待精英文本,关注底层社会,诸如宗教组织、地方生活史以及文化习惯等等。

　　早在1966年,在爱丁堡就召开了主题为"历史和人类学"的学术会议。历史人类学的著名研究可以提到美国汉学家施坚雅的《中国农村的市场和社会结构》,法国史学家勒瓦·拉杜里的《蒙塔尤》以及弗里德曼的《中国东南的

---

① 保罗·利科著,王建华译:《法国史学对史学理论的贡献》,上海社会科学出版社,1991年,第89页。
② 参见埃米克:《时间中的文化:人类学视野》(Ohnuki‑Tierney Emiko, *Culture Through Time, Anthropological Approaches*, Stanford University Press, 1991),第6页。

宗族组织》等。雅克·勒高夫1971年出版的《为了另一个中世纪,西方人的时间、劳动和文化》是法国历史人类学的代表作之一。在历史观和编撰内容上,历史人类学家力求对所研究社会有一种疏远感;其次,它不再重点研究人的观念和想象领域,而是与人类学关注重点有关的饮食起居、姿态服饰、风俗习惯、技艺和等等俗文化现象;最后它要发掘没有书面记载的历史。雅克·勒高夫给书取名"另一个中世纪",就是为了有区别感,也是为了与专注神学和哲学思辨文化的那个中世纪的传统史学相区别,而研究俗文化和雅文化、日常生活、价值观、劳动和时间,它注重无法撰写记录自身历史的普通人的生活。它发掘新的材料,重新对许多日常观念定义,引起对文献的来源和形式的革命性新看法。

六、后年鉴史学

20世纪70年代后,年鉴史学的统治地位出现危机,除拉杜里外,几乎再没有形成像费弗尔、布洛克和布罗代尔这样的领袖人物,年鉴史学的研究纲领也多元化了。法国史学界开始反思过去受到推崇的研究范式和概念,新的政治社会关注焦点和事件也影响了历史写作。1974年勒高夫和诺拉主张对法国史学研究进行反思,重新思考被年鉴派否定的传统叙事史学。劳伦斯·斯通在《过去与现在》发表的《叙事史的复归》声称生态——人口学模式和计量史学方法等科学史学已破产,历史学已从研究环境转向环境中的人,从经济和人口转向人类学和心理学。卡尔洛·金兹伯格在1980年6期的《争鸣》上发表《符号·痕迹·线索·迹象范型的根源》,认为19世纪末以来在历史学中出现的自然科学化倾向,是靠过去留传下来的迹象破解历史结构的"伽利略模式",不能反映历史学研究对象的特点,必须恢复历史著作的叙事性。利科认为历史解释的自然法学模式受英美分析哲学的影响,福柯的《知识考古学》也强调应把历史著述当做一种话语实践来分析,如此等等思想的文化背景使许多法国历史学家们重归被年鉴史学抛弃的政治史、传记和以国家为中心的历史写作范式。1979年《年鉴》创刊50周年的专刊注意到了史学研究领域的碎化,总体史和新史学遭到人们的质疑。历史学家们对社会史和文化史的写作模式有了新的看法和实践,意大利微观史学在法国得到传播。保罗·肯德勒(Paul-Murray Kendall)的《路易十一传》,让·法维埃(Jean Favier)的《美男子腓力传》以及皮埃尔·谢瓦里埃(Pierre Chevalier)的《路易十三传》标志着传记史的复兴。

1989年11-12月《年鉴》杂志发行专刊讨论如何实现批判性地转折,社论认为应借鉴人类学的研究成果,为解释史学恢复名誉,使微观和宏观分析的互补,不让单学科方法垄断历史研究。此前1988年《年鉴》的一篇贝尔纳·勒佩特(Bernard Lepetit)文章也谈到微观史学,认为历史学家应在关注整体结构和总体进程外重新思考研究对象的规模和观察的方式,充分注意到个人、群体、社会、本区域和全球历史之间的关系和研究的合法性。弗朗索瓦·多斯(Francois Dosse)1987年出版《"碎化的历史"从"年鉴"到"新史学"》,强调为了使历史学重新变为马克·布洛克所说的"关于变化的科学",应当抛弃那种只关注静止时间以及自然的、规则的和恒定的节律,从忽视描述变化的历史著述中解放出来,他批评年鉴史学的长时段和计量方法阻碍对社会变化的分析。马塞尔·高余(Marcel Gauchet)1988年发表在《争鸣》上的文章《社会科学范型的转换吗?》认为结构功能主义的历史方法把人变成受社会环境条件制约和社会结构关系的产物忽视人的自由主体地位,他主张"回归政治史"。在这种背景下,年鉴派提出"批判转折论"力图紧跟上社会科学的新潮流,史学家的换代和研究兴趣的更新,为了容纳新的研究范型,1994年,年鉴派的《经济·社会·文明年鉴》杂志更名为:《历史与社会科学年鉴》。

结构主义和欧洲马克思主义思潮的影响的减弱,以及80年代后期的国际政治事件的增多等促成了法国史学向政治史的复兴。新政治史也受到其他社会科学的影响。1988年勒内(Rene Remend)的《朝向一种新政治史》对"政治"作了新的定义,认为它是整个社会管理的关键点,决定、指挥和调节社会其他活动及进程。新政治史要研究所有类型的历史时间的事件,强调偶然性,也注意长时段的缓慢演变,在他看来,政治是集体认同的最高表达,政治文化集中表现了一个民族的行为特征,显示了一个国家的精神气质,政治文化是使一个人类群体紧密团结的表象体系。弄清短时段的政治事件与长时段的文化心态的演变的相互关系可以对历史事件的起因和结果做出更深刻的解释。

新政治史对短时段政治事件的研究促成了所谓"现时史"的讨论,引起了对时间间距,史料的确定和研究的客观性等问题的关注。对法国革命的不同态度至今影响历史学家对它的研究。年鉴派对长时段结构的研究为历史长河表象的研究准备了有关底层的情况的知识。现时史研究尚未结束进程的事变,它促使历史学家探讨当今的有多种可能性的发展。现时史对"现时"的界定还推动了"记忆史"的兴起。

70 年代欧洲马克思主义的危机,促使对斯大林主义和法国大革命的解释以及对政治概念的研究的兴起。1976 年《精神》杂志出了一期讨论"政治复归"的专刊,对革命与极权主义问题进行辨析。弗雷(Francois Furet)的《法国革命史》认为革命是政治和意识形态的自主的能动过程,应进行概念化分析。政治象征符号、想象、权力和意识形态的表象是革命的推动因素。弗雷提出从概念出发来分析革命。罗桑瓦隆在《论政治》文中认为政治概念史的目的是要理解政治理性的形成和演变,了解制约一个时代,国家或社会团体的行动和思维方式的各种表象体系。这些表象是社会自我反省的产物。因此政治概念史是一种反省的史学[1],阿居隆 1968 年出版《古代普罗旺斯苦修者与共济会》研究形象、象征和国家建构的象征物对法国政治演变的影响以及社交活动在农村政治的意义。

---

[1] 见罗桑瓦隆:《论政治》,载雅克·勒韦尔和纳唐·瓦克素尔编:《社会科学派》(Pierre Rosanvallon, "Le Politique", Dans Jacques Revel et Nathan Wachtel, ed. *Clne Ecole Pour le Sciences Soudes*, Paris Cerf Edition de l'Ecole des Hautes Etudes en Science Sociales, 1996),第 307 页,引自高毅:《20 世纪 70 年代以来的年鉴学派和法国史学》,载陈启能主编:《二战后欧美史学的新发展》,济南:山东大学出版社,2005 年,第 440 - 441 页。本章的撰写参考了高毅的这篇文章。

20 世纪 80 和 90 年代法国史学的另一引人注目的范式是"记忆史"。代表作是皮埃尔·诺拉主编的多卷本集体著作《记忆的亮点》。记忆史力图把民间中尚未过去的记忆保存下来,它的出现与"现时史"有关,也是对国家建构的正统知识的挑战和质疑,它要把只具有史料意义的回忆材料转变成记忆史的构件。诺拉的《记忆的亮点》由 100 多位作者参与写作,分别为《共和国》一册,《民族》三册和《不同的法国》三册。该书试图解构国家正统史学,以及国家的神话和象征。它丰富多样的主题包括先贤祠、公社社员墙、年鉴派的时间观、卢浮宫、法兰西学院、法国高师文科预备班、高卢人、咖啡馆、埃菲尔铁塔和大巴黎等。在《若干不同的法国》中,诺拉力图显现历史的非连续性,对危机中的国家特性和表现进行重构。法国 19 世纪末以来的历史充满动乱和非连续性,1870 年的普法战争的溃败、1914 年的战争、阿尔及利亚战争的结局、戴高乐时代政治与民族的衰落,对这些不同时期法国特性的描绘有助于打破国家对历史记忆的垄断性管制。

1973 年,罗伯特·帕克斯顿出版《维希时代的法国》披露维希政权曾主动寻求和德国占领当局合作,并制定一套纳粹主义的反犹纲领。70 年代初以来,也出现修正派质疑纳粹种族灭绝罪行的真实性。1987 年,亨利·卢索的《维希综合症》分析了法国人民有关维希政权的集体记忆的四个发展阶段。它使人们注意到记忆会随时代环境的变化而改变。法国史学界开始讨论如何把那些不愿过去的过去作为一种知识整合到以传授共同记忆,强化社会内部凝聚力为目的的历史教学中去。

70 年代后,后现代主义对历史客观性的批判在法国史学界也引起反响,雅克·朗西埃(Jacques Ranciere)1992 年发表《历史之名:论知识诗学》,认为历史著述是一种可以摆脱文字形式而获得科学身份的话语。利科在《弟欧根尼》(Diogene)杂志上的一篇文章阐述了"历史认识的批判现实主义"。他认为历史著述并非虚构,历史学家同过去的历史人物有共同的经验,分享同一社会实践和生活经验的场地,因此尽管存在非连续性和其他困难,过去在现在的持续存在和场地的共同性使历史家对过去的认识成为可能,历史研究具备以科学的方式分析一种外在于话语的真实存在的能力。

实际上,正如利科对布罗代尔的名著《地中海》的分析所表明:即使在年鉴派的大师手中历史叙述的形式也没有消失,布罗代尔用的是一种复杂的叙述结构,他把结构、周期和事件的叙述更高超地结合起来,比较理想地阐明了曾作为"世界历史主角"的地中海世界的衰落。让—克劳德·帕塞隆(Jean-Claude Passeron)1991年发表的《社会学的推理:自然推理的非波普尔空间》谈到社会科学的命题不能通过试验,而只能通过举例来进行,社会科学的概念也总是与一定的历史背景相连。所有这些表明法国20世纪末叶的法国史学思想达到一种新的综合。

任何对当代法国史学的了解都离不开考察巴黎高等师范学院的学术状况。巴黎高师历史系的研究显示出受到年鉴学派的影响,但又同以高师为大本营的后现代主义哲学思潮没有多大的直接联系。高师历史系主任莫奈(F. Menant)目前从事"中世纪西地中海世界的经济与社会史"研究;历史系副系主任佩古(G. Pecoute)教授比较研究法国和意大利的社会、思想和政治史;近代史研究中心主任查理(C. Charle)研究法国知识分子的心路历程以及欧洲知识界跨国界的学术交流活动;而达根(N. Dagen)教授则研究文艺复兴时期欧洲的自然哲学和艺术。

第十五章 分析历史哲学：对历史解释的探讨

二战以后，历史学理论的变革几乎可以同十七世纪自然科学领域内科学革命所取得的进步相比。在有关历史知识的性质及其与自然科学知识的关系问题上发生重要讨论，出现了两大对立观点，即历史知识独特论和历史学与自然科学知识性质同一论。科林伍德的《历史的观念》体现了前一种观点，科林伍德认为现今许多有关知识学的理论都以自然科学知识为原本推论而出，而认识历史的关键在于理解历史事件的意义和目的。亨佩尔于1942年发表的那篇影响深远的论文《一般定理在历史写作中的作用》中表达了后一种视野，他声称历史解释和自然科学中的解释一样都依靠一般定理推演而出。亨佩尔文章的发表使研究历史解释的性质和作用问题成为西方历史哲学的探讨重心。随着历史解释的性质及其模式的问题的提出，分析历史哲学流派在20世纪中期（40年代到60年代）兴起了，使西方历史认识论的研究在20世纪后半叶空前发展。20世纪下半叶，"没有任何一门人文科学像历史学那样在其本身方法论方面，进行了如此彻底的再思考"。[1] 20世纪中叶西方分析历史哲学流派的重要学者有波普尔、亨佩尔和德雷等。

60年代初，为了使历史家和哲学家能有一个展开对话的论坛，《历史与理论：历史哲学研究》在美国创刊了。到70年代末，在西方历史哲学界研讨的重要问题除历史知识和解释的性质外，也包括诸如历史叙述的客观性，行为理论、相对主义和价值判断的地位问题等等。所有这些问题和论争可以说在一

---

[1] 利科尔（Paul Ricoeur）：《哲学主要趋向》，北京，商务印书馆，1988年，第240页。

定意义上都源自那个自 20 世纪初即提出的中心问题:历史是一门科学吗？如果不是,它同自然科学的差异何在？分析历史哲学所面对的问题是 20 世纪上半叶批判历史哲学所揭露的朗克客观主义史学的理念问题,它更多地是沿着把历史学视为科学的路数来思考这些问题的。分析历史哲学主要是由居住在英语国家的"精于逻辑理论的认识论学者的产物",[①]他们也都以思辨历史哲学为批判对象。

历史学家的任务是不仅要确定事实,还得要解释它们。[②] 历史史料无论多么丰富,它们本身并不能自动成为"历史"。历史家对历史数据进行考证和整理后还需要追溯一个事件与另一些事件的内在联系,确定这些事件在人类社会历史中的位置和意义。对历史的理解始终"包含着根据某些原则而对证据进行评判"。[③] 这就是历史解释的重要意义。

一、历史思维中的概念

历史相对论的一个主要论点是认为历史研究的对象是个别的、特殊的、不再重复的历史事件,历史研究不需要概括。这个观念也是他们反驳历史学中的科学主义思潮的主要论点。实际上,历史学家无论是叙述或者是分析历史事件都需要借助或使用一系列源于概括的思维框架、范畴或概念,来选择和组织常是杂乱无序的历史数据。早在 20 世纪初,强调历史的个体性的李凯尔特（H. Rickert, 1863 – 1936）虽然认为历史概念和自然科学概念有很大区别,但他也认为在历史表述中的专有名词都是代表了一类特殊事务的词语,因此

[①] 保罗·利科著,王建华译:《法国史学对史学理论的贡献》,上海社会科学院出版社,1991 年,第 29 页。

[②] 德雷:《历史哲学》(Philosophy of History, Prentice Hall, 1964),第 4 页。

[③] 沃尔什:《历史哲学导论》(Philosophy of History : An introduction), 纽约:1967 年版,第 105 页。译文出自何兆武和陈启能编:《当代西方史学理论》,中国社会科学出版社,1996 年版,第 265 页。

"一切科学思维就都必须是使用一般概念的思维",历史学家也用一般概念来表达他想要科学地表达的事物。[①] 李凯尔特是德国历史哲学家,他出生于德国但泽,1888 年在斯特拉斯堡大学获得博士学位,1894 年任弗莱堡大学教授,后到海德堡大学任教。李凯尔特是新康德主义弗莱堡学派的主要代表。他的主要著作有《自然科学概念构成的界限》、《文化科学与自然科学》和《历史哲学问题》等。

李凯尔特认为认识的本质在于认识的主体对感觉材料的改造,以及它通过概念对现实进行简化的把握。李凯尔特着重研究自然科学概念和历史概念的形成。在他看来,一切科学思维都使用一般概念进行思维,历史研究也如此。然而历史学是研究个体的,在这种情况下,它怎么能形成一般概念呢?李凯尔特认为历史学是否能把直观改造为概念,依赖于有没有办法从相似事件的无限的多样性的内容中抽取某些成分,综和成一个整体。李凯尔特还研究了价值的概念、规律的概念等。

的确,历史思维离不开概括,从历史写作中,至少可以指出以下两种基本形式:1)指称性概括;2)规则性概括。第一类概括发生在当我们使用名称性范畴、概念或一般术语来指称或描述历史事件或历史对象时;第二类指以规律的形式陈述的历史话语。例如用"封建社会"指称中国从秦到清的社会,包含了把中国以外的国家如欧洲中世纪社会的某些特征同中国这一时期的特征认同概括,相提并论。把中国明清出现的某些工场手工业称为:资本主义萌芽,也包含了借用更大的理论概括成果:马克思根据欧洲各国历史的发展而概括出的历史模式。此外,更深层的往往习以为常的卷入运用概括是语言的使用。许多的名词,如"政府"、"僧侣"、"儒生"、"农民"和"地主"等都是集合名词或一类社会组织和人的概括总称。当历史家这样描写:在生产关系成为生产力的桎梏时,激烈的阶级斗争和革命就会发生。在 18 世纪下半叶英国的工业革

[①] 李凯尔特:《历史上的个体》,载张文杰等编译:《现代西方历史哲学译文集》,上海译文出版社,1984 年,第 7 页。

命中,起飞的直接推动力是技术革新。历史家是在以规律的形式陈述。

科林伍德在研究历史思维时对概括作了很有趣的辨析。他认为"没有概括的帮助,任何历史事实都不能确定","概括和归纳性思维(在历史思维中)占有重要地位"。[①] 科林伍德认为历史学必须充分注意到自身的概括性要素,才会变得富有科学性。历史研究往往是以以前的研究成果作为概括的材料,归纳一类事物,形成一般性知识,借以确定新的事实。例如我们可以根据我们有关古代陶器的归纳性知识对花园里断垣残壁的陶器碎片断代,而认定这是一处罗马时代的别墅。

二、一般概念在历史解释中的意义

如前所述,20 世纪上半叶相对论者挑战历史学宣称其已成为科学的说法的一个主要论点是:历史学以描述为主。其研究对象是独特的、个别的、不再重复的历史事件,并且不像自然科学那样以发现一般定律为其首要任务。分析历史哲学家们认为,认识论和研究方法上的逻辑分析批判在自然科学中已达到很高阶段,在历史学中的运用却还处于一种前科学的阶段,历史学因而必须经过一番严密的认识论上的批判。20 世纪中叶分析历史哲学集中探讨历史解释的性质、作用和模式,出现了不少理论观点。在讨论这些观点之前,我们必须提到分析历史哲学的先驱,卡尔·波普尔及其理论。

卡尔·波普尔(Karl Popper, 1902 – 1999)生于维也纳,在维也纳大学获得博士学位。他的研究领域是哲学、数学和物理学,维也纳逻辑实证主义运动影响了波普尔的早期思想。希特勒占领奥地利后,作为犹太人的波普尔被迫离开奥地利到新西兰坎特伯雷大学教书,战后来到英国伦敦大学,担任逻辑学

[①] 科林伍德:《历史哲学的性质和目的》,参见张文杰等编译:《现代西方历史哲学译文集》,上海译文出版社,1984 年,第 151 页。

和科学方法论教授。波普尔后加入英国籍,并受封为爵士。波普尔的主要著作有《科学发现的逻辑》、《开放社会及其敌人》、《研究的逻辑》和《历史主义的贫乏》等。波普尔提出著名的可证伪性作为理论是否具备科学理论资格的观点,他认为知识的增长对历史进程发生重要影响。波普尔反对历史决定论,批判历史主义努力发现"人类注定要走的道路"。他也指责朗克等史学家"天真地相信自己并不作解释,而是已经达到客观性水平"。他认为"不可能有一部'真正如实地表现过去'的历史,只能有对历史的解释,而且没有一种解释是最后的解释"。因为我们掌握的事实不全面,而且总是按自己的观点收集资料,因此有不止一种可以和资料相吻合的解释。"每一代人都有权按照自己的方式来看待历史和重新解释历史"。我们对历史感兴趣,研究历史是因为我们想懂得一点自己的问题。①

对历史解释的性质的讨论最具影响的是亨佩尔的"涵盖定律理论"。亨佩尔(Carl Hempel,1905-1997)生于德国奥拉尼斯堡,曾在哥廷根大学、海德堡大学、柏林大学和维也纳大学学习。希特勒纳粹上台后离开德国,赴美,先后在美国普林斯顿等大学教书。亨佩尔的主要著作有《经验科学概念形成的基础》、《科学说明及其他论文》、《自然科学的哲学》和《一般定理在历史中的作用》等。亨佩尔《一般定理在历史中的作用》在历史学界激起巨大反响。亨佩尔和波普尔一样认为所有的科学解释在逻辑形式上都是相同的。科学解释以演绎推理和三段论为模式。历史学是科学的一门学科。因此历史解释也必须符合科学解释的这种普遍模式。这样,历史解释才能具有"科学性"。基于上述观点,他们认为历史解释如要具有有效性,就不能同自然科学中的解释有根本差异,而且必须是演绎推理式的,其结论的大前提必须包含有一般定理。

亨佩尔认为一般定理在自然科学和历史学中都起到相同的作用。亨佩尔把"一般定理"(a general Law)定义为"能够被观察和实验证伪的关于普遍条

---

① 波普尔:《历史有意义吗?》转引自张文杰等编译:《现代西方历史哲学译文集》,上海译文出版社,1984年,第183-185页。

件形式的陈述"。①这些"一般定理"可以是心理学的和自然科学的定理。一般定理涵盖特殊(现象),特殊现象只是一般原理所阐明现象中的一个事例。"如同在其他观察和实验科学中一样,在历史学中,对现象的解释是把其纳入普遍实证规律的原理之下;解释的彻底性……全在于它是否依据于那些被观察和实验所证实的有关其初始条件的一般原理的假设。"②换句话说,是借用社会学、人类学、经济学、政治学、哲学等学科发展出的理论概念。

按亨佩尔的理论,便可这样对17世纪英国革命进行解释:首先阐述一般定律——当生产关系成为生产力发展的桎梏时,革命会发生。然后描述当时英国资本主义农场,海外贸易的发展,工场手工业的出现,生产技术的提高,而上层建筑例如法律等仍维持原状,王室甚至增加课税限制工商业的发展等等,最后做出解释,阶级斗争和革命不可避免。波普尔和亨佩尔要为历史解释建立一严格的模式的努力遭到了许多历史家的责难。批评者指出,大多数历史写作实际上并不通常遵循这种模式,而且历史研究以描述事件为主,有其自身不同于自然科学学科的特点。③这些批评有其合理的地方,20世纪80年代以前中国的史学中可以看出把历史研究简化为从原理到结论的弊病:以论代史,或史从论出往往把历史研究变成了往理论柜架内填充史料。

然而,如果我们适当地对亨佩尔的理论加以限定和清洗,我们仍能看到这些问题的提出及其重要理论意义。正是由于这种原因,波普尔和亨佩尔的理论成为二战后西方分析历史哲学中影响最为深远的命题,它推动了西方历史哲学家如沃尔什等人对历史解释的更细致的研究,并提出"配景论";它也促使像海登·怀特这样的后现代主义历史学家对历史叙述的结构的研究。可以

---

① 亨佩尔:《一般定理在历史研究中的功用》(Hempel, Carl. "The Function of General Laws in History"),载卡丁纳尔:《历史研究理论》(Gardiner, Patrick, ed. Theories of History),自由出版社,1959年版,第34-35页。
② 同上书,第353页
③ 明克:《历史理解的自主性》(Mink, Louis. "The Autonomy of Historical Understanding"),载德雷:《历史中的规律和解释》(Dray, William. Laws and Explanation in History),牛津大学出版社,1966年,第16-92页。

看出,"涵盖定律论"即使不是历史解释的"唯一的,甚至不是最重要的"模式,[1]但它的确可能是一种重要的模式。

沿着亨佩尔的"涵盖定律论"的思路,英国哲学家沃尔什进一步提出历史解释的所谓"配景模式"(Colligation),他认为历史家更多地是通过把所需要解释的对象置于独特的时空背景中而使其被得到说明。沃尔什首先在1942年提出该概念,后在其1960年出版的《历史哲学导论》中进一步说明。19世纪哲学家威廉·惠维尔在其1840年出版的《建立在历史基础上的归纳科学的哲学》书中首次使用"Colligation"一词,指称科学思维中的一个程序,即用一般性概念,范畴和假设把若干孤立的事实连接在一起。沃尔什借用了这一概念。

按照"涵盖定律论",各门科学中的知识,其逻辑结构是同样的。历史解释因而也应遵循自然科学解释的逻辑形式,沃尔什并不否认某些历史解释可能遵循这种模式。但他争论说并不是所有的历史解释都采用这一模式,历史学家在说明事件时有其特殊方式,因此需要有一能够反映历史家在实际阐明具体历史事件时所采取的步骤的解释理论。历史家在解释时也运用历史概括,但他并不是常常以把事件表述为普遍规律的事例的方式。而更多地是以追溯所研究的事件之间,以及它们同其他事件或情境的内在联系,并显示整体性的方式。"每个历史家所致力的并不是单纯地讲述不相关的事实,而是流畅的叙述。其中每一个事件都被置于其本来的位置,并属于一能被认知的整体。"沃尔什认为在这点上历史家的理想在原则上同戏剧作家和小说家一致。他们都试图把事件安排表述为具有内在的情节结构和从属于一总的题材,当历史家未能找到这种整体性,他就感到未能理解他所研究的历史。[2] 从这里,我们看到海登·怀特后来提出的关于历史叙述的性质及模式的理论渊源。

"配景"就是通过追溯一个事件同其他事件的内在联系,并把它置于其历

---

[1] 莫非:《我们关于过去历史的知识》(Murphey, Murray: *Our Knowledge of the Historical Past*, Indianapolis Ind,1973)。

[2] 沃尔什:《历史的可理解性》(W. Walsh, *The Intelligibility of History*, In Philosophy, vol. 17, 1942),第128-143页。

史环境中来解释该事件的程序。①这种解释的一个主要方法是把历史事件按某些一般性概念加以分类。或者说通过寻找到一些范畴概念,并运用它们来使所研究的历史事件概念化,从而使这些事件得到说明。历史家也通过把这些事件置于经由这些概念所构筑的关于那个特定历史时期的历史发展的叙述框架中使其变得可被理解,例如像文艺复兴、启蒙运动、浪漫主义、现代化和革命等都是这种所谓的"配景"概念。

这类概念都是关于特定历史时期和某特殊类别的历史事件的概括范畴,当某一事件被说成是某个范畴所指称的那个事件的一部分,或一个实例时,它就得到说明了,例如,说"五四运动"是文艺复兴和启蒙运动。沃尔什的理论揭示了历史思维或者说历史说明的最一般的形式。历史学家的确经常有意识或无意识地在历史写作中由于使用概念范畴从而对所描述的事件的性质进行分类,并且由于使用某些指称性概念名词来命名某些历史时期从而对这些历史事件发生的总的时代特征做出了说明。

沃尔什的理论确有某种启发性。当我们把英国内战、法国大革命和中国的辛亥革命都称为资产阶级革命时,我们已按某种世界历史理论对中、英、法三国的这些历史事件做出了总的定性(配景论)的解释。麦克卡拉进一步区分了两类配景概念,一类是普遍性概念,指称发生在人类历史上不同时间或地点的一整类事件,如革命;另一类则是单数概念,特指发生在人类历史某一特殊地方和时间的事件,如:欧洲"文艺复兴"等。②

另一位历史学家明克声称当历史家把一系列的事件或情景组合成一更大的整体或情景时,他行使了对那些历史事件的"提纲式的判断"。而这取决于历史家去发现"历史事件的语法"。涵盖定律理论则代表了历史家去发现"历

---

① 沃尔什:《历史哲学导论》(W. Walsh, *Philosophy of History: An Introduction*, New York: 1960),第59页。
② 麦克卡拉:《历史中的配景与分类》(McCullagh, Behan. *Colligation and Classification in History*),载《历史和理论》(*History and Theory*),1978年17卷。

史事件本身单独的逻辑"的努力。① 德雷把这种"用纲领来解释"的形式称为写作中的"合成"程序。他提出这种解释不是演绎性的,而是总结性的。这就是说,当各种特殊事件被显示已组合在一起构成一更大的历史事件整体时,这些事件就得到解释。"配景"的概念使历史家能"把广泛的事实组建成一个系统或模式"。②

威廉蒙·德雷(William Dray, 1921 –)在加拿大多伦多大学学习历史,后到英国牛津大学学习哲学,并获博士学位。此后多年在加拿大各大学任教,直到1989年在渥太华大学退休。他的主要著作有《历史的规律和解释》、《历史哲学》、《历史分析与历史》、《历史哲学和当代史学》以及《论历史与历史哲学家》。《历史的规律和解释》是他在牛津大学的博士学位论文。德雷的毕生事业是说明什么是历史解释。

沿着沃尔什和德雷的探讨路线,刘易斯把这种类型的解释称之为"列位解释"(Sequential explanation)的模式。"我们可以通过把一个特殊事件正确地置于叙述序列的某一个位置来理解它"。③因此对事件的说明在于它被放置在一个行动序列中,历史家思想中所有的关于该行动序列的历史和时代背景便提供了对该事件的实际意义的解释的线索。海登·怀特提把这种历史解释的模式称之为望文生义的"语境论"(Contextualism)。语境是一个在历史场景中去发现历史事件的意义的功能性概念。语境论的要点是通过把事件安置于其出现的环境结构中去说明它。他认为这是大多数专业历史家所通常采用的方法,④他们不是借助于某一条定律,而是借助一套大的理论体系对历史事件

---

① 明克:《历史理解的自主性》,1965年,第178,181 – 182页。
② 德雷:《解释历史上的什么》(William Dray, *Explaining What in History*),载卡尔丁纳编:《历史学的理论》(Gardiner, Patrick, ed. *Theories of History*),纽约:1959年,第405 – 408页。
③ 明克:《历史理解的自主性》(Mink, Louis. *The Autonomy of Historical Understanding*),载德雷编:《哲学分析和历史学》(William Dray, ed. *Philosophical Analysis and History*, New York:1973),第172页。
④ 怀特:《元史学:十九世纪欧洲的历史想象》(Hayden White, *Metahistory: The Historical Imagination in Nineteenth Century Europe*, Baltimore:1973),第17 – 21页。

进行规范。

三、作为历史解释的叙事情节

在对历史叙述的性质的研究中,不少历史学家认为历史叙述的**情节**结构,或把历史事件情节化,也是一种解释事件的方式,例如:历史哲学家阿特金森认为叙事是三种解释方式之一。其他两种是法则解释和理性解释[①]。叙事解释突出事件发生的线性联系,或者说,以把某一些事件置于某些事件之前来解释其发生的原因。区别于分析和横断性的描述,叙述以时间顺序来讲述人类事件。自西方史学在希腊开创,即是其主要形式。对叙述加以特别注意的这批历史哲学家认为叙述是融合和传递历史知识的特有理解形式。它注重人类的理性行为。[②] 奥克夏特宣称:"历史家通过对变化的全面叙述来对变化做出解释。"[③]盖利更提出历史家在缺乏证据因而不能做出流畅的历史叙述时,才去解释因果关系。"历史理解是我们运用我们追索一个故事的能力的结果。"[④]从语义学的角度,"历史的"这个词含有对某一事件从与其相关的过去的某些事件,或者说从故事上来加以理解或说明的意义。

在西方历史学家看来,叙述不仅是以讲故事的形式来表达研究的成果。它本身构成一适合历史思维特点的独特的理解模式。它涉及到以鸟瞰观或形态观来理解历史事件,把它们看作是构成互相联系的,能被理解的整体的部

---

① 阿特金森:《历史知识与解释》(R. Atkinson, *Knowledge and Explanation in History*: *An Introduction to the Philosophy of History*, Macmillan 1978),第 138 页。

② 奥拉福森:《历史叙述与行为概念》(Frederick Olafson, *Narrative History and the Concept of Action*),载《历史与理论》(*History and Theory*),1970 年 9 月号,第 265 – 289 页。

③ 奥克夏特:《经验及其模式》(Michael Oakeshott, *Experience and its Modes*, Cambridge University Press, 1993),第 143 页。

④ 盖利:《哲学和历史理解》(W. Gallie, *Philosophy and Historical Understanding*, Chatto and Windus. 1964),第 105 页。

分。叙述因而不仅是陈述事件的时间发生顺序。它做出的说明通常也使解释更易理解。① 这种主要从原因方面去展示事件发生演变的过程的解释不同于以分析事件发生的条件和环境的解释方式。叙述体是以讲故事的形式对事件进行了解释。盖利(W. Gallie,1912－1998)就认为"每一个叙事都是自我解释的"。历史哲学家丹托甚至提出叙事语句与历史学家的历史概念相关。"以至于对它们的分析必须指出历史概念的一些主要特征是什么"。② 当代以叙事,或者换句话说,以讲故事为特征的历史著述同中世纪编年史也不同,编年史的文体大部分是非因果性陈述,它不用"因为"这样的词语来连接两个事实陈述。

西方史学家对叙述的结构的来源和模式的研究很可能受到了结构主义的影响。结构主义从语言入手的研究在人类学等领域取得了丰硕的成果。结构主义同时认为事物结构是分层次的,深一层的结构常能为上一层次的结构提供某种阐述原则。这诱使历史哲学家把探讨历史知识的性质及起源的活动推移到研究更基本的层次上,即那个在历史分析和解释得以进行之前业已存在的对事件的某种总体的或初步的叙述。如果说叙述或叙述的体系是我们理解历史的基本形式或这种理解的基本表现,那么历史著述中出现的这种叙述体系或结构源于何处呢?在这个问题上,可以看到西方史学的两种基本观点:(1)历史事件本身以故事的形式存在。历史家只是发现这个故事的情节而已;(2)历史叙述中出现的故事情节或事件发展模式是历史家构筑的。

持第一种观点的有两位著名的历史家,盖利和卡尔(E. H. Carr)。盖利认为历史本身已包括故事性情节发展。历史家在叙述时只是把构成该故事的事件连贯起来。③ 第二种观点更为流行。它认为历史事件本身没有形态,也不

---

① 特德·冯德尔里奇:《牛津哲学手册》(Ted Honderich, *The Oxford Companion to Philosophy*, Oxford University Press,1995),第366页。

② 见盖利:《哲学和历史理解》,第66页;丹托:《分析历史哲学》(A. Danto, *Analytical Philosophy of History*, Cambridge, 1965),第143页;和陈新:《论20世纪西方历史叙述研究的两个阶段》,载《史学理论研究》2(1999),第97页。

③ 见盖利:《哲学和历史理解》,第105页。

构成一种能被连贯叙述的结构。历史叙述的故事框架是历史家给予的。法国历史家维恩(Paul Veyne,1930—)强有力地表述了这种观点。对维恩来说，历史的过去宛如未经开发整治的荒野，在这片荒野上的一切存在物真实地发生了。但是在叙述历史者赋予历史"事实"以秩序或情节结构前，历史事实并不成为历史著述的材料。维恩认为情节是历史家根据自己的意志从生活中分割下来的片断，其中的事件有其客观联系和重要的相关性。情节又可以被看作是历史家在历史事件的荒野上追寻出的一条路径，每个历史家都可以自由地选择他穿越某片历史荒野的路径，所有路径都同等合法，然而没有哪一个历史家能描述历史荒野的全貌，因为路径即意味着选择，沿着路径也意味着不能走向各处。历史事件也不是历史原野上一个历史家可以造访的地方，它是那些可能形成的路径的交叉点。换句话说，是不同情节模式都可以利用的"事实"。[1]

可以对维恩的理论做进一步的讨论。可以想象，当一位旅行者(历史学家)在一片原野上选择一条穿越路线时，他实际上对所要穿越的那部分原野的全貌在目力所及的范围内有一定了解。美国历史家明克(Louis O. Mink, 1922—1983)正是在这方面对维恩的观点进行挑战。明克提出历史著述中出现的历史叙述框架体现了历史家对有关历史事实的某种整体看法，历史家只有在从总体上对各相关事件进行考察、判断其意义，然后才能把它们连贯成一体系。历史著述中见到的叙述体系因而表现了历史家在试图把各相关历史事件联系在一起时如何理解和判断各相关事件的。如果维恩把历史家比喻为一位旅行探险者，费尽心力地在事件的原野上探寻一条路径，明克则把历史家想象为是站在那片事件荒野之上，试图观察琢磨出历史事件的某种模式。历史叙述的框架因而是一种鸟瞰观，或"概要性的判断"。[2]

---

[1] 维恩：《历史写作：关于认识论问题》(Paul Veyne, *Writing History: An Essay on Epistemology*, tr. Mina Moore-Rinvoluci, Wesleyan University Press, 1984)，第15、32、36页。

[2] 明克：《历史理解分析》，载于德雷：《哲学分析与历史学》(Louis Mink, *The Anatomy of Historical Understanding*, in Willam Dray, ed. *Philosophical Analysis and History*, Harper and Row, 1996)，第178、191页。

众所周知,怀特否认历史的过去是人类生活故事的堆集,而历史家只是把这些过去的活生生的故事写出来的观点。他宣称叙述为主的历史著作形同"文学虚构",其内容半是创造出来的,半是发掘出来的。其体裁与文学相似。在怀特看来,叙述结构的虚构性在于它是历史家创造出来,并加于某些早已过去了的,因而不能观察或通过实验加以研究的过程和结构的模式。换句话说,历史家虽未伪造事实,而且他力图发现历史事件"真相",但他却构造故事情节[1]。怀特的这种观点在许多地方是颇为争议的。

加拿大文学批评家弗莱(Northrop Frye,1912 - 1991)曾提出我们所以理解故事情节的意义是因为通过我们的生活经验和三千年的文学传统,我们熟悉几个基本的故事情节:浪漫史、喜剧、悲剧和讽刺剧[2]。如前所述,怀特认为从许多重要的叙述性历史著述,如米希勒(Michelete)、兰克、托克维尔(Tocqueville)和布克哈特(Burckhard)等人的著作中都可以发现与这4种情节模式相当的叙述体。怀特认为这4种情节模式同不同的解释策略和意识形态含义相联系。它们不仅是同已建立的文学类型相符合,更直接地是来自隐喻、换喻、提喻和反语这4种比喻形式,并激发不同的历史想象形态。怀特把这种按照情节模式来叙述历史,从而赋予历史以意义称为以情节化方式来解释历史。如果历史在叙述历史故事时,按照悲剧情节模式,该历史家以一种方式对这些历史事件进行了解释。如果他以喜剧的模式进行叙述,他则又以另一种方式对历史事件进行解释了。[3]

怀特关于叙述体的历史著述形同虚构文学作品的观点当然是颇有争议的。事实上,即使历史家以文学的方式叙述历史,其著述同文学也有重大差别。历史家叙述历史必须依据所谓历史"事实",而这些历史"事实"是经过对

---

[1] 怀特:《作为文学虚构的历史文本》,载甘莱瑞和科茨基编:《历史写作:文学形式和历史理解》(Hayden White "Historical Text as Literary Artifact" in Robert Canary and Henry Kozicki. eds. *The Writing of History: Literary Form and Historical Understanding*, Universty of Wisconsin Press, 1978),第42页。

[2] 弗莱伊:《对批评的分析:四篇论文》(Northrop Frye, *Anatomy of Criticism: Four Essays*, Princeton University Press, 1971),第162 - 163、206、223页。

[3] 怀特:《元史学:十九世纪欧洲的历史想象》,第7、25页。

过去遗留下来的文献及其他对象进行考证以后建立的。这同文学作品可以随意虚构有根本差异。历史家在连接一个个事件或事实,从而构成一个叙述的体系时,该叙述的体系,或叙述的框架也并不是历史家可以随意构造的。正如我们将在下文看到,不论是叙述的逻辑,或者对具体历史事件之间相关性的解释都同历史事件的"真实结构"有某种联系。美国历史哲学家奥拉夫森(Frederick, A. Olafson)和卡尔(David Carr)的理论可以说是对怀特历史叙述虚构性观点的某种反驳。

奥拉夫森和卡尔的理论可被看做是一种折中的观点。他们认为历史本身就呈现一种故事形态,虽然不只是一种故事形态,因此叙述的结构不完全是历史家构造的。奥拉夫森认为"叙述的结构性源于人类行为的理智性模式"。"历史家首先研究的事件是人的行动,历史叙述因而可以被理解为是重建人类行为的序列,其中一个行动及其后果是后来一系列行动的前提"。因此历史人物的行为往往是伴随我们所熟悉的一些理智性思考或推理:我想做成某件事,目前的处境,出现的机会或障碍,达到目标的手段,我因而只能怎样行动等等。正是这些伴随人类行为的思考推理连接那些历史家所要描述和解释的一系列事件。历史叙述的体系便源于对这些联系性的分析的结果。[①]

在卡尔看来,"历史叙述体裁不仅是一种可能行之有效的描述事件的方式。叙述的结构实际上源于历史事件本身。历史叙述远不是对它所要讲述的事件的变形,而是对那些事件的首要特征的夸张。"许多历史事件也并不是因为它以时间先后顺序出现,所以构成一个历史故事。历史事件的故事性源于大部分历史事件是人的行动的结果这一事实。人类行动具有结构性或故事性。我们处在某种环境条件下,想要达到某种目的,采取某些步骤去实现这些目标,在行动的过程中出现机遇、意外等等。换句话说,我们是怎样思考和行动的。这就等于一个故事的开始、进展和结尾。而且当我们在思考我们的行

[①] 奥拉夫森:《人类行为的辩证法:对历史学和其他人文科学的哲学解释》(Frederick A. Olafson. *The Dialectic of Action: A Philosophical Interpretation of History and the Humanities*. University of Chicago Press, 1979),第151、165页。

动时,往往把我们的思想投射到将来行动完成的景况,并站在行动的终点上回顾我们是怎样在做的。这就等于我们给我们自己讲一个故事。因此,历史家叙述历史事件的结构雏形在人类行动过程中已出现。它并不是后来被加予的,尽管在行动后我们通常对这些行动的故事性加以提炼。①

保罗·利科提出历史是研究过去人们的行动的。而作为人们行动结果的历史事件因而像人的行动一样具有连贯性和序列性,也具有和叙述式文本结构相同的结构。所以叙述也是最适合表达它们的方式②。马因特雷(A. Macintyre)也指出叙述是符合其描写对象即人的行为特点的一种基本表述方式。每个人自身的生活便是一部叙述,因此,叙述的形式提供了理解自己行为和他人行为的基础。③ 在雷蒙·阿隆看来,历史事件就是体现在历史真实中的精神结构。历史家需要去发现一个历史事件或行动的含义,而做到这点就在于重新发现这些参与历史事件的人物的意图。

---

① 卡尔:《叙述与事实》(David Carr. "Narrative and the Real World"),载《历史与理论》第25卷,1986年,第125页。
② 参见保罗·利科:《叙述和时间》(Paul Ricoeur, Time and Narrative, Chicago, 1988),第99、178-179页,严建强、王渊明:《从思辨的到分析与批判的西方历史哲学》,浙江人民出版社,1997年版,第259页。
③ 柯里林可斯:《理论和叙述:思考历史哲学》,(Alex Callinicos, Theories and Narratives: Reflections on the Philosophy of History, Polity Press, 1995),第9、54页,严建强:《从思辨的到分析与批判的西方历史哲学》,第252页。

第十六章 二十世纪下半叶：史学理论的后现代化

1960年《历史与理论》创刊，编辑乔治·纳德尔联系了许多英美出版商要求其经手出版，均遭到拒绝，最后终于由荷兰莫顿公司出版。杂志编辑部决定征稿的主题围绕亨佩尔的《一般定理在历史研究中的作用》文章所引发的关于历史研究的实证科学层面的问题。头几期所刊登的大部分文章都是关于历史解释、因果关系和覆盖定律的讨论文章。几年后，杂志编辑认为在这些问题上的争论不可能再深入了，编辑部于是发表暂缓该类讨论的声明。1966年第五期《历史与理论》上，波卡克（J. Pocock）的一篇文章呼吁考察"历史学家在哪里找到其概念词汇的术语"，它们被使用的方式和意义的转换。[①] 这标志着向探讨历史写作的形式和话语的方向，即后来所说的"语义学转向"转变。

历史认识论探讨的这种转向有它深远的背景。在19世纪，朗克和实证主义史学力图使史学成为科学，他们反对历史叙述应注意文学修辞性，主张使用朴素的语言。后来的分析历史哲学家们也忽视对历史著述的语言结构和历史叙述的诗学修辞特征的研究。当时就有不少历史学家呼吁历史写作重新获得它自古典时期以来即具有的文学修辞性。[②] 不久，文学批评家、结构主义语言学家和语义分析哲学家都介入到对历史话语的讨论中来。历史哲学家们开始对实证主义思潮兴起以前那些强调历史叙述语言和修辞的传统重新感到兴

[①] 参见理查德·汪著：《转向语言学：1960—1975年的历史与理论和〈历史与理论〉》，载陈新编译：《当代西方历史哲学读本》，复旦大学出版社，2004年，第35页。

[②] 参见多米里克·拉·堪布拿：《历史和修辞》，载《历史学和批判》（Dominic La Capra, "*Rhetoric and History*" in *History and Criticism*, Ithaca, 1985），第15-44页。

趣,西方历史哲学因而从"我们能够了解认识什么和我们是怎样认识了解的"转向"我们讲述了什么以及我们是怎样讲述的",由此构成了历史学的"语义学转向"。"语义学转向"所代表的学术思潮突出语言或者思想交流在社会中的重要意义。过去被视为是决定社会和文化层面的社会结构和过程,现在被看做是文化的产物。历史编纂学,包括政治史、社会史、文化史和思想史都受到其影响,激进的学者甚而把历史学简单视为符号学,其中社会被等同于文化,而文化则是意义的网络,就像文学文本一样。他们还反对从经验现实世界中来求解文本。"语义学转向"中兴起了"后结构主义"、"后现代主义"和"新历史主义"这样一些理论思潮,构成对西方传统历史认识论的颠覆性新观点和对历史写作性质的更为复杂的看法。

一、语义学转向的背景

索绪尔(Ferdiand de Saussure,1857－1913)和雅各布森(Roman Jakobson,1896－1982)的结构主义语言学理论对20世纪下半叶西方史学以强烈影响。结构主义语言学的奠基人瑞士语言学家索绪尔在他那本由讲学笔记编纂而成的《普通语言学教程》书中,提出了影响20世纪所有语言学思想和实践的几对区分:语言和言语,共时和历时以及横组合关系和关联关系。他们提出了两个基本观点:语言是具有句法结构的独立体系,语言不是传递意义的工具,相反,意义是语言的功用。换句话说,人并不是用语言来传递他的思想,人的思想本身被语言所决定。这里包含了结构主义的一个主要论点,即人是在结构中行动思想,特别是语言结构中生活。

1. 语言学的影响

19世纪末以来,许多学科都似乎发现了其研究对象的深层结构。从门捷列夫的化学元素周期表的创立,直到染色体基因的内部结构和遗传密码的发现,人们越益认识到:很多科学研究对象都存在复杂的层次结构。这些层次结构派生,演变出无限多样的事物。同时,这样的层次结构模式又具备着有限的规律性,错综复杂的现象可以被归结为少量基本单位的组合模式。索绪尔和雅各布森以前,人们把语音结构分到元音和辅音就认为不可再分了,正如化学中以为原子是最小单位。而现在不论是原子和音位都被发现是由更深层次的要素构成的区分造成的。从结构主义观点看来,现代物理学中的夸克跟现代语言学中的区别特征相似。

结构主义语言学视语言为一分层结构。语言系统的底层是一套音位,一种语言的音位数目只有几十个;语言系统的上层是音义结合的符号及其序列。它又分为若干层次,第一层次是"语素",即音义结合的最小单位,如汉语中的语素就是所用的汉字;第二层次是由一个或多个语素构成的词,它是语言系统中能够独立使用的单位;第三层次是由词构成的句子。词和句子之间如果细分还可分出短语或分句。语言符号的分层结构跟物质的分层结构非常相似,音素和音位(类似原子、中子和质子)沿各层次一级一级组合起来,派生构成无限的句子。

语言结构同遗传密码结构的惊人相似性使结构主义者把在语言中发现的结构抽象为物质和精神世界的本体论意义上的模式。它认为任何事物的结构都具有整体性和层次性、转换性和自调性。可以看出结构主义关于事物结构的理论是以 20 世纪化学和生物学的发现和成就为基础的。结构主义语言学家所描述的语言结构同无机物和有机物的结构很相像。遗传密码也跟语言符号一样表现为层次结构。染色体基因的 DNA 碱基也同语言中的音位一样形成各种区别特征。雅各布森认为这种相似性是因为它们分属于人类祖先传递到后代的两大类基本信息系统,即由细胞染色体传递的生物遗传密码和由神经——生理及社会——心理机制传递的语言能力。

2. 英美语义分析哲学

结构主义语言学兴起的同时,盎格鲁-撒克逊世界也流行语义分析哲学。

20世纪60年代以后在文学、人类学、哲学和历史学等领域内的"语义学转向"的共同点是认为在探寻真理和知识时,应重视对话语(discourse)的研究。后现代主义认为离开了语言的"事实"是没有的,除了表现在某种语言描述中的现实外,没有"客观的"现实。这种观点受到英国语义分析哲学的影响。

然而,英国哲学向语义分析的转向更早,在19世纪末和20世纪初发生,那时,英国的大学教育和学术范式出现重要转折。在19世纪,大学的教师和知识分子几乎都是牧师类型的人物,学生也大部分出身在牧师家庭,并且毕业后也会去当牧师。到了20世纪20年代,大学教师多是俗人,学生几乎也都来自世俗家庭。哲学教师接触的是从事自然科学和应用科学研究以及其他人文社会科学研究的人。在这些领域,概率统计、数理逻辑、归纳逻辑和社会科学方法论等的研究突飞猛进。英国的哲学也从神学、古典学术研究和心理学探讨中分离出来。但是,哲学由于缺乏可证明的原理和可作实验验证的假说,开始面临丧失其作为世间所有事物之科学的地位。文化的通俗化和哲学的专业化也推动了后维多利亚英语世界哲学探索风格和方向的转化。当时,各大学建立起了哲学系,哲学教师们也组成了自己的讨论小组,争论的问题日益依赖于同行的判断,推理的严密性和术语的准确性,而不是雄辩成为说服对手的手段。

休谟和洛克以来,英国的哲学探索建立在心理学的基础上,到詹姆斯·穆勒,逻辑认识论问题都被当成心理学分析可解决的问题。洛克认为一切观念都来自于心灵对外界的映象,任何思想(判断或命题)都是对孤立存在的,可孤立观察到的现象世界碎片的联结。人的作用在于结合这些观念,哲学的任务就是去追溯这些观念的来源,以及解释它们结合的确切性质。[①] 洛克以后两百年中,英国哲学都是沿着这个方向探索的。然而,洛克式的心理主义的哲学没有看到当人用概念来描述实在世界时,许多概念并不是都简单地来自于人的观察经验。另外,人对概念的使用和对它的意义的选择也不是从感知到观念那样简单明了直接的关系,思维与实在的关系并不在所有情况下都十分

[①] A. 艾耶尔编著,陈少鸣、王石全译:《哲学中的变革》,上海译文出版社,1985年,第2页。

清楚。英国哲学思想的更进一步发展就依赖于在这个方面的更为深入地探讨。其中,牛津和剑桥的哲学家发挥了重要作用。

布拉德雷(F. H. Bradley, 1846 – 1924)在英国哲学思想的转变中起到了关键作用。布拉德雷于1870年被选为牛津大学默顿学院研究员。13世纪牛津大学刚成立时,著名的罗吉尔·培根正是在这所默顿学院号召对哲学和科学探究的语言进行清洗。布拉德雷的主要著作是《逻辑原理》、《现象和实在》以及《真理与实在论文集》等,布拉德雷是在英国经验论传统中培养出来,但他又自觉去了解欧洲大陆的唯理论思想传统,尤其是德国的唯心主义传统。应当提到,布拉德雷主张把哲学逻辑学同心理学分开。他的著述包含了对哲学探究的一个新的出发点,即"以判断或命题而不是以观念为出发点"。① 布拉德雷对人类用语词来描述实在的对象(例如一只鸟)的困境的辨析,把后来的哲学探索引向对语言功用的讨论。

罗素(Bertrand Russel, 1872 – 1970)后来也试图弥补英国经验论对判断的研究的忽视,他从大陆唯心主义哲学传统中寻找理论出发点。罗素提出了逻辑原子论,他的学生维特根斯坦发展了这种理论。如果说布拉德雷用唯心论动摇英国经验论传统,罗素则吸收唯心论去发展英国的新经验主义哲学。休谟把人对事物的解释归结到印象和观念,罗素也把哲学分析的对象划分到"原子",即命题。但他同布拉德雷不同,罗素认为对特定事物(例如一只鸟)的分析不会引起歪曲。

分析哲学相信大多数哲学问题都是由于语言混淆而引起的,因此着重探讨提出问题所使用的语言的特征和表达概念的术语。他们认为:只有通过研究语言形式,人们才能讨论概念和实在本身。"我们并不是先思考,然后再用语词形式进行表达;在某种意义上说,我们的思想就是我们的表达。所以,我们只能从用以表达我们思想的语言形式方面来讨论我们的思想"。② 换句话

---

① A. 艾耶尔编著,陈少鸣、王石全译:《哲学中的变革》,上海译文出版社,1985年,第3页。
② 参见麦克斯韦·查尔斯沃斯:《哲学的还原——哲学与语言分析》,田晓春译,四川人民出版社,1987年,第13页。

说,变换成语言形式是讨论哲学问题的最好方法①。维特根斯坦(Ludwig Wittgenstein,1889—1951)把这种方法的发现视为哲学中的划时代转折,认为可以和伽利略创立力学的转折相提并论。的确,语义分析哲学开辟了研究精神意识和思想的新途径,长期以来人们都感到思想和哲学理论的研究缺乏客观性,因为它们似乎缺乏一种明确形体,对它们的理解就显得具有随意性。显然,对思想藉以进行的形体的研究似乎是一种更可靠的方式。维特根斯坦认为必须"废除全部解释,代之以描述"。② 在他看来,事物的意义在于以某种方式使用语词。③ 牛津分析哲学家奥斯汀注意到语词的意义与它在其中被使用的那个语境有关。

语义分析哲学家关于在语言媒介之前,没有先验的概念领域的存在。语言表述并不是源自概念框架,而是溶于概念框架,或者说在研究再现现实过程中同步产生。这就促使历史哲学家去重新思考历史研究与写作过程中,或者说,历史叙述中的现实是如何构筑起来的。不仅如此,奥斯汀关于事物的意义依赖于使用语言,使用不存在真假问题,而是虚构与非虚构问题,也使一些历史学家把对历史事实的陈述看作是使用语言的行为,从而去研究其虚构与非虚构性的问题。

3. 法国的结构主义思潮

70年代以后,新的哲学思想成为一股影响很大的潮流,它使旧的题材和研究领域退居次要。20世纪后半叶对历史哲学思维影响最大的结构主义语言学,以双重形式推动了20世纪后半叶西方历史哲学的发展:从语言的角度开拓了研究历史写作和表述的新层面;在历史的理性探索的目的上,用"结构"一词替代了有争议的"规律"一词。把结构主义和语义分析传统结合起来

---

① 这样一些观点同后现代主义者如海登·怀特等人对历史叙述体和历史叙述的语言形式的研究理论如出一辙。
② 查尔斯沃斯:《哲学的还原——哲学与语言分析》,第182、173页。
③ 同上书,第276页。

推动人文科学再向前迈进的关键人物是法国人类学家列维·斯特劳斯（Claude L. Strauss,1908－　）。斯特劳斯以全班第三名的成绩在巴黎高等师范学院获得哲学教师资格后,于1934年来到巴西圣保罗大学从事民族学的教学和科研。1939年德军入侵巴黎后,列维·斯特劳斯到纽约研究民族学,在那里把他的名字改为后来闻名世界的Claude L. Strauss,以避免人们把自己误认为是"牛仔裤"（Blue Jeans）。在同一所学校任教的雅各布森的语言学理论启发他从一种新的角度去阐释原始文化。弗朗茨·鲍阿斯当时也正统治美国人类学界。他的研究对斯特劳斯后来创立结构人类学影响也很大。在斯特劳斯之前,法国的人类学与自然科学联系紧密。鲍阿斯强调文化现象的无意识本质,认为理解这一无意识结构的关键是语言的法则。在鲍阿斯的影响下,列维·斯特劳斯采用结构语义学的方法,把法国人类学转到了英美人类学的语义学层面上,这两种学术传统的结合便产生了极其不同的新见解,并使法国人类学经历了一场知识论的革命。

巴黎解放后,列维·斯特劳斯回到法国,1945初又作为文化参赞回到纽约。1947年他完成《亲属的基本结构》的学位论文,回到巴黎答辩。1949年论文发表,波伏娃在萨特主编的《现代》撰文称赞,使该书受到广泛关注,奠定了斯特劳斯的学术地位。列维·斯特劳斯经费弗尔推荐任社会科学高等研究院讲师。1958年,斯特劳斯出版他的《结构人类学》,结构主义迅速成为一种流行思潮,开始作为一种取代萨特的存在主义的战后新思想而引人注目。1960年11月5日,列维·斯特劳斯被选为法兰学院社会人类学教授,他在就职时的演说声称要从符号学的角度揭示人类文化形成的秘密。直到1968年"五月革命"后,后结构主义登场,流行了十年的结构主义才让位。结构主义的兴盛有两方面的原因,它承诺提供更严密科学的方法;其次,它对应了对西方文化价值观的一个批判意识的发展关键时机。

在《亲属系统的基本结构》中,列维·斯特劳斯像语言学家先分析出音位和语素,然后在这些成分之间找出它们的对立、相互联系、排列组合与转换关系一样,研究决定亲属关系的意义的结构。他从民族志的角度利用了来自西伯利亚、中国、印度、东南亚和澳大利亚的材料,研究乱伦和外婚制以及对立的概念,也把索绪尔的语言中只存在差异的结构主义观点应用于图腾制度的研究。在《神话学》中,列维·斯特劳斯分析了南美和北美印第安人的813个神话。他对美洲原始人类文化的研究也注解了西方文化构造知识的基本方法,同时又一次显示不但自然界和人类文化,而且人类借以构造知识的话语都存在结构。

在列维·斯特劳斯看来,每一个社会都表现出两面特征:结构的方面和历史的方面。历史学家们常认为历史只能在流变中被觉察出,改变是无止境的,他们因而总是努力克服不连续性,试图建立一个社会状态与另一个社会状态之间的系谱的联系。人类学家则试图从不连续性中得益,他们在有区别的社会中寻找相似性,例如人类社会关系,特别是亲属关系的基本结构。列维·斯特劳斯认为在人类社会行为和情感表达的多样性下面存在"原始逻辑"。列维·斯特劳斯号召历史学家向人类学和民族学借鉴,认为历史学家不应当把自己局限于王位的继承、战争、条约和历史事物的意识与动机,而应当也去研究特定时期和特定社会的习惯、信仰和"心态"所包括的一切内容。这些观点对70年代后的法国史学有很大影响。

结构主义作为一种方法,它感兴趣的不是具体的内容,而是抽象的一般的形式和关系,组合与聚类的形态等,因此有强烈的形式化倾向。"结构是要素和要素间关系的总和,这种关系在一系列的变形过程中保持着不变的特性"。[1] 结构主义作为一种认识论,它传递的信息是要研究者在不同的内容中找到不变的形式。"无论是语言学还是人类学,结构主义方法其实都是要在不同的内容中找出不变的形式"。[2] 在结构主义思潮的冲击下,许多学者开始注意文化形式、信念体系和各种话语的具有类似语言的结构和特征。他们纷纷借用索绪尔等人研究语言的方法去理解这些对象。在文学批评中,它主张

---

[1] 列维·斯特劳斯,引自渡边公三著,周维宏等译:《列维·斯特劳斯——结构》,河北教育出版社,2002年,第5页。
[2] 列维·斯特劳斯著,张祖建译:《结构人类学》卷二,中国人民大学出版社,2006年,第323页。

研究文本的结构特征:诗学技巧、叙述的形式和修辞的类型等等①。罗兰·巴特在此视角下对文本的研究产生了较大的影响。

罗兰·巴特(Roland Barthes,1915－1980)曾在巴黎大学学习,后任国立科学研究中心和巴黎高等学术研究院教授。在结构主义思潮和科里斯蒂娃的影响下,他把探索的重点放在历史文本产生的过程和形成的方式,即历史家得以进行理论性分析和解释之前就已存在的那个叙述体。他于1966年到1968年发表的三篇文章,尤其是《历史的话语》对研究历史叙述的性质和话语起到重要作用。巴特讨论了历史叙述同文学虚构的差别的问题,以及历史编纂中历史家运用类似文学比喻手法的几种类型。他断言在历史著述中,从语言被卷入的那个时刻起,事实也成为一种语言上的存在。而且文学和历史文本(作品)不指涉或反映外在历史现实,它本身就是一个独立实体,可以脱离其被创造出来的环境和作者来加以研究。他的著述帮助使历史再现的语言层面和历史话语的语境等成为历史哲学研究的前沿。

60年代末期,罗兰·巴特在《历史的话语》中,认为历史著述中对事实的叙述和文学作品中想象的叙述没有区别。在他看来,不存在没有语言介入的事实,因为"事实"是由语言所陈述出来的。由于语言的必定介入,历史事实也就不再是某种历史实在的复制品了。其次,历史叙述或话语从结构上来看,是意识形态或想象的产物②。历史学家在叙述时,实际上是根据自己的意识形态倾向和其他想象,将一些他认为可以编纂成历史故事的材料按照他所构想的模式组合起来,然后交给读者阅读。因此,同在文学著述中一样,想象在历史著述中也起了至关重要的作用。

在美国,威斯康星大学两位文学教授创办了文史哲综合杂志《克利奥》,该杂志很快成为文学理论影响历史学的论坛。在这样的语境中,当历史被看做是类似文学,历史编纂的原则和历史著述中的情节编排模式等问题就被推

---

① 麦克·兰恩编纂:《结构主义读物》(Michael Lane, ed. *Structuralism*: *A Reader*, London,1970)。
② 参见罗兰·巴特:《历史的话语》,李幼蒸译,载张文杰编:《现代西方历史哲学译文集》,上海译文出版社1984版和Roland Barthes, *Historical Discourse* in M. Lane, *Structuralism*, Jonathan Cape,1970。

到了哲学探索的前沿。哈斯克尔·费恩把这称之为分析哲学的传统内思辨历史哲学的"复苏"。[1] 费恩认为"专业"的历史著述与思辨的历史哲学没有绝对差异,专业历史家尽量隐藏自己的观点,让"事实"说话,而思辨历史哲学家只不过是在其著作中公开显示他的观念而已。

二、结构主义语言学视野下的历史著述及其文化

20世纪70年代末,西方史学中出现了叙事史的复兴。劳伦斯·斯通认为70年代以前,西方历史编纂学的中心概念之一是认为历史学家可以获得有关过去历史变化的首尾一贯的科学解释,西方历史学因而竭力以社会科学为模式。70年代期间这种观念被被抛弃了。西方历史编纂概念随之出现了重要变迁,代之而起的是对人类生活丰富多彩的层面的广泛兴趣。历史家们认为某一人群的文化,甚至个人行为同人口的增长和物质生产一样重要[2]。伴随着这种新的历史编纂观念是叙事史学的复兴。

叙事史复兴的另一背景是60年代期间的左翼学生运动。当时,许多处于社会边缘、受到歧视、压制和忽视的人群觉醒并展开活动。美国黑人和妇女争取平等和反战(越南战争)的运动等等造成了社会舆论和意识信仰的分裂,引起了对那些迄今为止被认为是正确的政治历史理论,特别是有关社会结构和历史演化学说的理论的普遍怀疑,对西方文明的生活质量和进程的悲观看法成为70年代兴起的"新文化史"的主调。历史学家们认为过去以社会科学为范型的历史编纂学忽视普通人的生活以及生活的情感内容,人与人之间的关

---

[1] Haskell Fain, *Between Philosophy and History*, Princeton, 1970,第42—43页,载陈新编译:《当代西方历史哲学读本》,复旦大学出版社,2004年,第47页。

[2] 参见劳伦斯·斯通:《叙事史的复兴:对旧史学翻新的思考》(Lawrence Stone, *The Revival of Narrative: Reflection on a New Old History*, *Past and Present*, 85, 1979),第3—24页。

系并不是由浮于社会表面的政治和经济制度所决定的,实际上,人与人之间的非正式的关系远比政治经济制度在造成社会剥削和压迫中所起的作用更重要。性别的研究成为重心之一。叙事史兴起的同时许多学者也进一步对历史叙述的模式、性质和作用进行研究。保罗·利科认为历史叙述作为历史学家的一种创造意义的行为,被认为本身也含有本体论的含义。"叙述同时也是一种话语模式……以及运用这种话语模式的产物"[1],从这种观点看来,历史叙述作为话语模式,也就是历史家所处那个时代的历史意识的部分。

1. 对历史著述的结构主义语言学分析

海登·怀特对历史文本的情节修辞结构领域的探索影响很大。海登·怀特(Hayden White, 1928 —)在美国加利福尼亚州立大学圣克鲁兹分校任教。他的著作包括《元史学》(1973)、《话语的比喻》(1978)、《形式的内容》(1987)和《比喻的实在》(1999)等。他不满历史学既不能达到自然科学的精确性,又无法与文学想象相媲美,决心运用当时前沿的文学理论来研究历史著述与话语。他也相信历史学家是用隐喻来"构成事实本身"。在《元史学》中,怀特详细地阐发了他在《历史的重负》中提出的问题,结果使"所有反思的历史学家都必须重新认识他们关于历史的思想"。[2] 在怀特看来,叙事是一种文学形式,叙述者引导我们"注意以一种特殊方式组织起来的经验片断"。历史著述的"情节通过确认某种事从属于一个确定的故事种类,来解释组织成这个故事的证据"。[3]

海登·怀特认为历史被再现出来的形式,包括历史叙述体裁、修辞和文风等并不仅是一种纯粹的表达形式,它本身也是有含义的。"历史叙述并不仅

---

[1] 怀特:《当代历史理论中的叙述问题》(Hayden White, *The Question of Narrative in Contemporary Historical Theory*, *History and Theory*, Vol. 23, 1984, No. 1),第32页。

[2] 转引自陈新,第49页。

[3] 海登·怀特:《历史叙述的结构》(Hayden White, *The Structure of Historical Narrative*, *Clio*, no. 1, 1972),第13页,转引自陈新编译:《当代西方历史哲学读本》,复旦大学出版社,2004年,第50页。

是一种可以用来表述真实事件发展过程的中性的对话形式,而是带有本体论和认识论的选择,并含明确的意识形态和特殊政治含义"①。即使那些非常注重历史细节或单纯的历史叙述都含有运用某种历史哲学的成分,因为历史家必须对手中的材料进行梳理。而这一梳理即使不遵循某种理论框架,也要适应或运用普通叙事话语的修辞规则。因为历史学家在正式做出努力去解释或阐述研究对象前,已先用一种语言对之进行描述②。

怀特认为,历史著述不仅含有解释,也含有如下信息:读者在面对经过转述的资料时所应当持有的态度。历史学家也运用比喻。历史学家个人独特的描写风格也暗含了解释。研究历史话语中的比喻使我们能查明史家进行历史阐述的特征。历史学家常是通过比喻去烘托主题。特定历史话语的意义的暗示线索既包含在解释性论点,也包含在对研究领域所作描述的修辞中。即使被表述的对象仅被当作事实,语言的使用已说明在被描述的现象后面有第二意义层。它独自存在,不依附事实本身,以及文本中的事实以外的额外描述和分析所提供的其他论据。因此,历史话语可分解成两个意义层:a)事实及对事实的解说阐释,这是历史文本显明的外表;b)用来刻画这些事件的那个比喻性语言所指涉的深层结构。它由故事范型组成,可以帮助我们编排甚至理解历史事件。后者就是怀特试图加以阐述的结构,而前者则是分析历史哲学家们所竭力探讨的层面③。

历史学家在解释叙述中被描绘的事件时,会使用一种概念模式,但这种概念模式与历史话语中的那个比喻性层面是区别开的。在理论分析之前对事件作单纯描述时,已卷入运用某种故事类型和比喻形式。故事范型帮助历史学家把事件编排成某种受内在策略编就的事件发生结构,从而更进一步对这些

---

① 海登·怀特:《形式的内容:叙述话语和述现历史》(Hyden White, *The Content of the Form*: *Narrative Discourse and Historical Representation*, John Hopkins University Press, 1990),第4页。
② 参见海登·怀特:《历史主义、历史和修辞想象》,载张京媛译编:《新历史主义与文学批评》,北京大学出版社,1991年,第180页。本章参考使用了张京媛编译的该书内容。
③ 见怀特:《历史主义、历史和修辞想象》。

事件提出诸如事件发生的方式和原因等有意义的问题。发现深深植根于杂乱无章的事实中的故事,从而能制作一个框架来容纳各种复杂的事件是历史著述的关键。因为历史话语不可能再现出一个与实际发生的事件在范围和顺序诸方面精确重叠的对等物。历史家不得不选择历史事件或数据、并赋予各个个别事件以不同的功能价值,并按某种结构来确认事件之间的连贯性。在建构叙述框架的过程中,事实受到两类扭曲变形:某些事实会被排除不用;历史叙述中的事件的次序可能有别于事件原先发生的年代次序。

构想了叙述的框架后,历史学家得以进一步做下面的工作:1)精简手中材料(保留一些事件而排斥另一些事件);2)、将一些事实排挤至边缘或背景的地位,同时将其余的移近中心位置;3)把一些事实看做是原因,而其余是结果;4)聚拢一些事实而拆散其余的;5)建立与原先表述层话语并存的第二手详述话语,它直接对读者讲述并提供认知根据①。

历史叙述往往需要一些笼统概括性的描述,从而把对细节的描写连接成一个全面的叙述。比喻性的语言含有概括性,相当于理论在哲学性历史话语中的作用。历史学家用比喻性语言来描述历史事件的关系并刻画发展变化的特征。从某种意义上来说,历史叙述的各种形式都是试图从比喻上把握世界的产物。因此在貌似以散文方式处理现实的那个表述形式后有一潜在诗学结构。怀特通过对历史话语比喻层的分析"发现"隐喻、转喻、提喻和反讽等比喻语言运用的主要类型。这些比喻模式支配着对特定历史时期或事件的结构及其中各个阶段连接成为一个过程所作的修辞性描绘。

历史学家在试图对其处理的历史数据进行叙述以前,在心中往往已形成一情节修辞结构,然后他用这个结构去梳理整合复杂的历史事件,资料使其构成一可以被理解的历史故事。在这个过程中,即历史学家把自己的观念加给历史事实之前,他还必须构筑一个历史世界,其中居住着他关心的人物,并具有某种联系。这种联系构成叙述中的情节和尔后理性解释所要解决的问题。

---

① 见怀特:《历史主义、历史和修辞想象》,第 192 页。

此外,历史学家还必须建立一种词汇、句法和语义方面的语言蓝图,以便把关于过去事件的文献转译成历史学家本人叙述的文本。这种转译的程序受到前面提到的有限的四种修辞方式和情节结构的支配。这四种修辞情节结构方式是:隐喻—浪漫史或传奇,转喻—悲剧,提喻—喜剧和反语—讽刺剧,它们又需要四种相应不同的解释方式:形式主义、机械论、有机主义和关联主义。所有这些修辞方式、情节结构和解释模式的差异又源于历史学家不同的意识形态观念:无政府主义、激进主义、保守主义和自由主义。怀特相信历史学家的意识形态和历史观念决定了他用来转译组合历史文献数据的修辞形式,叙述的情节结构和解释模式[1]。

安克斯密特(Frank Ankersmit,1945—)认为,怀特在历史话语中发现的这个结构标志着历史哲学领域内的一场革命。同索绪尔和雅各布森的语言、音位结构和列维·斯特劳斯的原始社会婚姻制的结构一样,怀特的结构也是分层的,而且深一层的结构的差异解释上一层的变化,有限的组合构成万千的历史叙述。但是,可以看出,怀特的理论具有非实在主义特征,但它的影响却是巨大的。1980 年,《历史与理论》19 期全部用于评论海登·怀特的《元史学》。部分由于西方这一主要史学理论杂志的转向以及怀特这些人的影响下,此后 20 世纪最后 20 年中,"历史学家的语言,而不是解释或因果关系"成为绝大多数有关历史学的反思的主题[2]。

70 年代以后兴起的新叙事史虽然标志着从注重社会结构和社会历史演化的宏观层面的社会科学史学转向对文化和普通人的生活的叙事,但是,许多叙事史学家们并没有像某些激进后现代主义思想家所宣称的那样,凭借想象从事叙述,他们仍遵循前此已形成的传统的西方历史编纂的逻辑推理性,以及获取"客观"历史知识的史料批判的严格方法论原则。他们承认历史研究的主观性特征和"移情"(empathy)在历史理解中的作用,但也继续借用其他社

---

[1] 参见海登·怀特:《元史学:十九世纪欧洲的历史想象》(Hayden White: *Metahistory: The Historical Imagination in Nineteenth Century Europe*, Johns Hopkins University Press, 1973),第 99、426-429 页。
[2] 转引自陈新:《当代西方历史哲学读本》,第 55 页。

会科学的概念方法和新成果。换句话说,许多人并没有放弃历史学家必须依靠理性的方法来得出对人类过去的可靠知识的信念。

2. 从符号学与话语的角度对历史文化的解读

人类学对推动历史学家们关注话语并从符号学的角度研究文化也起了很大作用。美国人类学家克利福德·吉尔茨(Clifford Geertz,1926－2006)接过韦伯关于人是悬置于他自己所纺织的意义的网络中的动物的观点,宣称文化即是那些网络,主张对文化的分析不应当像寻求规则的实验科学那样,而应当寻求意义和阐释①。

吉尔茨的认识论被称为"厚描述",康德和韦伯的路径与此相反。康德认为,人对现实的认知是借助自己的思维的逻辑范畴来实现的。韦伯赞同上述观点。然而韦伯并不否认作为社会科学研究对象的社会结构和过程的真实存在。韦伯仅是认为纯粹经验论的做法是不够的,研究者常通过经验事实来测试"理想范型"。在韦伯看来,社会科学就是研究宏观历史过程和宏观社会结构的,韦伯的这种强调清晰的理论概念的观点被许多相信应当运用社会科学方法概念的历史家所信奉。厚描述视角下的文化概念则把文化视如一语言系统。厚描述涉及到直接面对文化的符号表象,而免除了理论性问题和理论抽象。厚描述似乎同古典历史主义的诠释学(Hermenetics)相像。后者也试图理解其研究对象而不用抽象,但是,诠释学认为观察者和被观察对象之间存在某种共同性,因而使认识成为可能。吉尔茨则视被自己观察的对象与自己完全不同,因此用我们所能理解的术语来分析研究对象意味着使之变形而不是按照物件的他样性来把握它。在《文化的阐释》中,吉尔茨把文化定义为是"一套历史上流传下来的,表现为符号的意义模式,也是一套继承下来的,体现为符号形式的概念,通过它们,人们借以交流,延续和发展他们有关生活的

---

① 参见克利福德·吉尔茨:《文化的解释》(Clifford Geertz, *The Interpretation of Culture*, New York,1983),第5页。

知识和态度"。①

在这些思想的影响下,一些历史学家们在文化的研究中转向以寻求意义的阐释方法。在文化史领域的语义学转向中,语言被认为是重要的符号学上的工具,也是理解现实的途径之一。波卡克(J. Pocock)和施肯纳(Q. Skinner)等人的政治文化史著作强调研究长时期的话语结构,把文本看做是交流清楚成形的思想的工具。② 在他们看来,伟大的思想尽管是由卓越的人物所建构,但却没有脱离他们所生活于其中的社会的话语结构,并且反映了那个话语结构的特征。思想对话的出现标志着存在一个由相对自主的对话者构成的社会集体。这些对话者以相同的语词讲述,并通过这种话语影响政治和社会现实。因此,政治和文化对话或话语本身参与构筑政治现实,尽管它本身也受政治现实的影响。

德国学者柯塞纳(Reinhart Koseller)更进一步把分析话语看做不仅是重构政治思想史,也是重构当时的政治社会结构的手段。③ 同另两位德国社会史学家维尔纳·康泽(Werner Comze)和奥托·布隆纳(Otto Brunner)一起,柯塞纳编纂了一本《基本历史概念》。该书讨论了1750 – 1850 年间德国政治和社会思想中的重要概念的意义及其变化。三位作者认为分析该时期的"政治社会语言"借以洞察政治和社会制度从前现代向现代形式的转化和这个关键时期的"思想模式"。法国大革命中革命者的象征性姿态、手势、形象和语言

---

① 参见罗吉尔·卡蒂尔:《文化,象征和法国性》,载《近现历史杂志》第684页。(Roger Chartier, "Texts, symbols and Frenchness", *Journal of Modern History*, 57, 1985)。

② 参见波卡克:《马基雅弗里的时代:佛罗伦萨的政治思想和大西洋共和传统》(J. Pocock, *The Machiavellian Moment: Florentine Political Thought and the Atlantic Republican Tradition*, Princeton, 1975);和《政治、语言和时代:政治思想和历史论文集》(*Politics, language, and Time: Essays on Political thought and History*, Chicago, 1989)。

③ 科塞纳:《将来的过去:论历史时间的语义学》(Reinhard Koselleck, *Futures Past: On The Semantics of Historical Time*, Cambridge Mass., 1985)。

修辞也被加以研究,并被认为是构成法国大革命政治文化的重要因素。[①] 在威廉·索维尔(William Sewell)的《法国的劳动与革命:从旧政体到1848年的劳动语言》[②]书中,语言被认为是在革命意识的形成中具有决定性作用。作者因而极力从残存的史料文献中去探索劳动阶级,特别是工匠体验世界的象征符号及形式。工匠和手艺人的组织、行业仪式、政治示威的形式、生产组织的规章和其它细节等都被认为反映了工人阶级经验世界的象征的和观念的意义。一些英国和德国的历史学家也通过研究政治语言来解释政治社会运动的兴衰。英国历史家斯塔德曼·琼斯(Stedman Johns)在其著作《阶级语言:1832－1982年英国工人阶级历史研究》[③]中,把阶级语言视为阶级意识的核心,认为宪章运动的兴衰同宪章运动的参与者借以解释他们在社会经济方面被剥夺的状况的政治语言密切相关。

话语(discourse)指使用中的语言,特别指在特定社会领域使用的语言,如医学话语,文学话语和历史话语等[④]。话语也指一类言语,它能够在参照讲述者的时空位置以及其他帮助确定其语境因素的情况下加以解释。历史话语指某一历史著述或历史叙事整体或片段,在很多情况下也指历史话语被创造出来的过程或方式。20世纪50年代,哈利思(Z·Harris)等人开创了对话语的文本式研究,并做结构性分析。伯明翰学派从经验出发在对话的意义上来理解话语,并进行社会学分析和揭示对话规则的普遍知识。以福柯和洛伊塔德(Lyotard)为代表的文化批判研究,探讨话语与人类文化和知识的关系。

[①] 参见亨特:《法国大革命时期的政治、文化和阶级》(Lynn Hunt, *Politics, Culture and Class in the French Revoluion*, Berkeley, 1984)。

[②] 索维尔:《法国的劳动与革命:从旧政体到1848年的劳动语言》(William Sewell, *Work and Revolution in France: The Language of Labor from the Old Regime to 1848*, Cambridge University Press, 1980)。

[③] 琼斯:《阶级语言:1832—1982年英国工人阶级历史研究》(Stedman Jones, *Language of Class: Studies in English Working Class History 1832—1982*, Cambridge, 1983)。

[④] 参见阿希尔编:《语言和语言学百科全书》(R. Asher, ed. *The Encyclopedia of Language and Linguistics*, Pergmont Press, 1994)。

20世纪60年代,佩克(K. Pike)提出从语境和文本的关系角度分析话语[1]。法国社会语言学家马塞勒斯(I. Marcelles)则用比较的方法分析话语,研究话语文本的修辞形式,也从社会角度研究文本同语境之间的关系,比如讲述者的意识形态倾向等。他也承认话语产生过程中形式主义方面的因素比意识形态起更大作用。马拉弟迪尔(D. Maldidier)认为在文本话语分析中有四个方面的因素介入:语法、意识形态、讲述者下意识的过程和讲述者选用的话语类型[2]。

对话语的研究代表了西方历史学家的一种努力。这种努力试图打破社会经济分析方法所带来的决定论倾向,因此转而研究文化因素,特别是语言的作用。可以认为,把语义分析作为文化、社会和政治史研究的手段之一本身也是不可非议的。思想是由语言来表达的,语言、修辞和其他符号可能影响并参与构筑社会政治意识和现实,文本本身也带有修辞和意识形态色彩。然而那种认为现实不存在,只有语言才是真实存在,或者文本本身即现实的观点无疑是不正确的。

三、后现代主义的颠覆性理论创新

后结构主义、解构主义和语义学转向等等又被许多学者统称为"后现代主义"。"后现代主义"标示着所有与"现代主义"相左的特征和思潮。20世纪60年代末以来,它作为挑战当代西方主流文化和学术的思潮,其影响遍及文学、哲学、音乐、建筑、历史、艺术等许多领域。后现代主义批判启蒙运动以来确立的许多传统观念,包括理性行为的标准、真理的标准、知识的含义以及

---

[1] 参见克·佩克:《语言与统一的人类行为结构理论的关系》(K. Pike, *Language in Relation to a Unified Theory of the Structure of Human Behavior*, The Hague, 1967)。

[2] 参见伊格斯等编纂《历史研究国际手册》(G. Iggers and H. Parker eds., *International Handbook of Historical Studies*, London, 1980),第137-138页。

正义、诚实、平衡、匀称和美等等传统的理论和美学价值观。它反对它所宣称的启蒙运动所带来的文化专制和绝对论倾向,力图把思想从所谓"理性的桎梏和独断论的价值和真理观"中解放出来[①]。

后现代主义者反对所谓"启蒙运动的构想"。十八世纪启蒙哲学家宣称人类应当摒弃宗教神学观念,运用自己的理性去认识世界,改造世界,建立一个理性王国。从孔多塞到马克思都继承了这种认为只有通过社会理论和实践两方面的革命,现代性才能实现的观点[②]。托玛斯·潘恩的"我们正重新缔造世界"的话语是现代性的生动写照。而启蒙运动以前的历史观认为历史是神的意志和计划的展现,现存秩序的合法性来自于过去的传统、惯例和习惯法等[③]。启蒙运动认为理性,而不是传统、先例或神,从今以后应主宰人类事务。启蒙运动是现代性的开端。

后现代主义提出了一个涉及到历史本体论的观点,即我们已处在现代以后,有所谓"后现代性"特征。阿莱·图莱恩把后现代主义称为后历史主义,这种观点"不再以一个社会事实在一个假定有方向和意义的历史过程中的地位来解释这个社会事实。突然自发产生的社会思想,意识形态和时代精神排除了与历史的任何相关性……后现代主义总而言之也是后历史主义"[④]。后历史主义否认历史过程有秩序,否认我们能认识历史发展的大致方向,否认我们正朝着更理性,更自由和更繁荣的方向前进;否认历史家能把社会政治事件按排在历史过程的适当位置上。后历史主义也不认为历史有什么用处。在他们看来,历史遗迹、旧文献资料和古代建筑旧风格是一些杂乱无章的集合物,

---

[①] 特德·冯德尔里奇:《牛津哲学手册》(Ted Honderich, *The Oxford Companion to Philosophy*, Oxford University Press,1995),第708页。

[②] 格鲁克:《激进主义、现代主义和后现代主义》,载洛伊和阿里编:《后现代主义与社会》(S. Crook, *Radicalism, Modernism and Postmodernism* in Boyne & Rattans, eds., *Postmodernism and Society*, Macmillan, 1990),第50页。

[③] 波特尔:《爱德华·吉本:创造世界》(Roy Porter, *Edward Gibbon: Making History*, Weidenfeld & Nicolson,1988),第26页。

[④] 多莱恩:《现代性批判》(Alan Touraine, *Critique of Modernity*, tr. David Macey, Blackwell, 1992),第178页。

犹如海滨沙滩上的浮渣或布满尘埃的抽屉里的杂物。后现代主义混杂各种风格和审美口味,用"形式的同时性代替文化的序列",用审美的多样性取代历史的原则①。

历史编纂学中的后现代主义思潮取消了是否存在客观现实以及历史著述是否真实地再现了历史现实的问题,而提出历史家的叙述文本就是现实。他们宣称历史过去仅是历史学家的话语。历史家的讲述文本即历史现实本身。安格尔斯密特在1986年的一篇文章中提出:真正的历史不是过去,而是现在对这历史过去的再现。正如对历史油画一样,我们主要关心其美学特征,而不是认识论的,或者是它要说明解释什么这些方面。因此,我们是在观察这种历史再现本身,而不是通过历史叙述去考察历史过去的现实。

安格尔斯密特以拉杜里的《蒙塔尤》为例,声称书中所勾勒的"微型故事""远远不是用对话叙述的异化的手段来建立历史过去的再现",它"本身已以历史现实的形式存在"②。在安格尔斯密特看来,历史叙述的文本就像一扇雕刻过或彩绘的窗户玻璃,我们关注的兴趣不在于窗户玻璃后面的天空和地面上的风景,而是蚀刻过的窗户玻璃本身。换句话说,当代历史哲学家所关心的是历史编纂的形式,以及这种再现是如何把历史现实囊括进来③。安格尔斯密特又以霍布斯的《利维坦》为例,进一步争论说,《利维坦》被以多种方式解读,主要是由于无法获至一致的理解。因此,"没有客观的文本和历史过去,而只有对它们的说明"。④ 他把历史过去比作为一棵树,认为传统史学集中注意力于历史之树的树干,而后现代史学则认为,历史编纂学的本质不在树干和树枝,而在树叶。现在已到了历史编纂学的秋天。历史学家的任务是收集落叶,并且看看能用这些落叶组成什么类型模式,而不是去研究这些落叶原来在

---

① 哈维:《后现代性与城市》(David Harvey, *Postmodernism in the City*),第189页。
② 安格尔斯密特:《述现历史》(F. Ankersmit, *Historical Representation*, in History and Theory, 1988, vol. 27),第226页。
③ 同上书,第227—229页。
④ 安格尔斯密特:《历史和后现代主义》(F. Ankersmit, *Historiography and Postmodernism*, In History and Theory, 1989, vol. 28),第137页。

树的什么地方①。

后现代主义还认为,"过去事件的结构和过程同记载表现它们的文献的形式,思维的概念和政治观念以及建构它们的历史著述的活动无法区分。"②他们的论点可以归纳如下:a)历史"叙述的语言是具有本体论意义的(研究)对象③;b)并没有确定的历史过去或文本,而只有对它们的解释;c)历史的过去仅是当代历史家的创造;d)历史叙述的语言和文本如诗歌一样,它并不参照现实,也不是现实的一个窗口,它是晦涩的,不能被详解的,因此只能用美学的标准,而不是用真实或虚假之类的认识论的标准去判断它。"④"语义学转向"在后现代主义手中变成了对历史学的全面批判。他们的观点带有极端唯心主义和虚无主义的特征。

1. 后结构主义与解构

70年代末在法国兴起了后结构主义,对法国的历史研究产生了较大影响。后结构主义认为所有的感知、概念和"真理"都是由语言建构的,而且只不过是某种文化话语的短暂表象。从索绪尔那里,后结构主义继承了关于语言是一有各种内在关系和差异的系统;从尼采那里,继承了一种认识论和伦理的极端的相对论;从福柯那里,发展了权能与知识的理论⑤。后结构主义批评结构主义的实证主义倾向,认为像索绪尔、皮亚杰和哥尔德曼等学者太注重意识结构的科学确定,试图构设一个"结构的结构"。结构主义在目的上是整合

---

① 安格尔斯密特:《历史和后现代主义》(F. Ankersmit, *Historiography and Postmodernism*, In *History and Theory*, 1989, vol. 28),149-50页。
② 乔伊思:《历史和后现代主义》(P. Joyce, *History and Post-Modernism*, in *Past and Present*, vol. 133),第208页。
③ 安格尔斯密特:《答复热哥林教授》(F. Ankersmit, *Reply to Professor Zagorin*, in *History and Theory*, vol. 29, 1990),第295-296页。
④ 斯坦弗:《历史哲学导论》(Michael Stanford, *An Introduction to the Philosophy of History*, Blackwell, 1998),第233-234页。
⑤ 参见特德·冯德尔里奇:《牛津哲学手册》(Ted Honderich, *The Oxford Companion to Philosophy*, Oxford University Press, 1995),第705页。

性的,而后结构主义则是播散性的。后结构主义在某些方面带有深刻的反科学性和蒙昧主义倾向。后结构主义与福柯和德里达的名字联系在一起。

同列维·斯特劳斯一样,福柯对意识的深层结构感兴趣,并相信对这种深层结构的研究必须从对语言的分析开始。列维·斯特劳斯认为,在任何一种原始社会的惯例被理解之前,必须首先研究惯例的语言形式。福柯把这种阐述策略运用于一般人文科学,特别是从16世纪到20世纪西方人文科学被囚禁于其中的特定话语方式。他认为人文科学一直为话语的修辞所控制,这些修辞构造它们的研究对象。福柯因而力图揭示这些修辞策略。在他看来,除心理学和人类学而外的人文社会科学所发明的概念是它们所代表的语言规则的抽象物,其理论仅是它们使用形式化的句法策略去命名假存于其研究对象之中的关系的产物,规律不过是用于分析各自领域蕴含的话语方式所预设的意义场的投射而已。[1]

米歇尔·福柯(Michel Foucault,1926 – 1984)在巴黎高等师范学院获博士学位,并在那里任教。1954年他出版《精神病与个性》,但使福柯成名的却是他1961年出版的《癫狂与非理性:古典时代的癫狂史》。福柯1966年发表的《词与物——人文科学考古学》成为那年夏天的畅销书。1969年,福柯又出版《知识考古学》。他的其他著作有《疯癫与文明》、《诊所的诞生,医学知觉考古学》以及《规则与惩罚》等。福柯也是解构主义和新历史主义的先驱,他解构启蒙的传统,质疑现代社会的理性、知识形式、社会制度和意识形态。福柯后来入选法兰西学院院士,研究领域是比较认识论。他以多年来解构西方意识形态和话语特征的论著奠定了他的学术地位。福柯用"考古学"这个词来标明他意图发现西方文化史上知识和理论成为可能的基础,揭示使那些文本和话语材料成为可能的形构和转化的规则。

福柯否定历史描述与解释的传统范畴,特别是对事件解释的四种形式:

---

[1] 参见海登·怀特:《解码福柯:地下笔记》,张京媛译编:《新历史主义与文学批评》,北京大学出版社,1991年。

(1)寻找类似或差异性的比较方法;(2)力求在研究领域中确立其对象所特有的秩序,等级,属性与种类的类型学方法;(3)对思想史现象的一切因果性解释;(4)凭借一个时代精神或心态概念的解释。① 福柯试图构设一套关于科学和意识转换的理论。他的思想可以从维柯的《新科学》,文艺复兴的语言哲学家和古希腊罗马的雄辩修辞家所开创的语言历史主义传统中找到渊源。福柯想要重新发现语言的具象化的重要性,他研究语言复现现象世界的程度,或者说语言通过在事物之前所采取的一种言说姿态本身而构造事物之间的关系的形态。他认为17世纪以后,当科学与修辞分离以后,科学对其自身内含的语义或"诗性"本质的敏悟和研究便丧失了。这种思想同海登·怀特研究历史的诗性本质以及历史叙述话语在正式的理论分析之前预先构造事件之间的关系的模式的努力是相似的。

福柯在《词与物——人文科学考古学》中对18世纪以来人文科学的主体"人"进行了知识考古。在他那里,"人"不是文艺复兴以来逐渐显现的那个西方文化的主体,而是作为知识的客体。笛卡尔的"我思故我在"把人作为认识的主体,但到了18世纪,人才成为现代科学的对象。人把自己构建成必须被反思的对象,又是被认识的对象,人和人文科学便诞生了。20世纪以来,精神分析学、语言学和人种学颠覆了人的认识主体地位。语言学关注的不是人与经验世界的关系,而是语言自身的结构,精神分析研究人的无意识领域和欲望,人种学研究人的种族生理特征。在人文科学中,人不再是认识的"阿基米得点",而是欲望、语言和无意识的产物。人的主体地位被架空了,"人"已经死亡了,正如尼采宣称上帝死亡了。福柯批判人文主义是一种本质主义。

在《知识考古学》中,福柯也否定历史客观性和历史实在论,认为流传下来的只有各种文本和档案资料,历史学只能在文本层面谈论历史。相同的碎片(历史资料)可以借以讲述许多故事,历史学家不是去精确地再现历史的本

---

① 参见海登·怀特:《解码福柯:地下笔记》,张京媛译编:《新历史主义与文学批评》,北京大学出版社,1991年,第119页。

来面目,而只是对之的一种解释,它在一定意义上类似一种虚构。因此,只有局部的叙述,即小写的历史。他认为历史学家可以不断接近那个历史过去的实在的想法是一个幻觉,也不存在可以判断不同解释的客观性标准。

然而,福柯也承继了欧洲大陆哲学的思辨传统,像维柯、黑格尔和斯宾格勒一样,他也试图构筑一个解释所有文化和思想现象的宏大体系。他提出了一种对中世纪末以来西方意识演化的理论阐述。他的《疯狂与文化》、《词与物》和《知识考古学》解构并重构了欧洲知识史的根本概念。

在《事物的秩序·人文科学考古学》中,福柯对文艺复兴以来西方思想文化被禁锢于其中的特定的话语形态进行了解构。他考察了西方知识发展在文艺复兴时期、古典时期和现代时期的三个形态。16世纪占主导地位的话语被一种追求相似性,也就是异中求同的欲望所主宰,因此16世纪构建成的文艺复兴知识体系是依据相似性的原则来构建知识,人们在物与物、物与词之间寻示相似性来注解和解释事物。文艺复兴知识用对照相似性来组织经验世界,对自然现象的观察与巫术和神话不加区分。17和18世纪,培根和笛卡尔批评相似性的原则,提倡根据同一与差异的原则来反映物的表象,建立起古典知识形态。唐吉科德运用相似性来认识事物,他的形象标志着文艺复兴知识的终结。表象是词与物之间的反映与被反映,摹本与原型的关系。知识在于给表象以秩序,它用分析代替了解释。人们通过精确的量化,分类和追溯因果的方式给事物以秩序。休谟和贝克莱都把观念看做是世界的记号。这时确实性知识代替了或然性知识,神话、巫术与科学开始分离。概而言之,古典知识形态是用分析事物的同一与差异来表象经验世界。18世纪末,西方知识再次发生断裂。康德的批判哲学质疑了表象,现代知识形态产生了。它认为世界不是因同一与差别排列联系起来,而是由事物的内在结构所赋予秩序。它强调历时性,把时间的因素引入,并以此为经验世界确定秩序。

福柯批判性地考察近现代西方文化和历史意识的核心观念——理性。他把理性看作是一种思想控制力,认为知识是支配他人和限制他人的权力,理性实施着强有力的规范,控制能力。他探讨理性作为现代文化话语的关键词,其霸权地位借已形成的途径。理性通过否定与分类,为理性与非理性划线,树立自己的权威,理性通过各种惩戒与监禁制度为公共权力和社会秩序规范化和合法化服务。理性也通过审查与禁忌,把不符合理性的斥为反常的。福柯批判资本主义文明及其意识形态,斯大林主义的黑暗面的揭露,使他的信仰基础和身份认同经历了更深的危机。

福柯也解构历史进步观念,声称历史是不同事件发展的支干并合而成,而不是归结于某个起源。历史连续性是通过人这个主体来支撑的。历史主体——人的死亡使历史失去了参照系。传统思想史把时间衔接和连贯的现象作为基本主题,按照发展模式来分析现象,包含先验的目的论。历史进步观预设了一个人类持之以恒地努力的目标,历史学家据此按进步和发展的观念把分散的事件重新组织起来。福柯认为进步的观念是在特定的话语、权力和知识体系内建立起来的,它是一种想象,应当放弃对连续性的追求。福柯在否定了历史具有进步性后,也质疑历史进步观念赖以建立的历史统一性的观念。既然历史的元叙述,既人类按历时性,或发展的序列,或进步的方向演化的故事是想象的,那么,总体化历史,历史的统一性也是不合法的,应当用散乱的历史和话语的多元性和差异性来对抗大叙事的霸权,给予局部的、区域性的边缘化的历史以关注。①

1984年6月25日,福柯在艾滋病的打击下去世。《世界报》用两个整版面和头版大字标题报道他的死讯,《解放报》以"福柯死了"的标题刊登整整一版的福柯照片,福柯著作的编者哀悼说:福柯死了,法国的每个知识分子都感到仿佛自己也死了,福柯总是能抓住当代问题的核心,并采用新的问题化模式,他敏锐地察知思想模式的变迁。保罗·韦纳在《如何写历史》中声称"福柯革了历史的命"。② 必须提到的是,在福柯以极其宏大的视野对西方知识和历史意识进行颠覆性的反思,并促使我们注意我们历史意识的相对性时,福柯

---

① 见陈启能编:《二战后欧美史学的新发展》,济南:山东大学出版社,2005年,第129–152页。
② 同上,下册351页。

的许多看法是十分极端的。他试图动摇旧历史观念的貌似自然的形态,但这些观念并不是没有用处和缺乏历史证据支撑的。

德里达(Jacques Derrida,1930－2004),是影响当代欧美的解构主义思想流派之父。他的理论为后现代主义思潮提供了重要的理论基础。德里达逝世时,法国希拉克总统正在北京访问,他赞扬德里达是法国向世界贡献的最重要的哲学家之一。德里达出生于法属殖民地阿尔尼尔的一个犹太人家庭。在巴黎高师学习时,福柯和阿尔都塞是他的老师。德里达在高师任教多年,后到巴黎高等社会科学研究院,并多次到美国耶鲁大学等校讲学。德里达1967年出版《写作与差异》、《论文字学》以及《声音与现象》三部重要著作,奠定其在思想界的重要地位。

德里达广泛地阅读西方文明的经典著作,揭示了其中许多暗藏的意义,为想象性的表达创造了新的可能性。他所提出的"解构"这个概念在最初,"是用来说明对复杂难懂的文本和可视作品的一种解释策略"。通过"解构"的概念,德里达声称"把我们的经验组织起来的每一种结构(……文学的、心理学的、社会的、经济的、政治的、宗教的)都是通过一些排除的行为构造出来,并得以保持的"。[①] 在这个过程中,另一些观念或实践则被不可避免地遗漏了。这些排除(排他)性结构于是变成一种压制的力量,但被压抑的东西并没有消失,它反而返身动摇每一种这样的结构。德里达的这些洞见为后现代主义批判当代资本主义社会及以理性为标榜的意识形态提供了历史和理论根据。

像福柯一样,德里达对西方文化借以组织其经验的结构进行解构。他认为统治西方思想两千多年的是"逻各斯中心主义",这种观念相信有一先在于语言之外的逻各斯,或实在、本原、终极真理。它按其自身的逻辑运行,支配自然和社会的进展,哲学家的任务就是去揭示它。在《柏拉图的药》中,德里达讲到苏格拉底与斐德若讨论中提到的一则传闻:古埃及的神人图提发明了数

[①] 参见泰勒2004年10月14日《纽约时报》悼念德里达文章,引自斯图亚特·西姆著,王昆译:《德里达与历史的终结》,北京大学出版社,2005年,第7－8页。

字、几何、天文、地理和文字等。一天,他面见埃及国王,献上他的发明,并特别提到文字的巨大作用。国王思量再三,却独独谢绝了文字。国王说,文字用支离的破碎,无生气的记号来替代活生生的经验。人们如仅通过阅读吞下许多知识,好像是无所不知,实际上却是一无所知。德里达通过重述这个故事说明从柏拉图开始西方就形成了理性主义的认知传统的局限性。[①]

德里达和福柯这些法国学者有追求人类彻底解放的倾向。他们反对各种形式的束缚人类精神的事物,力图解构现存权力关系、制度、传统观念、话语实践。福柯批判人文主义是一种本质主义,德里达竭力解构人道主义在内的西方意识形态。阿尔都塞试图使马克思主义现代化。他们都试图从最深刻的层面上对那个时代知识的演化和认识模式进行反思。

2. 新历史主义

继社会学、人类学、心理学、地理学和语义分析哲学对历史学产生影响后,文学在20世纪后期对史学的影响加强了。文、史、哲传统上就是一家。文学对历史编撰理论的影响在美国导致新历史主义的产生。维柯曾说过,历史逻辑的诗学性质绝不亚于它的语法性质[②]。在福柯那里已有新历史主义的某些观点,福柯认为理性在历史上的不同时期有不同的形式。在《词与物》中,他提出每一个时代都有一个确定其文化的潜在外形,一个使其科学话语成为可能的知识框架。特定历史时期的主流理论皆植根于某种知识类型。他用"知识型"(episteme)这个词,指一个社会在一个特定时代的有关世界、哲学和科学等等知识的总体,也指其构成原则。"知识型"界定着使所有知识成为可能的条件。[③] 福柯对文艺复兴时期、启蒙时代和19世纪三个历史时期的知识形态的探讨体现了历史主义的视野。

---

① 参见陆扬著:《后现代性的文本阐释:福柯与德里达》,上海三联书店,2000年,第5页。
② 怀特:《评新历史主义》,张京媛译,第106页。
③ 福柯:《词与物:人文科学考古学》(Foucault, *Les Morts et les Choses: une Archeologie des Sciences Humaines*, Paris: Gallimard, 1966),第179页。

新历史主义首先发源于美国文学界,而后影响于艺术、人类学、文化学、政治学和历史学等。它起初并没有一套系统的理论。美国的新历史主义研究的热点在文艺复兴时期的文化。首先使用"新历史主义"这个词的美国学者斯蒂芬·葛林伯雷就是在编辑《文类》(Genre)学术刊物的文艺复兴研究专刊号时创造了这个词语[1]。

旧历史主义思潮出现于后启蒙时代,尽管有人认为在维科的《新科学》中已含有历史主义思想,但一般认为只是在德国哲学家赫尔德那里,历史主义才具有较为系统的形式。启蒙哲学家们传递了这样一种信念,即各种事物必须以人类共同理性的标准来衡量。而在赫尔德看来,人类固然是同一种,但只有参照个别的不同的国家的文化和历史事件才能被了解。也不能抽象地思考宗教、哲学和艺术,而只能探讨在某种特殊文化和某个特定的发展阶段,其宗教、哲学和艺术如何。赫尔德反对启蒙时代用通则或其他普遍性的概念来解释特殊具体的历史现象,认为每一民族及其制度文化,包括国家体制、宗教等都按其独特的原则发展,不能用普遍规则去加以解释,任何企图用抽象分析来了解国家文化都是非历史的。他主张用"移情"(empathy)去领会。19世纪初,德国几乎所有的社会和人文研究都奠立在历史主义的观点上,历史研究取代了系统性的分析。法学历史学派提出法律是一个民族的精神表现并随着民族精神而演变。经济学中的新历史学派抛弃古典经济学派以抽象和量化的通则来研究经济问题的做法,认为经济行为受非经济因素的影响,政治行为也被认为在一定意义上反映了民族性、民族风尚和民族思想。

历史主义是以历史的或者说相对论的观点来诠释被认为是绝对的和不变的人类价值的全部历史现实的倾向[2]。历史主义批评启蒙哲学家在不同社会中探求模式或重复现象的结构,以及实证主义以理论模式解释社会的行为。它相信对任何一个现象的本质和价值的充分评价只能通过考查该现象在发展

---

[1] 葛林伯雷,《通向一种文化诗学》,译载于张京媛等编译,《新历史主义与文学批评》,第1页。
[2] 海登·怀特:《翻译简介:历史和历史主义》。

过程中所占的位置和所起的作用来获得。因此历史主义要求通过理解历史事件植根于其中的那个发展样式来认识历史事件的个性,"对任何历史事件的有意义的解释和充分评价涉及到把该事件看做是历史溪流的一部分"[1]。它试图将个体放在它本身具体的时空中去辨认,以变化和相对的观点来理解包括伦理在内的人类生活的各个方面。历史主义使近代学者能够摆脱以僵化和非历史主义的观念来探讨人类及伦理的问题,在一定程度上有助于弥补启蒙哲学家和实证主义的研究观点的缺陷。

然而,历史主义思潮把所有理念和理想都放在历史背景中,也导致对所有被认为是永恒的和确定的价值观和模式的怀疑。第一次大战中,德国的战败造成对前此占据德国意识形态主流的历史主义思潮的信誉危机。狄尔泰等历史哲学家从新康德主义立场出发来讨论历史知识的性质也加深了所谓"历史主义危机"。波普对历史主义也做出独特解释。波普把历史主义等同于历史决定论。波普认为研究历史可以发现社会发展的一般规律并以此预见未来事件进程的历史决定论是错误的。

分析历史哲学的兴起也使历史主义受到冲击,认为历史研究与其他科学研究一样也需要运用假设和通则的观点广为流行。历史学家们虽然不再去追求建立宏观历史体系,但他们也意识到研究历史变迁的独特性同解释典型历史现象的重演,以及探讨历史发展的趋势同样具有合理性。带有很强经验实证倾向的科学及其思维方式在 20 世纪中叶牢牢站稳脚跟。曾受到历史主义取向支配的学科,如语言学、文学和法律等也出现了走向分析式和结构主义的方法论取向。

新历史主义的出现是对结构主义反历史倾向的反击。历史主义从研究事物出现于其中的特殊环境来认识事物。旧历史主义认为语境比文本更真实具体,并且是解释文本的基础,因而集中探讨文学家的社会历史文化背景、作者的世界观和创作意图等。新历史主义者批评这种"单一逻辑的"文学阐释,即

---

[1] 门德尔班:《历史,人和理性:19 世纪思想研究》,波特莫:1971 年,第 43 页。

提倡研究文本的语境,也分析文本所包含的社会存在和两者的互动关系,特别是后者。它反对单纯从语境出发来阐释文本的实证主义式的阅读,也反对把文学作品看做是孤立现象的形式主义方法。

新历史主义对阐释语境的理解和分析有它的独到之处,认为阐释语境包括写作的语境、接受的语境和批评的语境等,并试图结合历史背景、理论方法、政治参与、作品分析去解释作品与社会互动的过程。新历史主义者主张同过去对话,不仅要解释一个已经存在的文本,也要识别当时文本写作的话语与学者本人的话语,使历史再现,并为历史确定一个现在的位置。新历史主义者因而常在批评中自我反思,质疑自己在批评中的作用,探讨自己的理论假定和论据,表明自己话语的立场。这种努力和观点十分新颖,并且表明了试图达到一种真正客观性的努力,虽然新历史主义者并不喜欢客观性这个词。

新历史主义与旧历史主义的一个重要区别是它关注文学与其他文化系统联系的"共时性",而不是"历时性"。新历史主义要求重新考虑"那些典范的……文学和戏剧作品得以最初形成的社会文化语境",并进而把作品置于这样一种情形中,使"它不仅与别的话语模式和类型相联系,而且也与同时代的社会制度和其他非话语性实践相关联。"[1]新历史主义把文学文本和文化系统之间的联系看做是两种文本之间的关系。社会和文化过程都被简化为"话语式实践"。

在新历史主义看来,历史事件已不再可能被直接感知了,为了将其作为思辨的对象来进行建构和研究,它们必须被以某种普通或技术语言来加以叙述。后来对于事件所进行的分析式解释,无论是思辨的、科学性的,还是叙述性的,都已是对于预先已被叙述了的事件的分析和解释。[2] 因此,研究是通过预先存在的各种文本形式开始的,这些文本有些是以历史文件记录的形式,有些是以历史家在研究文献的基础上做出的叙述。新历史主义对历史研究的起点及

---

[1] 海登·怀特:《评新历史主义》,译载张京媛编:《新历史主义与文学批评》,第95页。
[2] 同上书,第100页。

历史学家如何建构自己的研究对象做出了新的描述。他们解构了或者说丰富了西方史学从培根到瑟洛博斯以来形成的有关文本的性质和考证利用文本的方法的理论。他们的有些观点也不尽完全恰当。

新历史主义提出了"文化诗学"和"历史诗学"的观点，推进了60年代以来历史编纂学中的研究非主流的，不处于支配地位的，或者说反常社会文化历史现象的潮流。这种历史编纂对历史记载中的零散插曲，奇闻逸事、偶然异常事件和外来事件，卑微或不可思议的情形表现了特别的兴趣。在这些历史学家看来，这些内容在创造性的意义上如诗学，像诗学语言不仅具有意义，而且是对据统治地位的语言表述的规范和逻辑原则的抵触和挑战一样，这些层面也是对占统治地位的社会政治组织形式结构，以及文化符码和规则的逃避、超脱、抵阻和破坏。这些层面及其对它们的研究有助于对那些居于统治地位的或在特定历史时空中占优势的社会政治文化心理及其符码进行破解、修正和削弱。

在英国，新历史主义思潮被称为"文化唯物主义"，以剑桥大学教授雷蒙·威廉士（Raymond Williams, 1921－1988）和牛津大学莎士比亚讲座学教授特利·伊格尔腾（Terry Eagleton, 1943－   ）为代表。威廉士强调文化现象优先于其他层面，认为文化唯物论是对所有意指形式的分析，包括写作和写作过程中的实践环境和手段。威廉士的著作颇丰，重要的有《文化社会学》（1982）、《马克思主义与文学》（1977）、《文化与社会》（1958）和《漫长的革命》（1961）。伊格尔腾则研究后结构主义语言理论，并力图发展马克思主义文化理论。伊格尔腾出版40多本著作，重要的有《马克思主义与文学批评》（1976）、《文学理论：导言》（1983）、《后现代的幻象》（1996）和《文化的观念》（2000）。总的来说，英国的文化唯物主义强调文化的政治作用和阶级关系，属于西方马克思主义批评的一部分。美国的新历史主义则更重视分析文化中的语言表述。孟酬士在区分美国的新历史主义和英国的文化唯物主义时指出，英美两国的文艺复兴研究者都在提供新的历史，美国学者虽不曾忽视现在在重新构建过去时的作用，重点却在重构最初产生文艺复兴文本的那个社会

第十六章 二十世纪下半叶：史学理论的后现代化　383

文化领域，而英国的文化唯物主义则更强调现在是怎样利用现时对过去的各种描述的①。

四、诠释学与文献研究

对历史文献进行考证，并在此基础上做出某种描述或判断是一种诠释活动，后现代语境下，古老的诠释学对历史研究发生了影响。因为后现代主义把人类精神思维的许多构造物，包括文化和历史文献都看成是文本。诠释学（Hermenutics）是从希腊神话中的人物 Hermes 派生出来。他作为信使担当传达诸神的旨意。由于神间或人间的差异，或者神的旨意不明确，常由他先理解神仙们的旨意，然后加以转述和说明。Hermenutics 由此衍生出两个基本含义，使隐藏的东西显现出来；使不清楚的变得清楚。诠释学后来演变成为对文本的意义的理解和说明的哲学，文本被认为是以文字的形式而凝固的人类话语，意义体现了人与自然，社会和他人的复杂的关系。诠释学属于大陆唯理论的传统，某些方面显得有些晦涩。诠释学的核心概念是理解，而不是解释。诠释学被定义为是"science of interpretation"，它含有通过翻译，说明的意思。解释同理解是有差异的，解释增加理解，理解包含对意义的猜测，而解释则不首先强调对意图的说明。我们理解符号，社会制度和宗教仪式的意义，但有时不一定能加以解释。"explain"含有把事物的各个部分分解，加以说明，"understand"，"interpret"和"explain"都含有对意义的揭示，但前两者把对意义的诠释放在首位。理解先于解释，理解含有对事物的整体的，或不太明确的把握，解释则是对事物的理解的一个明确表达。

---

① 刘易斯·孟酬士：《文艺复兴文学研究与历史的主题》，张京媛编译：《新历史主义与文学批评》，第 68 页。

1. 诠释学的三个发展阶段

诠释学从古代向现代的发展经历三个阶段:(1)诠释对象由神圣作者到世俗作者,从《圣经》和"罗马法"这样的特殊文本扩展到对一般世俗文本,它是由施莱赫尔完成的;(2)从方法论到本体论诠释学,由海德格尔完成,诠释的对象不再仅是文本,而包含对诠释者的存在本身的理解;(3)从本体论诠释学到实践论,伽达默尔作出了重要贡献。诠释学的最早形态是对古代文献特别是《圣经》和《罗马法》的微言大义的诠释阐述,例如《查士丁尼法典》的条文含义及其运用。后来的圣经诠释学,是由中世纪的神学家发展起来的,它的主要方式是从语法上,参照基督教生活体验,以及最主要的根据圣经文本的整体形式和意向来解读一段经文。中国古代学者对儒家经典的注疏训诂,对微言大义的阐发也应该属于这种古典诠释学的范畴。

诠释学之所以必要,在于古代文献多有文字过于简略,后人无法把握其真实含义;其次,从现代思维出发往往不能充分理解文本的历史意义,例如,荷马《史诗》和《圣经》中的人物在我们今天看来类似神话和虚构,然而在当时,文本的写作者却真正认为这些人物同他们居住在同一个世界的某个地方。

由特殊文本到对一般世俗文本的诠释 古代诠释学首先被用来解释自然现象的神意和圣经文本的含义,神的智慧被认为高于人的知识能力,僧侣因而总力图作多种意义的解释。认为符号或文字有两种含义,字面的意义和神秘的精神含义。中世纪宗教诠释学的核心是比喻的解释。16 世纪宗教改革时期,新教学者马丁·路德提出按照文字本身的意义去理解,认为圣经的总体内容是清楚的,个别段落的含义可以在总体的意图中得到理解,因此提出不需要依靠教会,个人可以"因信称义"。他的诠释学方法论是:文本的所有段落或词句可以从上下文的前后关系和文本的总的含义和意图去加以理解。这就是后来被称之为"诠释学循环"的方法论雏形。另一位重要的诠释学家是施莱尔马赫(F. Schleiermacher,1768 - 1834),他是德国哈勒大学教师,主要著作有《诠释学与批判》。施莱尔马赫之前,诠释学是由文献学与注释学组成,施莱尔马赫像康德一样试图考察诠释成为可能的普遍条件。他把研究的重心转到理解本身,而不是被理解的文本。批判历史哲学家狄尔泰(W. Dilthey,1833 – 1911)被称为诠释学之父,他引用施莱尔马赫的"诠释学循环"的概念来说明知识与经验的关系,认为诠释只能帮助你理解你的经验准备让你看懂的东西,换句话说,诠释总是在某种程度上与诠释者的经验联系在一起。狄尔泰把诠释学作为人文科学的一段方法论。在狄尔泰手中,诠释学的对象从文本的含义和它的所指,转到文本中所表现的活生生的人类生活经验。诠释学的任务便从理解文本过渡到理解那个用文本表现自身的他者。狄尔泰认为人是诠释学的动物,他依赖对过去遗产的诠释和对过去遗留给他的那个世界的诠释来理解自己。

施莱尔马赫和狄尔泰的诠释学传统与伽达默尔哲学诠释学是有区别的。在施莱尔马赫之前的诠释学里,圣经和希腊罗马的古典著作具有中心的作用,因为这些著作被认为是与真理具有某种特殊关系的权威的文本。文本的解释不仅说出某种关于文本的东西,而且也说出某种关于神圣的或人间的此在的真理。19世纪上半叶,尤其通过施莱尔马赫,诠释学从它原来与神学,语文学的独断论的联系中"解脱出来"(狄尔泰语),并发展成一门关于文本理解、人理解或历史事件理解的普遍学说。诠释学的任务不再是使我们接近上帝和人的真理,而发展成那种有助于我们避免误解文本、他人讲话、历史事件的技术或方法。

理解文本必须深入文本背后到那个创作文本的"你"那里,这意味着我们除了语言学的入门外,还需有某种心理学的入门。借助对文本的心理学解释,解释者设身处地体验陌生作者的心理状态,并从这里重新构造文本。施莱尔马赫以这种要求导入一种新的文本概念,文本是一种心理的产品。只有把文本理解为某个生命过程的组成部分、整体教化过程的组成才理解了该文本,我们有可能比作者本人还更好地理解作者,即在他的整个生活和时代中,理解他的某个个别著作,而作者本人缺乏这种概观,因为他自己处于生活之中。

施莱尔马赫扩充了那个诠释学基本原则:必须通过部分来理解整体,部分也必须通过整体来理解。这也适合于作者的生活关系,即作者的整个生活应从他生活的个别阶段来理解,狄尔泰接受了施莱尔马赫关于诠释学循环的心理学见解,使诠释学与生命哲学相联系。

从方法论诠释学到本体论　施莱尔马赫和狄尔泰主要探讨诠释学的方法论,海德格尔、伽达默尔、哈贝马斯和利科则以本体论取向。海德格尔(Heidegger,1889－1976)的重要著作有《论真理的本质》(1930)、《存在与时间》(1927)。从什么是"理解"可以看出他们之间的理论差异:在施莱尔马赫看来,"理解"是移情达到与作者思想的一致;狄尔泰则认为,"理解"是深入到个体内心去体验,并进而重构他的精神活动;海德格尔把"理解"视为在一个人生存的世界中去把握他自己存在的可能性。海德格尔对人类意识和理解的性质及其方式的新理论被认为是哥白尼式的革命,海德格尔认为人对世界,包括对他人以及体现为文本的思想等的阐释不仅是人类意识或认识的一种活动,而且是人类生存的一种基本形式。人类的生存实际上就是一个通过理解和阐释来扩大意义和寻找新的意义的过程。

理解是一个对话的过程。海德格尔认为世界是此在和他人与其他非人的存在物的总体关系。人的存在的重要内容:"理解"就是对这种关系的把握的明晰化。从本体论的路径出发,海德格尔认为读者在阅读文本时头脑不是白板一块。即使读者对所读作品没有知识,他也会对自己在社会和世界上所处的位置有些感知。因此,他在阅读时实际上会将自己的期望或先见投射到被阅读物中,诠释也是读者寻找自我的一个过程。海德格尔认为存在一个"理解的前结构"。他的另一个重要观点是:"文字"也表达了撰文者的"存在"状况;阐释方法能够了解许多撰文者本人都未曾意识到的情况。

从本体论到实践论　伽达默尔(Hans Gadamer,1900－2002)的主要著作有《真理与方法》(1960)。伽达默尔把诠释文本看做是人类的世界经验,认为对于文本的理解和解释不仅是一个科学关心的问题,而且是整个人类经验的一部分。在他看来,理解的现象遍及人和世界的一切关系,发生在人类生活的一切方面,诠释学要说明一切理解现象的基本条件和共同模式。哲学诠释学通过研究理解的条件与特点来阐述作为此在的人在传统、历史和世界中的经验以及人的语言本性,最后达到对世界、人类历史和人生意义的理解。伽达默尔已经把诠释看做是人类的一种文化活动,是人类认识自身及世界意义的基本手段,换句话说,类似一种宗教认识活动。他关心的是"人的世界经验",讨论是什么把人文科学与我们的整个世界经验相联系的。人文科学所获得的知识,指导他们立身处世,为人们的实践行为提供借鉴知识。

对海德格尔提到的理解的前结构,伽达默尔认为应该正确地看待成见和传统观念对理解的制约和作用。我们在同过去相接触,试图理解传统时,总是同时也在检验我们的成见。在自然科学中占统治地位的英国经验论哲学排除经验中一切历史和文化的因素,通过研究的客观性保证自然科学中的"经验"事实能为任何科学家所重复,这是科学知识产生的基本方法,自然科学的这种经验观被近代哲学所接受。伽达默尔试图进一步把这种科学的经验概念置于合理的范围之内。不让它过分扩展,而被视为人类生活的最基本经验。他认为最原始和最基本的经验应是释义学经验,因为它同我们存在的历史性相一致,体现了我们的世界经验的最一般特征。

2. 关于历史文本及其诠释的新观点

伽达默尔还提到理解的历史性问题。现代诠释者由于与文本的时间差距,而容易误读,古典诠释学探讨如何把握文本的原意。伽达默尔认为无论是理解者还是文本都具有历史性,真正的理解不是克服历史性,而是如何正确评价和适应这一历史性。在他看来一切经验都有问题的结构,历史文本成为解释对象意味着它问了解释者一个问题,解释总是包括了同这个问题的关系,"理解一个文本意味着理解这个问题。"他强调文本意义的开放性和解释者的创造性。

法国哲学家利科(Panl Ricoeur,1931 – 2005),利科的主要著作是《解释理论》,他认为潜意识的东西总是通过语言表达出来。诠释学最初就得和澄清语言的意义有关。利科吸收英美语义分析哲学的观念。利科回到文本,回到狄尔泰认为文本是由书写固定下来的生命表达形式的那种观点。利科认为通过对文本和这个文本世界的分析和解说，人们才达到了理解和自我理解。文本是由书写而固定下来的语语，任何一种可以以"文本"的形式用符号记下的活动，也都是文本，历史在这种意义上也是。文本成了人类存在的意义。

利科把意义进一步区分为含义（sense）内涵和指称（reference）外延的意义。利科认为当话语变成文本，它发生了两方面的变动，1）解除了原来的语境关系，不反映出说话者当时的声音姿态，环境及现实问题；2）重建新的语境关系，当个别的话语成了普遍的文本后，它在不同的诠释者那里又重建了新的语境关系。文本的意义不完整了，因而为不同的理解打开了可能性。利科认为文本的深层结构：文本的所指和意义具有独立性，它将随不同的理解而增值。海德格尔、伽达默尔和利科等对文本及诠释的理论是从又一新角度对近代客观史学认识论的解构。假如不把这种理论看做是完全否认文本史料的客观性，它确实揭示了史料文本的又一复杂的层面。

后现代主义诠释学揭示了对文本理解的非实证主义层面，它否认文本的单义性，认为存在多重诠释的可能性，每一种诠释同权力结构和诠释者的意识形态倾向有关。这种理论的对与否值得我们思考。实际上，后现代主义诠释学关于文本的制作和诠释与当事者话语的语境、话语者的具体位置和当时的权力和意识形态结构有关的理论并不是原创，马克思主义理论家特别是毛泽东同志早已对人类思维和意识形态的社会历史性进行了相当深入的探讨。

第十七章 新的历史编纂理论和方法

20世纪末叶到21世纪初,历史的比较研究和跨文化研究变得重要起来,因为全球化凸现了文化与民族之间的差异性,为历史研究提供了一个新的课题。

一、比较史学研究

对不同社会的历史进行比较研究是西方史学的一个重要传统。在西方史学的肇始阶段,修昔底德和希罗多德对希腊人和非希腊的野蛮人就进行过某种比较。18世纪法国思想家孟德斯鸠试图通过比较来探讨不同的民族风习、地理环境与政治制度的关系。但是直到19世纪中叶以后,西方历史学家才有意识地运用比较的方法来研究世界历史。从那时到现在,西方比较史学大体经历了两个阶段的发展:1)19世纪后半叶到二战结束;2)二战以后更为实证性的历史比较研究。

1. 19世纪后半叶到二战期间

19世纪后半叶,西方历史学家们热衷于比较研究在不同时空中的文化整体,他们把各国历史的比较研究作为发现不同社会的共同发展规律和历史演化模式的手段。英国的博克尔(H. Buckle)和美国的亚当斯(H. Adams)比较各国的历史,意图发现政治制度演化的线索。英国历史学家弗里曼(Edmond Freeman)1873年出版《比较政治学》,研究德国、英国和美国的古代和现代政治制度,提出了近现代英国盎格鲁-撒克逊的某些制度起源于古代日耳曼的丛林生活中的说法。剑桥大学教授埃克顿勋爵总结说,仿照自然科学方法论的历史的比较研究方法可以发现社会历史发展的规则。众所周知,最具影响的是马克思通过对欧洲历史的研究发现人类社会演化的模式。

人类学和社会学也推动了比较视野的发展,人类学对原始和初级社会的制度和社会生活的模式进行经验性的,但却是规范式的描述与分析;社会学则对当代社会的现象进行统计调查,以概括性描述社会现象的结构和规则为特征。人类学和社会学提出的范畴、概念和结论影响了历史学家的思维。因为人类学家和社会学家的研究从本质上来说是比较性的,其概念和范畴是跨地区和社会的。例如人类学著作中的"婚姻制度"、"家庭"、"经济制度"、"宗教"等概念范畴都是他们借以观察和组织描述某个特殊原始或低级社会的一般性的范畴。社会学家如孔德和马克思等则试图从多个社会的历史中抽象出适用所有社会的普遍发展模式,孔德提出了知识发展的三阶段模式(神学阶段,形而上学阶段和实证阶段),马克思概括了五种生产方式更迭的理论。

英国历史学会主席巴勒克拉夫认为,社会科学对历史学的影响,历史学和社会科学的紧密关系不可避免地把历史学家引导到比较史学的方向上,对任何一个历史事件或现象的研究如果要想得到具有理论深度的成果,都必须以比较的方法。的确,认识一个社会历史现象的独特性只能在与其他社会中相类似的历史现象相比较中才会更为清楚。撰写了《中世纪鼎盛时期的国家》的历史学家海因里希·米特斯就此写道:"只有通过比较才能十分清晰地认识到每一个国家的本质特征",才能把必然性与偶然性,个性和典型加以区别。"所有试图做出解释的历史研究都涉及到或明或暗的某种程度的比较",[①]虽然,具体的历史事件具有独特性和不能重复性,完全相同的事件在历史上没有。在《历史研究》中,汤因比把人类业已存在过的二十一种高级文明

[①] 佛里德利克:《比较历史》,载卡门编撰:《我们面前的世界:当代美国历史写作》(G. Fredrickson, *Comparative History* in Michael Kammen, ed. *The Past Before US: Contemporary Historical Writing in the United States*, New York: Ithaca,1980),第457页。

看做是同时性的,对他们进行比较研究,概括性地描述出文明的起源、生长、衰落和解体的一般模式。

然而,一战以后,对世界历史进行宏观比较的做法遭到质疑。那时流行的历史主义思潮强调各民族社会的特殊环境和历史事件的独特性。批评者们指责说宏观比较历史学派忽视了社会之间的重大差异。而历史相对论哲学也通过揭示历史解释的主观性,挑战比较史学方法的可靠性。斯宾格勒的《西方的没落》和汤因比的《历史研究》的发表后,19世纪起流行的宏观历史比较方法及其出版物进一步受到批评。学院派历史学家们指责说这两位历史学家对世界文明所进行的宏观比较不是严格地基于扎实的类似博士论文的历史研究成果,而且这种宏观历史比较的单位,例如"文明"或"文化"等也定义模糊。

两次大战期间出现了几位影响颇大的比较史学家,如布林顿和布洛赫。马克·布洛赫被称为比较史学之父,他在1928年发表《论欧洲社会的历史比较研究》,1929年出版《封建社会》,在这两本书的写作中,他把眼光扩展到从东欧到日本的诸多封建社会历史中,从而开始了比较研究。他的书提出了这样一个问题:封建社会是欧洲特有的社会形态,还是人类历史上普遍存在的一个社会政治经济制度形态?马克·布洛赫在他那本经典性论文《论欧洲社会历史的比较研究》中。解释说,比较是在数个不同的社会环境中选择类似的现象,描绘这些在不同社会环境中的现象,揭示它们的异同,并进行解释。在这里比较研究不尽是把不同国家的类似发展一一加以对照地排列,它还要求用社会科学的概念范畴和方法对这些历史事件和现象进行分析。

他的《论欧洲社会的历史比较研究》为晚近的比较史学研究提供了概念和方法论基础。[1] 布洛克区分了两种历史的比较研究的方式:第一种方法是19世纪末叶盛行的宏观历史比较方法,在这种研究模式中历史比较的单位是在时间和空间环境中都互相远离的社会;第二种方法则采用更谨慎的,有限

---

[1] 马克·布洛赫:《向欧洲社会的比较历史学迈进》(Marc Bloch, *Toward a Comparative History of European Societies* in Marc Bloch, *Land and Work in Medieval Europe: Selected Papers by Marc Bloch*, New York, 1969),第44–81页。

的,然而更有希望的探讨方式,"比较的单位仍是社会,但它们都彼此相邻,互相影响且处于同一历史时代"。在这种研究中,社会之间的相似性受到注意。但比较的首要兴趣在于发现社会现象的差异性。布洛赫相信卓有成效的历史比较研究会在进行了大量科研论文式的深入研究以后出现。

2. 二战以后的比较史学

1945 年以后,比较史学的主流趋势是转向更为谨慎的方式,研究者们通常选取欲比较的社会的某一特定的领域,并对核心概念和研究范围加以准确的界定,而且历史比较的目的主要是发现不同社会间历史发展的差异性而不是相同性。二战后,西方比较史学的继续发展有几个方面的原因,除受到布洛克思想的影响外,还因为与历史的比较研究方法相左的历史主义思潮和历史相对论的衰落。二战期间,多国之间的战争及其所造成的浩劫,使历史家学们认识到狭隘民族主义思想的祸害。"历史的比较研究通过把相替代的价值体系和世界观呈现在我们面前,通过传授给我们一种人类生存经验的丰富性和多样性的感知,减少我们的偏见。"[①]许多历史学家也意识到,虽然比较史学容易使研究误入歧途,但历史研究中的比较方法似乎不可避免。

20 世纪 50 年代,在海牙成立了"社会和历史比较研究协会",1958 年创刊了《社会和历史比较研究》季刊(*Comparative Studies in Society and History*)。到 1987 年止,该刊已发表 800 多篇比较历史学的论文。1970 年创刊《历史交叉学科研究杂志》(*The Journal of Interdisciplinary History*)。但比较史学的大规模兴起则是在 20 世纪 60 年代的美国。1966 年的美国史学年会开始专门讨论比较史学的问题。1968 年出版 C. 伍德沃德编《美国史的比较研究》,共收 24 篇文章。1978 年美国史学年会的主题也是比较史学。《美国历史评论》杂志 1980 年和 1982 年共有三期开辟《比较史学的理论与实践》专栏,讨论比较

---

① 塞维尔:《马克·布洛赫与比较历史学的逻辑》(William Sewell, *Marc Bloch and the Logic of Comparative History* in *History and Theory*, 6,1967),第 208 - 218 页。

史学的原理与方法。

比较史学在二战以后的较快发展也是由于历史知识的增加和社会科学对历史研究的渗透和影响的结果。随着历史知识的增加,历史视野的扩大,历史学家们对不同地区和国家历史认识的深入,使他们日益对不同地区间类似的现象感兴趣,比较研究因而很自然就产生了。二战以后的西方比较史学研究更加注意不同社会历史发展的差异性,它从宏观比较研究转向中等规模的比较研究。宏观历史比较以"文明"或"文化"为单位,研究范围不确定,而中等层次的比较研究则以"定义准确的分析性范畴"为框架,研究如像"奴隶制度"和"革命"这样的人类社会制度和观念形态。[1] 20 世纪中期的比较史学既有对不同社会的历史过程的比较,又有对历史现象的结构进行比较。后者有沃尔夫编辑的《欧洲法西斯主义》、[2]G. 阿奈德斯编纂的《法西斯主义在欧洲历史上的地位》[3]和克德沃德编著的《西欧历史上的法西斯主义》。[4]

尽管在比较史学领域内出版了很多著作,但对什么是比较史学仍存在分歧。一些学者认为任何一种通过历史类比来说明不同时空中的历史形势的研究都可称为比较历史学。[5] 而另一些学者则批评说有限地运用一种比较的观点来对某单一社会的历史现象做出额外的说明不能称作是真正意义上的比较史学研究。在佛里德利克森看来,比较史学毋宁说是一种历史编纂的形式,而不是一种方法。历史学界的少部分,但却重要的学者从事这种研究工作,他们的主要目的是系统地比较研究两个以上社会中的某些历史制度与历史过程。他们认为这些社会同属某一特殊地理历史类型,构成一个相互联系的整体。

---

[1] 见雷蒙:《历史比较的案例》(Grew Raymond, *The Case for Comparing Histories* in *American Historical Review*(85) 1980),第 763 – 778 页。

[2] 沃尔夫编辑的《欧洲法西斯主义》(S. J. Woolf, ed. *European Facism*, London, 1968)。

[3] G. 阿奈德斯:《法西斯主义在欧洲历史上的地位》(G. Allardyce, ed. *The Place of Facism in European History*,恩格尔伍德·克利夫斯,1971)。

[4] 克德沃德:《西欧历史上的法西斯主义》(H. R. Kedward, *Facism in Western Europe*, New York, 1971)。

[5] 见沃德华特:《从比较的角度研究美国历史》(C. Vann Woodward, *The Comparative Approach to American History*, New York:1968)。

比较史学的扩展受到一些限制,因为在大学里成功地获得历史研究学位多以集中研究非常狭窄的领域,历史研究者很少受到历史的比较研究的训练;在日益专门化的时代中,人们也难于掌握超出自己研究领域的专门知识,因此对不同时空中的历史现象进行比较就有些冒险;此外,历史的比较研究的进行需要形成使比较得以操作的一般性范畴和某些关于人类行为和动机具有恒定性和可预见性的假设,这些都和历史学家多关注历史事件的特殊性、复杂性和模糊性的学术倾向相抵触。尽管如此,当代西方的一些颇有影响的史学著作,例如亨廷顿的《变动社会中的政治秩序》和弗兰克的《白银资本》等,似乎都与运用比较史学的方法有关。像帕麦尔的《民主革命的时代》[1]、布莱克的《现代化的动力》[2]、布林顿的《革命的剖析》[3]、罗兹曼、亨廷顿和琼斯[4]等人的比较史学的著作却受到广泛的赞誉。

对人类社会历史发展的某一过程,例如对现代化进程进行比较的名著有西里尔·布莱克的《现代化的动力》,该书被誉为比较史学的"光辉范例"。布莱克研究分析了世界上一百多个国家的情况,概括出政治现代化的四个阶段和七种类型。布莱克的另一本书《日本与俄国的现代化》也被称为迄今为止以比较史学的方法进行社会科学研究的成功范例。罗斯托《经济增长的阶段》通过对欧美国家近现代经济史的研究,概括提出了现代化的五阶段理论。也有对人类社会某一特殊历史事件,例如"革命",或者某一阶层,例如妇女、贵族、地主与农民,某一种制度,例如封建制度,进行比较研究。布林顿的名著《革命剖析》比较了英国、美国、法国和俄国的事件进程,试图确立革命必须经

---

[1] 帕麦尔:《民主革命的时代》(R. Palmer, *The Age of Democratic Revolution*, New York: Princeton, 1959)。

[2] 布莱克:《现代化的动力》(C. Black, *The Dynamics of Modernization: A Study in Comparative History*, New York, 1966)。

[3] 布林顿:《革命的剖析》(Crane Brinton, *The Anatomy of Revolution*, New York, 1965)。

[4] 参见琼斯:《欧洲奇迹》(E. Jones, *European Miracle*, Cambridge University Press, 1991),和琼斯《再出现的增长》(E. Jones, *Growth Recurring*, Oxford: Clarendon Press, 1988)。

过的阶段。① 约翰·顿的《现代革命》一书对现代历史上的革命运动的结构进行了分析,提出了一个社会学的革命模式。②

许多历史学家进行比较研究是为了概括出所研究的历史现象的一般发展模式,而另一些学者则是想通过比较找出某类现象的根源,例如巴林顿·穆尔的《独裁和民主的社会根源》。穆尔通过对英、法、美、中国和日本现代化以前的国家结构、文化传统和经济形态的研究,寻找不同的国家在政治现代化初期走向独裁和民主的原因。他描述了政治现代化的三种途径:1)通过资产阶级革命走向资本主义民主制;2)通过上层改革走向法西斯专政;3)发动农民革命走向共产主义。③ 佛朗西斯·蒙代尔的《日本、中国和现代世界经济》一书运用沃勒斯坦的世界体系论,从研究19世纪末和20世纪初,日本与中国在资本主义世界政治经济体系中的不同位置,揭示中国现代化受阻而日本成功的原因。

巴勒克拉夫把比较史学定义为按照政治、社会、经济、文化和心理的范畴或领域,对过去历史进行分门别类的分析或概括。它主要是由那些对叙事史学不满意,并越来越关注超越国界和时间次序的社会政治和经济模式的学者所推动的。罗斯托对经济发展的一般阶段的研究就是一例。④

概而言之,比较史学的实践似乎存在两大推动力:1)历史学家们试图认识历史发展的共同的模式,或者说历史现象的一般结构,因而进行概括性的历史研究;2)历史学家们试图解释社会历史现象的差异和独特性。许多情况下,进行历史比较研究往往导致提出非常有用的问题和对历史现象的新的眼光。它使历史学家更好地理解在单独研究某一社会历史现象时不甚明了的问

---

① 布林顿:《革命剖析》(C. Brinton, *The Anatomy of Revolution*, New York,1957)。
② 约翰·顿:《现代革命》(John Dunn, *Modern Revolutions*, Cambridge,1972)。
③ 巴林顿·穆尔:《独裁和民主的社会根源》(B. Moore, *Social Origins of Dictatorship and Democracy*, Boston, 1966)。
④ 罗斯托:《经济成长的过程》(W. Rostow, *The Process of Economic Growth*, New York,1953)和《经济增长的阶段》(*The Stages of Economic Growth*, Cambridge,1960)。

题,它也帮助历史家更精确地下定义,例如:沃尔夫在《二十世纪的农民战争》这部被誉为具有划时代意义的著作中,[1]通过对世界上多个地区的农业经济和农民的生活状况进行研究,使历史学家能够把"农民"这个抽象概念分解成为能够表明其地区差异内涵的更加严谨的范畴,例如:地主、佃农和挣工资的农业劳动者等等,并推动人们注意理论和历史事件的因果方面的问题。

比较史学赖以开展的一个重要思想是:不应当过分专注历史事件的具体性。这样,一旦我们忽视某些附加的因素或特殊性,而对某一具体历史事件从更普遍一些的角度来研究,例如,把法国、英国、俄国和中国在不同时间发生的革命看做是性质多少相同的革命,冠之为"资产阶段革命",在这里我们似乎就具有许多相同的事件,重复性便出现了,研究其规则或结构便成为可能。事实上,某一事物的特殊性取决于观察角度的远近,或者说思维的抽象程度。

即使自然科学研究也可以说是具有独特性。宇宙包括各种物质及其过程处在一个人们不易觉察的演化过程,从大爆炸到无限膨胀至最后崩塌这样一个宏观的演化过程。任何一个科学实验在时空这种意义上也是独特的。自然科学的许多分支学科,如动物学,地质学和古生物学等所处理的资料,其性质都是历史的。过分强调历史事件的独特性,"将会导致任何系统科学的终结。"[2]历史社会学的著作表明以研究独特的历史事实为基础的历史学有可能超越其研究对象的独特性,而得出获得相当证据支持的带有普遍性和规则性的结论。

二、全球化时代的历史反思

20世纪末叶,人类社会生产力及其制度发生深刻变化。通讯卫星,国际

---

[1] 沃尔夫:《二十世纪的农民战争》(E. Wolf, *Peasant Wars of the 20th Century*, New York, 1969)。
[2] S.诺伊曼:《政治学比较研究》,载《社会历史比较研究》1959年第1卷,第108页。

互联网和传真机等信息传播技术把全世界大多数国家和地区在信息流通上紧紧地连在一起。地球上很大一部分人开始分享共同的经济和文化经验。各区域的活动越来越受到全球信息的支配,而发生即时的超越国界的响应。人类社会各地区间在经济上的相互依存性越来越大。跨国公司跨越国界进行投资生产、销售产品和服务。由于全球化,社会关系不再是本地性的,国家作为政治实体的概念也被削弱。全球化促进一个国家对外开放,提升各国经济的效率,促进国际组织的建立和协商解决国际问题的风气。在布莱萨尔敦等西方历史学家看来,全球化代表了世界历史发展的一个崭新的阶段。有关全球化的理论被认为是"用来理解人类社会向第三个千年演化的关键概念。"[①]

全球化改变着人类对地域的成见和对国际体系的管理,传统的国家市场开始解体。[②] 经济和社会全球化削弱了人们对居处的传统认同感,同时也削弱了国家作为认同感载体的作用。世界各地区经济的相互依存和一体化,使一个地区的经济波动影响到另一地区国家。国家不再是控制本国经济的单一力量,超国家的国际组织的权限和影响增强。区域性合作的发展正形成一些多国家的区域性政治、经济实体和联盟,例如欧盟。全球化的迅速发展使观念、资本、技术和产品的流动越来越少地受到边界的限制和国家政府的干预。全球化对各国社会和文化的影响和冲击为文明和文化发展的研究提出一个新的课题。全球各民族文明的冲突加剧,还是互相影响越来越具有相似性,哪一种倾向占据主流,成为争论和研究的重要问题。

1. 历史终结论与单线论

世界各民族历史的统一性和演化模式的单线论曾是近代西方历史观念的基础,20 世纪初以来,单线论曾遭到多次清洗。20 世纪 90 年代初,国际体系的两极结构的解体,世界物质文明的全球化趋势似乎对文明发展的单线论提

[①] M. 沃尔特:《全球化》(M. Waters, *Globalization*, London, 1995),第 1 页。
[②] 参见柯布林:《电子货币和国家市场的终结》(Stephen Kobrin, *Electronic Cash and the End of National Markets*),《外交政策》(*Foreign Policy*),1997 年夏。

供了新证据。美籍日裔学者福山首先意识到这种变化,他于 1992 年发表《历史的终结和最后一个人》①重新审视世界历史发展具有统一性和方向性的观念,福山相信人类历史是一具有统一性的进程,在本质上可以理解为是一追求完美政治制度的过程。现在,由于苏联和东欧的"社会主义"制度解体后,越来越多的国家采用"民主制度",表明人类已经找到了一个"终极的"完美的政治制度,因此,可以说历史已经终结了。福山争论说经济发展的逻辑迫使每个国家采用科学技术,并以科学精神改组生产方式和社会,运用科学的逻辑将使各国的生产方式和社会制度日益趋同,并最终建立美国式的民主制度②。这些观点当然是错误的。

福山著作发表后被翻译成多种文字,引起了多国学者参与的论战。世界历史表明人类社会对制度的选择不是单一的。在同样的经济发展水平上,制度的选择有几种可能性,例如在前工业化时代,同样的农业经济基础上出现了西欧式封建制度和非西欧式的中央集权制大帝国。结构人类学认为每个社会都具有自己的结构,它的历时性,即变化,可能会是由外部文化的注入的影响而出现,但这种变化仍受其自身结构所制约。福山的历史终结论实际上是建立在结构人类学所批评的以欧洲中心论为特征的人类历史统一性的观念之上的,它首先把西方文明假定为是人类进化的最高表现,并作为参照统一体来认知其他文明。地球上其他社会被等同于西方社会发展史的较前阶段。在这种观念中,过去与现在的社会,以及同时代却处于不同空间的社会的差异,都被归结为人类文明演化过程中的阶段性差异。列维·斯特劳斯把这种观念称为"伪进化论",认为它是建立在既不能为方法论所证明,又不能为事实所证实的哲学假定上,它实际上在"承认文化的差异性的同时,又压制了它"。③

---

① 福山:《历史的终结和最后一个人》(Francis Fukuyama, *The End Of History and the Last Man*, London: Penguin Books, 1992)。
② 同上书,第 15 页。
③ 列维·斯特劳斯:《种族与历史》联合国教科文组织,1952 年版,第 248 页;马克·加博里约:《结构人类学和历史》,载张文杰等编译:《现代西方历史哲学译文集》,上海译文出版社,1984 年,第 98—99 页。

列维·斯特劳斯在更基本的层次上:在导致在不同社会中形成的人类生活的不同的制度,例如亲族制度,外婚制,政治制度等等的那些基本逻辑思维和选择模式的层面上,诠释了人类历史的统一性。他认为这些不同的婚姻或政治制度只不过是人类下意识中解决对付这些问题的几种想象可能性(单独表现或组合形式)的显现而已。如果我们找到了这种逻辑法则,或者说作为每一制度基础的下意识结构,我们就获得了对于其他制度的有效的解释原则。不论是西方人和东方人都具有完全相同的下意识,不同的社会人群在制度创建时都面临有限的几种可能性。每个社会只不过是对所有人类都是同样的那组可能性方案中选择一种制度可能性或组合,而不是去把所有的可能性都实现。可能性对于一切人和一切时代都是同一的。在时间中的一个社会诸状态的差异性,只是空间中并存的差异性的一种特殊事例[1]。同黑格尔式历史哲学相反,结构人类学把过去被化解为进化时间差异的不同空间的文明归结为是空间中并存的可能性的特例。

在历史唯物主义看来,人类历史的统一性在于人类在为解决自己的生存问题和改善自己的生活条件利用自然资源和组织生产和社会时会采用相同的方式,虽然这种方式呈现分阶段进化的特征。历史唯物主义观点同样也具有深刻的合理性。历史唯物主义关于人类历史过程的性质的一个基本观点——其结构性和客观性,在90年代一本重要历史哲学著作中也得到重申。洛伊德在《历史的结构》书中再次提出人类社会历史过程具有结构,其演变是不以人的信念和思想为转移的[2]。洛伊德质疑仅靠历史叙事能否正确理解历史。他站在实在主义立场上批评福柯和德里达等人的相对论,宣称客观地认识历史是可能的。

2. 文明冲突论

20世纪末叶,世界一些地区的种族和宗教冲突加剧,也导致一些学者对世

---

[1] 张文杰等编译:《现代西方历史哲学译文集》,第103页。
[2] 参见洛伊德:《历史的结构》(Christopher Lloyd *The structure of History*, Oxford: Blackwell Publishers,1993)。

界历史的悲观看法。美国学者亨廷顿从汤因比的文明史观来观察当时的国际关系提出了文明冲突论。塞缪尔·亨廷顿(Samuel P Huntington)曾任哈佛大学国际和地区问题研究所所长,《外交政策》杂志主编,美国政治学会会长。他的著述甚丰,主要著作有《变动社会中的政治秩序》①、《第三次民主浪潮:二十世纪末叶的民主化》②和《文明的冲突》等,后书发表于1995年。

亨廷顿认为,后冷战世界不同人民之间最根本的区别不在于意识形态或政治经济,而在于文化。最普遍和最危险的冲突已不再是社会阶级之间,贫富之间或经济集团之间的冲突,而是归属不同文化实体的人民之间的冲突。宗派主义以及与之相匹配的认同感是冷战后一个主要冲突根源。③ 亨廷顿把"文明"视为"是人们借以产生强烈认同感的最高层次的标志物"。他划分了八种主要文明,西方、儒家、日本、伊斯兰、印度、东正教、拉丁美洲、非洲。并断言大规模的冲突将沿着分隔这些文明的断裂带进行。文明断裂带两侧的集团为争夺土地和制服对方进行斗争。在全球范围内,不同文明的国家在经济领域相互竞争,并为控制国际组织和其他国家,推行自己的政治和宗教价值观而斗争。八种文明之间的互动关系将决定世界格局,文明内部的认同高于民族国家和意识形态认同,文明间的差异将愈益加大,人们为之而战斗和牺牲的是信仰和血统。

亨廷顿的文明冲突论反映了冷战后世纪历史的某些新特征:全球化进程使国家对公民的控制和信息的垄断急剧减弱,两大统合意识形态的解构,个人、群体和国家传统认同的崩溃和寻求新的认同和地区性政治社会框架。20世纪90年代初,从前南斯拉夫波斯尼亚、塞浦路斯、几内亚、黎巴嫩、阿尔巴尼亚、苏丹、菲律宾到印度尼西亚,在穆斯林世界同基督教世界接壤的边陲地带,

---

① 《变动社会中的政治秩序》(Political Order in Changing Societies, Yale University Press, 1968)。
② 《第三次民主浪潮:二十世纪末叶的民主化》(The Third Wave: Democratization in the Late Twentieth Century),北京:三联书店,1998年。
③ 见亨廷顿:《文明的冲突与世界秩序的重建》(Samuel Huntington, The Clash of Civilizations and the Remaking of World Order, New York: Simon and Schuster, 1996),第21-28页。

冲突和战争不断。不同宗教社群之间的冲突似乎的确成为那一时期国际冲突的主要形式。在科索沃和车臣,种族之间的冲突以战争的形式出现。种族冲突加剧的原因主要是由于冷战后统合世界秩序的两大意识形态和政治军事集团解体后,导致历史的倒退,表现为个人、群体和民族的业已确立的认同的瓦解。寻求新的认同促成个人、群体和民族的重新组合,并同原有的地区及国家的政治构架及权力结构碰撞。碰撞发生在三个层面上:超国家认同,诸如伊斯兰教;国家认同,诸如俄罗斯;基于宗教、种族或语言的亚国家认同,诸如在前南斯拉夫和非洲。亨廷顿用"文明的冲突"描述的正是现实世界上的这样一些冲突。

亨廷顿的理论提供了一个分析当代世界历史的框架,它似乎以20世纪90年代国际冲突的许多事件为其经验性证据。但是,亨廷顿把不同文明之间的冲突绝对化,也看不到文明冲突后面的社会经济原因。实际上,在很多情况下,文化是表达社会经济利益冲突的载体。[①] 亨廷顿的理论还可能起到煽动不同文明之间发生冲突的作用。"文明的冲突提供的是一个危险的,自我实现的预言"。[②] 亨廷顿也未能看到现实世界的另一层面,辛格和韦达夫斯基就指出在动乱和纷争之外,还存在和平和发展的大趋势。

三、全球化对传统历史编纂主体——国家及其文化的影响

1989年墨西哥学者卡西亚·堪克里尼(Garcia Canclini)出版的《杂种文

[①] 见福勒:《下一个意识形态》(Graham Fuller, "The Next Ideology", in *Foreign Policy*, Spring, 1995);马扎:《文化和国际关系》(Michael Mazarr, "Culture and International Relations: A Review Essay", in *The Washington Quarterly*, Autumn, 1994)。

[②] 见瓦尔特:《建构新的怪物》(Stephen Walt, "Building up New Bogeymen", *Foreign Policy*, Spring 1997),译文出自倪世雄文第34页。

化——兼论进入和离开现代性的策略》受到广泛注意。卡西亚的书描述拉美国家试图保持文化的"纯粹性"和自我特征,同时又现代化,结果造成了现代与传统,本土文化和外域文化杂陈的一种特殊的社会形态——"杂种文化"(hybrid cultures)。[1] 卡西亚又进一步认为杂交是人类文化的持续状态,"hybridity"一词后来被广泛运用于指那些多种文化杂交而形成的文化特征。特别是现代化过程中第三世界国家发生的文化重构,即对外来文化的吸收不是整体移入,而是选取"融合(多种)文化的片断特征",[2]区别于"文化同化"和"文化移入"的概念。在文化同化(assimilation)中,被纳入的群体必须在某种程度上学会要求遵守的行为方式、服饰、语言和其他日常生活的规范。[3]

1. 文化及认同的多元化

文化交融的概念受到关注,反映了当代世界复杂的文化现实,"即使构成各个地区基本单位的那些小的社群,也同其他许多文化有复杂的和模糊不清、语言上的、宗教信仰和教义上的、政治归属关系上的联系"。[4] 这特别表现在文明和国家"交界"的地区。杂种性成为文化差异的一种形式。[5] 20世纪末叶,迅速扩展的全球化使各民族共现在一个舞台上,种族、宗教和文化差异更

---

[1] 坎克里尼:《杂交文化:进入和离开现代性的策略》(Nestor Garcia Canclini, trans. by Christopher L. Chiappari and Silvia L. Lopez, *Hybrid Cultures, Strategies for Entering and Leaving Modernity*, Minneapolisi: University of Minnesota Press, 1997)。

[2] 坎克里尼:《战争和杂交状况》(Nestor Garcia Canclini, "The State of War and the State of Hybridization", in Paul Gilroy, Lawrence Grossberg and Angela McRobbie, eds., *Without Guarrantees—In Honour of Stuart Hall*, London: Verso, 2000), 第102、99页。

[3] 波斯特格来恩:《种族和美国社会理论——朝向批判的多元理论》(Gerand Postiglione, *Ethnicity and American Social theory—Toward Critical Pluralism*, London: University Press of America, Inc., 1983), 第26页。

[4] 格尔纳:《民族和民族主义》(E. Gellner, *Nations and Nationalism*, Oxford, Blackwell, 1983), 第139页。

[5] 吉尔茨:《著作和生平,作为作家的人类学家》(Clifford Geertz, *Works and Lives, The Anthropologist as Author*, Cambridge: Polity Press, 1988), 第147页;依恩·安:《在一个充满冲突的全球世界中表现社会生活:边缘到杂交》(Ien Ang, *Representing Social Life in a Conflictive Global World: From Diaspora to Hybridity*, LEWI Working Paper Series), 第1页。

趋突出;另一方面,它也引起更加复杂的文化对峙。后殖民时代的文化政治现实也具有杂种性。在这些社会中,语言文化的杂种化有着挑战居于霸权地位的话语的作用,使被压制的知识体系能够进入主流话语,杂种化因此也是对霸权文化话语的反抗。巴哈巴哈把本土文化和殖民文化交互影响下形成的话语空间称之为"杂陈的替换空间",它剥离强权维系的帝国主义文化的权威,[1]挑战双方文化话语的词汇和领域。

全球化意味着世界时空的缩小和日益强化的世界整体感。与这种世界紧密相连是意识到他者:移民、外国劳务人员和游客等等的存在。[2] 迁居和旅居生活也使许多人的社会认同分裂和多重化。文化的杂种化也会带来某些文化特征的消失,例如,移民的后代个人认同和文化习惯的改变,在杂种文化状况下生活而形成的人格,表现为人格认同的变动性,在特殊的地区、民族和小区环境中的生活经历凝结成多重文化认同,"个人可能支离破碎地吸收不同文化的片段,然后有选择地用于不同的环境中"。[3]

"种族性"、"民族"和"社会认同"等概念变得更难以把握,"社会认同"成为不少历史学家研究的问题。全球化时代的社会认同呈现复杂的形式。特别是那些有复杂的旅居或侨居生活的文化经历的人,他们多具有批判的文化意识和多重社会认同。冷战的终结结束了以阶级、民族、国家和超级意识形态为基础的社会认同,社会和个人认同趋于多元化甚至分裂。全球化极大增加了社会群体和个人的跨地区流动,家的含义,所属小区的认知、国家所属感都不再是单一和静止的。多重的、分裂的、依赖于环境的认同在相当一部分人中流行,认同杂种化了,传统的实质主义的文化认同观被解构了。

一些人,例如跨国公司和在国际组织中工作的人员的认同已超越本民族

---

[1] 巴哈:《后殖民批判》(Homi Bhabha, "The Postcolonial Critic", *Arena*, no. 96,1991),第61页。
[2] 陈国贲:《想象和渴望大都会性》(Chan Kwok Bun, Imaging/Desiring Cosmopolitanism, in *Global Change, Race and Security*, Volume 15, no. 2. June 2003)。
[3] 勒威乐:《全球化人类学——21世纪的文化人类学》(Ted Leweller, *The Anthropology of Globalization—Cultural Anthropology Enters the 21st Century*, London: Bergin &Garvey, 2002),第98-99页。

国家,他们的世界性眼光改变了他们对自己的社会责任和身份的理解,[1]从而形成一种认同的新形式。跨国组织已成为一种替代性的跨国社群的认同体,在跨国公司的世界中,民族国家等同于区域性市场。跨国公司甚至有它的历史、杜撰的神话和未来,换句话说,完整的故事,而文化实质上就是关于一群人的故事。[2]

19世纪人类历史大多以民族国家的建立为主线来撰写,20世纪末以来的世界历史表现为国家和种族群体在世界跨国性重构中撤退,国家要么与之相适应,要么被错置和整合。霍布斯鲍姆预言民族国家为主体的发展已越过巅峰。[3] 以国家为基础的社会认同不再是唯一的和实在的。在个人经历跨国化的时代,社会认同的复杂化,使认同概念的理解也趋于深化。斯图亚特·赫尔以他的经历对社会认同的概念的一个侧面进行了诠释。认为它不是个人经历的终点,而是一个不断对存在的认知,它不会完成,但总是会在一个特殊的环境中临时定位,并需要个人对环境进行富于想象和适应性的诠释。[4] 认同因而是一个创造自我的反思的行为,它不再是表现了一个深层的实在的内核,而被看作是随机的,由社会实践所不断塑造的流动的和多重的对象。[5]

2. 跨文化研究及其概念

文化杂种化的概念解构了旧的"文化"观念。旧的文化概念形成于19世

---

[1] 莱齐:《民族的工作》(Robert Reich, *The Work of Nations*, New York: Knopf, 1991),第252页。
[2] 欧麦:《无边界的世界》(Kenichi Ohmae, *The Borderless World*, New York: Harper Business, 1990),第91-96页。
[3] 霍布斯鲍姆:《1780年以来的民族和民族主义》(Eric Hobshawn, *Nations and Nationalism since 1780*, Cambridge University Press, 1990),第182-183页。
[4] 霍尔:《文化研究的出现与人文学科的危机》(Stuart Hall, "The Emergence of Cultural Studies and the Crisis of Humanities", *October*, vol. 53, Summer, 1990)。
[5] 塔吉巴克斯:《城市的允诺,当代社会思想中的空间、认同和政治》(Kian Tajbakhsh, *The Promise of the City, Space, Identity, and Politics in Contemporary Social Thought*, Berkeley: University of California Press, 2001),第5-6页;也参见吉登斯:《现代性与自我认同》(Antony Giddens, *Modernity and Self-identity*, Stanford University Press, 1991)。

纪60年代。当时人类学从历史和社会哲学中分离出来,并把文化作为自己的研究对象,定义为一个社会群体生活方式的总和。早期人类学家摩根和斯宾塞研究人类社会从原始到文明的演化规律。后来的人类学家如里维尔斯(Rivers)和波尔斯(Boars)不满于这种简单的进化论,而把注意力转向从文化扩散和历史发展的角度来研究文化的成长,文化发明以及文化模式的扩散。20世纪20年代起,对文化之间的接触和文化移入,文化的历史性变异等的研究成为重点。

不论研究重点如何,人类学家对文化的定义似乎非常强调文化的有机整体性和区别于其他社会文化的性质。文化不是被视为是孤立的行为模式的集合,而是社会成员所分享的后天习得的行为特征的有机整体,"the integrated sum total"和"a set of patterns"。人类学家泰勒第一次给文化定义就强调文化的整体性:文化是一个社会成员从社会中获得的知识、信念、习俗的复杂整体。[1] 克房伯和克拉克洪从英语中160多个文化定义中区分的六大类中的第一、第二和第五类定义似乎也都强调它的有机整体性、继承性和结构性。"文化包括一个社区习俗的全部表现形式";文化意指"社会被传承下来的,或社会传统";文化是"一整套历史上传承下来的关于生活的公开的和暗含的设计方案"。[2] 社会学家还区分"次文化",即宗教、宗族、区域或特殊社会环境影响下形成的民族文化的一个分支。

旧的人类学文化概念把文化看成是全社会成员表现出的行为的共同特征。人类学家林顿认为这种多少相似的文化习惯和人格特征的形成是由于共享相同的历史、语言、社会制度、地理环境和生产方式等。文化的形成显然需要长期植根于特定的地域,并经连续不断的实践,才能形成延续的行为模式和

---

[1] 泰勒:《原始文化》(E. B. Taylor, *Primitive Culture*, London: John Murray, 1871),第1页。
[2] 鲍依斯:《人类学》(F. Boas, "Anthropology" in E. R. A. Seligman (ed.) *Encyclopedia of the Social Sciences*, New York: The Macmillan Co., 1930);林顿:《人的研究》(R. Linton, *The Study of Man*, New York: D. Appleton Century, 1936),第78页;克勒:《文化的观念》(W. H. Kelly, "The Concept of Culture" in R. Linton (ed), *The Science of Man in the World Crisis*, New York: Columbia University Press, 1945),第98页。

清晰的世界观。社会认同也与社会现存的一整套信念、神话、价值观、历史记忆以及语言、法律制度和仪式有关,民族国家最能提供一个使这些内容完整体现的载体。①

在文化日益混杂的全球化时代,历史学家和社会学家心中的"文化"概念的内涵和外延也都发生了深刻的变化。旧文化概念把文化视为一个借以界定整合社会实践的规范准则,这些准则使该社会能维持连续的社会认同,并把自己的生活方式与其他社会的相区别。这些具有独特性的文化价值观的传播和被遵守的范围也同该社会的疆域重合。新的关于一个文化在大多数情况下都表现为多种异文化因素的杂陈的观念是对旧文化概念关于民族文化具有整体性的观念的挑战。大多数文化是由本外文化因素混杂而产生的文化变体的观念也是对存在所谓"国粹"或纯净的民族文化传统的观念的解构。

从母体文化中分离出来的片段或与外来文化杂交形成的变异是否能构成新的文化及认同的基础?一些学者认为,在欧洲和美国那些有大量移民的社会中,文化多元样似乎并没有成为现实,相反,移民小区正日益失去他们对原有语言和文化习惯的执著。②另一些学者则质疑移民小区已被同化的说法,认为这是不同文化的新形式的混合,③杂种文化也不是全球化进程中空前的文化交融形势下出现的文化整合滞后现象,④应当区分文化的"同化"(compliant hybridity)和文化的"和而不同"(critical hybridity)两种情况。后者承认而不是压制内部的文化差异性。

---

① 斯密斯:《民族认同》(A. D. Smith, *National Identity*, London: Penguin, 1991),第 143 – 144 页。
② 菲瑟尔斯通:《根的杂交和叶茎的缺乏》("The Hybridization of Roots and the Absence of the Bush", in M. Featherstone, & S. Lash ed., *Spaces of culture: City—Nation—World*, London: Saye, 1999)。
③ 帕珀斯特基迪斯:《杂交和模糊:当代文化艺术中的空间和流动》(Nikos Papastergiadis, "Hybridity and Ambivalence: the Places and flows" in *Contemporary Art and Culture*, Vol. 22, No. 4, 2005),第 16 – 17 页。
④ 皮特尔斯:《杂交性,又怎样? 反杂交性和认知之谜》(Niederven Pieterse, "Hybridity, So What? The Anti-hybridity Backlash and the Riddles of Recognition", in *Theory, Culture & Society*, No. 18, 2001),第 2 – 3 页。

在当代高度制度化和模式化的社会中,社会群体的不同价值观、行为模式、审美观仅在一定层次上得到自我表达。许多不同文化的价值观是互相冲突的,社会在公众场所往往只允许一种行为模式和价值观的实践。可以看出文化的"杂种化"及其原因的探讨开辟了一个有意义的历史研究领域。到目前为止,大多数研究仅把 hybridity 和 hybridization 运用于描述一种杂乱和多样性的状态和过程。

3. 跨文化研究的方法

跨文化研究目前有两条路数:社会科学方法和晚近受到极大注意的诠释学(hermeneutics)的方法。

持诠释学方法论的学者认为人类的社会行为渗透价值观,一个社会的文化是由一套观念、价值观、伦理规范和审美倾向组成。这些价值观和范畴只有在那个社会的环境中,在该文化特有的一套范畴体系中才能被理解。这些范畴和观念是不能被其他文化的语言所充分翻译的,比如中国文化中的"气"的范畴,它的含义即使译成"primary matter, energy"也不能被充分表达,更不能在其他文化中找到相应的范畴加以比较。另外,如中国宇宙论中的"天人合一"、"阴阳五行"理论等等也是如此。诠释学家认为对一种文化只能进行厚描述,而不能用社会科学的方法加以说明。持这种观点的学者在诠释文化时,往往倾向于批注该文化的特有范畴概念,描述这些概念范畴之间的联系。他们对这些概念范畴的定义是使它们不能涵盖其他文化中的现象,这样,所研究的某一文化的"特质"在其他文化中就找不到了。

具有社会科学倾向的学者在进行跨文化的比较研究时,往往清楚地限定所要比较的文化现象的时空背景,例如那一个特定的时代和地区的那一特定阶层的社会行为或文化现象,并做定量性的调查统计,分析和研究。他们还使跨文化比较研究的核心词的定义能有效地囊括不同文化中的类似现象,从而使比较能够有效地进行。的确,对核心词抽象概括的层次的把握是一个十分微妙的问题,抽象概括宛如一金字塔,对概念内涵的限定越多,该概念所指的对象越少,现象越特殊。而对概念内涵的限定越宽泛和少,它所涵盖的现象越容易找到。例如对中西文化伦理价值的基本观念研究中,诠释学者把"礼"释译成"propriety""rite",由此认为中国伦理文化特殊之处在于对礼仪的几乎宗教化,中国文化最讲礼仪。然而这样的结论并不是真正实证意义上的跨文化研究的结果,假如我们把"礼"这个概念理解为表现了一种(中国)文化哲学认为应如何通过行为规范来达到对社会行为的社会控制,我们则可以据此考察多种文化在这方面的观念和内涵。

又如"和谐"的观念,诠释学者认为它是中国文化特有的核心观念。因为中国人认为宇宙是和谐的,人类社会也应该是和谐的。而实证论者,或受社会科学方法论强烈影响的学者则把"和谐"的概念看作是属于一种文化意识形态核心层次基本范畴中的"关于存在的假设性范畴"(existential postulate),即关于宇宙秩序和结构的观念,和"规范性范畴"(normative postulate),即关于事物的存在和行为方式或关系应当如何的观念。由此我们就能为"和谐"的概念在其他文化中找到相类似的概念,从而加以比较研究,看其程度如何。文化的比较研究是比较史学研究的一个难于把握的领域。它需要谨慎下定义,并精心设计研究途径。

跨文化和比较文化史研究的奠基性学者是马克斯·韦伯(Max Weber, 1864-1926),他于20世纪初发表的《新教伦理和资本主义精神》(1905)、《中国的宗教》(1915)、《印度教和佛教》(1917)和《古犹太教》(1919)等是从比较社会学的角度研究世界若干大文明的宗教文化思想的经典名著。兰山(A. Nathan)的论文"中国文化具有独特性吗?"(1993)从研究路数上对跨文化研究视野下的中国文化特征进行探讨。另一本文化人类学研究名著是吉尔兹(G. Geertz,1926-2006)的《文化的诠释》(1993),他认为对文化的研究应当以解读文学文本的方式来进行。

露丝·本妮迪克特(Ruth Benedict,1887-1948)的《文化的模式》(1934)和《菊花与刀》(1944)以及日本学者 Hajime Nakamura 的《东方民族——印度、中国、西藏和日本的思维模式》研究若干非西方文明的文化模式和心态。《文化的模式》被翻译成14种语言,《菊花与刀》从一个美国人类学家的观点对日本文化进行了解读,也非常有名。1991年出版的一本多伊奇·伊利奥特(Deutsch Elliot)编纂的论文集《文化与现代性:东西方的哲学观念》汇集了若干当代学者研究东西方思想文化的重要文章。李约瑟(J. Needham, 1900 – 1995)的"中国和西方人类社会和自然规律观念"、"伟大的滴定法:东方和西方的社会与科学"以及《中国科学与文明》等书探讨中国和西方科学传统,尤其是多卷本的后书是从与西方科学及文明相比较的视野下对中国科学传统进行系统梳理的巨著。另一本值得提到的是弗赖泽、劳伦斯和哈贝尔(J. Fraser, N. Lawrence and F. Haber)编撰的论文集《中国和东方的社会、科学和时间观念》(1986)。

第十八章　全球化时代的新历史编纂模式

20世纪下半叶,一种新的世界史编纂模式——"全球史"兴起了,全球史与传统世界史编纂相比在视角、编纂范围、意识形态、研究方法、历史分期和话语特征诸方面都有新的特征。传统的"世界史"在很大程度上是"国别史"的综合,它对地球上各区域文明演化的相互关联和互相影响研究得较少。"全球史观"则强调人类是一个整体,关注对人类社会整体演化有意义的事件以及全球性的力量对历史发展的影响、全球范围内不同民族和人民之间的互动、文化之间的互相影响、①全球或区域环境的变迁、商贸往来、技术发明的扩散和农业的发展等等。

全球史及其历史观反映了生活在全球化时代的史学家从史学的角度对全球化历史的反思和回顾,以及他们对全球历史的整体相关性的意识。全球化使历史学家日益意识到历史事件不仅在民族国家和社区的框架内展开,也发生在跨越区域、跨越大陆、跨越东西半球、跨越海洋和全球的背景下。这些大规模的跨文化和跨区域的交流影响着单个社会和全球的历史演变。东亚的崛起也显示西方的优势地位在世界历史长河中的暂时性,传统的以欧洲的崛起和扩散为主线的传统世界史编纂体系的缺陷便被暴露了。

传统世界史编纂体系带有强烈的欧洲中心论色彩。应该看到,世界历史发展客观上存在着中心。在一段历史时期内人类征服自然,以及社会内部组

---

① 赵轶锋:《关于世界历史的整体性》,第3页,皮特·斯特恩斯:《世界文明:全球经历》译者序言,《第12届全国史学理论研讨会论文》,昆明:云南大学2005年8月23－26日。

织的复杂化进程中一些主要的创新和发明的来源地也许可以称为世界历史的中心。例如从600万年到170万年的史前时期,非洲就是中心,人类的祖先在这里从直立到使用工具,再走出非洲,向世界其他地区扩散。直到6万年前后,最后一批智人来到欧亚,取代早先迁徙出的人类,非洲中心才结束。6万年到8000年前,中东是从狩猎到农业文明时期的中心,定居农业和市镇首先在中东两河流域形成,主要的农业技术、文字、车轮、青铜冶炼、马的驯服在这里首先出现,再向欧亚大陆其他地区传播。距今7000年前到公元1世纪,埃及、希腊、罗马、印度和中国是古典文明形成时期的多中心。欧洲和后来的"西方"曾长期以来是世界经济技术发明的中心,然而当西方历史学家这种站在本地区观察世界的观点变成了意识形态时,并从意识形态的透镜去观察人类历史,就必然产生许多偏见。例如,一些英国学者在其历史书中把鸦片战争说成是贸易争端,而不是帝国主义行径就是一例。

早在20世纪上半叶,斯宾格勒和汤因比等人对世界若干大文明的发展形态的归纳概括式研究中,已显露出新的世界史观编写模式——"全球史"。雅斯贝斯的"轴心时代"理论也是对全球文明发展模式的概括性讨论。20世纪50年代起,西方一些有远见的历史学家如英国历史协会主席巴勒克拉夫就号召历史学家超越本民族或地区的眼界,扬弃世界历史编纂学中的"欧洲中心论",公正评价世界其他地区的文明发展,重新解释人类迄今的历史,并去寻找一个能把世界文明表述为一个整体的理论框架。[①] 20世纪60年代终于形成的较为系统的替代旧世界史的新框架首先要"使欧洲退回到欧洲",为此提出了多种替代视角,美国的全球史学家本特利提议把欧洲的历史解释为是一种例外,而不是典型。另一些全球史家则对欧美的现代化进行相对主义的处理,突出欧洲首先现代化时与其他地区的相互依存性。王国斌的《变革了的中国:历史演化与欧洲经验的局限》和迈克尔·亚当斯:《从殖民地到全球霸

---

① 巴勒克拉夫:《当代史学主要趋势》,杨豫译,上海译文出版社,1987年,第248-250页。

主：从世界史的角度重新解释美国的例外论叙述》都阐述了这种观点①他们也提出早期全球贸易网络的建立既归功于欧洲商人和探险家，也依赖于美洲土著人的银矿开发和非洲农奴的观点。

一、全球史的编纂模式

在皮特·斯特恩斯的《世界文明：全球经历》中，斯特恩斯提出了全面把握和描述世界历史的整体性的四个原则：②1）对过去被忽略的文明或者社会给予更多关注；2）"重点描述对全球文明总过程形成有重要影响的人类经历"；3）关注跨文明，跨区域的事件，如移民、贸易、宗教传播、流行病、文化交流；4）注重文明比较，以比较的方法把不同文明的突出特征和历史发展联系起来叙述，并判断一个社会的新局面同其他地方的相似情形之间的因果关系和模式结构。

全球史学在研究领域与编纂重心上有所转移。如前所述，斯宾格勒早在20世纪初就试图超越传统世界史编纂模式，开始研究比民族国家更大的单位，即"文明"。他的《西方文明的衰落》一书力图发现世界各主要文明的发展周期模式。他的著述对突破传统世界史编纂格式有重要意义。因为他首次把"大规模的综合体作为适合历史研究的分析单位"。③

全球史学不再把国别史看作是世界史的唯一的研究领域，或者说主要的

---

① 王国斌：《变革了的中国：历史演化与欧洲经验的局限》(R. Bin Wong, *China Transformed: Historical Change and the Limits of European Experience*)，纽约：1997年版；迈克尔·亚当斯：《从殖民地到全球霸主：从世界史的角度重新解释美国的例外论叙述》(Michael P. Adams, *From Settler Colony to Global Hegemony: Interpreting the Exceptionalist Narrative of American Experience into World History*)，《美国历史评论》(*American Historical Review*)第106期(2001年)。

② 皮特·斯特恩斯的《世界文明：全球经历》(Peter N. Stearns, *World Civilizations: The Global Experience*)一书已由赵轶锋等翻译，中华书局出版。这是一个相对较为成功的用全球史观来撰写的世界历史著作。见赵轶锋译者序代前言。

③ 杰里·本特利：《20世纪的世界史学史》，《史学理论研究》2004年第4期。

叙事单位,而把经济上的、地理环境上的和文化上的大区域视为自己的研究对象,它认为研究由人类社会在不同的地理环境下构建的这些新的社会历史空间具有现实意义。全球史观关注跨文明和跨区域的事件,如移民、贸易、宗教传播、流行病和文化交流等等,对过去被忽略的文明和社会给予更多注意,从而体现了一种研究重点的转移。

全球史似乎形成了三个重要研究领域:第一,跨国家和跨区域的技术传播;第二,经济和社会大范围的发展模式;第三,大范围的环境生态变迁。麦克尼尔 20 世纪 60 年代起发表的《追逐权力:公元 1000 年来的社会、技术和武装力量的发展》、《民族和瘟疫》以及《西方的兴起:人类共同体史》三本书被认为是第一个研究领域的代表作。他的书探索了思想文化、技术和疾病等等在区域和洲际间的传播及其社会影响。他认为在世界历史上金属、骑马术、火器和军事组织等的发明首先传播到邻近地区,再继续扩散,这些一次又一次的传播影响了世界历史的发展。[1] 他对美洲的研究表明:传统世界史以西班牙人的优越的火器,军事组织原则和政治能力来解释少数欧洲人何以能征服人口庞大的阿兹特克和印加帝国具有局限性。他以美洲环境史和跨洋性疾病扩散的研究显示天花的传播比武器更有效地征服(消灭)了美洲土著居民。西班牙侵略者蓄意让当地人接触他们所使用过的衣物以传播病毒。在传统社会中,如法国历史学家拉杜里说:人类社会的政治组织在人口涨落规律的宏大力量面前无能为力。

全球史研究的第二个领域是经济和社会在大范围内的发展模式,尤其是周边国家和地区通过海洋进行远距离贸易及其他交往,以及由此而构成的体系。乔德哈利的三本名著《1660—1760 年的东印度公司与亚洲的贸易》(1978)、《印度洋的贸易与文明:从伊斯兰教的兴起到 1750 年的经济史》

---

[1] 参见约翰·麦克尼尔:《追逐权力:公元 1000 年来的社会、技术和武装力量的发展》(John McNeill, *Pursuit of Power: Technology, Armed Force and Society Since A. D. 1000*);《民族和瘟疫》(*Plagues and Peoples*),纽约:1976 年;《西方的兴起:人类共同体史》(*The Rise of the West: A History of the Human Community*),芝加哥:1963 年。

(1985)和《欧洲人来临前的亚洲:从伊斯兰教的兴起到1750年印度洋的经济和文明》(1990)研究了印度洋作为连接周边地区的原料产地、市场和商业中心区的意义,认为印度洋不仅是沟通东亚和东非的航线,也对东半球的社会经济发展产生了重大影响。①佛教传入中国的一条重要路线也是从海上经东南亚到达中国。在大约一千年间,它对东半球的发展产生重大影响。

全球史研究的第三个领域是大范围的环境和生态变迁,动物、植物和疾病的流动对人类社会与自然环境的影响,由此产生了所谓生态史学派。克罗斯比的书尤为有名,它的《哥伦布的交流:1492年的生态和文化结果》(1972)和《生态帝国主义:900—1900年欧洲的生物扩张》(1986)研究了伴随哥伦布远航和地理大发现的生物流通对全球的影响。那时,美洲的玉米、土豆、烟草传到世界各地,欧洲的天花也传到美洲,毁灭了土著居民。克罗斯比断言欧洲人到达美洲这几百年间,远距离迁徙和跨文明交往带来的生物交流决定着许多落后社会的存亡。②

在中国史研究领域,西方历史学家也有运用全球史观,史景迁的《利玛窦的记忆之宫》(1984)和张桂生的《地理大发现前中国的海事交往》(1974)研究明清期间在中国的耶稣会士与外界的联络途径,中国如何参与世界贸易,中国与阿拉伯世界的交往;③巴克斯的《16—17世纪期间作为宗教和商业据点的

---

① 参见乔德哈利:《印度洋的贸易与文明:从伊斯兰教的兴起到1750年的经济史》(D. N. Chaudhuri, *Trade and Civilization in the Indian Ocean: An Economic History from the Rise of Islam to 1750*),剑桥大学出版社,1985年;《1660—1760年的东印度公司与亚洲的贸易》(*The Trading World of Asia and the English East India Company, 1660—1760*),剑桥大学出版社1978年版;《欧洲人来临前的亚洲:从伊斯兰教的兴起到1750年印度洋的经济和文明》(*Asia Before Europe: Economy and Civilization of the Indian Ocean from the Rise of Islam to 1750*),剑桥大学出版社,1990年。

② 克罗斯比:《哥伦布的交流:1492年的生态和文化结果》(Alfred W. Crosby, *Columbian Exchange: Biological and Cultural Consequences of 1492*),威斯特波特,1972年;《生态帝国主义:900—1900年欧洲的生物扩张》(*Ecological Imperialism: The Biological Expansion of Europe, 900—1900*),剑桥,1986年。

③ 史景迁:《利玛窦的记忆之宫》(Jonathan Spence, *The Memory Palace of Matteo Ricci*),纽约1984年版;张桂生:《地理大发现前中国的海事交往》(Chang Kuei-Sheng, "The Maritime Scene in China at the Dawn of the Great European Discoveries"),《美国东方研究杂志》(*Journal of the American Oriental Study*)1974年第3期。

澳门》(1974)探讨中国与欧洲的海上贸易;①全汉升的《晚明至清代中期中国同西属美洲的贸易》(1974)和 K. C. 张的《中国文化中的食物》(1977)探究了外国如何影响中国军事和纺织技术的提高,疾病如何从新大陆和欧洲传入中国,②以及新种类的粮食作物如何从美洲传入;③阿特维尔的《1530—1600年间中国的经济与金银的国际流动》(1982年)研究了外国银币的输入情况等等,④他们认为晚明的变迁同 17 世纪欧洲的政治革命都受到从墨西哥和南美经欧洲再到中国这种世界性白银流入的影响。

全球史学并未否认国家或民族文化作为历史发展的载体或主要场景,但是在实践全球视野的世界史编纂时却引入了"区域"概念,尤其是联结世界上几大洲的海洋及其周边地区所构成的区域,即所谓海洋盆地。布罗代尔对地中海世界的研究在这方面起了先驱和示范的作用。其他史学家对印度洋、大西洋、南中国海和波罗的海及其周边地区,以及经由这些海域所进行的贸易、移民、生物以及文化交流的研究取得丰硕成果。

二、沃勒斯坦的"世界体系"及其影响

全球史学代表了从国别史到区域史的转移,从归纳概括社会演化的模式

---

① 巴克斯:《16—17 世纪期间作为宗教和商业据点的澳门》(C. R. Boxer, "Macao as a Religious and Commercial Entrepot in the Sixteenth and Seventeenth Centuries"), Acta Asiatic(亚洲杂志) no. 26, 1974。

② 全汉升:《晚明至清代中期中国同西属美洲的贸易》(Chuan Han - Sheng, "The Chinese Silk Trade With Spanish America from the late Ming to the Mid - Qing Period"),载劳伦斯·汤普森主编:《亚洲研究论文集—贺陈守义教授七十大寿》(in Studia Asiatice: Essays in Asian Studies in Felicitation of the Seventy - fifth Anniversary of Professor Chen Shou - yi, ed. By Laurence G. Thompson, San Francisco: Chinese Materials Centre, 1974)。

③ K. C. 张:《中国文化中的食物》(K. C. Chang, Food in Chinese Culture),耶鲁大学出版社,1977年。

④ 阿特维尔:《1530—1600 年间中国的经济与金银的国际流动》(William Atwell, "International Bullion Flows and the Chinese Economy, Circa 1530—1600"),《过去与现在》(Past and Present)第 95 期(1982 年)。

到探寻区域和全球在诸多方面的结构体系上的转变。沃勒斯坦的"世界体系"概念是描述16世纪以来全球政治经济结构的一个有名的理论,他也为那些研究全球范围内其他领域,包括动物、农作物和疾病等的世界性传播模式等,提供了一个研究范式。沃勒斯坦的学术实践鼓励史学家们去寻找其研究对象的结构体系,布罗代尔、斯塔夫里阿诺斯和麦克尼尔都从他那儿获取了灵感。历史学家们不仅研究全球或区域文明史、环境史、技术史和文化交流史,也在构建新的体系。

沃勒斯坦的世界体系论以及后来发展出来的依附理论从全球社会整体与部分的关系,从一个国家在人类社会中的位置,从部分和整体的政治经济构架来解释世界和个别国家的历史发展。这两大解释理论在六七十年代有较大影响,被特别运用于解释落后的非欧国家的近现代史。例如蒙代尔就用世界体系论来解释中国在19世纪末和20世纪初的经济落后,而依附理论则是许多左翼学者解释拉丁美洲现代经济社会发展的重要框架。

伊曼纽尔·沃勒斯坦(Immanual Wallerstein, 1930 –   ),沃勒斯坦于20世纪70年代起发表他的主要著作《资本主义世界经济》和《现代世界体系》。[①]他力图解释资本主义以及当代世界处于不同发展阶段的国家之间复杂的关系。他认为,16世纪以来,以超越国界的资本主义贸易为基础产生了资本主义世界经济体系,世界各地被纳入到发展不平衡的这个世界经济体系中去,划分成了三类互相关联的社会:a)"核心"社会即欧美。b)"外围社会"。c)"准外围社会"。核心与外围之间的经济政治关系是前者发达而后者不发达的根源。世界体系论把全球经济当作一个整体来研究。体系中的组成部分:国家、区域和阶级等发生的社会变化,可以以该组成部分在体系内的位置来加以解

---

① 伊曼纽尔·沃勒斯坦:《资本主义世界经济》(Immanual Wallerstein, *The Capitalist World-Economy*, Cambridge University Press, 1979);伊曼纽尔·沃勒斯坦:《现代世界体系》(1. Wallerstein, *The Modern World-System*. Volume 1, New York: Academic Press Inc., 1974);伊曼纽尔·沃勒斯坦:《世界体系分析:理论和方法》(Immanuel Wallerstein. *World-System Analysis: Theory and Methodology*, London: Sage Publications Inc. 1982);和伊曼努尔·沃勒斯坦著,路爱国、丁浩金译:《历史资本主义》,北京:社会科学文献出版社,1999年。

释。世界体系组成部分(如国家)的变化也对体系演变造成影响。

世界体系论对全球史的兴起产生影响,它也鼓励一些历史学家用这个观点去重新认识世界历史。例如,珍妮特·阿布—卢格霍德(Janet Abu—Lughod)在《在欧洲霸权之前:1250—1350年的世界体系》一书中就探讨了现代世界体系的一个前身,13世纪的世界体系。贡德·弗兰克的《白银资本》(Reorient:The Global Economy in the Asian Age),讨论了1400年到1800年间的世界经济结构,提出这一时期的世界体系中,经济的中心是中国,国际贸易中约一半的白银流往中国,用来支付欧洲从中国进口的瓷器、丝织品等工业产品。

弗朗西斯·蒙代尔在《日本,中国和近代世界经济体系》一书中,运用沃勒斯坦的理论解释中国十九世纪以来现代化艰难的原因。把它归因于中国不能保持经济独立和帝国主义对中国经济发展的压迫。他争论说,巨额战争赔款,外国对中国的海关、邮政、银行、电信、矿冶、铁路等的控制和剥削夺走了中国本可用于经济发展投资的重要收入。蒙代尔认为一个国家的价值观、制度的转变对经济发展的重要性远不如该国在世界经济体系中的位置。19世纪80年代,日本是一个相对独立的国家,这使他能够在世界资本主义体系中实现工业化,后来的台湾、韩国在一定意义上也可以用这种理论加以说明。

依附论在分析模式上同世界体系论一样,也拒绝以国家作为研究的基本单位,主张把世界作为一个整体来分析,并划分为中心和边缘。依附理论把边缘的欠发达归结为与中心的不等价交换结构,强调外在的与内部的制度和政治因素对经济发展的制约作用。代表性的学者有西奥托尼奥·多斯·桑托斯,A.G.弗兰克等。[①] 作为解释现代拉美经济社会发展史的一派理论,依附理论在六七十年代期间有很大影响。许多拉美学者用它来解释社会经济和政治的不平等,获得解放的殖民地人民缺乏自主权,以及殖民统治的社会和心理遗产的继续支配。拉美经济学家通过对国际贸易不平等条件的分析,来说明战后初期拉美地区继续不发达的原因。依附理论发展了马克思主义关于剥削

[①] 弗兰克:《资本主义与拉丁美洲的不发达》,纽约,1967年。

是在生产过程中把剩余价值从一个阶级向另一个阶级转移的论点,扩大到分析在世界范围内的流通过程中剩余产品从一个区域向另一个区域实行的不平等转让及其影响。然而,每个国家在经济全球化时代都互相依存,世界经济中的产业分工并不是不变的。马克思也曾看到资本主义剥削会导致落后地区向有较高生产力的工业资本主义发展。一国经济能否不依附世界经济体系而获得发展,是值得讨论的。

三、全球史学研究的方法论和话语特征

全球史学不可能完全代替国别史的传统研究领域,它所开创新的领域——国家间或区域间的互动交流史或全球模式,需要运用新的方法。过去大多数专业的历史学家主要运用朗克的实证主义方法——史料考证批判方法来完成对特定时期和国家的历史的研究。全球史学家在关注跨国或全球范围的问题和现象,它在描述人类各地区的社会制度与文化交流时频繁使用比较史学的方法。在全球史观视野下的通史著作出现以前就有不少用比较的方法来横向研究世界各国的历史现象,例如各国的封建制度、农民和革命等等的著作。这些著作表现出了一种全球视野倾向。①

一些西方历史学家在提倡全球视野的历史编纂学时,认为可以借鉴20世纪下半叶人文社会科学其他相关学科的理论概念和方法,尤其是文明比较的方法对人类各地区和不同时代的制度、习俗和思想进行研究,从研究"历时性"转到研究"同时性"。他们认为世界历史编纂中的这种比较研究方法和同时性的观念已经由汤因比和斯宾格勒所运用,它能够为编写全球史提供方法论和借鉴。② 的确,比较史学为编纂新的注重世界历史整体关联性的世界史

---

① 参见格鲁·雷蒙:《历史比较的案例》(Grew Raymond, *The Case for Comparing Histories*),《美国历史评论》(*American Historical Review*)第85期(1980年),第763-778页。
② 巴勒克拉夫:《当代史学主要趋势》,第256-268页。

提供了一个合适的方法。洛赫尔就指出"只有使用文化比较方式的通史著作才是令人满意的"。① 斯特恩斯认为以比较的方法把不同文明的突出特征和历史发展联系起来叙述,注重文明比较,并去判断一个社会的新局面同其他地方的相似情形之间的因果关系和模式结构。在这样的原则下的历史写作,全球视野的世界史编纂才得以成为可能。

全球史学家还频繁运用历史社会学的方法,比如对奴隶制、封建制的比较和描述。它在描述全球性的变迁还受到结构主义方法论的影响,例如在历史分期时,它是以世界版图的变化,各文明间出现的新型交往和模式来分析世界范围内人类社会整体结构的变化。②

许多全球史学者还表现出可贵的力求"中立"的价值判断标准。17世纪以后欧洲学者创建的世界历史编纂体系继承了世界历史具有统一性的观点。然而,欧洲学者所创立的这个世界史体系把欧洲视为人类文明的中心,认为它代表了历史发展的主线,由此构建了一个由埃及、近东文明、希腊罗马、中世纪到现代欧洲文明发展的大叙事框架。现代欧洲被认为达到人类历史发展的顶点。欧洲人是最优秀的种族、历史的创造者,欧洲历史具有进步性,而其他大多数民族的历史则不是。③ 世界历史发展的阶段也是以欧洲的重要历史事件为标识。历史著述的大部分内容被用以描述欧洲的事件,"十分之九的篇幅中只介绍世界上四分之一居民的那种历史"。④

新的全球史观要摒弃这种历史编纂学的狭隘的意识形态的影响。不少西方学者很早就呼吁要摒弃线性历史观,一元化的文明观,以及中心与边缘等传统概念而接受人类文明多中心论。⑤ 斯特恩斯的《世界文明:全球经历》认为文明的界定不以西方社会为准绳。他可贵地认识到许多"文明"都把具有不

---

① T.洛赫尔:《克服以欧洲为中心的历史观念》,威斯巴登:1954年,第17页,转引自巴拉克勒夫:《当代史学主要趋势》,第280页。
② 赵轶锋文,第2,9页。
③ J.布劳特:《殖民者的世界模式》,谭荣根译,社会科学文献出版社,2002年。
④ 巴勒克拉夫:《当代史学主要趋势》,第243页。
⑤ 巴勒克拉夫:《当代史学主要趋势》,第257页。

同体貌特征和文化的外人看作是不开化或蛮夷，因此不能以任何一种文明为标准。在他的著作中，对"文明"的定义有意模糊，以显示出一种中立的价值尺度。全球史观还把游牧生活方式、奴隶制度、封建制度等不看做是与某一地区相联系的特殊制度，而看作是人类社会制度演化的几种可能性之一。

成功的全球史著作开始不以欧洲为尺度来划分历史发展阶段。实际上，扬弃旧世界史分期模式的努力在汤因比和斯宾格勒那里就已出现。他们没有按欧洲的历史模式去规范其他地区的历史，而是试图从研究（概览）世界上各种文明或文化的演化，找到文明生长的模式和阶段。他们的著作表现了想不带偏见地分析人类社会历史演化的愿望。而且也构建了大范围的综合社会概念——"文明"或"文化"。

后来的一些西方史学家在寻求建立新的全球史史学时，认为需要寻找一个衡量世界上各种事件是否具有"世界历史"意义的新的标准。[1] 他们认为当代世界历史编纂不能再像过去那样以欧洲文明为尺度，依据各地区文明社会的相对重要性来排序，并构筑从古至今的人类历史发展线索。全球史观也力图超越那种"简单地"叙述世界上各主要文明或社会的历史，并用诸如传统与现代，西方的崛起和影响的扩散之类的框架来组织史料的做法。

全球史观不再以欧洲历史为范型来划分世界历史的阶段。欧洲历史的突出性被置于一个更广泛的视野中加以审视。斯特恩斯的《世界文明：全球经历》就以这样的方式划分了世界历史的六个阶段："文明的起源"，"世界历史上的古典时代"，"后古典时代"，"缩小的世界"，"工业化与西方的全球霸权"，以及"20世纪世界历史"。这些阶段是以全球各文明发展的总的形势来概括的。

并不是所有具有全球视野的学者都能成功摆脱欧洲中心论，例如罗斯托的《经济成长的阶段》和布莱克的《现代化的动力》都试图研究全球社会经济和政治上从传统社会向现代社会转变的模式和阶段，但他们的历史分期基本

---

[1] 巴勒克拉夫：《当代史学主要趋势》，第248－250页。

上仍是以欧洲历史发展为范型和参照系。①

全球史历史学家不仅解构传统世界史,也对旧世界史的话语模式进行清洗。密切联系,使欧洲中心论作为一种意识形态渗透到近现代欧洲史学研究中,规定了它的选题,研究方法以及学术价值的评判标准,"欧洲中心论是一套话语体系"。② 欧洲中心论为特征的历史知识体系的建立是由欧洲在全球权力结构中的地位所决定的。对欧洲中心论的扬弃意味着清洗欧洲史学家主导下形成的世界史的传统观念和话语体系。像"地理大发现"、"新世界"等术语都是从欧洲人的视角出发并由欧洲人所首先使用,而成为习惯用语。赛义德对"东方"观念及东方学的解读。保拉·卡斯塔诺对"拉丁美洲"概念形成的追溯就是对旧世界史话语进行反思和解构的两个范例。卡斯塔诺的研究指出"拉丁美洲研究"是在美国上升为世界强权这一背景下发展起自己的范式的。"拉丁美洲"这一术语是拿破仑三世诉求其在美洲殖民地的拉丁性,以抵制美国向加勒比地区的挺进而得到巩固的。③

为摆脱欧洲史学观念居主导地位而形成的旧世界史的话语特征,全球史学家们在编纂历史著述时对许多词汇和关键概念的界定和运用都退向更中性,外延更宽泛的领域,并试图在概括全球文明更广泛的历史现象的基础上抽象。例如斯特恩斯的《全球文明史》使用"精英"而不是"统治阶级"。他也把封建看做是从地方性政治向中央集权制社会组织过渡的一种早期形式,认为它出现的原因是由于地区间缺少紧密的经济联系,中央政权的软弱,以及缺少共同的政治价值体系和发展运作官僚体制的经验。奴隶制被看做是从古典到现代早期世界上普遍存在的一种生产方式,这种生产方式有时是该社会的主

---

① 罗斯托:《经济成长的阶段》,商务印书馆,1962年;西里尔·布莱克:《现代化的动力》,上海译文出版社1996年。
② 刘新成:《全球史观与近代早期世界史编纂》,《世界各国的世界通史教育国际学术讨论会论文集》,首都师范大学2005年10月12—13日。
③ 保拉·卡斯塔诺:《哥伦比亚和拉丁美洲的世界史教育:新观点》(Paola Castano, *World History in Columbia and Latin America: A New Perspectives*),《世界各国的世界通史教育国际学术讨论会论文集》,北京:首都师范大学2005年10月12—13日。

流,有些情况下则居于边缘化地位。奴隶制之所以成为可能是由于个人或家庭不足以提供大面积的农业耕作所需的劳动力,而且法律、习俗或某一群体的权威构成了高压统治或强制劳动的社会环境,这种定义提供了包括中国商周时期、古希腊罗马到近代早期美洲出现的这种强制性劳动方式。[①]

全球史史学不满传统世界史编纂把国家作为主要的叙事单位,忽视跨越国界和洲界的事件对世界史的影响,试图超越以国家为单位的思维模式,创立新的世界史体系和研究领域。全球史史学不能完全代替旧的国别史,但它的确丰富了传统世界史的视角和方法,扩展了我们的历史视野,使我们注意到跨越民族、国家和文化区域间的人口迁移,帝国的扩张、技术转移、环境变迁、文化宗教和思想的传播、经济的波动等等对全球历史的影响和意义。

全球史观不再把世界看做是划分为自我封闭的、互相区别的和具有内部统一性的社会所组成的空间。相反,世界及其历史被认为表现为人类出于各种目的,以不同的方式对社会空间不断进行重构。国家的疆域和更大的区域也不再被看做是固化的,而是在历史中不断变迁。全球史观关注联系各个社会的那些历史过程,维系排他性社会认同的复杂情形,并试图超越知识体系的地域界限。这不同于传统世界历史观念强调文化的独特性,认同的排他性,知识的地域性以及单个社会经历的特殊性的理念。全球史学的这种观念使我们对社会和文化的认识更加全面,并为我们从动态的角度研究文化和社会的历史变迁提供了一个新的视角。

马克思的历史研究方法体现了一种全球性的视野。马克思从欧洲历史演化中抽象出五种生产方式更迭的模式,尽管他没有明确地说明这是一个世界上所有社会演化的模式,但他使用的语言是全球史视野下的语言。他关注社会与自然环境,不同区域的经济交往,技术和资本对各大陆历史发展的影响。

[①] 赵轶锋:《关于世界历史的整体性》,第10页。

参 考 文 献

史学史与史学理论

汉默顿编:《西方名著提要》,何宁、赖元晋译,商务印书馆,1959年
陈启能主编:《二战后欧美史学的新发展》,山东大学出版社,2005年
何兆武,陈启能:《当代西方史学理论》,中国社会科学出版社,1996年
何兆武主编:《历史理论与史学理论——近现代西方史学著作选》,北京:商务印书馆,1999年
张文杰:《现代西方历史哲学译文集》,上海译文出版社,1984年
田汝康:《现代西方史学流派文选》,上海人民出版社,1982年
陈新主编:《西方历史哲学读本》,复旦大学出版社,2004年
巴勒克拉夫著,杨豫译:《当代史学主要趋势》,上海译文出版社,1987年
海登·怀特著,陈永国、张万娟译:《后现代历史叙事学》,中国社会科学出版社,2003年
沃尔什著,何兆武、张文杰译:《历史哲学导论》,北京:社会科学文献出版社,1991年
科林伍德著,何兆武、张文杰译:《历史的观念》(R. Cillingwood, *The Idea of History*, Oxford University Press, 1962),北京:中国社会科学出版社,1986年
斯坦福著,刘世安译:《历史研究导论》(Michael Stanford, *An Introduction to the Philosophy of History*, Oxford: Blackwell Publishers Ltd., 1998),台北:麦田出版社,2001年
伯恩斯和皮卡特著:《历史哲学经典选读》(Robert M. Burns & Hugh Rayment Pickard ed. *Philosophies of History From Enlightenment to Post-modernity*),英文影印本,北京大学出版社,2004年
伊格尔斯等编纂:《历史研究国际手册》(G. Iggers and H. Parker, eds., *International Handbook of Historical Studies*, London, 1980)
伊格尔斯著,赵世玲译:《欧洲史学新方向》(George Iggers, *New Directions in European Historiography*, Wesleyan University Press, 1975),北京:华夏出版社,1989年
伊格尔斯:《二十世纪历史编纂学:从科学客观性到后现代主义的挑战》(Georg Iggers, *From Scientific Objectivity to Postmodern Challenge*, Wesleyan University Press, 1997)

洛伊德:《历史的结构》(Christopher Lloyd, *The Structure of History*, Oxford: Blackwell Publishers 1993)

海登·怀特:《元史学:19 世纪欧洲历史想象》(Hayden White: *Metahistory: The Historical Imagination in Nineteenth Century Europe*, Johns Hopkins University Press, 1973)

韩震主编:《20 世纪西方历史哲学》,北京师范大学出版社,2003 年

严建强:《西方历史哲学》,浙江人民出版社,1997 年

帕特立克·加登纳著,江怡译:《历史解释的性质》,北京出版社,2005 年

汤普森著,谢德风译:《历史著作史》,北京:商务印书馆,1996 年

郭小凌:《西方史学史》,北京师范大学出版社,1995 年

张广智:《西方史学史》,上海:复旦大学出版社,2001 年

郭圣铭:《西方史学史概要》,上海人民出版社,1983 年

孙秉莹:《欧洲近代史学史》,湖南人民出版社,1984 年

佩里·安德森著,郭方、刘建征译:《从古代到封建主义的过渡》,上海人民出版社,2001 年

莱恩:《历史终结之后》(Alan Ryan, *After the End of History*, London: Collins & Brown Limited, 1992)

卡琳尼科斯:《理论和叙述:哲学和历史的反思》(Alex Callinicos, *Theories and Narratives: Reflections on the Philosophy of History*, London: Polity Press, 1995)

马维克:《历史的性质》(Authur Marwick, *The Nature of History*, London: The Macmillan Press, 1989)

丹托:《分析历史哲学》(A. Danto, *Analytical Philosophy of History*, Cambridge University Press, 1965)

贝尔格、菲尔德、帕斯莫:《历史写作——理论和实践》(Alan Berger, Heiko Felder, Kevin Passmore, *Writing History—Theory and Practice*, London: Hodder Arnold, 2003)

洛伊德:《历史的结构》(Christopher Lloyd, *The Structure of History*, Oxford: Blackwell Publishers, 1993)

绍斯格特:《历史:什么和为什么? 古代,中世纪、现代和后现代视角》(Beverley Southgate, *History: What and Why? Ancient, Modern, and Postmodern Perspectives*, London: Routledge, 2006)

布莱萨赫:《古代、中世纪和现代历史编纂学》(Ernst Breisach, *Historiography, Ancient, Medieval & Modern*, Chicago University Press, 1994)

卡尔:《什么是历史?》(E. H. Carr, *What is History*? London: Palgrave/Macmillan Press, 2001)

巴恩斯:《历史写作史》(Harry Barns, *A History of Historical Writing*, Norman: University of Oklahoma Press, 1938)

布莱克和麦克莱德:《研究历史》(Jeremy Black & M. MacRaild, *Studying History*, London: Palgrave, 2007)

托斯·西兰:《探讨历史,研究现代历史的目的、方法和新方向》(John Tosh, Sean Lang, *The Pursuit of History, Aims, Methods and New Directions in the Study of Modern History*, London: Pearson Education Limited, 2002)

金肯斯:《重新思考历史》(Keith Jenkins, *Re-Thinking History*, London: Routledge, 2008)

金肯斯、门斯洛:《历史的性质》(Keith Jenkins & Alun Munslow, *The Nature of History, Reader*, London: Routledge, 2004)

久丹洛娃:《历史实践》(Ludmilla Jordanova, *History in Practice*, London: Hudder Arnold, 2006)

本特利:《近现代史学,导论》(Michael Bentley, *Modern Historiography, An Introduction*, London: Routledge, 1999)

休斯、瓦林顿:《50个重要思想家论历史》(Marnie Hughes and Warrington, *Fifty Key Thinkers on History*, London: Routledge, 2008)

勒恩:《结构主义读物》(Michael Lane, ed. *Structuralism: A Reader*, London, 1970)

哈德森:《历史和数——数量史学导论》(Pat Hudson, *History and Numbers—An Introduction to Quantitative Approaches*, Oxford University Press, 2000)

利科:《时间和叙事》(Paul Ricoeur, *Time and Narrative*, Chicago, 1988)

斯珀丁、帕克尔:《史学导论》(Roger Spalding and Christopher Parker, *Historiography: An Introduction*, Manchester University Press, 2008)

古代希腊、罗马

赫西俄德:《工作与时日》,张竹明、蒋平译,商务印书馆,1991年
希罗多德:《历史》,王以铸译,商务印书馆,1959年
修昔底德:《伯罗奔尼撒战争史》,谢德风译,商务印书馆,1985年
色诺芬:《长征记》,崔金戎译,商务印书馆,1985年
色诺芬:《回忆苏格拉底》,吴永泉译,商务印书馆,1984年
亚里士多德:《政治学》,颜一、秦典华译,中国人民大学出版社,2003年
亚里士多德:《雅典政制》,日知、力野译,三联书店,1957年
加图:《农业志》,马香雪等译,商务印书馆,1986年
凯撒:《高卢战记》,任炳湘译,商务印书馆,1979年
撒路斯提乌斯:《喀提林阴谋朱古达战争》,王以铸等译,商务印书馆,1995年
西塞罗:《国家篇·法律篇》,沈叔平等译,商务印书馆,1999年

西塞罗:《论演说家》,王焕生译,中国政法大学,2003年
塔西陀:《阿古利可拉传·日耳曼尼亚志》,马雍、傅正元译,三联书店,1958年
塔西陀:《编年史》,王以铸等译,商务印书馆,1981年
李维:《建城以来史》,穆启东等译,吉林文史出版社,1992年
普鲁塔克:《希腊罗马名人传》,陆永庭等译,商务印书馆,1995年
阿庇安:《罗马史》,谢德风译,商务印书馆,1963年
阿里安:《亚历山大远征记》,李活译,商务印书馆,1978年
M.罗斯托夫采夫:《罗马帝国社会经济史》,厉以宁、马雍译,商务印书馆,1985

中世纪

奥古斯丁:《上帝之城》,见《西洋史学名著选》,台北时报文化出版事业有限公司,1984年
奥古斯丁:《忏悔录》,周士良译,商务印书馆,1963年
格雷戈里:《法兰克人史》,寿纪瑜、戚国淦译,商务印书馆,1981年
艾因哈德:《查理大帝传》,戚国淦译,商务印书馆,1979年
比德:《英吉利教会史》,陈维振等译,商务印书馆,1991年
本内特,霍利斯特:《欧洲中世纪史》,杨宁、李韵译,上海社会科学院出版社,2007年
雅克·勒戈夫:《中世纪的知识分子》,张弘译,卫茂平校,商务印书馆,2002年
亨利·皮朗:《中世纪欧洲经济社会史》,乐文译,上海人民出版社,2009年
马克·布洛赫:《封建社会》,张绪山译,商务印书馆,2004年
埃马纽埃尔·勒华拉杜里:《蒙塔尤,1294—1324年奥克西坦尼的一个小村庄》,徐明龙、马胜利译,商务印书馆,2008年
赫希勒:《中世纪阿拉伯史学》(Konrad Hirschler, *Medieval Arabic Historiography*, Taylor & Francis, 2007)
斯皮格尔:《作为文本的过去:中世纪史学的理论和实践》(Gabrielle M. Spiegel, *The Past as Test: The Theory and Practice of Medieval Historiography*, The Johns Hopkins University Press, 1999)
阿索夫:《中世纪历史概念:礼仪、记忆和史学》(Gerd Althoff, *Medieval Concepts of the Past: Ritual, Memory, Historiography*, Cambridge University Press, 2008)
杰瑞:《民族国家的神话:欧洲的中世纪起源》(Patrick J. Geary, *The Myth of Nations: The Medieval Origins of Europe*, Princeton University Press, 2003)

文艺复兴

薄伽丘:《西方名女》,苏隆编译,华文出版社,2004年

薄伽丘:《十日谈》,方平等译,上海译文出版社,2006 年
瓦萨里:《著名画家、雕塑家、建筑家传》,刘明毅译,中国人民大学出版社,2005 年
马基雅弗里:《君主论》,潘汉典译,商务印书馆,1985 年
马基雅弗里:《佛罗伦萨史》,李活译,商务印书馆,1982 年
托马斯·莫尔:《乌托邦》,戴镏龄译,商务印书馆,1982 年
彼得·伯克:《欧洲文艺复兴,中心与边缘》,刘耀春译,东方出版社,2007 年
保罗·奥斯卡·克里斯特勒:《文艺复兴时期的思想与艺术》,绍宏译,东方出版社,2008 年
费莱德:《人文主义和文艺复兴史学》(E. B. Fryde, *Humanism and Renaissance Historiography*, London: Hambledon Press, 1983)
沃夫森:《帕尔格拉夫文艺复兴史学前沿》(Jonathan Woolfson, ed. *Palgrave Advance in Renaissance Historiography*, Basingstoke: Palgrave/Macmillan Press, 2005)
雅各·布克哈特:《意大利文艺复兴时期的文化》,何新译,商务印书馆,1979 年
波卡克:《马基雅弗利的时代:佛罗伦萨政治思想和大西洋共和传统》(J. Pocock, *The Machiavellian Moment: Florentine Political Thought and the Atlantic Republican Tradition*, Princeton University Press, 1975)

近代史学

培根:《新工具》,张毅译,京华出版社,2000 年
笛卡尔:《哲学原理》,商务印书馆,1959 年
伏尔泰:《路易十四时代》,吴模信等译,商务印书馆,1982 年
伏尔泰:《风俗论》,谢戊申等译,商务印书馆,1997 年
吉本:《罗马帝国衰亡史》,黄宜思等译,商务印书馆,1997 年
孔多塞:《人类精神进步史表纲要》,何兆武等译,三联书店,1998 年
吉本:《罗马帝国衰亡史》,黄宜思等译,商务印书馆,1997 年
维科:《新科学》,朱光潜译,人民文学出版社,1986 年
孟德斯鸠:《罗马盛衰原因论》,婉玲译,商务印书馆,1962 年
孟德斯鸠:《论法的精神》,张雁深译,商务印书馆,1978 年
赫尔德:《论语言的起源》,姚小平译,商务印书馆,1999 年
卡莱尔:《英雄与英雄崇拜》,张志民等译,中国国际广播出版社,1988 年
米涅:《法国革命史:从 1789 年到 1814 年》,北京编译社译,商务印书馆,1977 年
托克维尔:《论美国的民主》,董果良译,商务印书馆,1988 年
托克维尔:《旧制度与大革命》,冯棠译,商务印书馆,1992 年
基佐:《一六四零年英国革命史》,伍光建译,商务印书馆,1985 年

基佐:《欧洲文明史》,程洪逵、沅芷译,商务印书馆,1998年
孔德:《论实证精神》,黄建华译,商务印书馆,1996年
巴克尔:《英国文化史》,胡肇椿译,商务印书馆,1936年
泰纳:《艺术哲学》,傅雷译,人民文学出版社,1963年
库朗热:《古代城邦:古希腊罗马祭祀、权利和政制研究》,谭立铸等译,华东师范大学出版社,2005年
古朗士:《希腊罗马古代社会研究》,李玄伯译,上海文艺出版社,1990年
蒙森:《罗马史》,李稼年译,商务印书馆,2004年
费尔南·布罗代尔:《菲利普二世时代的地中海和地中海世界》,唐家龙等译,商务印书馆,2004年
弗里德里希·李斯特:《政治经济学的国民体系》,陈万煦译,商务印书馆,1961年
罗雪尔:《经济学历史方法论》,郑学稼,商务印书馆,1936年
卡尔·门格尔:《国民经济学原理》,刘絜敖译,上海人民出版社,2001年
伊格斯、王晴佳等:《全球近现代史学史》(Georg C. Iggers, Q. Edward Wang, and Supriya Mukherjee, *A Global History of Modern Historiography*, Longman,2008)

现代史学

西蒙·库兹涅茨:《现代经济增长》,北京经济学院,1989年
罗斯托:《经济成长的阶段》,商务印书馆,1962年
西里尔·布莱克:《现代化的动力》,上海译文出版社,1996年
西里尔·布莱克:《日本和俄国的现代化》,纽约,1975年
罗兹曼:《中国的现代化》,上海译文出版社,1989年
斯塔夫里阿诺斯:《全球通史》,吴象婴、梁赤民译,上海社会科学院出版社,2001年
威廉·麦克尼尔:《世界史》(英文影印本),北京大学出版社,2008年
威廉·德雷:《历史哲学》,王炜、尚新建译,三联书店,1988年
汤因比:《历史研究》,刘北成等译,上海人民出版社,1959年
柯林伍德:《历史的观念》,何兆武译,中国社会科学出版社,1986年
米歇尔·福柯:《知识考古学》,谢强、马月译,北京:三联书店,1998年
图尔纳:《现代性批判》(Alan Touraine, *Critique of Modernity*, David Macey, tr. Blackwell, 1992)
维瑟尔:《新历史主义》(A. Veeser. ed. *The New Historiscism*, London: Routledge, 1989)
贝克尔:《18世纪哲学的天国》(Carl Becker, *The Heavenly City of the 18th Century Philosophy*, Yale University Press,1932)

吉尔茨:《文化的诠释》(Cliford Geertz, *The Interpretation of Culture*, New York,1973)

多米里克·拉·堪布拿:《历史和修辞》(Dominic La Capra, "*Rhetoric and History*" in *History and Criticism*, Ithaca, 1985)

费希尔:《历史家的谬误:寻找历史思想的逻辑》(David Fischer, *Historian's Fallacies: Toward a Logic of Historical Thought*,New York, 1970)

哈维:《后现代状况》(David Harvey, *The Condition of Post-modernity*, Oxford: Blackwell, 1990)

安克尔斯密特:《历史再现》(F. Ankersmit, "Historical Representation", in *History and Theory*, 1988, vol. 27)

安克尔斯密特:《历史编纂学和后现代主义》(F. Ankersmit, "Historiography and Postmodernism",in *History and Theory*, 1989, vol. 28)

奥拉夫森:《行动的辩证法:历史和人文学科的哲学解释》(Frederick A. Olafson, *The Dialectic of Action : A Philosophical Interpretation of History and the Humanities*. University of Chicago Press, 1979)

奥拉夫森:《叙事史和行动的概念》(Frederick Olafson, "*Narrative History and the Concept of Action*", *History and Theory*, 1970)

伊格尔斯:《德国历史观念:从赫尔德到现在的历史思想民族传统》(Georg Iggers, *The German Conception of History: The National Tradition of Historical Thought from Herder to the Present*, Middletown,1968)

怀特:《作为文学虚构的历史文本》(Hayden White, "*Historical Text as Literary Artifact*" in Robert Canary and Henry Kozicki,eds., *The Writing of History: Literary Form and Historical Understanding*, Universty of Wisconsin Press, 1978)

怀特:《形式的内容:叙述与历史再现》(Hayden White, *The Content of the Form: Narrative Discourse and Historical Representation*,John Hopkins University Press, 1990)

怀特:《当代历史理论中的叙事问题》(Hayden White, "The Question of Narrative in Contemporary Historical Theory", *History and Theory*,no.23,1984)

派克:《人类行为结构统一理论有关的语言》(K. Pike, *Language in Relation to a Unified Theory of the Structure of Human Behavior*,The Hague, 1967)

劳伦斯·斯通:《叙事史的复兴:对旧史学翻新的思考》(Lawrence Stone, "*The Revival of Narrative: Reflection on a New Old History*",*Past and Present*, no.85,1979)

卡宏:《从现代主义到后现代主义,论文集》(Lawrence Cahoone, ed. *From Modernism to Postmodernism: An Anthology*, Oxford: Blackwell, 1996)

明克:《历史理解分析》,载德雷:《哲学分析与历史学》(Louis Mink, "*The Antomy of Historical Understanding*", in Willam Dray, ed. *Philosophical Analysis and History*, Harper and

Row, 1996)

亨特:《法国大革命中的政治、文化和阶级》(Lynn Hunt, *Politics, Culture and Class in the French Revolution*, Berkeley, 1984)

奥克夏特:《经验及其模式》(Michael Oakeshott, *Experience and its Modes*, Cambridge University Press, 1993)

弗莱伊:《对批评的分析:四篇论文》(Northrop Frye, *Anatomy of Criticism : Four Essays*, Princeton University Press, 1971)

维恩:《历史写作:关于认识论问题》(Paul Veyne, *Writing History: An Essay on Epistemology*, tr. Mina Moore-Rinvoluci, Wesleyan University Press, 1984)

乔伊斯:《历史和后现代主义》(P. Joyce, "History and Post-Modernism", in *Past and Present*, vol. 133, 1987)

阿特金森:《历史中的知识和解释:历史哲学导论》(R. Atkinson, *Knowledge and Explanation in History: An Introduction to the Philosophy of History*, London: Macmillan Press, 1978)

阿希尔:《语言和语言学百科全书》(R. Asher, ed. *The Encyclopedia of Language and Linguistics*, Pergmont Press, 1994)

科瑟纳:《将来的过去:历史时间的语义结构》(Reinhard Koselleck, *Futures Past: On The Semantics of Historical Time*, Cambridge Mass., 1985)

罗兰·巴尔特:《历史话语》(Roland Barthes, "Historical Discourse" in M. Lane, *Structuralism*, Jonathan Cape, 1970)

卡梯尔:《文本、符号和法国性》(Roger Chartier, "Texts, symbols, and Frenchness", *Journal of Modern History*, no. 57, 1985)

格鲁克:《激进主义、现代主义和后现代主义》(S. Crook, "Radicalism, Modernism and Postmodernism" in Boyne & Rattans, eds., *Postmodernism and Society*, London: Macmillan, 1990)

琼斯:《阶级的语言:1832 – 1982 年的英国工人阶级史研究》(Stedman Jones, *Language of Class: Studies in English Working Class History 1832 – 1982*, Cambridge, 1983)

盖利:《哲学和历史理解》(W. Gallie, *Philosophy and Historical Understanding*, Chatto and Windus, 1964)

后　记

本书得到北京首都师范大学的出版资助,我在此对首都师范大学许源祥校长、刘新城校长和历史系前系主任宋杰教授表示感谢。我还以此书来纪念北京大学张芝联教授和四川大学的谭英华教授。改革开放以前,我国研究西方史学史的学者寥寥无几,张先生和谭先生更是这个研究领域的著名学者,他们后来分别成为1985年教育部委派的《西方史学史》教材的正副主编。1985年夏天在成都金牛宾馆召开的编委会会议上,我有幸在那次会议上担任记录之类的秘书工作。张先生和谭先生对我硕士阶段的学习以及后来我到牛津的留学等方面都给予了我永生难忘的帮助。光阴荏苒,我的恩师谭英华先生早已于1997年去世,而张芝联先生也在2008年5月辞世,我当时在巴黎开会,竟无法向张先生表示最后的祭奠。

如今,我的研究生中许多人也早已是教授和副教授,和我同届攻读西方史学史硕士学位的王晴佳同他的恩师伊格尔斯一道在美国已出版多本西方史学史著作。与我年龄相差不多的郭小凌教授、杨豫教授,以及稍微年长的张广智教授均早已出版他们在西方史学史研究方面的成果。长江后浪推前浪,我在这里以出版我在自己的研究领域的成果来向他们学习,并纪念指导和帮助了我的老一辈学者。

我要感谢北京世界史所《史学理论研究》编辑部的陈启能教授、于沛教授、姜芃教授和刘军教授,他们的刊物激励着我继续在西方史学史领域从事写作。我的研究生潘娜娜、刘德慧和王莹,特别是四川大学的张颖,为这本书的文字打印和编排做了许多工作,我也在此向她们表示感谢。

本书存在许多不足之处,遗漏甚至错误也在所难免,尤其是本书在20多年间陆续写成,有些内容和引文的出处已无法查出,并在注释中标明,使我深感遗憾。我希望本书作为暂行本,能得到国内同行,以及阅读此书的老师和同学的批评指正,以使本书在将来修改时,能臻于完善。

何平